本书为中国保险学会"中国保险研究与教育基金富邦基金"课题

保险支持
以房养老研究

Research on
the Support of Insurance to
House-for-pension Program

王小平◎编著

中国金融出版社

责任编辑：王效端　王　君
责任校对：张志文
责任印制：陈晓川

图书在版编目（CIP）数据

保险支持以房养老研究（Baoxian Zhichi Yifang Yanglao Yanjiu）/王小平编著. —北京：中国金融出版社，2014.5
ISBN 978 - 7 - 5049 - 7488 - 4

Ⅰ.①保… Ⅱ.①王… Ⅲ.①住宅—抵押—信贷管理—研究—中国 Ⅳ.①F832.45

中国版本图书馆 CIP 数据核字（2014）第 073234 号

出版
发行　中国金融出版社

社址　北京市丰台区益泽路 2 号
市场开发部　（010）63266347，63805472，63439533（传真）
网上书店　http：//www.chinafph.com　（010）63286832，63365686（传真）
读者服务部　（010）66070833，62568380
邮编　100071
经销　新华书店
印刷　北京市松源印刷有限公司
尺寸　169 毫米 ×239 毫米
印张　25
字数　356 千
版次　2014 年 5 月第 1 版
印次　2016 年 8 月第 3 次印刷
定价　50.00 元
ISBN 978 - 7 - 5049 - 7488 - 4/F.7048
如出现印装错误本社负责调换　联系电话（010）63263947
编辑部邮箱：jiaocaiyibu@126.com

序一　发挥保险功能 支持以房养老

　　人口老龄化已成为全球共同挑战之一。在"未富先老"的格局下，我国社会养老保障体系建设面临巨大压力。党的十八届三中全会《关于全面深化改革若干重大问题的决定》指出，要"积极应对人口老龄化，加快建立社会养老服务体系和发展老年服务产业"。面对经济大调整、社会大变革、技术大创新、市场大竞争的复杂环境，保险业必须顺势而为，找准为国家全面深化改革服务的切入点，在服务全局的同时，破解发展难题、推动行业转型升级。支持以房养老这一社会养老保障体系的有效补充形式，正是保险业响应中央号召、落实全面深化改革任务，把行业改革创新与支持完善社会保障体系、提升服务经济社会发展能力相结合的有益探索。

　　以房养老在西方发达国家应用推广已有几十年的历史，在应对多元化养老需求、构造多层次养老保障体系中起到了积极作用。在我国引入以房养老模式，具有积极的作用。第一，有利于完善多层次的社会养老保障体系。可拓宽养老资金筹集来源，减轻国家财政负担和子女赡养压力，提高老年人晚年生活水平。第二，有利于刺激社会投资消费增长。在发挥住房居住功能的同时，支持老年人合理管理支配财富。第三，有利于推动相关行业健康发展。以房养老将贷款、保险、投资等不同金融工具相连接并有机融合，推进金融业之间深层次合作，并推动金融业与养老服务、房地产等多领域进行合作，在拓展金融机构业务领域的同时，增加住房二级市场供给，缓解住房供需矛盾，促进房地产市场健康发展；促进民间资金投资养老产业，推动养老服务业发展。第四，有利于支持社会稳定和谐。通过倡导老年人自我保障、子女独立自强，促成新型的和谐家庭代际关系。当然，以房养老政策的本意在于为解决养老问题增加一种补充性的、改善性的手段，它不可能、也不应该取代基本养老保险的制度设计。

保险业自身具备的功能作用及业务特点决定了其能够在以房养老发展中扮演重要角色。经过多年的发展，我国保险行业实力持续增强，基本具备了参与以房养老的基础和条件。参与以房养老业务，对我国保险业自身改革创新意义重大。一是有利于更好地服务经济社会发展全局。通过配合完善多层次的养老保障体系，支持社会稳定和谐，为经济社会领域全面深化改革提供助力。二是有利于延伸保险服务产业链。通过把传统的单纯养老金给付转化为向社会提供更专业、更具适用性的养老服务，实现保险业与养老产业链其他主体之间的协同发展、共同获益。三是有利于支持保险资金运用体制改革。

2013 年 9 月，国务院印发的《关于加快发展养老服务业的若干意见》明确提出要"开展老年人住房反向抵押养老保险试点"，政策层面已逐步明朗。对此，中国保监会正在积极研究落实，并列入下一阶段重点工作。此次，时任福建保监局局长的王小平同志组织局内监管干部撰写了《保险支持以房养老研究》一书，体现了保险监管干部"跳出保险看保险"、"跳出监管看监管"的大局意识。该书是国内第一本较为系统地研究保险业支持以房养老方面的著作，相信对推动保险业深化改革、更好地满足老龄化社会需求、提升服务经济社会能力等将具有较好的参考借鉴作用。

当前，保险业正处于转型升级的关键阶段。希望保险业广大监管干部和从业人员进一步拓展视野，加强重大战略性问题研究，为解决行业提质增效、创新驱动等重点难点问题提供理论支持和政策储备，为实现"保险让生活更美好"作出更大贡献！

中国保险监督管理委员会主席　项俊波

2014 年 5 月 12 日

序二　发展以房养老 促进社会和谐

当前，我国已进入人口老龄化快速发展阶段。党的十八届三中全会通过的《中共中央关于全面深化改革若干重大问题的决定》明确提出，"积极应对人口老龄化，加快建立社会养老服务体系和发展老年服务产业"。发展养老服务产业，对于满足老龄化社会保障需求、提高全社会保障水平、维护社会稳定和促进社会和谐，具有重要的现实意义。

福建保监局局长王小平同志对国内外养老保险特别是以房养老进程十分关注，她在自身长期从事保险监管实践的基础上，积极探索建立保险支持以房养老等社会补充养老制度的思路，组织监管干部开展调研，查阅、翻译大量第一手资料，比较总结了国际发展经验，分析了目前我国推行以房养老的背景和可行性，历经三年努力，完成了《保险支持以房养老研究》。该书对以房养老业务的全貌做了阐述，并且选取保险支持以房养老的独特角度对相关问题进行了较深入的思考，进一步拓展了国内以房养老的工作思路和研究视角。

以房养老是部分拥有自有房产的老年群体通过将房产的经济价值转换为养老保障的一种特定交易模式或制度安排。早在几十年前，西方发达国家就开始应用推广以房养老，从实践情况看，目前发展最为成熟、成功的是美国。美国主打房产价值转换抵押贷款，采用政府主导和担保、以保护老年人利益为出发点的运作模式，由政府为借贷双方提供保险，并支持在二级市场上进行资产证券化，发展十分迅速。加拿大、澳大利亚、新加坡、韩国等也纷纷推出了各具特色的以房养老产品，以房养老逐步成为多层次社会养老保障体系的一种补充形式。

对我国而言，以房养老作为社会养老、家庭养老的有益补充，不仅可以为老年群体提供新经济来源、增强老年人的自我保障能力，还能适度减轻国家财政在社会保障方面的支出压力，并在一定程度上促进房地产、金融等相关市场的创新与发展。近年来，北京、上海、南京等地陆续开展了以房养老试点工作，如2005年南京市汤山"温泉留园"老年公寓推出以房换养业务，2007年上海公积金管理中心推出以房自助养老业务，北京市石景山区寿山福海养老服务中心推出"养老房屋银行"业务，中信银行于2011年末推出"养老按揭"业务试点等，对以房养老进行了有益的探索。

为扩大养老服务供给方式，构建多样化、多层次、以需求为导向的养老服务体系，国务院在2013年8月召开的常务会议上提出开展老年人住房反向抵押养老保险试点，并于9月印发《国务院关于加快发展养老服务业的若干意见》，明确提出要逐步使社会力量成为发展养老服务业的主体，其中包括开展老年人住房反向抵押养老保险试点等措施，为推动以房养老工作指明了方向。当前应注重通过加强制度设计、宣传引导、机制保障、市场监管等方面的研究，扎实推动以房养老实践的发展。

一要注重以房养老实践的制度设计。以房养老不仅在政策上涉及我国下一阶段需全面深化改革、尚待突破的相关领域，如：国家支持以房养老的具体政策尚未出台，70年产权使用期限等相关法规障碍依然存在等；而且在具体运作中也涉及到政府有关部门及金融、房地产、养老服务等多个行业，涉及面广、产业链长、运营难度大。推动我国以房养老实践，不能单靠自下而上的市场化运作、逐步发展，而需要将其作为一项系统工程，纳入市场化改革顶层设计范畴，在法制保障、政策引导、市场配置、行业发展等方面加强全盘规划和统筹协调，为以房养老实践的发展提供制度保障。

二要注重以房养老实践的宣传引导。美国反向抵押贷款成功运作的原因之一，在于有大批机构提供广泛的宣传咨询服务，帮助老年人理解反向抵押贷款的关键要素以及自身的相关权益，对老年人理解、接受住房反向抵押贷款这一较复杂的金融产品起到了积极的推动作用。当前，我国"养儿防老"、"父业子承"等传统观念依旧根深蒂固，持完全依靠财政兜底保障养老观点的人士也不在少数，再加上以房养老这一金融创新产品操作起来比较专业、复杂，且也确实存在一定的风险，一定程度上抑制了以房养老业务的推进。推动以房养老实践，特别需要依靠持续、有效的宣传，合理引导社会养老价值观，突破传统养老观念的束缚，提升公众对以房养老作为家庭养老、社会养老的有益补充的认可度；同时优化以房养老产品的宣传与咨询服务，提升公众对以房养老产品的接受度。

三要注重发挥保险机制的重要作用。开展以房养老及相关配套业务，是对现代保险所具备的经济补偿、资金融通和辅助社会管理三大功能的综合运用；对我国保险业而言，既是机遇，也是挑战。保险业应立足自身实际，积极审慎开展研究和试点探索，借鉴国际上开办反向抵押贷款业务的成功经验，由简到繁、由易到难、逐步推进，以提供房屋保险、保证保险、长期护理保险等配套保险业务以及以房养老代办服务、投资养老社区建设等多种方式参与以房养老，推动养老服务行业健康发展。同时，保险公司要加大公司内部体制机制建设力度，加强养老保险产品的研究、开发，努力推动保险产品创新，探索符合自身经营管理水平和风险承受能力的以房养老服务方式，提升参与养老服务业建设的能力和水平。

四要注重以房养老实践的市场监管。以房养老涉及房产业主、房产中介、银行、保险公司以及护理、养老机构等多个市场主体和各有关方面的利益。在以房养老的实践中，由于老年房产业主在诸多市场主体当中处于相对弱势的地位，在与金融机构、房产中介以及养老机构打交道的过程中，往往不掌握话语权，在整个以房养老的服务安排中，既可能受到金融机构、房产中介不实承诺、夸大收益、隐瞒风险等不规范操作的误导，也可能受到养老机构、护理机构的不完善、不到位的服务以及不公平的待遇。这些问题，需要相关部门加强市场监管，严厉打击违法违规行为，增强行业自律，防范行业风险，为推动以房养老实践的良性发展保驾护航。

希望《保险支持以房养老研究》一书能为推动以房养老健康发展、

建立健全多元化的养老服务体系提供更多的助力。同时，也希望福建保监局结合福建改革发展的实际，认真贯彻党的十八大和十八届三中全会精神，继续深入研究保险在社会化养老产业发展中的功能作用，为我国应对社会老龄化等社会保障问题，促进社会主义和谐社会建设作出新的、更大的贡献。

福建省委常委、常务副省长　张志南

2014 年 1 月 3 日

前　言

以房养老作为一种补充养老方式，起源于欧洲，并在美国、日本等发达国家发展迅速，迄今已有数十年实践历程。近十年来，随着我国老龄化危机的逼近，以房养老逐渐进入了国人视野，并在部分地区自发进行了试点探索。2013 年 9 月 6 日，国务院印发《国务院关于加快发展养老服务业的若干意见》（国发〔2013〕35 号，以下简称《意见》），明确提出"开展老年人住房反向抵押养老保险试点"。这一被概括为"以房养老"的政策引起了社会的普遍关注和热议。那么，以房养老是什么？在巨大的银发产业经济中，以房养老能扮演怎样一种角色？以房养老是否符合国情，实施还存在哪些难题？梦想能否照进现实？这些问题，都有待深入研究和实践探索。

一、以房养老引发社会普遍关注

《意见》中提到的"住房反向抵押养老保险"具体指什么呢？它是以房养老的一种操作模式，简单地说，就是老人将房屋抵押给金融机构，然后从金融机构领取养老费用，同时可以继续居住在房屋内；老人去世后房屋归金融机构所有。这类业务在各国名称各异，有住房反向抵押贷款、资产释放机制、反向年金等不同称呼，但共同特征是老年人通过抵押房产换取养老资金或服务，并保留居住权直至去世。由于其中涉及房屋产权的转移，在当前高房价和养老金巨大缺口的背景下，以房养老引起了社会的普遍关注和热议，其中不乏质疑和担忧。

（一）质疑一——政府是不是在推卸责任

《意见》刚下发不久，社会上存在不少争议，其中一些观点将以房养老模式解读成政府此举是在"丢包袱"，推卸应该担负的养老责任。对此，有关部门表示，开展以房养老在一些国家已有成熟的做法，国务院提出开展这方面的试点，目的是探索符合国情、满足老年人不同需要、供老年人自主选择的养老保险产品，扩大养老服务供给方式，进而构建多元化、多层次、以需求为导向的养老服务模式。政府仍将主导保障基本养老，而以房养老只是通过完善投融资政策促进养老服务的举措之一，而且是试点性举措。由于我国社会保障体系建设有一个过程，资金和服务都可能存在短缺，因此以房养老不失为一种自我保障的选择。部分学者也指出，以房养老既不可能成为国家法定的养老保障制度安排，也不会成为我国养老保障体系的主流方式，而只能是在国家相关政策的规范与支持下，为房屋所有者根据自己的人生安排与需要提供一种新的、自愿的、补充的养老方式。

（二）质疑二——房子不留给子女，人们怎么看

虽然随着社会的发展，"养儿防老"的观念已逐渐淡化，然而将房产留给子女继承的观念和做法却一直影响着代代老人。对于现阶段中国的多数老年人来说，房产往往是家庭最主要的财富，也是和子女之间亲情联系的重要纽带之一，如果不能留给子女，对自身、对家人在心理上、伦理上都存在障碍。对此，部分学者和专业人士提出"以房养老可先从无子女和失独老人开始推行"。此外，对于赡养人确无赡养能力或不履行赡养义务的老人，以房养老也可以给他们提供改善老年生活的选择。不少学者认为，随着时间的推移和老年人拥有房产状况、子女赡养负担等情况的发展改变，公众对以房养老的接受度有望逐步提高。

（三）质疑三——将来房子还值不值钱

以房养老涉及房屋价值评估、房屋产权处理等问题，操作上还存在不少难题。其中，社会普遍关注的问题有如下几方面。

首先，70年产权限制如何解决，是我国以房养老面临的最大障碍之一，也是与国外政策环境最大的差异之一。由于房屋土地使用期限的有限性，未来房屋产权价值评估将面临很大的不确定性。虽然2007年出台的《中华人民共和国物权法》已经规定"住宅建设用地使用权期间届满的，自动续期"，但如何续期、续期费用几何，仍是未知数。

其次，中长期房价走势也是制约以房养老的重要因素。经历了房地产市场较长时期的高速发展和房地产价格单边上行之后，目前我国城市房价普遍高企，未来价格走势扑朔迷离。并且，我国房产质量普遍较差，使用

数十年之后的旧房也面临一定的贬值风险。在人口增长的"拐点"出现、政府对房地产调控力度加大等背景下，担心未来房价下跌、房产变现难，成了金融机构对开办该业务最大的顾虑。

最后，缺乏政策支持，也是各界对开办以房养老存在的一大顾虑。从国际经验看，发达国家政府对以房养老运作多给予政策优惠，同时其高额的遗产税等大环境，也成为老人选择以房养老的原因之一。而我国目前政策环境与国外还存在较大差异，特别在我国房地产调控期，仅房产转让方面的税收就可能占到房屋价格的 10%，对以房养老的运作成本以及老年人的可贷金额影响较大，从而影响供需双方的积极性。

总体来看，目前社会各界对以房养老的担忧主要集中在法律政策不配套、运营风险和操作难度大、传统观念改变难、政府监管协调能否跟得上等。当然，这些并不是否定以房养老试点的理由，而恰恰是推进试点所需要正视和探索解决的问题。

二、国内学者对以房养老的研究和呼吁

国内虽然尚未开展住房反向抵押贷款业务，但已有不少专家学者对住房反向抵押贷款的理论、在我国应用的可行性、存在风险等进行了深入的研究。

（一）必要性和可行性研究方面

大部分的国内研究者认为，中国已经具备发展反向抵押贷款的条件。柴效武（2008）等学者认为中国已经具备发展反向抵押贷款的基本环境，应尽快发展，以应对我国老龄化危机。从反向抵押贷款的市场需求来看，李时华（2007）、王琨（2005）、柴效武（2008）等指出，伴随老年人口规模的不断增大，以及我国居民住房自有比率的不断上升，反向抵押贷款潜在的市场需求规模较大。从供给的角度分析，刘嘉伟、项银涛（2005）对商业银行推行反向抵押贷款的可行性进行了研究，提出发展反向抵押贷款可以成为其增加业务收入的一种切实可行的手段。孟晓苏等（2009）认为，从技术上说，目前我国最适合开办反向抵押贷款业务的金融机构是寿险公司。

(二) 风险研究方面

国内学者主要从风险识别与衡量，风险的控制与防范两个方面对反向抵押贷款的风险进行研究。

在风险的识别和衡量方面，范子文 (2006)、柴效武 (2008) 认为贷款机构主要面临利率波动风险、未来寿命风险、房价波动风险、逆选择和道德风险及流动性风险；认为借款人面临的主要风险包括信息不对称、分期付款风险、贷款机构未来破产的风险、税收风险以及社会福利风险。柴效武、岑惠 (2004) 对传统的住房抵押贷款和反向抵押贷款两种融资方式从十二个方面进行了比较分析，认为反向抵押贷款的风险较传统住房抵押贷款更大。

在风险控制和防范方面，柴效武 (2008) 和范子文 (2011) 认为反向抵押贷款应通过保险与政府提供担保的方式进行风险分散；采用浮动利率的计息方式规避利率波动风险；通过购买住房保险、贷款期内多次评估住房价值等方法防范住房价值风险。柴效武、张海敏、朱杰 (2007) 认为贷款机构如果要规避由于信息不对称而引发的借款人逆向选择风险，必须从加强对反向抵押贷款产品条款的设计入手。詹绚伟、曾光 (2005)，范子文 (2011) 认为反向抵押贷款可以通过资产证券化的方法降低贷款机构的流动性风险。

三、有关部门对以房养老的推动进展

早在 2005 年，南京汤山"温泉留园"老年公寓就曾在全国首创"以房养老南京模式"，但试水效果并不理想。当年公寓仅办理了几笔业务，数量有限，后因股东间的经济纠纷而停办。此后，上海、北京、长沙等城市都曾自发兴起尝试，但均因效果不理想而萎缩、停滞。

《意见》出台后，北京市政府提出拟在 2014 年试点"以房助老"项目，目标比国务院提出的"老年人住房反向抵押养老保险"的适用人群更广。按照北京市有关部门设计的方案，该项目不要求老人拥有独立产权的房屋，也不需要抵让房屋的产权，而是通过让渡现居住或空置房屋的居住权，获得基本养老金之外的更多养老资金，或置换到一个可获得更便捷养老服务的社区（养老院、老年公寓或社区托老所）。按照该方案设计，

"以房助老"的平台不能让养老机构直接参与对房屋价值（包括租价）的认定，也不靠单独的金融机构来完成。其中，政府的责任是出台扶助政策，鼓励更多社会组织、金融机构参与其中，形成一个相互组合、相互制约的市场，让选择"以房助老"的老人放心让渡房屋的居住或使用权，以置换更优质的养老资源。

作为开展老年人住房反向抵押养老保险试点的主要参与行业之一，保险业也处于积极研究和准备过程中，计划于2014年推出相关产品。2014年1月召开的全国保险监管工作会议明确将"开展老年人住房反向抵押养老保险试点"列入全面推进保险业改革创新的重点工作之一。

四、本书的研究目的

在我国面临巨大养老压力的大背景下，本书拟对以房养老作较全面、客观的分析，帮助人们更好地认识和理解以房养老这一补充养老方式。同时，虽然有关部门正在积极推动保险业推出以房养老产品，但目前业界在保险参与以房养老方面的研究仍较少。本书从保险行业角度出发，以保险支持以房养老为主线，阐述保险业在该项业务中的定位、机遇和风险，以及具体的路径选择和模式安排，希望能够起到抛砖引玉的作用，为我国扩大养老服务供给方式、建立健全多层次社会养老保障体系添砖加瓦。

目录

第一章 以房养老概述

第一节 以房养老的基本内涵和意义

以房养老，一言以蔽之，就是以房产变现来补充养老费用。从广义上讲，以房养老是老年群体通过特定的交易或制度安排，将自有房产的经济价值转换为现金收入于生前使用的一种补充养老模式。具体操作上，以房养老包括金融机构开办的住房反向抵押贷款业务，也可以包括老年人自行出租或出售房产、房产以大换小等换取养老资金的方式。狭义的以房养老则专指住房反向抵押贷款业务，也称"倒按揭"（后文详述）。

与传统的"养儿防老"模式相比，以房养老最重要的区别是引入社会资本参与对房产的处置，实现用老年人的自有房产来补充养老资金来源，不留或少留遗产给子女。

以房养老在西方发达国家应用推广已有几十年的历史，是发达国家进入老龄化社会后应对多元化养老需求、健全多层次养老保障体系的自然发展结果。从欧美国家发展以房养老业务的历程看，业务发展初期，老年人往往将反向抵押贷款作为其他经济手段山穷水尽时的一个求助选项；但随着社会观念的转变，越来越多经济能力尚可的老年人加入申请队伍，将其作为提高晚年生活质量以及帮助家人改善生活条件的一个选择。

在我国老龄化危机的大背景下，引入以房养老模式，作为我国多元化社会养老服务体系的一种补充形式，具有积极的意义。

其一，对家庭的意义。一方面，以房养老能适当补充养老资金来源，减轻家庭养老负担，改善老人晚年生活质量。另一方面，它倡导老人自我保障，子女独立自强、不强求继承上辈的房产，有利于树立新型养老观念、建立新型代际关系。

其二，对社会的意义。以房养老增加了养老产品的供给，有利于满足老年群体的不同需求，为建立健全多元化、多层次、以需求为导向的养老保障体系增加了一种有效的形式和渠道，能在一定程度上缓解政府应对老龄化危机的压力，减轻财政负担，同时有利于社会安全稳定。

其三，对经济的意义。以房养老有助于提升老年人生活水平，刺激"银发"市场消费，从而在一定程度上拉动内需。同时，以房养老涉及面广、产业链长、发展潜力大，有助于促进民间资金投资养老服务等产业，满足人们多层次、多元化的养老服务需求。在政府保障基本养老服务的前提下，通过鼓励民间投资发展养老服务业，既可以引导投资进入短缺领域，又能培育新的有效需求，增强中国经济未来发展的动力。

具体而言，以房养老对相关产业的发展能起到积极的推动作用。对金融业而言，开办以房养老业务，有利于开拓业务领域，优化产品服务，为业务找到新的增长点。对房地产业而言，一方面，能提升公众购买房产以备未来以房养老的积极性，推动房地产交易量的增加；另一方面，老年人释放出的房产，可以增加未来房源供应量，在一定程度上有利于房地产市场长期供需平衡、稳定发展。对养老服务业而言，以房养老通过将房产资源变现，可以提高老年人对社会化养老服务的付费能力，从而推动养老服务业的发展。此外，以房养老还能带动房产评估、法律服务等中介行业的发展。

当然，必须指出，虽然以房养老有着积极的意义，但对其意义和作用不能有过高的期望。即使在欧美国家，反向抵押贷款也只是小众化的产品和改善养老方案，适用群体主要是中低收入的有产长者，覆盖面尚较有限。简单来说，以房养老这种形式为民众提供了有效的、自愿的补充养老形式，但不足以应对养老大局，更不可能、也不应该替代基本社会保障。

第二节　以房养老的主要形式

随着世界老龄化进程的不断加快，传统的家庭养老和社会养老保障体系所承受的压力越来越大。在此背景下，市场经济意义上的以房养老应运而生。以房养老的形式多种多样，按照老人所持有住房的产权、使用权是否转移、如何转移，主要可以分为以下几种。

一、住房反向抵押贷款

住房反向抵押贷款指老年人以其拥有产权的房屋作抵押，向金融机构借款，同时保留房屋的居住权；在借款人死亡时或出现其他约定情形时，由金融机构出售房屋来还本付息的一种养老产品。它的设计初衷在于让老年人既能实现居家养老，又可补充养老金来源。由于这种业务的现金流方向与传统的按揭贷款（抵押贷款）相反，故被称为"倒按揭"或"反向抵押贷款"。

住房反向抵押贷款这类业务的名称在各国并不一致。其中，反向抵押贷款（Reverse Mortgage）的名称来自于美国，冠以"反向"的名称，是为了使公众便于从字面上理解其与一般抵押贷款的联系和区别。在欧洲国家，这类业务也被称为资产释放机制、抵押年金或逆向年金等。其具体产品的名称更是多种多样，如加拿大主流的反向抵押贷款产品名称为"住房收入计划"，英国主要的反向抵押贷款类型为"终身抵押贷款"和"住房转换计划"。我国拟开展的以房养老试点，根据《国务院关于加快发展养老服务业的若干意见》（国发〔2013〕35号）表述，则称之为"住房反向抵押养老保险"。

住房反向抵押贷款是以房养老中最为复杂的操作形式。它与其他以房养老形式最大的区别在于，其他以房养老形式在作出交易后，都不同程度地改变了老人所持有房屋的所有权或使用权，而住房反向抵押贷款在合同约定的贷款期间内，老人依然保留对房屋的产权和使用权，可以在熟悉的环境中继续居住、生活，同时又能获得养老资金改善晚年生活，直至百年归老或协议约定的其他满期情形出现。

【案例】赵女士今年62岁，住房面积150平方米，房屋九成新，位置离市区较远，但增值潜力较大。为补充养老资金，她申请了住房反向抵押贷款业务。经专业机构评估，她的房屋现价80万元。按人均寿命女性为74岁计算（地区差异尚未计入），余命计算基数为12年。假设12年后房屋折损19万元，房屋与土地增值预计为25万元，因此房屋价值计增6万元。贷款机构扣除预支贴现利息30%（按年息6%计算），按70%计算给付额为58万元。再将给付额分摊到投保人的计算基数12年中去，每年赵女士可以得到4.8万元，每月可得到4 000元，并继续居住在房屋内。不管赵女士的实际寿命有多长，贷款机构一律要按协议支付资金，直至其终老；同理，不管赵女士的实际寿命有多短，即使三五年就亡故，仍应由贷款机构收回房产，进行销售或拍卖，或按照协议约定，由其继承人归还贷款本息后继承。[①]

二、租房换养

租房换养是指老年房主将住房一定时期的使用权出让，换取一定额度的租金收益来补充养老资金，同时房主又能长期保留该住房的产权。这种模式强调房屋产权不变，符合代际继承家业的传统价值观念，操作风险相对也较小，容易为老人所接受。

从具体表现形式看，又可以分为以下两种情形。一是多套房产，分别租、住。当老年人拥有多套房产时，就可以在保留自身居住房产的同时，将其他房产用来出租，将租金收益用来贴补养老费用。二是一套房产，部分出租。当老年人只有一套房产，但房子面积较大时，就可以将房子部分空间的使用权出租，或者将大房子出租然后租入面积较小的房子，将其中的租金收支差额用来贴补养老费用。

在老龄化严重、福利制度相对完善的欧洲，租房换养成为不少老人获得经济来源的手段之一。以老龄化程度居欧洲首位的德国为例，据德国研究机构统计，德国老年人平均住房面积超过100平方米，不少老人住房面积"相对过剩"。在大学集中的柏林、汉堡、慕尼黑等城市，老人常常把房子的一部分出租给年轻人，租金收入可以帮助老人过上更有尊严的生活。这种"老少同居"的形式，还缓解了"空巢"而产生的孤独感。在欧洲之外的部分国家，政府也鼓励老年人租房换养，如新加坡政府允许老年人出租整套组屋或组屋的某间空房获得一定收入，据有关部门统计，新加坡政府组屋屋主中，年满55岁的老年人占总数的三成，其中近八成已

---

① 注：本案例为编者按反向抵押贷款的一般原理编写，并非真实案例。

经付清组屋贷款；在这些老年人中，出租整套组屋或某间空房的人约占总数的 1/10。

三、售房换养

售房换养是指老年房主将房屋作为商品一次性销售出去，通过让渡房屋产权来换取一笔养老资金。这是一种最彻底、最完全的变现方式。但由于老人将失去房屋产权，选择这种养老模式的门槛要比租房换养高。通常情况下老人要么拥有两套以上房产，要么虽然只有一套房产，但不必留给子女继承或无子女继承，老人可以通过入住养老院等社会养老机构来解决晚年居住问题。同时，这种操作方式受到房价走势、通货膨胀预期等因素影响较大，在房价长期上涨、货币购买力持续下降时期，售房换养并不一定是有利的选择。

近年来，受到欧债危机的冲击，在欧洲芬兰、瑞典等高税收、高福利的国家，养老方式在悄悄改变，"售房换养"等方式逐渐成为潮流。北欧不少老年人把本土的房子出售给其他家庭，自己则到南欧、加勒比海等地区养老。受欧债危机影响，西班牙等南欧国家地产相对便宜、养老院林立，加上自然环境优美、阳光充足，受到不少选择异地以房养老群体的青睐。

四、以大换小

以大换小指老年房主将自己拥有的较大面积的住房出售，再购入较小面积的住房，获取差价收益用来支付养老费用，以提高晚年生活质量。通过房屋大小的置换，不仅可以为老人增加一笔养老资金，而且通常可以节省房屋居住和使用成本，为老人达到开源节流的目的；同时老人依然拥有较小房屋的产权，解决了晚年居住问题。以大换小的关键是对房屋价值的评估，包括对老人自身拥有的房屋价值的评估，以及对将要换取的房屋价值的评估，这就需要有一个相对稳定的房产中介市场为依托。

五、售后返租

售后返租是指老年房主把自己的住房出售以一次性获取资金，然后用手中的资金将房子租回来供自己居住，其实质就是把产权让渡出去以获取一笔资金，自己通过租赁的方式重新拥有使用权的一种方式。这种模式一般由社会机构主导，需要相应的制度安排来保证实施的合法性、有效性。

上海市公积金管理中心曾于 2007 年 5 月推出售后返租的以房养老模式。凡 65 岁以上的老人，通过将名下的房产出售给公积金管理中心，可一次性收取房款，然后用手中的资金向公积金管理中心重新租住这套住房，租期由双方约定，租金与市场价等同，老人可按租期年限将租金一次性付予公积金管理中心，其他费用均由公积金管理中心支付。租期届满，如果老人还健在，续租的租金全免；如果老人在租期内去世，剩余的租金归老人的遗产继承人。试点曾引起一定反响，但受多种因素制约，成功申请者寥寥，现已停办。

六、遗嘱托养

遗嘱托养是指老人立下和转移房产有关的遗嘱，由受益人来负责给老人养老。

遗嘱托养在现实中已有尝试。2012 年 10 月，成都 79 岁的居民钟大爷与当地社区管理机构签订协议，由社区安排人员照顾大爷，管好衣食住行，帮其看病就医；钟大爷百年之后，将房产过户给社区，公证人员在现场做了公证。媒体报道中将钟大爷称为成都"以房养老第一人"，但 2014 年初，钟大爷对记者表示后悔，他认为签订协议后生活质量并无明显改善。社区则与其说法不一。对此，专家认为，社区作为居民自治组织，缺乏足够的财力保证养老承诺的兑现，国家也无相关规定规范其运作，使得这一模式双方当事人都缺乏保障，容易出现纠纷等问题。

总体来看，以房养老虽然有多种形式，但目前各国政府主推的主要是反向抵押贷款这一形式，其他形式则多为民间自发进行的"自助型"以房养老方式。

第三节　住房反向抵押贷款的主要特征

住房反向抵押贷款是以房养老中最为复杂的产品和最典型的形式。由于其既能满足老年人的居住需求，也能作为养老资金补充来源，已成为不少国家和地区推行的最重要的以房养老产品。

一、住房反向抵押贷款的特点

（一）借款人的特定性

此类业务主要针对拥有房产的老年人开办，各国对这类借款人都规定了年龄、自有房屋产权等资格条件。例如，澳大利亚住房反向抵押借款人必须符合的条件是：澳大利亚居民且已年届65岁或以上；拥有自己的房产；贷款的目的是个人使用；没有其他借款（信用卡贷款等除外）。住房反向抵押贷款对借款人资格条件的规定，一方面是基于该产品的设计初衷，即它作为社会养老资金不足的一种补充，具有一定的政策属性，因此贷款对象应有一定针对性；另一方面则是出于对贷款机构风险控制的考虑，因为贷款期限需持续至借款人去世，借款人越年轻，贷款期限就可能越长，而向特定年龄以上的居民放款可以缩短整体贷款期限，减少贷款风险。

（二）抵押的特殊性

住房反向抵押贷款中的"抵押"是为了担保债务的履行，在债务人的特定物（住房）上所设定的，具有担保性质的一种权利。其具有抵押的一般特点，即物权性（包括物权的法定性、优先性、支配性、排他性和追及性等）、价值性（包括变价受偿性和物上代位性）和担保性（包括从属性和不可分性）。住房反向抵押贷款中的"抵押"也具有一些一般抵押所不具备的特点，是一种特殊抵押，其特殊性表现如下。

第一，抵押期限的不确定性。住房反向抵押贷款中的抵押期限是不确定的，由借款人的寿命来决定，而一般的抵押贷款期限是能够事先约定的。

第二，担保的债权额具有特殊性。此种特殊性体现在两个方面。一方面，住房反向抵押贷款中抵押担保的债权额度一般是预估的，事先不能确定总金额，而一般抵押担保的债权额度能够事先确定具体的金额。另一方面，一般的抵押中，所有的债权金额都需要偿还，若债权总额超过抵押物价值，超过的部分沦为无担保的一般债权，但也需要偿还。而在住房反向抵押贷款中，依各国通例，受"无追索权"条款的限制，需要偿还的债权总额以抵押房屋出售时的实际价值为限，对于债权金额超过抵押住房价值的部分，债权人无权要求债务人以抵押房产之外的其他财产归还，因而带有一定的风险投资的性质。

（三）所有权的存续性

住房反向抵押贷款的借款人在其贷款期间仍然拥有房屋的所有权，例如，借款人可以把房屋遗留给自己的继承人（但继承人继承房屋是以其归还全部贷款本息为前提条件的）；借款人也应履行房屋所有人的义务，例如，缴纳房产税、保险费以及修缮和维护房屋等。贷款机构取得的是房屋的抵押权，其提供贷款的目的不是要占有房屋，而是确保贷款本金和利息的收回，这一点与传统的抵押贷款相一致。

（四）居住权的保有性

在签订住房反向抵押贷款合同之后，借款人仍拥有房屋的居住权，直到借款人死亡（在以夫妻共有房屋申请住房反向抵押贷款的情况下，直到最后一个借款人死亡），或合同规定的其他满期情形出现，如借款人出售房屋或者永久搬离房屋。该种居住权保有特征与其解决老年群体养老问题的属性是分不开的。该贷款利用其放款和还款方式的特殊，在解决社会老年群体养老资金不足的同时，也保障了老年群体的居住权。

（五）还款方式的特殊性

其偿还是在借款人去世或是永久搬离该房屋时，贷款人将抵押的房屋出售或变卖，以所得款项来偿还贷款的全部本息。出售房屋所得价款，在扣除交易费用和偿还全部贷款本息后如有剩余，剩余部分一般仍归借款人或其继承人所有，而如果房屋出售所得价款不足以清偿贷款本息，贷款人一般也无"追索权"，即当出售房屋所得价款不足以清偿贷款的本金和利息总额时，贷款人所能收回资金的最大额度为房产价值，没有权利要求借款人或其继承人归还不足部分。

二、住房反向抵押贷款的属性

住房反向抵押贷款因开办机构的类型和具体方案设计不同，可能有不同的业务属性。住房反向抵押贷款的属性界定，对贷款要素制定、营运机制、业务开办、机构选择、具体方案及实施运作等，都十分重要。参考国内部分学者的研究结果，其属性主要有以下几种。

（一）抵押贷款

反向抵押贷款同一般的住房抵押贷款有着较多的相似性，如都需要住房才能申请抵押，计算并偿还贷款的本息要由银行等金融机构来操作，等等。但它与一般的住房抵押贷款相比较，又存在着许多不同点，如贷款期限不确定、贷款期间无须偿本息、贷款到期用住房而非通常的货币来清偿贷款，以及贷款对象一般限于特殊群体、政府对该业务可能给予相关财税政策的激励优惠等方面，这些都与一般贷款的特性差异较大（参见下文所述）。在住房反向抵押贷款的运作过程中，银行作为资金量大、网点众多、信誉良好的金融机构，往往扮演着资金提供者等重要角色，发挥着重要作用，这也使得住房反向抵押贷款更具贷款的属性特色。

（二）寿险商品

住房反向抵押贷款在相当程度上，也可视为一种寿险年金业务，在英国等国家，这类"抵押房产、领取年金"的业务，被称为"抵押年金"（Collateralized Annuity）或"逆向年金"。在住房反向抵押贷款这一业务繁多的种类和开办形式中，期限确定、到期用货币还本付息类型的产品，更具贷款的特色；而期限不确定、贷款期限随同老人的预期寿命而定、到老年人死亡时用住房来偿还贷款的产品，因借款人实际寿命的不确定性、抵押房产价值的波动性，需要保险精算及保险保障机制的介入，加上年金方式的给付类型，都使得住房反向抵押贷款在一定程度上具备寿险年金产品的特色。

（三）住房期权

住房反向抵押贷款业务的推出，同期权理论有很大关联。根据该理论的说法，这类借款人拥有一个卖出期权，即在房屋抵押合同到期时，既可以让贷款机构取得该房屋产权以偿还贷款的本息，借款人或其继承人也可以自行偿还贷款本息，以保住家庭对该抵押房产的产权。借款人及其继承人是否行使此一卖出期权，在于两种选择之间的成本收益比较，这一卖出期权的价值通常是不确定的。因此，住房反向抵押贷款又可称为一种住房的期权出售，是住户以反向抵押的形式将自有产权的住房，在一个不确定期限的时期里，分期分批地出售给业务主办机构，该机构则通过分期分批给付贷款的形式，将该抵押住房的产权逐渐收购进来，到最终的贷款期满或更确切地说是借款人死亡之时，再完全地取得该住房的使用支配权，并通过出售、出租等方式，谋取差价收益。

（四）房地产投资

在禁止金融机构投资商业性住宅的国家中，反向抵押也被视为是金融机构借机突破政策法规羁绊的一种房地产投资行为，是其向房地产业作深层次、全方位介入的一种举措。金融机构推出住房反向抵押贷款业务，可被视为金融机构将其拥有的金融工具，同住房、养老保障两大事业紧密地结合起来，在三者之间找到良好的契合点。

（五）自我养老方式

住房反向抵押贷款使得老年人暂时不需要出售和搬出他们居住的房产，就可以定期获得一笔现金或存款以房养老，从而提高其生活水平。因此，住房反向抵押贷款在一定程度上具有自我养老保障的成分，它为符合特定条件的老年人晚年享受退休时光提供经济支持。这类老年人往往属于"房产富裕，现金贫困"（House Rich，Cash Poor）的中低收入群体，并且房产无须留给子女继承，具备以房养老的基础条件。

三、住房反向抵押贷款和一般抵押贷款的比较

（一）二者共性

1. 都具有抵押贷款的属性。两者都是资金需求者以其所拥有住房的产权为抵押，来获取所需要的款项。

2. 抵押物都是住房，而且借款人拥有居住权。两者都是在将住房产权抵押后，住户仍继续拥有该住宅长期居住的权利。住房产权的抵押与否，与该住房的正常使用居住并无直接关系。

3. 主体之间关系与利润实现模式一致。两者都体现了一种借款人与金融机构之间的债权与债务关系，都是以住房为抵押向金融机构申请并取得贷款，最终都需要还本付息。

4. 都是融资工具。两者都是立足于房主针对住房进行资金融通的需要。

（二）二者差异

1. 对贷款机构的要求不同。一般房屋抵押贷款的贷款机构只能是银行等特定金融机构，但反向抵押的开办机构种类更多，可以是银行、寿险公司、信托公司或其他金融机构，以及专门开办此业务的特设机构等。如美国政府规定，房产价值转换抵押贷款（HECM）的合法贷款机构为"任何银行、信托公司、国家银行联盟、储蓄银行、储蓄和贷款协会、联邦储备银行、联邦储备和贷款协会、信用联盟、联邦信用联盟和任何授权的抵押银行以及其他 FHA 特别授权的实体"。

2. 对借款者的要求不同。一般抵押贷款对于借款人年龄无特别限制，通常具备还贷能力的成年人即可，且可贷金额须以房屋状况为评估基础。而反向抵押对于借款人的年龄及其他资质则有限制，在评估可贷金额时，对借款人的年龄及房屋价值都要考虑在内（每年或定期可重新评估）；对于政策支持的业务，政府往往对可贷金额规定上限，以免整体风险超出政府担保能力。

3. 现金流和产权转换的方向不同。首先，现金流的方向不同。传统住房抵押贷款是一次性放贷，分期收回；而住房反向抵押贷款是分期放贷，最后一次性收回。正是由于二者现金流的方向不同，反向抵押贷款被冠以"反向"之名。

其次，资产转换的方向不同。从借款人的角度看，传统住房抵押贷款是将流动性资产（货币）向非流动性资产（住房）的转化；住房反向抵押贷款是将非流动性资产（住房）向流动性资产（货币）的转化。

最后，产权移动的方向不同。传统住房抵押贷款在本息全部还清之前，借款人拥有住房的使用权，但由于产权被抵押，直到贷款本息全部还清后才能取得对该住房的全部产权；住房反向抵押贷款在贷款实施之前，借款人对该住房拥有全部或部分产权，随着贷款余额的增长，借款人对该住房的产权逐步减少。如某住房资产的价值是 30 万元，当负债 10 万元时，住户对该住房资产权益的价值即为 20 万元。住房资产的价值一定时，负债额度越高，住户对该住房拥有权益的份额就越低，反之则反。

4. 住房状况不同。住房的生命周期是指从住房初始设计、建造、长期使用居住到最终的报废清理、拆迁或重新建造的整个期间。抵押贷款通常位于住房使用周期的前期或中期，反向抵押则大多位于住房使用周期的中后期。申请住房抵押贷款者，都是为购买住房而申请贷款，尤其是购买初始建造的新房，当然也有为购买二手房而申请抵押贷款者。申请反向抵押者，则多是已居住多年旧房的借款人，是对使用后期的住房资产价值的重新整理和释放。

5. 贷款目的不同。一般抵押是住户因购买住房的资金不足而向金融机构申请贷款，反向抵押则是住户为满足养老保障的需要，将住房的资产价值释放。

具体而言，一般抵押贷款的目的较为明确，就是人们以购房为目的，在购买住房出现资金短缺时，向银行申请贷款以筹措资金购房，贷款机构放贷的目的则是为了获得利息收益。

反向抵押是老年户主为了获得资金用于满足养老生活需求，是对自己拥有住房资产的产权和价值的一种特殊安排。贷款机构的目的除了获取利息收益的一般目的之外，还可依照约定分享房产升值部分。同时，由于该业务带有一定的政策属性，政府鼓励开办该业务还带有应对老龄化危机、减轻国家和个人养老压力等宏观目的。

6. 贷款发放和还款方式不同。一般抵押贷款是银行将款项一次性贷款给购屋申请人，然后再在整个借贷期间内分期分批收回贷款本息。反向抵押则不同，它在契约规定的整个借贷期间内，借款人通常分期分批地取得约定的款项，贷款到期（实质上大多为借款人死亡）之时，再用住房作价或用货币全部一次性地清偿贷款本息，也即反向抵押在贷款年限内无须还款，只在最后一次性收回贷款本息。

7. 还贷标的不同。一般住房抵押贷款业务中，借款者从银行借入的是货币并用于购买住房，用于清偿贷款的也是货币。而反向抵押业务中，贷款的清偿，最终可能是货币，也可能是用住房作价来清偿。在大多数的情形下，作为借款者的老年住户，是没有足额的现金来清偿贷款的，否则当初也不需要申请反向抵押。此时，能够作为清偿方式的只能是老年户主拥有的最后一笔财产——居住住房的房产价值，以此作为最终清偿贷款的保障。这时贷款机构要对该反向抵押的住房给予估价、计算并对外出售转让，用出售所得款项来抵付已经发放的贷款本息。

8. 还贷方式不同。一般抵押的清偿是在整个借贷期内分期均等地或递增递减地清偿本息，到整个借贷期结束时贷款本息已全部清偿完毕，债务随时间的变化不断减少，自有资产则不断增加。反向抵押则是分期贷款，整个借贷期结束后一次性清偿本息，清偿本息的方式也是用住房拍卖变现清偿，或是直接用该住房来清偿。债务人所欠利息每个月都要加到本金上去。在复利计息的情况下，随着时间的增加，借款人的债务不断增加，自有资产则不断减少。

9. 还贷期限不同。一般抵押贷款的还款期限，是借贷双方事先约定并在贷款合同中予以明确表示、按约定实施，而提前还款时可能面临违约金的惩罚性约定。关于反向抵押的期限，有些合同约定是定期的，但大多数合同却是以借款人死亡时间为贷款到期日，这一点显然是事先无法预计的。

10. 经营风险不同。一般抵押贷款由于有新房作抵押，风险相对较小，对贷款银行并不构成太多损失。贷款机构的回收款项，一般而言是有把握的，至少是有该房产作为抵押；而且房屋的价值在一般情况下，持升值状态，变卖还款通常情况下不存在问题。

反向抵押的业务实施，则需要涉及住房价值的波动风险、长寿风险、抵押物风险、支付风险、逆向选择与道德风险、购买力风险、政策风险等诸多风险。而且反向抵押的抵押物是旧房，由于贷款期限不确定、房价波动趋势难以掌握、住房维护难以监控等原因，业务推行中的风险要远远大于一般抵押贷款。

11. 财税政策激励不同。住房抵押贷款的实施，一般是贷款银行同申贷人之间的一种商业行为，国家相关经济政策对此应该大力倡导和鼓励，但并不必要在财税政策上给予特别的优惠。但反向抵押则有不同，申请贷款者都是年逾60岁或更高年龄的退休老人，且经济收入又较低，申贷的目的也是为了筹措资金用于养老，对此国家理应给予种种政策支持，包括税收减免、财政贴息、费用税前列支等多种优惠。

12. 业务属性不同。一般抵押贷款是一种简单的融资行为，体现了一种借贷双方纯粹的债权债务经济关系，完全可以遵循市场机制予以运作。反向抵押不仅是一种融资行为，还体现了福利资助的属性。它涉及养老问题，是对年老而又贫弱的老人的一种生活资助和所拥有房产价值的特别安排，是一种养老的新途径，具有强化社会保障的功能。这体现了一种政策行为，还附有沉重的公共福利色彩。两种业务的属性不同，应当遵循的指导原则及具体的制度规定等也应有所差异。

13. 经营性质不同。一般抵押贷款业务的经办机构是希冀从中获利的，即通过发放贷款取得相当的利息收益。反向抵押贷款业务的开办，则因信息不完全、时限不确定等，蕴涵着太多的风险。考虑到借款人都是年事已高的贫弱老人，面对着长期的养老生涯，还款资金又是其赖以存身立命的住房，因而这项业务的开办固然要考虑经济效益，但却很难指望可从中获得较多盈利。事实上，业务开办机构也应承担其应有的社会责任，不应借此在老人身上赚取大钱。

14. 获取成本不同。反向抵押贷款号称是一种代价昂贵的贷款，参与其中所需要发生的费用比普通住房抵押贷款要高得多。由于住房反向抵押贷款往往持续20年甚至更长的时间，涉及了太多的不确定性，并且住房反向抵押贷款协议签订后，借款人还可以居住在自己的房屋内，对于贷款机构而言风险大、监控难、管理成本高，因此其交易成本和服务费往往很高，可以达到住房价值的 1% ~ 2%。同时，开办者往往对可贷金额有限制，从国外经验来看，可贷款额往往不超过住房评估价值的 40% ~ 60%。可贷金额较少，进一步增大了其获取成本。

表 1-1　　　　　住房反向抵押贷款和一般住房抵押贷款比较

比较项目	住房反向抵押贷款	一般住房抵押贷款
贷款机构	多元化	银行
借款者	老年户主	中青年户主
住房产权	产权反向抵押	产权抵押
住房状况	居住的中后期	居住的初期
贷款目的	资产价值套现养老	购房生活居住
贷款发放	贷期内分期贷款	一次性整体贷款
贷款归还	到期一次性全部归还	贷期内分期归还
贷期开始所拥有的住房权益	全部权益	首期付款的权益
贷期结束所拥有的住房权益	大量负债，几乎没有房产权	负债归于零，拥有房产权

续表

比较项目	住房反向抵押贷款	一般住房抵押贷款
还贷手段	住房或货币还贷	用货币还贷
贷款期限	定期或不定期	定期
向机构负债的状况	前期小，逐步加大	前期大，逐步减小
住户对住房的权益	前期大，逐步减小	前期小，逐步加大
涉及事项	复杂，联系面广	简单，联系面小
每期付款额度的确定	复杂，可能发生多种变化	简单，易于确定
经营风险	很大，前期小但逐期加大	较小，且逐期减小
财税政策	应予优惠	一般不优惠
参与者范围	银行、保险、房产商、政府等	银行、房产商
业务属性	有政策属性	商业化经营
获取成本	相对较高	相对较低

四、住房反向抵押贷款的类型

根据反向抵押贷款的给付方式、提供贷款机构的性质、利息计算和支付方式、贷款金额使用范围是否受限制，及是否分享房屋增值等方面的区别，住房反向抵押贷款可以细分成很多类别。

（一）按给付方式不同区分

反向抵押贷款借款人根据自己的偏好，一般可以选择以下给付形式：（1）趸领，即一次性领取（Lump Sum）。纯粹的一次性领取贷款在反向抵押贷款借款人中并不多见，因为一般老年人并没有能力从事有效投资以保证资金保值增值，并且老年人在办理贷款之时，一般刚刚退休不久，健康状况和财务状况尚可，对大笔资金的需求不大，而更倾向于将资金留以应对未来可能发生的支出。（2）固定期限按月领取，即在一定的期间内，如1年或若干年内，每月领取固定的金额。由于领取期限固定，而老人的剩余寿命却存在不确定性，借款人往往担心期限到期时，自己还活着却无法偿还本息而被迫交出房子、流离失所，这种方式在市场上已经逐渐萎缩。（3）终生按月领取，即每月领取固定金额直至死亡。（4）信用额度领取（Line of Credit），即允许借款人在任何他们需要的时间，在贷款机构确定的信用限额内，领取限额以内的任意金额，而利息也只在资金被实际领取时开始计算，且仅针对已领取部分进行计算。（5）以上几项的组合。比如选择一定额度的信用领取，其余部分以终生按月的形式领取。

从实践中看，最普遍被选择的方法是信用额度领取方式，因为人们往往凭直觉认为信用额度领取的成本介于趸领和按月领取两种方式之间，况且这是最具灵活性的选择，既能保证借款人在需要用钱时随时领取，又能减少利息开支。从 1999 年以来，美国大约有 2/3 的反向抵押借款人选择了这一方式。

（二）按提供机构的不同性质区分

反向抵押贷款按运作模式和提供贷款机构的性质，基本上可以分为以下两类：（1）由政府机构直接运作，或由有政府背景的公司作为政府的辅助机构进行运作。这类反向抵押贷款被称为公共计划。公共计划又可以分为直接的和间接的两种。直接的公共计划由政府机构或有政府背景的公司直接运作。间接的公共计划指政府通过出台相应的扶持政策，鼓励、推动私人银行、保险公司等贷款机构运作，走政府支持和市场化运作相结合的道路；这类反向抵押贷款带有一定的福利性质，政府及所属机构会提供担保、免费咨询服务等，承担一定的兜底责任。（2）由私营的金融机构进行运作，走纯商业化运作道路，风险自负，不享受政府担保等政策优惠，被称为私营计划。

在公共计划和私营计划之间，往往存在较为明显的差别。

一方面，大多数公共计划对房屋资产价值的要求比较低或没有要求，利率比较低，而私人计划要求的房屋价值相对高一些，利率也比较高。这是因为，公共计划往往是对仅靠退休金不足以生活的老人进行补贴，是一种带有福利性质的贷款，其主要目的是增加他们在退休金之外的收入、保障生活质量，而私人计划更通常是被作为一项金融产品向较富有的老人推出，目的是帮助其生活更加舒适。

另一方面，公共计划一般对借款人的资金使用有较严格的限制，例如仅能用于支付日常生活费用、医药、护理服务的费用或修缮房屋的费用，而私人计划基本上对贷款用途没有限制。但在这方面，美国的房产价值转换抵押贷款（HECM）属于相对比较宽松的公共计划，它对贷款用途没有限制，这也是 HECM 成为美国市场上最受欢迎的反向抵押贷款产品的原因之一。

（三）按利息计算和支付方式的不同区分

首先，利率的计算可以分为固定利率和浮动利率两种。在市场利率波动的情况下，固定利率的产品会给贷款机构带来更大的风险，但好处是贷款机构可以在交易之初准确预计给付的金额。英国开展的"安全房屋收入计划"（Safe Home Income Plan，SHIP）就是一种固定利率的反向抵押贷款。而在美国，由于作为反向抵押贷款二级市场唯一购买者的抵押协会（Fannie Mae，也称为房利美）只收购浮动利率的反向抵押贷款，因此大部分的反向抵押贷款都采用浮动利率。美国反向抵押贷款利率盯住一年期国库券利率浮动，但美国政府对每年的最大波动幅度及贷款整个存续期内的最大增长幅度有一个限制，该限制被称为"利率帽"（Interest Cap），这在一定程度上保护了借款人的利益。

其次，在利息归还方式上，也有两种选择。一种是在领取年金的同时，每年支付利息。另一种是利息和本金一起到贷款到期时支付。

（四）按贷款的使用范围是否受限制区分

在一些单一目的、大多数是公共计划的反向抵押贷款中，贷款的使用范围受到很严格的限制。如美国的"递延偿还贷款"（Deferred Payment Loans，DPLs）及日本的 MUSASHINO – CIYT。这些单一目的贷款一般由国家或当地政府团体提供给低收入的个人（不仅仅针对老年人，但对老年家庭优先），有的被限制只能提供给残疾人士或老年人；资金仅限用于支付财产税、房屋维修费等。上述借款人通常都不需要或仅需支付很低的费用（比如贷款启动的费用和合同签订的费用），并且借款人在房屋中连续居住超过一定时间后，还款额可以被减免一部分。而其他的反向抵押贷款，一般对贷款使用范围并无限制，可以用于消费、投资等。

（五）按房屋增值额是否与贷款机构分享区分

受房地产市场波动的影响，在贷款期间以及到期时，被抵押的房产存在升值的可能。在升值分享型抵押贷款（Shared Appreciation Mortgage）中，贷款机构与借款人分享一部分房产升值，但不分担房屋贬值带来的任何损失。一般来说，这种贷款利率较低。在英国，苏格兰银行率先推出这种贷款，后来巴克莱银行也跟进。这种业务中，房主可以得到一笔低息甚至无息贷款，而且贷款者的还款期限不定，可以任意选择。但是，在房屋出售或房主死亡时，房屋升值的那部分收益必须与贷款银行分享，比如苏格兰银行规定房屋升值收益的 75% 是由银行享有。英国这种贷款由于利率较低等原因，较受欢迎，但由于没有吸引到足够的长期资金支持等因素，上述产品已经停办。美国的 HECM 产品也有增值分享方面的条款约定，贷款机构可以分享 25% 的房产净增值收益，但所分享的增值收益与利息相加后的实际有效利率不得超过 20%。

除分享型的贷款外，也存在非分享型的贷款，不论房屋是否升值，借款人都只需要归还以前领取的贷款本利和，而升值部分可以留给他们的继承人。

五、住房反向抵押贷款的主要风险

住房反向抵押贷款被公认为一种风险较大的产品，它面临的风险主要有如下几方面。

（一）贷款机构可能面临的风险

1. 借款人长寿风险。由于此类贷款合同往往以借款人死亡作为合同期满的条件，在借款人有生之年，贷款机构需要持续支付贷款，因此借款人寿命的长短对贷款业务的效益影响很大。在签订合同时，由于老年人寿命是不确定的，贷款机构只能按假设的预期寿命计算给付额。但随着社会的进步，老年屋主可能比预期长寿，贷款机构存在最终给付额可能高于抵押房产现值的风险。

2. 利率风险。利率是厘定贷款给付额的重要因素，贷款机构在厘定贷款金给付额时，需要对利率长期走势作出预判，采用预期平均利率进行测算。因此，贷款机构对于长期利率走势若判断错误，可能造成严重亏损。

3. 流动性风险。此类业务需要贷款机构先行支付大笔现金，而房产变现出售则在多年之后，对贷款机构的资金占用较大、期限较长，对其经营稳定性等方面影响较大。

4. 房价波动风险。房价存在波动性。贷款到期时房屋的价值若下跌，可能影响到债权的保障。由于此类贷款一般具有"无追索权"保证，即借款人债务总额以房屋价值为上限，对于房屋价值低于贷款本息和的部分，贷款机构不能向借款人或其继承人追索，将被迫承担资不抵债的损失。此外，在借款人死亡或移居前，房屋皆为借款人使用，若借款人未善尽修缮与保养责任，房屋可能跌价，并进而影响债权回收。

5. 商誉风险。若借贷双方有合约纠纷，无论何方胜诉，社会公众大多同情高龄长者。贷款机构一旦处理不慎，可能面临"赢了官司、输了民心"的窘境，企业形象易受损。

（二）借款人可能面临的风险

1. 担保品价值不足与估价问题。对于自用住宅价值不足的老年人而言，可能难以获得足够的贷款，使得这项业务无法落实在偏远地区或真正需要资金的老年人身上。而业务操办中，需要对借款人的房产进行估值，也可能存在因估价不足而无法满足老年人期望的问题。

2. 借款人提前死亡的风险。有的反向抵押贷款产品约定抵押品处分价值大于债务金额的收益，全部或部分归贷款机构所有；而贷款发放往往是按月给付固定金额，债务总额的大小与借款人的寿命密切相关，活得越长，得到的贷款金额可能越多。因此，贷款协议签订后，借款人越长寿，能够得到的贷款给付额越多，越能从中受益；但若借款人因意外、疾病或其他原因较早死亡，对其自身而言则较为不利。当然，针对借款人的此项担忧，大多数反向抵押贷款产品都约定，抵押品处分价值大于贷款本息和的部分，可按一定比例返还给借款人或其继承人。

3. 开办机构倒闭的风险。此类贷款发放往往是按月给付固定金额，如果中途开办机构因经营不善倒闭，可能导致贷款金给付中断等问题，使得借款人的利益受损。因此需要政府建立健全市场退出机制，保障借款人在开办机构破产等情形下，依然能够得到贷款资金。

相比一般的抵押贷款业务，反向抵押贷款业务的风险要大很多。因此，反向抵押贷款业务需要健全的法律保障和完善的制度设计，为供需双方增强信心、解除后顾之忧。一方面，要保障老年人合法、合理的权益；另一方面，要建立健全风险规避机制，解决开办机构可能面临的房价下跌风险及流动性等问题。

第四节　以房养老的理论基础

一、消费函数理论

消费函数理论是西方经济学理论的一个重要组成部分。消费函数反映了人们消费支出与决定消费的各种因素之间的依存关系，其研究目的在于确定消费者在面临预算约束的条件下如何确定消费量以期实现效用最大化。自凯恩斯的《就业利息和货币通论》后，消费函数理论研究和实证研究的进展层出不穷，其中占主导地位的有两个理论：莫迪利安尼的生命周期理论和弗里德曼的持久收入理论。

生命周期理论是由美国经济学家 F. 莫迪利安尼（Franco Modigliani）和 R. 布伦贝格（R. Brumberg）、A. 安东（Alberto Ando）共同提出来的，他们依据微观经济学中的消费者行为理论，从对个人消费行为的研究出发：首先，假定消费者是理性的，能以合理的方式使用自己的收入进行消费；其次，消费者行为的唯一目标是实现效用最大化。这样，理性的消费者将根据效用最大化的原则使用一生的收入，安排一生的消费与储蓄，使一生中的收入等于消费。

生命周期理论的基本思想是：一个理性的消费者，是在相当长的时间内计划消费和储蓄行为，将全部收入在整个生命周期内进行最佳配置，对消费作出合理安排，以实现个人效用的最大化。也就是说，一个消费者的消费行为，不是取决于当期收入，而是取决于一生中的全部收入。根据边际效用递减规律，要使总效用达到最大，消费者必须均匀地消费其一生的财富。但在生命周期的不同阶段，收入水平是不同的。一般来说，刚参加工作时收入较少，以后逐渐增加，到中年阶段达到最大，退休后收入又降了下来，甚至几乎没有收入。由此，为了实现在不同阶段消费的基本平稳，综合考虑其过去积累的财富、现在的收入、将来的收入、可预期的支出以及工作时间、退休时间等因素，一个人要对消费和储蓄作出全面安排。当收入高时，要适当进行储蓄；当收入低时，要进行反储蓄（即储蓄为负），总的约束条件是生命周期内总收入与总支出的均衡。

持久收入理论是由美国著名经济学家弗里德曼（Milton Friedman）于1956年提出来的。持久收入理论将居民收入分为持久收入和暂时收入，持久收入是指在相当长时间里可以得到的收入，是一种长期平均的预期内得到的收入。持久收入大致可以根据所观察到的若干年收入数值的加权平均数来计算。暂时收入是指在短期内得到的收入，是一种暂时性的偶然的收入，可能是正值（如意外获得的奖金），也可能是负值（如被盗等）。

持久收入理论认为，消费者的消费支出不是由他的现期收入决定的，而是由他的持久收入决定的。也就是说，理性的消费者为了实现效应最大化，不是根据现期的暂时性收入，而是根据长期中能保持的收入水平即持久收入水平来作出消费决策。这一理论认为，在长期中，持久性收入是稳定的，所以消费函数是稳定的。暂时性收入变动通过对持久性收入变动的影响而影响消费，所以短期中暂时性收入的变动会引起消费波动。弗里德曼认为，持久收入不仅包括劳动收入，而且还包括财产收入。因此，消费不仅取决于收入，而且还取决于财产。

由于生命周期理论和持久收入理论在本质上是一致的，结论也大同小异，因此，常被统称为生命周期—持久收入理论（Life Cycle Hypothesis – Permanent Income Hypothesis, LC – PIH）。LC – PIH认为，消费者的消费需求是由他一生拥有的总收入决定的，当前收入增加导致消费者一生可利用的资源增加，从而引起消费的增长，但这些增加的收入要均匀分配到生命周期中，使其在生命周期各阶段的消费同等程度地增加。LC – PIH将消费者看做理性经济人，具有"前瞻性"，其消费决策不仅依据现期收入而且还依据未来的预期收入，即消费者依据持久收入进行消费，当期收入与当期消费之间不具有严格的对应关系。

生命周期—持久收入理论是以房养老模式最基本的理论依据。住房是家庭的重要资产，它与储蓄、股票、债券等金融资产一样，是由货币收入转化而形成的，属于持久收入。但由于它属于不动产，而且过去较长一段时期缺乏灵活有效的转换工具，造成交易变现困难，因此以往在统筹安排储蓄与消费时，往往只包括金融资产，一般不考虑住房资产。住房反向抵押贷款的推出，将住房这种不动产资源也得到了合理配置和优化利用，从而丰富和发展了生命周期理论。这样，当人年轻的时候，通过抵押贷款的方式购买住房，到中年或至少在退休前把贷款偿清，拥有了住房的完全产权；当他退休后，收入降了下来，可以动用工作时期财产的积累，把住房反向抵押给金融机构，获得现金，用于养老，从而达到"削峰填谷"的目的，也即实现了生命周期中收入的优化配置和消费的均衡。

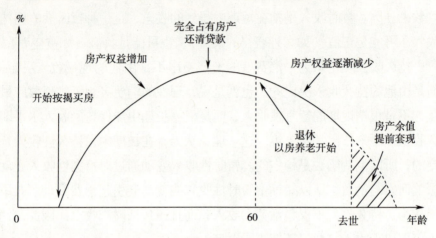

图 1-1 房产权益比例和个人生命周期图示

二、资源配置优化理论

西方经济学中的微观经济学是研究家庭、厂商和市场合理配置经济资源的科学。资源是稀缺的，需要是无限的，这是经济学研究的基本矛盾。基本矛盾产生经济问题：如何最优地或有效地配置资源。资源配置（Resource Allocation）是指对相对稀缺的资源在各种不同用途上加以比较而作出的选择。资源是指社会经济活动中人力、物力和财力的总和，是社会经济发展的基本物质条件。在社会经济发展的一定阶段，相对于人们的需求而言，资源总是表现出相对的稀缺性，从而要求人们对有限的、相对稀缺的资源进行合理配置，以便用最少的资源耗费，生产出最适用的商品和劳务，获取最佳的效益。

资源配置理论是研究国家、社会、企业、单位乃至家庭如何使资源得到优化配置和合理利用，达到效用最大化的理论。作为国家社会、企业单位或家庭个人，其占有的资源类型、规模大小、理财目标等，固然有很大的差异，但有一点是相同的，即都要考虑如何将其所拥有的各项人力、物力与财力资源，通过某种机制与形式的安排，达到最优化配置，使得资源的功用得到最大限度的发挥。

家庭是社会的细胞，如何使家庭的经济资源得到合理利用，是近年来日益受到广泛关注的问题。经济学大师加里·贝克尔在其经典著作《家庭经济分析》中指出，家庭是一个经济组织，这个组织运行的前提是拥有一定的人、财、物资源，运行的特点取决于家庭的规模、结构和所处生命周期的阶段，运行的目标则是对家庭拥有的各项资源进行合理配置，以最大限度地满足家人共同生活的需要，实现家庭效用的最大化。

家庭资产一般包括金融资产、实物资产和不动产。以往的家庭经济分析多是局限于金融资产和实物资产，对不动产涉及的较少，资源配置手段也是借助于储蓄、贷款、保险、信托等金融工具。但住房作为大多数家庭最主要的财富，也应把它考虑进去。按照资源优化配置理论的要求，对家庭资产的配置应做到以下三个方面。一是从资源配置的内容上来说，不仅要对家庭的某一时期、某一项目的收入、支出、财产的运用、物品劳务的购买、投融资行为等进行理财策划，实现既定目标，而且要对所有的家庭资源统筹安排，优化利用。二是从资源配置的手段来说，要创新不动产变现利用的工具，使房主可以随时随地根据自己的需要将其所拥有住房的所有权或使用权变现。三是从资源配置的周期上说，不仅要考虑一时，而且要考虑一世，实现家庭经济资源在整个生命周期中的优化利用。

三、外部性理论

外部性理论由福利经济学的代表人物庇古提出，后经新古典经济学的代表人物马歇尔发展而形成。外部性理论是当代西方经济学在研究市场失灵的过程中建立起来的。所谓外部性，是指一个经济活动的主体对它所在的经济环境的影响。当存在外部性的时候，从事某种经济行为的经济单位不能从其行为中获得全部收益，或者不必为之支付全部成本。在这种情况下，社会所得到的收益或所承担的成本与经济行为人的收益或成本不相一致，从而引起市场失灵。

外部性理论认为，外部性的影响方向、作用和结果具有两面性，可以分为外部经济和外部不经济。那些能为社会和其他个人带来收益或能为社会和其他个人降低成本支出的外部性称为外部经济，它是对社会和其他个人有利的外部性；那些能够引起社会和其他个人成本增加或导致收益减少的外部性称为外部不经济，它是对社会和其他个人不利的外部性。福利经济学认为，由于外部性的存在，使得整个经济的资源配置不能达到帕累托最优状态。

外部性理论为政府干预经济提供了有力依据。该理论认为，为了纠正外部性所造成的资源配置不当，政府可以采取以下政策措施：（1）使用税收和补贴。对产生外部不经济的企业，国家应该征收数额等于该企业给社会其他成员造成损失的税收，从而使企业的私人成本等于社会成本；对于产生外部经济的企业，政府应当给予补贴。（2）合并企业。把产生外部影响的经济单位与受到外部影响的经济单位合并在一起，外部影响就成为一个单位的内部问题。合并后的企业按照边际成本等于边际收益进行生产，将会形成符合社会要求的社会边际成本等于社会边际收益的生产量，此时资源配置达到帕累托最优状态。（3）规定财产权。根据科斯（Coase）定理，只要产权清晰，那么在交易成本为零或很小的情况下，无论初始产权如何界定，市场的最终均衡状态都是有效率的。所以如果财产权是完全确定的，并得到充分保障，则有些外部影响就可能通过产权的交易得到解决。上述三种方法在实践中要根据具体情况加以利用。

发展住房反向抵押贷款，会产生正的外部性，具有巨大的社会效益。对于住房反向抵押贷款的提供者来说，由于住房反向抵押贷款产品风险大，社会认可度低，市场开拓困难，它难以获得社会平均利润。但这项业务所产生的社会利益是巨大的，它增强了社会稳定因素，改善了老年群体的生活状况，更重要的是缓解了政府养老支出的压力，使得政府可以用节省出来的资金从事其他事业，或支持更多的老年人改善生活，使更多的人从住房反向抵押贷款中获得收益，从而产生了外部经济。

根据外部性理论，当存在外部经济时，在完全竞争条件下，私人活动的水平常常要低于社会所要求的最优水平，或者私人活动根本不可能提供这种产品。这可以从国外发展住房反向抵押贷款的历程中得到佐证。在这种情况下，政府就应对住房反向抵押贷款提供政策性支持，以消除外部性对成本和收益差别的影响，使私人成本和私人利益与相应的社会成本和社会利益相等，最终使资源配置达到帕累托最优状态。

四、其他相关理论

（一）代际财富传递理论

代际财富传递理论，也称财富代际转移理论或收入代际转移理论，它是揭示代与代之间财富传递及其影响的理论。一个家庭的财富合理配置和效用最大化，不仅包括家庭中各个事项、行为的资源化配置，而且包括在代际之间通过财富传递、遗产继承等而产生的资源优化配置。房产作为家庭中价值巨大的资源，更应合理地在代与代之间变现流动分配，以实现效用最大化和资源的合理利用。这也是可持续发展理论在家庭代际关系处置中的具体表现。

代际财富传递理论主要包括如下三种。第一，利他主义理论。该理论由加里·贝克尔和保罗在 1974 年提出，认为父母出于利他主义的动机，发自内心地关心子女的经济状况，并尽自己最大努力，给予子女经济和物质上的帮助，而且以给子女最大限度地留下遗产为自己生活的最大目标。第二，代际交换理论。1985 年 Bemheim 在《战略性遗产动机》中把加里·贝克尔的理论进一步深化，认为父母把财产留给子女，不仅仅是父母发自内心地关心子女生活，而且还有一个目的，就是通过自己言传身教来影响子女，以巩固家庭关系，把好的传统一代代传递下去。第三，代际交叠模型。该理论认为，任何时候都有不同代际人员共同生活着，每一代人在其生命周期内，都可以和不同代人发生"交易"。父母从小将孩子养大，父母年老后子女赡养父母，以及最后遗产的继承，这是一种特殊的交易行为，其基本形式是一个跨期的一般均衡模型。

目前，我国的家庭代际财富传递方式为：养儿防老、遗产继承。但是我国自 20 世纪 70 年代末开始实行独生子女政策，造成现在及未来大量的"421"、"422"家庭。在这种家庭结构下，子女们承担养老这一责任的能力存在不足，不论是经济承担、照料日常生活起居，还是精神抚慰，莫不如此。以房养老提倡老人不是将住房作为遗产交由子女继承，而是在自己晚年期间提前消化。它割断了传统的财富代际传递关系，是对传统养儿防老、遗产继承模式的直接挑战，并在相当程度上被各代人之间自求独立、自我养老的新理念所取代。这虽然多少是种无奈的选择，但在一定程度上符合社会的发展方向，符合市场经济发展的要求，有利于老年人的健康养老，同时也是老年人可选择采取的一种保护自己、供养自己的手段。

（二）不动产流动理论

不动产通常指的是房产，指附着于土地的房产及附属物。不动产的特点是不可移动或者与土地不能分离，但这是指其物质形态不能移动，而它的价值形态是可以流动的，即住户可以根据自己的需要通过买卖实现流动，以发挥最大功用。人们手中拥有各种资产，其中份额最重、数值最大、能长期发挥作用的是住房，它的价值占家庭全部资产的比重往往很大。不动产流动理论指出，流动性是不动产功用发挥的前提，不动产只有在不断的流动中才能发挥作用，并最大限度地实现财富的增值。以房养老是不动产流动理论的现实应用。它认为在老人晚年养老生活中，住房这种不动产可以实现流动，以更好地满足家庭经营融资的需求。即通过一定的创新，引进保险、银行等机构，提前变现房产价值，以满足退休后的养老资金需要，实现住房效用最大化。这样，住房就从一种超长期的耐用消费品，变化为具有流动性的资产，从而可以成为养老金的来源之一。

（三）两权分离和期权理论

住房产权是指住户对所拥有住房的各种权利，其中最主要的是所有权、使用权。两权分离，这里指的是住房所有权和使用权的分离，即老人将住房产权抵押给某一特定机构，而仍保留该住房的使用权，目的是提前变现，筹措养老费用。特定机构虽拥有住房抵押权，但要到老人去世后，特定机构才能实现抵押权、收回住房使用权。这里体现的正是两权分离思想。对老人而言，住房的所有权和使用权相比，所有权是居于第二位的，使用权才是最重要的。朝不保夕的生活将使拥有所有权成为一种奢侈，老人需要的只是住宅的使用权，直至百年归老。以房养老模式，就是买卖双方约定老人对住宅的使用权一直保留到老人去世，应该说是符合老人养老需要的。

以房养老模式的产权转移方式和期权有很多相吻合之处：第一，具有标的物（住房）；第二，交易和交割在时间上是分开的；第三，如住房交付价格低于住房余值，住房购买方把风险转嫁给出售方，其差额是风险收益；第四，具有明确的执行价格，老人在分期付款中得到的住宅价款就是执行价格。当然这种期权不是标准意义上的期权。

（四）保险精算理论

保险的经营一般遵循大数法则，即单个的随机事件虽然大多无规律可循，但大量的随机事件经过统计分析，却可能呈现一定的规律和特性。大数法则生效的前提在于数量要足够大、分布要足够广，可以有效分散个体风险。保险产品价格的测算就是依据这种原则，保险人首先将各种投保人及单位依据风险等级进行分类，依据数理统计及概率论的原则，结合风险测算结果对保险产品进行定价。

住房反向抵押贷款可以纳入保险的范畴，它是以投保人所拥有的住房在将来的所有权作为购买保险趸缴的保险费，由贷款人向住房所有者提供养老年金给付。对于借款人寿命不确定性、住房价值变动不确定性等风险，在承保数量足够大的前提下，可以用保险精算的办法进行测算定价。但住房反向抵押贷款与传统的人寿保险有着明显的不同。首先，业务流程不同。传统的人寿保险是通过对先收取的保险费进行投资，用所得的收益来回报投保人，并获取一定的利润。而住房反向抵押贷款则是先向投保人支付费用，在保险期限结束后，依据协议内容取得房屋产权，进行处置之后才能获得利润。其次，风险不同。由于保险公司获取利润时间的后置性，反向抵押贷款业务的实施要面临更大的风险。比如借款人的年龄、身体状况以及未来房地产市场走向，都对风险状况有影响。最后，社会责任不同。由于住房反向抵押贷款的对象是老年人，保险提供方承担着稳定社会、促进社会和谐的重担，所以要有高度的社会责任感。

（五）资产证券化理论

资产证券化（Asset-backed Securities）是自 20 世纪 70 年代后国际金融市场中发展速度最快、最具活力的金融工具之一。所谓资产证券化，美国证券交易委员会（SEC）认为它是由一个特定的应收款资产池或其他资产池来支持、保证偿付的一种证券。我国学者肖文、詹绚伟认为资产证券化就是指以融通资金为目的，将缺乏流动性但具有共同特征和稳定的未来现金收入流的信贷资产进行组合和信用增级（对该组合产生的现金流按照一定标准进行结构性重组），并依托该现金流发行可以在金融市场上出售和流通的证券的过程。这一金融工具通过盘活非流动资产，提高了资产的运作效率，优化了资源配置，降低了宏观经济运行的成本，为企业融资提供了新的渠道和模式。

以房养老模式在推行过程中要面临的一个突出难题就是资金凝固。开办此项业务的机构前期支付养老贷款需要大量资金支出，然而房屋的回收却要在数年甚至数十年后。资金投入巨大，回收周期却很长，必然造成资金的沉淀或凝固，同时面临很大的不确定性，这也就成了以房养老业务的最大瓶颈。资产证券化为克服这一瓶颈提供了解决途径。肖文、詹绚伟认为，基于以房养老模式与资产证券化所具有的三个共同特性，选择资产证券化作为以房养老改革的过渡途径具有可行性。首先，以房养老贷款所出售的标的——房屋是不动产，且具有一定的同质性，符合资产证券化标的的要求；其次，房屋归个人所有，难以直接在证券市场融资，必须依靠特殊信托机构进行资产重新组合，而这正是资产证券化的优势所在，且有利于政府的监督管理；最后，由于房屋从中长期来看，具有相当高的保值增值功能，可以保障未来较为稳定的现金流，这满足了资产证券化的必要条件。而通过资产证券化，贷款业务机构所获得的房屋资产可以通过资本市场实现有效流动，缓解现金支付压力，减弱贷款机构的支付风险。从另一个角度看，以房养老的资产证券化也为投资者提供了一种新型的投资工具。

然而，金融衍生品本身也是一把"双刃剑"，运用得当，它将作为很好的规避风险的工具；过度滥用，则反而将加大风险。次贷危机的出现必然会让许多人产生对于房屋贷款资产证券化的顾虑，进而虑及以房养老的资产证券化。对于这个问题，需要从两方面去看待。

一方面，以房养老的"倒按揭"贷款和一般的购房"正按揭"贷款不同。一般购房"正按揭"贷款是用贷款的钱去买房子，当房地产市场繁荣的时候，贷款机构放低门槛发放贷款，很多人贷款买房已经不是用于居住，而是投资，甚至投机。其结果就是推动房价的进一步猛涨，泡沫越吹越大。一旦泡沫破灭，房价失去支撑，借款人就会在房产投资上遭受巨大损失，无力偿还贷款，进而波及金融机构，引发危机。而以房养老贷款是金融机构根据第三方中介机构对房屋进行的价值评估，以借款人的全部房屋产权为抵押，并按一定比例发放的贷款。这样的逆序放贷不会助推房地产市场的虚假繁荣，相反，在老人去世后，抵押房屋要重新拿到市场流通，反而可以增加房源供应，促进市场供需平衡，从而稳定房价。而且对于贷款机构而言，以房养老业务是一个长期投资的过程，在市场趋势不发生巨大转变的情况下和有优质实物房产的保障下，"倒按揭"的安全边界还是相对较高的。

另一方面，任何金融工具的运用都要注意对于风险的控制及合理的配置。次贷危机的出现在很大程度上就是由于在房地产泡沫极度膨胀的情况下，金融机构降低放贷门槛，向信用评级很低的人群也大肆发放贷款，再将这些资产组合后投放市场实现证券化。以房养老资产证券化应该引以为戒，在放贷过程中对借款者的身份资质进行严格审核，对房产价值进行细致评估，努力做好风险控制。只要运用得当，以房养老资产的证券化还是大有可为的。

第二章　国际以房养老发展模式和经验

早在 400 多年前，地处欧洲的荷兰就已经有了以房养老的思想火花，出现了类似于反向抵押贷款的合同。其大致安排是，投资者购买老年人的住房，并允许他们有生之年免费租住，待老年人过世之后投资者收回该住房。虽然该产品在荷兰发展缓慢，但该贷款面世后它所构建出的这种能有效解决低收入老人的养老问题、提高他们晚年生活质量的模式迅速吸引了更多关注，在不断的创新与实践中，逐渐在欧美的一些国家推广开来。许多国家在综合考虑本国实际情况的基础上，推出了适合国情的以房养老产品，其中以美国模式最为成熟和完善。研究国外这种养老创新产品的做法和成熟经验，总结出其一般规律，对于我国具有重要的启示和借鉴意义。

第一节　美国发展以房养老的主要模式和经验

美国以房养老有数十年发展历程，可称得上是以房养老发展最为成熟和成功的国家。美国的以房养老产品主推反向抵押贷款，在提高美国老人养老生活水平等方面发挥积极作用。此外，美国老人通过租售房产换取资金以入住养老院或养老公寓的以房换养方式也较为流行。2006 年，美国有关部门对反向抵押贷款客户的调查报告显示，有 96% 的借款者认为反向抵押贷款能够完全或部分满足他们的财务需求。

一、住房反向抵押贷款模式

（一）美国住房反向抵押贷款发展的背景和历程

反向抵押贷款在美国政府文件中有清晰的描述。1987 年《全国住房法案》（*National Housing Act*）第二章第 255 节阐述了美国反向抵押贷款政策的目标：一是为了能够满足部分老年人的特殊需要，增加贫困老人的收入；二是支持、鼓励私营公司参与反向抵押贷款业务；三是确定反向抵押贷款市场需求规模，不断完善产品设计。但美国反向抵押贷款的发展也经历了曲折。

1. 美国住房反向抵押贷款的起步。美国真正意义上的第一笔住房反向抵押贷款可以追溯到 1961 年，由波特兰城的 Deering Savings & Loans 公司向一名中学足球教练的遗孀贷款，这在当时作为个案处理，主要出发点是为解决这名遗孀的生活困难问题。之后，这种住房反向抵押贷款合约签订不多。

20 世纪 70 年代以后，随着美国进入老龄化社会和住房自有化率的提高，有相当多的老年人成了"房子富翁、现金穷人"。他们辛苦了大半生，虽已通过分期付款等方式买下了住房，但高昂的生活与医疗费用使他们入不敷出，生活清苦。如何解决老年人的养老问题引起了社会的关注。在这种背景下，一些学者开始对如何在老年人中引进反向抵押贷款进行调查和研究，并取得了相关研究成果。其中有代表性的是由 Yung—Ping Chen 教授在洛杉矶开展的"住房年金计划"研究（A Housing Annuity Plan），以及由 Ken Scholen 教授主持、由威斯康星州老人中心资助的"反向抵押贷款研究项目"（Reverse Mortgage Study Project）。这些研究成果为美国住房反向抵押贷款的成功推出做了理论上的准备。

1981 年，美国成立了独立的非营利性组织——国家房产价值转换中心（National Center for Home Equity Conversion，NCHEC），其主要职责是向消费者进行反向抵押贷款的宣传与教育。1984 年，一家名为 Prudential - Bache 的私人保险公司与美国房屋协会（American Homestead）正式签署推广住房反向抵押贷款的合作协议，同时也成为新泽西州第一家住房反向抵押贷款私人提供商。但由于制度初始设计不成熟，缺乏抵押贷款保险和贷款二级市场等配套，该产品没有得到广泛推广。

2. 多层次产品体系的形成

（1）基础产品——政府主导的房产价值转换抵押贷款推出。随着养老问题越来越严峻，美国政府开始插手反向抵押贷款市场。1987 年，根据《全国住房法案》（National Housing Act），美国国会出台了房产价值转换抵押贷款（Home Equity Conversion Mortgage，HECM）保险示范计划，规定所有由联邦住房管理局（Federal Housing Administration，FHA）批准认可的住房反向抵押贷款均由 FHA 承担还款保险保障。操作中，由借款人向 FHA 缴纳保险费形成保险基金，保险基金余额不足时，则由政府兜底，保障责任为：一方面，为贷款机构提供"住房资产权益担保"，即贷款到期时，如果住房资产价值不抵贷款本息和，贷款机构的差值损失将由 FHA 设立的保险基金补偿；另一方面，也为借款人提供了得到贷款资金的保证，即贷款机构无力支付贷款时，由 FHA 按一定程序承担对借款人支付贷款的责任；同时，贷款机构不能因贷款本息损失而向借款人或其继承人追索（即无追索权），而应向 FHA 索偿。政府的介入增强了产品的信誉，消除了借贷双方的风险和后顾之忧，为市场注入有效动力。在该计划的推动下，房产价值转换抵押贷款得到了发展。

该类业务虽然由政府提供政策支持，但具体放贷事宜则由经过 FHA 批准认可的金融机构等市场主体进行运作。由于政府需为保险基金承担兜底责任，为确保业务风险可控，政府对承保规模总量和每笔最高贷款额度等方面都作出限制，并随着试点推进，逐步放宽限制。

（2）中端产品——半官方的住房持有人计划推出。自 1995 年起，联邦抵押协会（Fannie Mae，又称房利美，是由美国国会特许的为中低收入美国人提供廉价抵押贷款基金的公司，负有公共事务责任，被视为一家半官方机构）设计并推广一种住房反向抵押贷款产品——住房持有人计划（Home Keeper）。该计划突破了 HECM 项目对最高贷款额的限制，使具有较高价值的住房可以获得更高额度的贷款，满足了中端客户群体的贷款需求。但是，房利美和 FHA 类似，本身不直接作为住房持有人计划的贷款提供者，而是授权金融机构及其他贷款机构放款，然后房利美再从二级市场中收购合格的 Home Keeper 和 HECM 贷款，为贷款机构提供资金流动性。

（3）高端产品——私营的财务独立计划推出。随着潜在市场的不断挖掘，美国出现了多个私人反向抵押贷款品种，但不少已陆续停办，如今唯一继续开办的为老年财务自由基金公司（Financial Freedom Senior Funding Corporation）提供的财务独立计划（Financial Freedom Plan）。这种产品提供的贷款额度比住房持有人计划更高，满足了高端客户群体的贷款需求。

（4）其他替代产品。前述三类产品的市场定位和享受的政策扶持不同，但都是由商业机构承担放款运作。在上述产品之外，美国其实也有由政府机构直接向低收入人群提供的住房反向抵押贷款，以递延偿还贷款（Deferred Payment Loans，DPLs）为典型。该类贷款主要以借款人自有住房作为抵押，所贷款项供低收入家庭用于房屋装修或维修等特定用途。申请人条件包括：①美国公民；②住房必须自住，不得租赁；③家庭收入不高，需审核（各州条件不同）；④家庭拥有资产不高（各州条件不同，但如果家中有老人或残疾人，该条件可适当放宽）。符合条件的人可以向美国住房和城市发展部（HUD）提出贷款申请，一旦审核通过，由该部门派专业人员上门评估维修所需费用，并予以发放贷款。期间借款人只需支付必要的评估和手续费用。借款人不用按月偿还贷款，且借款人若持续居住满一定年限（通常为30～50年不等），所借款项可全部豁免。期间若发生以下事项则必须强制还款：①将房屋销售套现；②将房屋转移给他人；③不在该房屋居住；④将所借款项用于其他用途。

递延偿还贷款是美国政府直接开办的业务，属于公共福利性质，条件严格、适用群体有限、贷款额度不高，并且贷款对象主要是符合条件的低收入家庭。虽然它对老人的贷款条件可以放宽，但并非专门针对以房养老这一市场需求推出。当然，这类贷款可以为低收入、有房产的老人增加一种资金来源，作为替代产品。老年借款人在申请房产价值转换抵押贷款等反向抵押贷款产品时，咨询机构通常也必须告知老人可以有递延偿还贷款这类替代手段，供老人自主选择。

3. 资产证券化的引入。反向抵押贷款由于贷款期间长、不确定因素多、资金占用大，给贷款机构的资金流动性带来了很大的压力。1999年，老年财务自由基金公司借助雷曼兄弟公司的帮助，兼并了TransAmerica Home First，并把其提供的财务独立计划经标准普尔评级后，首次成功地实现了证券化，从而增强了住房反向抵押贷款的流动性，具有划时代的意义。2006年，房产价值转换抵押贷款（HECM）的资产证券化也取得突破，第一笔HECM贷款的证券化产品在华尔街向投资者出售，吸引了大量的外部资金前来投资，加速了这种美国市场上规模最大的反向抵押贷款的资金流动性。通过出售贷款给房利美或者将抵押贷款证券化，贷款机构可以迅速回笼资金，从而为扩大贷款规模增加了资金来源。

4. 政策支持力度的加大。业务发展之初，由于无法准确把握反向抵押贷款业务的风险，美国政府曾规定，到 1991 年 HECM 只可试点 2 500 笔；之后，国会扩展了该方案，并于 1998 年通过立法使 HECM 由示范性试点项目成为美国住房与城市发展部（HUD）的一个永久性计划，逐步将 HUD 可承保的 HECM 贷款规模总量增加到 15 万笔，后来又扩大到 25 万笔。近年来，推进 HECM 发展的法案仍在继续讨论中，其主要内容就包括取消 HECM 承保总规模限制，和将 FHA 规定的不同地区对 HECM 的不同最高贷款额度在全国范围内统一。

由于政策的支持和消费者的认同，美国的住房反向抵押贷款呈加速发展之势。1990 年之前，美国国内一共只发放了 3 000 份反向抵押贷款；而从 2001 年至 2003 年，三年时间仅仅 HECM 这种反向抵押贷款的发行量就将近 4 万份，到了 2007 年，发行量达到约 10.8 万份。相应地，HECM 发放机构的数量增加了 3 倍，达到 191 家，贷款供给量也有所增加。由于 HECM 发行量占美国反向抵押贷款总发行量的 90% 以上，以上统计数据可以大致反映美国反向抵押贷款的发展状况。①

该阶段美国反向抵押贷款市场迅速发展，原因是多方面的。一是在进行了一段时期的试点之后，政府及贷款机构对设计和推广该产品积累了更多的经验，市场推动措施更加有效。二是通过一段时间的舆论宣传和国民理财教育之后，公众对反向抵押贷款产品逐渐熟悉，接受度提高。同时，随着老龄化的不断加速和老年人口绝对数量的增加，相应也增加了对反向抵押贷款的需求量。三是该时期良好的经济基本面给金融市场注入了信心。21 世纪最初几年，美联储不断下调市场利率，降低了反向抵押借款人的成本。同时，房地产市场不断升温，房价节节攀升，减少了到期房屋的变现风险，进一步推动了反向抵押贷款的发展。四是反向抵押贷款行业

---

① 资料来源：US Department of Housing and Urban Development，FHA Outlook：2003 – 2006，http：//www. hud. gov/offices/hsg/comp/rpts/ooe/olmenu. cfm。

内部进一步整合，所产生的规模优势使得机构持续发展的能力和抗风险的能力大大增强，拥有了更多的运营资金和专业人才。产品结构的不断完善和产品种类的不断增加，满足了多种不同的需求，反向抵押贷款的吸引力进一步提升。

5. 金融危机后的发展状况。2007 年，美联储为了抑制日益严重的通货膨胀，上调基准利率，使得借款人的还款压力骤增，之后次贷危机爆发且逐步演变为金融危机，美国房地产市场一片萧条。贷款机构流动性问题加剧，面临的风险进一步扩大，同时消费者对于自己能否按时足额拿到贷款也有担心、疑虑，反向抵押贷款的发展前景蒙上了阴影。

为挽救美国经济，美国政府着力给市场注入流动性。2008 年 12 月 17 日美联储（FED）将联邦利率下调至 0 ~ 0. 25% 的目标区间内，为美联储自 1990 年首次推出联邦基金目标利率以来的最低水平。延续至今的超低利率政策大幅度降低了反向抵押借款成本，在很大程度上抵消了房价缩水的负面影响。2009 年 3 月，联邦政府又公布了规模高达 750 亿美元的抵押贷款调整方案（2012 年做了修订），通过为抵押贷款公司和投资者提供财务激励，将贷款偿还额降至借款人能够负担的水平，避免其因无力还贷而遭遇提前止赎，此举对反向抵押贷款市场也是个利好。美国住房与城市发展部公布的数据显示，2008 联邦财政年度[①] HECM 的发行量为 112 154 份[②]，同比增长了 4. 3%；2009 年 HECM 的发行量为 114 692 份，同比增长 2. 3%。但自 2010 年开始，HECM 的发行量明显下降，尤其是 2010 年 HECM 的发行量为 79 106 份，同比下降了 31%；2012 年 HECM 发行量为 54 822 份，同比下降 25%，为 2006 年以来的最低。基于 HECM 在整个反向抵押贷款市场中占据九成左右的份额，基本上可以反映整个反向抵押贷款市场的发展态势。

2007 年以来，反向抵押贷款机构对 HECM 的产品条款作出进一步改善，包括设定更高的贷款限额、允许合作申请贷款、制定更严格的消费者保护条款等方面。具体来说：一是贷款最高限额从原来的 352 790 美元增

---

① 美国联邦财政年度为每年的 10 月 1 日到次年的 9 月 30 日。

② 资料来源：全美反向抵押贷款协会，http://www.nrmlaonline.org/RMS/STATISTICS/DEFAULT.ASPX? article_ id = 601。

至目前的 625 500 美元，且贷款用途不限，这使得更多的高价值房屋可以申请 HECM 贷款；二是贷款费用降低，该费用包括付给贷款机构的发放手续费、付给 FHA 的保险费和手续费；三是 HECM 允许消费者一次性付清贷款时需向 FHA 缴纳的保险费（之前需要每期缴纳），并保证他们按时足额拿到反向抵押贷款；四是自 2009 年 1 月起，HECM 贷款可以用于购买新房屋，这对于希望改住小型房屋或者干脆搬进养老社区的老年住房拥有者较有吸引力。上述产品条款的完善使得该项目更大程度地满足了消费者的需求。

由于美国房价在次贷危机期间大幅下跌，许多 HECM 的房产价值不足以偿还贷款本息，而美国联邦住房管理局作为项目担保人，需动用保险基金弥补贷款银行的差值损失，导致保险基金首次出现不足情形。该基金现有约 300 亿美元流动资产，但需要更多准备金应对未来 30 年的预期损失。根据美国法律规定，美国联邦住房管理局在扣除承保贷款的预计损失后，必须保有相当于抵押贷款担保总额 2% 的保险准备金，但自 2009 年起该机构的准备金比重就一直在 2% 以下。据美国联邦住房管理局解释，2007 年至 2009 年次贷危机期间提供的反向抵押贷款业务损失率较高，是导致保险基金不足的主要原因；其中 HECM 项目让该机构损失 50 亿美元，是最主要的损失来源。2013 年 9 月，美国联邦住房管理局向财政部申请提供 17 亿美元援助，以补充保险基金。这是该机构 79 年历史上首次申请财政援助。

（二）美国住房反向抵押贷款的主要产品

当前，美国市场上主要有三种住房反向抵押贷款产品：HECM 计划、Home Keeper 计划和 Financial Freedom 计划。其中前两种是由公营机构设计推出并由政府担保，但由私营机构具体运作；第三种是私营机构推出、纯商业化运作的。从适用对象上看，HECM 计划主要适用于拥有较低价值住房的借款者，Home Keeper 计划适用于拥有中等房产价值的借款者，而 Financial Freedom 计划则适用于高档房产的持有人。

1. 房产价值转换抵押贷款（HECM）

（1）HECM 产品概况。HECM 是一种以政府提供还款担保的、为老年人提供现住房屋的贴现余值来养老的金融产品。老年住户通过转换住房资产获取养老金，而不用出售或搬离他们的住房。HECM 是美国国会特别授权的一种反向抵押贷款产品，其运行接受国会的监督。在具体的运作过程中，HECM 更多体现出的是一种福利性的金融产品，它最大的特色就是在全国范围内由政府提供担保，美国政府保证借款人会按时获得合同约定金额的养老金，即使贷款机构倒闭；同时政府还对贷款机构作出保证，如果住房抵押物的最后售价低于贷款的成本，政府将给贷款机构提供二者的差价补偿。这个保险实现了将 HECM 的风险向政府转嫁，从而保证了贷款机构与借款人的双赢。

HECM 目前是美国反向抵押贷款市场中最为重要，也是目前最受欢迎、规模最大的住房反向抵押贷款品种，在全美的各个州都有开展，占全美反向抵押贷款市场的 90% 以上。HECM 最初是作为示范性计划出现，1990 年美国国会授权 HECM 计划每年最多做 2 500 笔贷款。于是住房与城市发展部（HUD）通过抽签方式选中了联邦住房管理局（FHA）认可的 50 个机构，授权每家机构每年可做 50 笔 HECM 贷款。从 1991 年到 1995 年间，国会逐步扩展了这个项目，允许每年最多可以做 25 000 笔；同时，FHA 降低了准入门槛，扩大了经认可的贷款机构的数量。1998 年，国会又将这个项目永久化，并把贷款发放数量增加到 15 万笔。再加上由 Fannie Mae 购买所有合格的 HECM 贷款，为反向抵押贷款构建了一个二级市场，大大增加了该产品的流动性，这使得 HECM 逐步成为美国住房反向抵押贷款市场的主流产品。

自 1990 年至 2013 年第一季度（财政年度），全美共发行了 80.8 万份 HECM，但发展道路并非一帆风顺。HECM 自推出以来，在 20 世纪八九十年代，市场整体发展并不理想。尤其从 1992 年开始，年增长率一路下滑，到 1996 年甚至出现了负增长。在 2001 年以前，HECM 的发放笔数一直不到 1 万笔，主要原因是在市场发育还不成熟的情况下，大多数金融机构对发放 HECM 贷款业务的盈利缺乏信心。但从图 2 - 1 中可以看到，HECM 自 2000 年开始增长迅速（2001 年再次出现负增长，可能与当时美联储连续调高利率以抑制通胀有关），2002 年突破了 1 万份，到 2007 年突破 10 万份大关。金融危机后，2008 年、2009 年贷款数量仍然高位增长，但是 2010 年起贷款量开始明显下降。

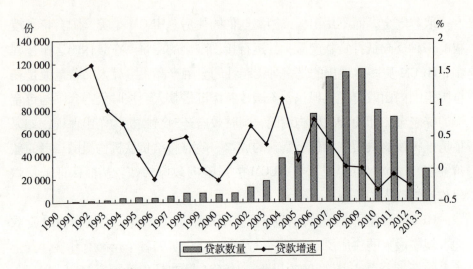

图 2-1 美国 HECM 发展情况（财政年度）

从 HECM 借款人构成上看，有以下特征。

①年龄和性别情况。美国经济研究局的一篇对反向抵押贷款研究的文章①称，HECM 借款人主要由老年夫妻和单身老年女性构成，但是随着时间的推移，单身老年男性的数量不断增加，单身老年女性的数量在减少（见图2-2）。

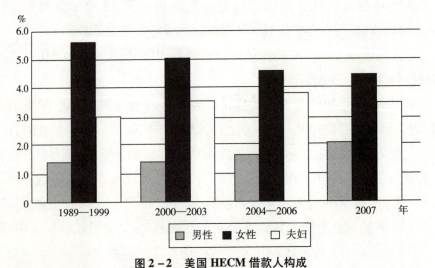

图 2-2 美国 HECM 借款人构成

---

① *A Closer Look at HECM Loans*，http：//www. nber. org/programs/ag/rrc/08 - Q2% 20Bishop,% 20Shan% 20FINAL. pdf，2008.

　　其中，从借款人年龄分布上看，图 2 – 3 展示了从 1989 年到 2007 年
HECM 借款人年龄分布如何变迁。首先，借款人的分布随着时间的推移向
左边移动，意味着近期的借款人比早期的借款人年纪更轻，反向抵押贷款
市场在相对低龄的老年人中增长更为迅速；其次，62 岁的柱状体随着时
间的推移更加突出，这说明虽然 HECM 只允许对 62 岁以上老人放贷，但
年龄小于 62 岁的屋主如果被允许参与 HECM 的话，很可能也有贷款需求。

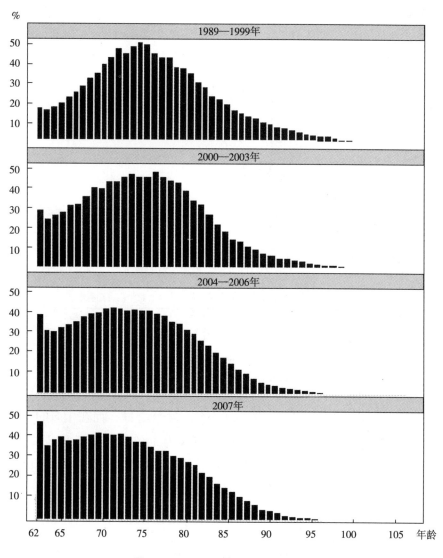

图 2 – 3　HECM 借款人年龄分布

②收入水平。美国老龄委（National Council on Aging, NCOA）报告显示，住房是借款人最主要的家庭资产，借款人的其他财务来源非常有限。2000—2003 年，有 76% 的借款人年收入等于或低于 2.5 万美元。研究者 Weicher（2004）的报告中提到 2004 年借款人的年平均收入为 1.7 万美元，明显低于美国 2003 年 65 岁及以上老年家庭年平均收入（25 634 美元，美国人口普查局数据）。2000 年 Rodda 的研究结果指出社保金通常是这些老年借款人唯一的收入来源。因此，这类贷款的借款人往往是非常典型的"房屋富翁，现金穷人"。

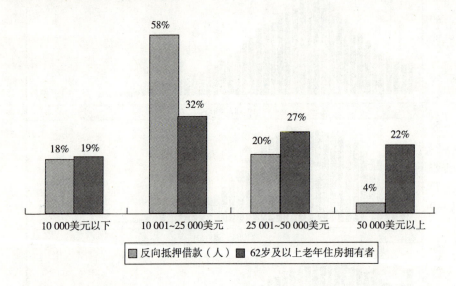

资料来源：美国老龄委。

图 2-4　反向抵押借款人家庭与 62 岁及以上老年人家庭年收入对比

③资产状况。美国老龄委（NCOA）报告称，接近半数（46%）借款人的住房资产价值在 10 万到 20 万（不含）美元之间，而在相应的老年人群中，住房资产价值在这一区间内的比例仅为 34% 。据学者 Rodda[①] 等人分析，鉴于反向抵押贷款费用与其他金融产品相比较为高昂，一些拥有其他金融资产的老年人并不会选择相对昂贵的 HECM 计划来取得补贴资金。因此，在多数情况下，HECM 借款人往往没有其他可利用的金融资产，

① Rodda, David et al. , 2003, Refinancing Premium, National Loan Limit, and Long – Term Care Premium Waiver for FHA's HECM Program, Final Report, US Department of Housing and Urban Development.

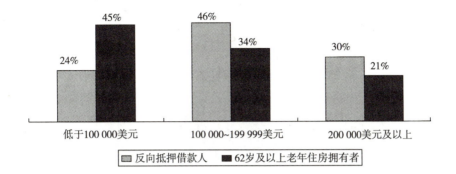

资料来源：美国老龄委。

图 2 - 5　反向抵押借款人与其他 62 岁以上老年人住房资产价值的对比

HECM 成为了这些人最后的求助手段。

④支付方式占比。美国国会 2000 年 5 月关于 HECM 的一份报告显示，在多项贷款支付方式中，被选择最多的是信用额度（Line of Credit），达到了 68%；选择终身月领和定期月领的总共只有 12%。学者 Ohgaki 认为原因有二。首先，与老年人对现金需求的阶段性特征有关。如果养老金和其他金融资产足够支付生活开支，老年人通常不会选择 HECM 贷款；仅在没有其他办法时，住房才会被作为最后的求助手段。在刚进入老年时，通常是一个人一生中拥有金融资产最多的时候，也还不太可能因病等原因而进入财务紧张阶段。因此，不少人虽然在刚进入老年时申请了反向抵押贷款，但还没有太大必要选择趸领或月领来立刻获得现金，毕竟对于已领取的部分需要计算利息支出。而信用额度（Line of Credit）可以提供给老人一种"安全感"，即在将来发生困难或需要应急时，可以立即获取现金，而利息支出仅从领取时开始计算，并且仅针对已领取部分计算。老年人在得到可以在将来任何时候"提取"资金的保证后，由于获得稳定的收入预期保障，也很可能会提高手中其他金融资产和现金的利用率，提高消费水平，从而对经济产生正面影响。其次，研究者 Ohgaki[1] 推断老年人对其住房升值的期望也是造成多数人选择信用额度支付方式的原因，因为

---

① Ohgaki, Hisashi, 2003, Economic Implication and Possible Structure for Reverse Mortgage in Japan, Rits University.

住房升值的话，信用额度的上限可以相应调高，因此老人希望通过延缓对资金的兑现从而得到更高的收益。

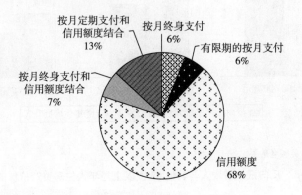

资料来源：美国国会、FHA 关于 HECM 计划的报告，2000 年 5 月。

图 2 - 6　HECM 各种支付方式占比

此外，研究也发现，HECM 市场规模的扩大与全美老年人口的增加呈现明显的正相关，并且 HECM 贷款的增长率总体要明显快于老年人口的增长率。

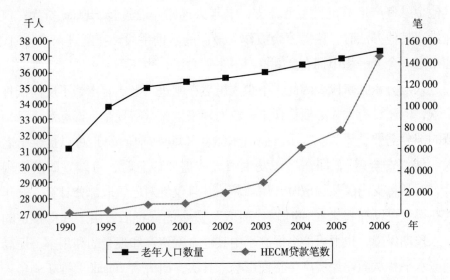

资料来源：Total HECM Cases Endorsed For Insurance by Fiscal Year（www. hud. gov）和 U. S. Census Bureau，Statistical Abstract of the United States；2008。

图 2 - 7　美国 HECM 贷款发放数量与老年人口数量对比

（2）HECM 的运作。HECM 保险项目得到美国住房与城市发展部（HUD）、联邦住房管理局（FHA）的具体支持和承保。HUD 负责保险项目的设计与改进，FHA 负责对贷款提供人资格进行授权、收取抵押贷款保险费和管理保险基金，承担贷款意外受损时的赔偿责任。根据美国反向抵押贷款的相关法律条文规定，FHA 下设专门项目管理部门，对反向抵押贷款业务实施全面管理。HECM 的贷款机构须经 FHA 授权，合法贷款机构被规定为："任何银行、信托公司、国家银行联盟、储蓄银行、储蓄和贷款协会、联邦储备银行、联邦储备和贷款协会、信用联盟、联邦信用联盟和任何授权的抵押银行以及其他 FHA 特别授权的实体。"

在整个产品运行体系中，参与者主要包括以下几种，如表 2 - 1 所示。

表 2 - 1　　　　　　　美国 HECM 参与机构及其职责与作用

参与机构	职责与作用
美国住房与城市发展部（HUD）	负责对 HECM 产品进行设计并不断地修改，实现产品后期的维护，并定期向国会报告 HECM 的全部运作情况
联邦住房管理局（FHA）	是 HUD 的下属机构，主要负责为 HECM 提供免费咨询，对贷款进行项目审批，为合格的贷款项目的贷款人及贷款机构发放保险并收取相应保费，集中起来形成保险基金用以应对保险赔付
贷款申请人	即符合要求的老人，通过向专业机构进行咨询，向贷款机构进行贷款申请；贷款结束时，抵押住房产权将转移到贷款机构名下
贷款机构	一般包括商业银行、抵押贷款公司或其他机构。贷款机构在贷款人提出贷款申请并得到 FHA 的保险担保的前提下，对合格 HECM 发放贷款。在贷款期间，贷款机构可以选择将这些 HECM 贷款打包形成证券化资产，或卖给联邦抵押协会（Fannie Mae），也可以自己保留贷款，在贷款到期时得到抵押物的完全产权
联邦抵押协会（Fannie Mae）	是政府特设、支持的一个实体机构，由它来充当 HECM 二级市场仅有的购买者，以此来提高 HECM 的变现能力，降低 HECM 的流动风险。除此之外，还参与到 HECM 的改进程序中，对此项目的一些原则与标准进行制定与修改

除以上几个机构外，HECM 还涉及到多种中介机构，主要包括房产评估机构与房地产中介机构等。在贷款人申请以自己住房的产权来作抵押物时，贷款机构要通过房产评估机构对该抵押物进行价值评估，在贷款到期

（一般是老人去世）贷款机构得到抵押物产权时，贷款机构仍然要对住房进行价值评估，同时在评估基础上，需要通过房地产中介进行出售、拍卖或者出租等手段，处理房屋以实现贷款资金的回收。在这一系列复杂的过程中，专业中介机构的介入极大地降低了贷款机构运作上的成本，提高了HECM运行的效率。

此外一些政府部门和非营利组织，如美国退休人员联合会（American Association of Retired Person，AARP）、全美反向抵押贷款协会（National Reverse Mortgage Lenders Association，NRMLA）、美国住房与城市发展部（HUD）等，为老年人提供免费的咨询服务。全美现有800家经认可的HECM咨询指导机构，向借款人提供面对面或电话指导。

HECM的具体流程为：HUD设计出产品，借款者首先向执行反向抵押贷款业务管理的联邦住房管理局或其认可的咨询指导机构就有关事项提出咨询，充分了解该业务并获得咨询证明后，再以自己所住房屋的产权为抵押向贷款机构申请贷款。贷款机构委托专业评估机构对住房进行评估，对于合格贷款向FHA申请保险担保；FHA对贷款进行审核，作出批复，对合格贷款的贷款人发放保单并收取保费，同时向贷款机构提供担保。贷款机构按照贷款人的要求，采用终身年金或者其他支付方式进行HECM资金的发放。在贷款合同到期（一般是老人去世）后，贷款机构获得抵押住房的完全产权，通过中介机构实现对住房的变现，来回收贷款。

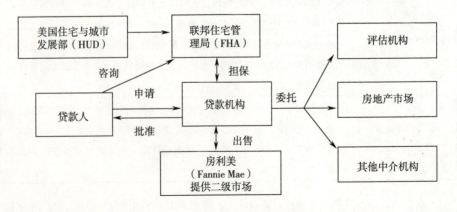

图2-8 美国HECM具体流程

在贷款发放后，贷款机构一般会把所有的HECM贷款卖给联邦抵押协会（Fannie Mae），以增强自身资金流动性。联邦抵押协会作为联邦政府资助的实体机构（GSE），在政府的监管下开展业务。它不仅是 HECM 二级市场上唯一的购买者，而且负责制定项目运行中的一些原则和标准，参与 HECM 计划的改良。例如，联邦抵押协会禁止借款人在 HECM 之外再次借款，来支付 HECM 合约签订时应支付的费用；对于拖欠财产税或保险费的借款人，要求其预留部分贷款资金，以弥补所欠款项；开发电话咨询系统，为行动不便的老人提供咨询服务等。

关于 HECM 计划的全部运作情况，住房和城市发展部（HUD）定期要向国会报告。

（3）HECM 的法律规定。HECM 由美国国会立法，其依据的法律规范为美国法典第 12 部 §1715z－20 以及美国联邦法规施行细则第 24 部 §206；至于 HECM 之外的其他反向抵押贷款产品，则是遵循美国法典第 15 部 §1648 以及美国联邦法规施行细则第 12 部 §226.33 的规定。另外，各州的有关法律规定则因州而异，略有不同。

美国国会于 1987 年通过 HECM 保险计划，在美国法典第 12 部 §1715z－20 中作出规定，主要是规范 HECM 保险的相关准入资格及运作等事宜。12U. S. C §1715z－20 的规定分为十小节，分别为发行贷款目的；定义性规定，其中包括关于 HECM 的定义；保险机构；准入条件；贷款机构的披露义务；提供给借款人的信息服务；保险机构的限制；执行机构应注意的事项；防止房屋所有权人违约的保障；关于咨询以及消费者保护。现将其中的重要内容整理并说明如下。

①开办 HECM 的目的。针对拥有房屋所有权的老年人的特别需求，以减少或降低其在收入减少时，因须应付房屋及生计需要而增加费用支出所产生的经济困难。通过 HECM 的保险计划，允许老年人将其累积的房屋价值的一部分转换成可流动资产；鼓励贷款机构介入、参与抵押市场，为拥有房屋所有权的老年人提供 HECM 的服务。

②准入条件。一是贷款机构（Mortgagee）须由 HUD 部门核准，信誉良好，且能妥当地提供该抵押服务。

二是该抵押对具有下列资格的抵押人（借款人）实施：符合"房屋所有权老年人"的资格，指的是房屋所有权人或者其配偶至少年满 62 岁或 HUD 规定之较高年龄；已从所规定的第三方（非贷款机构）处获得咨询；已依 HUD 部门规定，获得对抵押人将收取的所有费用的完全说明，该说明应明确陈述哪些是取得抵押贷款所必要的费用、哪些是不必要的费用；符合 HUD 部门所规定的其他要求。

三是抵押的房屋须是主要被设计为有 1 ~ 4 户独立单元房的住宅，且抵押人拥有其中 1 户单元房。

四是明确规定抵押人如果于抵押期间提前清偿全部或部分债务，不必支付违约金。

五是抵押人与贷款机构协商一致后，应在合同中明确约定选择采取固定利率还是浮动利率，或约定抵押人与贷款机构对于未来房价的升值部分共同分享。

六是合同要包含令 HUD 部门满意的债务清偿条款。

七是规定对于在该抵押下债务本息的实际金额与贷款机构出售住宅所得的差额，房屋所有权人无须负责清偿，即明确"无追索权保证"条款。

八是规定未来支付给抵押人的贷款额（扣除任何所申请的支出与费用的净额），由借款人从本规定的数种支付方式中选择。支付方式有信用额度；由借款人指定一定期间内每月支付；由借款人指定一定期间按月支付，并结合信用额度的支付方式；以借款人的剩余寿命为贷款支付期间，按月支付；以借款人的剩余寿命为贷款期间按月支付，并结合信用额度的支付方式；HUD 部门认为适当的其他方式。

九是规定借款人于贷款期间内可变更支付方式，但对于固定利率贷款，HUD 部门可以限制该种变更的权利。

十是向借款人收取的费用须经 HUD 部门认可，以避免借款人因取得该贷款而支出非必要的或过重的费用。

③贷款机构披露事项。HUD 部门应要求每一个贷款机构，在本节规定下对于房屋所有权人提供下列信息。一是在申请贷款时，提供一份书面的名单与地址，载有经 HUD 部门所认可、具有信赖度且可为该贷款提供相关信息的第三方咨询机构名单。二是在完成该贷款手续的至少 10 天前，提供一份告知房屋所有权人有关下列事项的声明：房屋所有权人在此贷款下所负的清偿债务责任是有限制的，并解释房屋所有权人的权利、义务及

有关暂时搬离住所的救济，贷款机构的迟付或未支付贷款的处罚，要求满足贷款义务的所有条件，及任何 HUD 部门要求的信息。三是按年度（不迟于每年的 1 月 31 日）提供一份对于借款人所负本金加上利息债务的说明材料。四是在贷款手续完成之前，提供一份有关该贷款的所有预计费用清单，该费用清单须以未来所有贷款余额为计算基础，其计算包括短期贷款的费用及贷款人预期剩余寿命期间的长期费用。

④对借款人的咨询服务。由 HUD 部门或贷款机构以外的第三方机构，提供本规定所要求的咨询服务。该咨询内容应包括下列事项：一是除 HECM 以外其他可供老年借款人获得资金的选择，包括其他房屋贷款、社会救助、医疗补助及金融产品等；二是 HECM 对借款人财务上将产生的影响及演算；三是对于 HECM 可能产生的影响，包括税负影响，对于借款人未来申请联邦或州政府救助资格的影响，及对于该不动产产权的影响，和对借款人的继承人所可能产生的影响；四是 HUD 部门所要求的任何其他信息。

（4）HECM 的制度规定

①借款人资格。HECM 对申请人并未规定家庭财产、收入状况等方面的资质条件，凡是年龄在 62 岁以上的老年家庭，都可以用独立拥有产权的住房申请反向抵押贷款，但申请人不得处于破产状态。若为已婚夫妇，在申请 HECM 时，只要其中一位年龄满 62 岁即可；但若夫妇中年满 62 岁之人死亡时，即便另一人未满 62 岁，该贷款也算到期。申请人居住的房屋可以是有 1 ~ 4 户独立单元住宅楼的其中 1 户单元房；也可以是经住房与城市发展部（HUD）等有关部门认可的分契共管式公寓①（Condominium）的一部分，或符合 HUD 规定、永久绑于其附着基础上（该基础将须经有证照工程师发证）所建造的活动房屋（Manufactured and Mobile Homes）。房屋必须为非抵押状态，或者虽然有抵押，但前贷款人同意作为次受益方，并且欠款金额较少。

②贷款比例。贷款额度主要由借款人的年龄、房屋的评估价值、房屋

---

① 分契共管式公寓指屋主与其他户主共同拥有物业的公共设施，产权属于多人所有，但屋主可获发一张独立的屋契，表明他是所购买单元的合法拥有人，为分契共管式管理。

所处的地段和市场利率决定，并且不超过 FHA 规定的最高贷款限额。简单地说，借款人年龄越大，可以贷到的钱越多，原因是其预期剩余寿命较短，本息累积额预期较低；市场利率越高，可贷比例越低；贷款设每笔最高限额，这个额度根据社会环境的变化每年调整。

另外，为了有效控制贷款损失的风险，HECM 每笔借款都有设定本金限额（Principal Limit）。本金限额的计算取决于最大求偿额（The Maximum Claim Amount，指的是房产价格和有关部门所规定的该地区每笔贷款最高限额这两者中的较小者）、预期平均抵押贷款利率和借款人年龄，如有多个借款人则以最年轻借款人的年龄为基础计算。本金限额每个月都会增加，用以限制借款人在任何时候可借贷到的最大贷款金额。其月增长幅度是（预期平均抵押贷款利率 + 0.5%）/12，是一种复合利率（Compounding Rate）。若某一时点已发放贷款的总金额达到了本金限额，则借款人将不能再得到贷款，但按月终身支付等方式例外。

③贷款支付。HECM 贷款的支付与偿还方式非常灵活，支付方式有以下几种：

一是一次领取，即趸领（Lump）。被领取的资金作何用途，不受限制。

二是按月终身支付（Tenure Payment），此种给付方式下，只要借款人仍活着且仍居住于抵押房屋内，贷款人即必须每个月给付金额给借款人。不管贷款总金额是否已超出本金限额，贷款人都必须持续给付，直至借款人死亡。因此这种方式对于希望每个月都能得到一笔资金补贴生活的老年人而言，是比较安全、稳定的选择。每个月给付金额是一个固定值，并不会随着市场利率变动而调整，但若考虑通货膨胀导致的货币长期购买力下降，其实借款人的实际所得额是逐渐下降的。

三是有限期的按月支付（Term Payment），或称为定期按月支付。这种方式下，由借款人选定一个给付期间，贷款人在此期间内按月给付，直到约定停止给付的日期。因此，期间越短，借款人每个月领取的金额就越多。不过，即使给付已经到期，但只要借款人仍居住在所抵押的房屋中，就不需要立即清偿贷款债务，而是直到借款人死亡、永久搬离或出售房屋时，才需要以房产或其他方式偿还贷款。

四是信用额度（Line of Credit），在额度内借款人可以按需提取，借款人可以自己决定领取期间及金额，已领取的金额从领取之时起开始计算利息，未领取部分不计算利息。如额度用完，借款人则无法再得到贷款。

五是按月终身支付和信用额度结合（Tenure with LoC）或者按月定期支付和信用额度结合（Term with LoC）。在这两种给付方式组合下，每个月可以领取的金额会减少。一般选择此类给付方式的借款人，是将信用额度视为紧急事故发生时的准备金。所谓紧急事故，对于老人而言，多半是健康问题。一旦发生严重的健康问题，可能得长期搬离目前所居住的房屋，而 HECM 规定只要借款人搬离抵押房屋，债务即到期，借款人必须立即清偿。但拍卖房屋清偿贷款债务之后所剩余的金额，或许仅有少许，更有甚者是分文不剩，对于抱病在身的老年人而言，无疑是雪上加霜。因此，若采取组合式的给付方式，借款人可以在搬离房屋前，将账户内的剩余金额一次提领，可以缓解融资方面的困难。

以上几种给付方式，在贷款期间内可以随意转换，每次转换的手续费为 20 美元；若借款人在开办时选定有限期的按月支付，也可以更改给付的期间，或者改为一次性的领取方式。目前，采用最多的方式是一定信用额度内的自由支取。

④贷款用途。贷款资金用途基本不受限制，大部分人将贷款用于健康与医疗支出。除此之外，贷款也可用做房屋改善、生活支出、旅游、投资，甚至作为儿孙的学费等。

⑤贷款偿还。借款人在贷款期间，并不需要定期偿还本金和利息，除非死亡或借款人永久搬离、出售房屋等合同规定的满期情形出现。但在贷款期间，并不禁止借款人提前偿还部分贷款或者清偿全部贷款，借款人随时偿还贷款也不算是违约，不用支付任何提前还款的违约金。另外，如果借款人因为生理上或心理上的疾病而必须暂时离开抵押房屋，或需住进赡养机构，该暂时离开的期限为连续 12 个月。如果超过此期间，就认定借款人不会返回所抵押的房屋居住，贷款就算到期，借款人必须立即清偿债务。在申请人死亡时，申请人的继承人可以选择清偿该贷款，继承该房屋。若继承人选择保留该房屋，必须以自己的财产来清偿该债务。一般而言，继承人会选择以出售该房屋来清偿贷款债务，如果清偿债务后还有剩

余金额，再依申请人的遗嘱或生前信托予以分配。在继承人出售该房屋时，只要其出售行为属于善意，被允许的出售清偿期限通常为 3 个月，最长为 1 年。

⑥借款人义务。借款人在贷款期间，对于所居住的房屋，负有修缮维护的义务，以保持房屋的价值，此外，还负责支付房屋相关税收及保险费。当然，上述费用也可以用贷款金额支付，即由贷款机构直接在贷款金额中代扣代缴。

⑦贷款费用。关于申请 HECM 的费用，除有特别注明之外，均包含于贷款金额中（即用贷款金额支付）。常见的费用如下。

一是利息。HECM 按浮动利率计算利息，依美国一年期国库券（One – year U. S. Treasury Security）的利率再加上几个百分点，盯住一年期国库券利率的变化上下浮动。借款人可以选择以每月或者是每年的方式来调整利息。为了避免借款人的利息负担过高，两种方式的浮动幅度都有上限，称为"利率帽"（Interest Cap）。每年调整利率者，其调整幅度不得超过 2 个百分点，总幅度不得超过贷款契约成立时利率的 5 个百分点。每个月调整利率者，总幅度不得超过贷款契约成立时利率的 10 个百分点，而且没有年度上限。每个月调整利率相较于每年调整利率，可以更灵活地反映市场利率，有利于借款人衡量其所面临的利率风险。事后的利率变动只影响利息的计算，并最终影响贷款偿还时的还款额，并不影响每个月按期给付的金额，但若采取信用额度支付方式，利息的变动即会影响其信用额度账户内的余额。

二是抵押贷款保险费（Mortgage Insurance Premium，MIP）。由于贷款支付的长期性以及还款日期的不确定性，反向抵押对双方来说都面临着一定的风险，因此需要保险来分散风险。这并非是针对房屋价值的保险，而是对借款人面临贷款机构违约及贷款机构债权不能获得充分清偿的保险。在美国的反向抵押贷款产品中，HECM 和房屋持有人计划由 FHA 提供保险，而其他反向房屋抵押贷款则不享受联邦政府的保险保障，而是另寻商业保险，或者是将贷款证券化以回收资金、分散风险。目前，根据首年借款占总借款限额比重不同，HECM 的预收保费分为原贷款金额的 0.5% 和 2.5% 两个档次，最高不超过 15 637.5 美元（根据 HECM 的现行最高额度

625 500 美元计算）。此外，在贷款期限内，FHA 还要向借款人每月收取抵押贷款保费，保费根据未偿付的贷款余额的 1.25% 年率收取。

三是初始费用即贷款手续费。这是合同签订时应支付给开办机构的费用。如果房屋价值低于 12.5 万美元，贷款机构会收取不超过 2 500 美元的初始费用；如果房屋价值大于 12.5 万美元，贷款机构会按照 20 万美元以内 2%、20 万美元以上 3% 的比例来收取初始费用，最高不超过 6 000 美元。

四是贷款服务费。指贷款存续期间，支付给贷款机构，用于贷款数据维护、贷款报表提供、居住证明和房屋维护证明、计划更改、收取贷款还款、贷款欠款通知等项目服务的费用。每年调整利率者，每个月的服务费不能超过 30 美元；每个月调整利率者，每个月的服务费不能超过 35 美元。

五是第三方费用。包括评估、所有权报告、抵押税和法律服务费用。在美国，申办 HECM 的财产评估费用大约为 450~550 美元，依地区而有不同。该费用通常在开办时即必须预先支付。在开办贷款之前，必须对于借款人的信用进行简易的评估，费用大约为 25 美元，但由于反向抵押贷款不需要借款人按月还本付息，信用状况并非贷款机构放贷时考虑的主要因素。

⑧FHA 保险方案。HECM 保险由 FHA 提供给借款人和贷款机构。一是提供借款人保证，若贷款机构违约，则由 HUD 根据契约所约定的给付方式继续支付贷款给借款人。二是提供贷款机构保证，即对贷款到期时，房屋价值不抵贷款本息的差值部分，贷款机构对借款人及其继承人无追索权，由 FHA 按一定规定补偿其差值损失部分。

⑨贷款终止。在下列情况中，贷款机构可以终止实施反向抵押。一是抵押人出售、转让或赠送已经被抵押不动产的任何部分，不论是自愿或是非自愿行为，甚至是法律强制所为。二是抵押人已经死亡，本项业务即宣告结束。三是抵押人已经有了其他房产，或因为其他原因，不再将抵押的不动产作为其主要定居住所（Principal Residence）。四是抵押人无力支付不动产税或者依照保证协议（Security Agreement）无法缴纳所有保险费。五是抵押人自愿申请破产或在法庭的监督下和债权人达成协议。六是抵押

人无力维持抵押不动产的完整性。抵押人若无力付税或无法缴纳所需要的保险费，按照美国有关法律规定，贷款机构必须在 10 个工作日内向抵押人和第三方发出书面通知；除非贷款机构已尽一切努力，否则不构成契约终止情形。抵押借款人在发生某种变故，或因其他原因需要终止此项抵押业务时，有义务尽快地以书面形式向贷款机构陈述所发生的事件。

⑩借款人保护措施。其一，贷款人的如实说明义务。联邦贷款实情法（Federal Truth – in – Lending Law）要求贷方必须如实说明贷款预计年费用，这主要是为了防止以后可能发生的民事诉讼风险。在计算预估贷款额度时，规定必须使用三种房屋年升值率的假设，分别是 0、4%（历史经验值）和 8%。并且，在根据借款人的预期剩余寿命来测算贷款期间时，也要同时用到两种，分别是借款人预计余命，以及对照美国十年一次公布的女性生命表得出的平均余命的 1.4 倍。

其二，"犹豫期"规定。借款人可以在贷款达成协议后的三个工作日内以任何理由撤销贷款协议。贷款机构在"犹豫期"结束后应立即开始按约定支付贷款。

其三，贷款利率浮动限制。贷款利率虽然不固定，但为了保护借款人，每年和整个贷款期间的调整幅度有最高限制。借款人每月所领取的金额不会因为利率变动而受到影响，受到影响的只是欠款余额，即本息累计额。

其四，无追索权保护。HECM 反向抵押贷款具有不可追溯性，即借款人或其继承人所欠债务额以出售房屋或偿还贷款时房屋的市场价值为限。当贷款终止时（死亡或赎回时），如果债务额未超过房屋价值的话，那么住房的拥有者或继承人可以得到剩余的部分。但是如果本息累计超过房屋价值，反向抵押贷款债务额是被限制在房屋价值之内的，贷款机构不得就差额部分向借款人或其家人追索。这个条款保护了存活的配偶或家人不会因为借款人的债务负担而导致贫困。当然，要得到这关键的保护，借款人需要向 FHA 支付抵押贷款保险费。这项保险如前文所述，同时保障了借贷双方的利益，借款人可以在贷方违约时得到保护，继续获得每月给付金；而贷方可以将贷款本息总和超过房屋的价值所造成的损失，转嫁给 FHA 承担。

其五，法定贷前咨询程序。按照法律规定，借款人在申请贷款前必须先接受第三方咨询机构指导，以确保其完全理解反向抵押贷款的利弊及限制，并了解是否有其他可替代的融资方法。咨询机构资格必须经政府认可。

其六，对于逼迫老人签约或侵害老人权利等行为，视同虐待老人，受害人可提出申述，由专门机构受理。

2. 住房持有者计划（Home Keeper Program）。Home Keeper 计划是由联邦抵押协会于 1995 年设计推出的住房反向抵押贷款产品。这种产品与 HECM 非常相似，但比 HECM 的限制条件少。它主要是针对不符合 HECM 条件的借款人设计的，如房产价值高于 FHA 的限额规定、共有房产等情形；同时对房产所有权的要求也较为宽松，如对正处于融资租赁等可以实现所有权之类的购房情形也予以认可。

Home Keeper 贷款的主要优点如下。一是贷款额不受 HECM 借款最大限额的限制，拥有较高价值房产的住户，也可凭此贷到更高数额的资金。二是随着住房价值的增值，借款人允许逐渐增加贷款的额度。对同时符合 HECM 和 Home Keeper 贷款条件的借款人来说，因 HECM 的贷款条件更为优惠，所以更倾向于选择 HECM 方式。但对拥有较高房产价值的借款人来说，则更倾向于选择 Home Keeper 贷款，因为可以获得更高的贷款额度。从实践看，Home Keeper 贷款的数量比 HECM 要少得多。1999 年，前者贷款发放不到 1 000 份，而后者有将近 8 000 份的新增贷款。

（1）运作。Home Keeper 计划由联邦抵押协会（Fannie Mae）设计，由 Fannie Mae 授权的贷款机构实施，在联邦政府的监督下运行，同时 Fannie Mae 又在二级贷款市场上收购该贷款，以给贷款机构提供资金流动性。

（2）贷款额度。由借款人的年龄、房屋的评估价值、房屋所处的地段、市场利率和调整后的房产价值综合考虑，还受到当时申请贷款人数的影响。Home Keeper 贷款与大部分 HECM 贷款一样，采用浮动利率，按月调整。Home Keeper 计划的利率比 HECM 要高，但获得的月支付额也较高。

（3）贷款支付和偿还。Home Keeper 计划下有三种支付方式：一是按月终身支付；二是信用额度，在额度内，贷款人可以按需提取；三是按月终身支付和信用额度的组合。借款人死亡、房屋出售或者借款人连续 12 个月没有居住该屋，贷款就马上到期。借款人或其继承人可以通过出售房屋或是用其他资产来偿还贷款。

（4）贷款费用。Home Keeper 的贷款成本与 HECM 基本相似，只是最初的保险费较低：在 Home Keeper 计划下是 1%，在 HECM 下是 2%。FHA 为其提供保险保障，在借款人无力按合同向借款人支付贷款时由它代为支付；在贷款总额超过贷款到期时的房屋价值时，其差额损失由 FHA 来补偿。

3. 财务自由计划贷款（Financial Freedom）。在 1996 年以前，美国有三家私营公司开展反向抵押贷款业务。1997 年，三家公司中的 Household Senior Services 首先终止了此项业务；1999 年，TransAmerica Home First 也宣布将所有住房反向抵押贷款合约转售给老年财务自由基金公司（Financial Freedom Senior Funding Corporation），三家开办公司只余此家。目前，美国住房反向抵押贷款市场上，除 HECM 计划和住房持有人计划之外，只有 Financial Freedom 这一私营产品在运作。如果说 HECM 和住房持有人计划带有政府资助色彩，并非纯商业性的话，Financial Freedom 就是纯粹的商业贷款。

Financial Freedom 贷款主要面向"特大型"的住房反向抵押贷款业务，最高贷款额可达 70 余万美元，又被称为"大额贷款"（Jumbo Loan）。因此，它主要适用于拥有高档住房的老年人。除此之外，与政府主导的 HECM 和半官方的住房持有人计划相比，Financial Freedom 计划具有以下几个特点。

一是结构不同。在财务自由计划下，贷款人在签订借贷合约后，贷款不是直接给借款人，而是一次性转给一家人寿保险公司（Hartford），然后由该保险公司承保，并终身按月给借款人发放年金。这种方式实际是将反向抵押贷款与年金保险捆绑，将贷款金用以购买年金保险，好处是即使住房出售以后老年借款人也能按月得到固定收入、拥有长期稳定资金来源；同时，贷款机构将自身承担的老人长寿风险等转嫁给了保险公司承担。

二是升值分享方式不同。Financial Freedom 计划有一个可分割型的房产价值分享条款，发放贷款的机构与住户共同享有住房未来增值的效益，但特点在于借款人可以保留一定比例的房产（最高可以达到房产价值的80%），交给后代继承这部分房产。比如借款人要求按照抵押房产价值的60%借款，到期时需要偿还的贷款也是到期时房产价值的60%，其余40%的房产价值变现收入留给自己的继承人。这种贷款方式的好处是老人身故后，能保留部分资产给他们的继承人，在一定程度上解除了老年人的遗产顾虑，缺陷是老人通过贷款获得的现金可能会大幅减少，不够养老使用。因此该贷款主要是针对住宅价值较高，或老年人拥有较为雄厚的资产，并不完全指望用房产来养老的情况。另外，有的子女可能反对父母参与反向抵押贷款计划，老人参与这种可保留部分房产价值给子女继承的贷款，也算是一种用心良苦的折中。

三是贷款费用缴纳方式不同。Financial Freedom 计划中没有列出规定支付的利息或服务费，所有费用一并在贷款额中扣除。这类贷款成本高于HECM，所以通常是那些拥有较高房产价值，并希望取得较大贷款额的借款人才会申请。

四是政策优惠不同。Financial Freedom 不享受联邦政府提供的保险和担保，贷款对象的资格也不需要经过政府认可，这是与公有部门提供的住房反向抵押贷款产品最大的不同之处。

五是 Financial Freedom 的贷款不向联邦抵押协会（Fannie Mae）出售，但可以进行证券化。Financial Freedom 也是现存三类产品中最早进行证券化的产品。

（三）美国住房反向抵押贷款政策支持体系

美国政府及国会在住房反向抵押贷款的运作中发挥了非常关键的作用。政府为促进反向抵押贷款市场的顺利发展，直接或间接地参与和改进产品设计、完善风险规避机制、制定完善的法律法规、监管市场的发展，保护各方利益，并促进市场竞争，推动市场发展。

1. 完善法律法规体系。美国在住房反向抵押贷款发展之初，并没有专门的法规来规范其运作，仅受《银行和借款通用法案》（*General Banking and Lending Act*）中一般性法规的约束。1987 年之后，美国政府通过修改完善联邦银行法、联邦不动产法等法规来对住房反向抵押贷款进行调整。与此同时，还出台了一系列专门的法案，对住房反向抵押贷款进行调整。在上述法案中，特别注重对消费者权益的保护。1994 年 9 月 23 日，时任美国总统克林顿签署了《Riegle 共同发展法案》（*Riegle Community Development Act*，1994）。该法案规定，贷款机构必须向借款人如实披露借款的费用与风险。与反向抵押贷款有关的所有费用都必须向借款人披露，并将全部借款费用（Total Amount of Loan Cost，TALC）用平均年率的形式表示，以方便借款人对不同贷款机构的产品进行比较，无论这些费用是否被认为是费用融资。该规定大大增加了市场的透明度。如果贷款机构被依法撤销或被依法宣告破产，其持有的住房反向抵押贷款合同及权利义务必须转移给其他经营住房反向抵押贷款的贷款机构；不能同其他贷款机构达成转让协议的，由政府监管部门指定经营住房反向抵押贷款业务的贷款机构接收，但不得影响借款人的利益。1998 年，为保障消费者的知情权和选择权，同时避免咨询机构收取额外的费用，美国政府通过了一项法案，要求对借款人强制、免费实施贷前咨询，即借款人在确实得到公正的免费信息咨询服务，并由借款人正式签字表示知悉业务内容后，才可凭咨询证书进入贷款申请程序的下一个环节。此外，明确界定借款人收取的贷款费用限额和利率浮动范围，比如按年调整的利率每年的"利率帽"为 2%，总贷款期内的"利率帽"为 5%，以控制借款人的成本。再保险机制和"无追索权"等条款的确立，也消除了消费者的后顾之忧。

2. 健全风险分担机制。住房反向抵押贷款推出初期发展得并不快，主要原因之一是借款人和贷款人都承受着较大的市场风险。为解决这一问题，美国政府推出了 HECM 示范计划，由联邦政府为借贷双方提供了保险保障。无论是贷款人破产时，还是当借款人的住房资不抵债时，对方的利益（主要是本金）都能得到保障，从而消除了借贷双方的后顾之忧，促进了住房反向抵押贷款的健康发展。美国政府对该业务的支持并不是采取直接财政补贴的方式，而是由政府机构 FHA 统一向借款人收取保险费，建立保险基金，对借贷双方的可能损失进行补偿；只有在保险基金不足的情况下，才由政府兜底。实践中，该保险基金运作总体比较稳健，仅在 2013 年首次向财政申请援助。

　　3. 加大宣传教育力度。美国反向抵押贷款成功的一个关键因素在于重视宣传教育。在推出 HECM 之前，美国便成立了一个独立的非营利性组织——国家房产价值转换中心（NCHEC），专门向老年消费者进行反向抵押贷款产品知识的宣传和国民理财教育。为支持住房反向抵押贷款知识的宣传、住房反向抵押贷款计划的推广和潜在借款人的培育，美国国会通常提供一定的资金支持。同时，美国立法强制规定，在住房反向抵押贷款申请前，所有的借款人都必须履行法定的免费贷前咨询。咨询的目的是为了确保借款人充分了解住房反向抵押贷款的益处和弊端、除住房反向抵押贷款外的其他可能选择，以及住房反向抵押贷款对他们的生活和财务状况有何影响。提供咨询的机构必须是经 HUD 批准的机构，一般为咨询公司或者老年服务机构。这些机构应与贷款提供者保持独立性，以确保潜在的借款人能够得到准确、公正的信息。HUD 还编制了专门的 HECM 手册（参见附录 3），用于宣传教育和人员培训，发送给借款人、贷款机构、咨询机构等参与主体。这些举措从细节入手，极其有效，不仅避免了一些不必要的纠纷，而且为反向抵押贷款赢得了良好的声誉。

　　4. 提供优惠政策扶持。美国政府对住房反向抵押贷款给予很多政策优惠。一是在住房反向抵押贷款发展初期进行引导示范，提供资金发展公立的咨询机构。二是主导建立二级市场，为贷款机构解决资金流动性问题，鼓励金融机构积极参与。三是政府建立反向抵押贷款保险机制，降低借贷双方风险。四是制定税收减免等优惠政策。其中，对借款人税收优惠政策值得借鉴。例如，美国公民一般要就其拥有的房地产缴纳财产税，但将不动产申请反向抵押贷款后，鉴于这种转换的目的是提供养老金，无须再缴纳财产税；而最终用住房余值归还贷款本息时，也不将其视为出售，应予缴纳的营业税也可减免。美国政府还出台了对长期护理保险等配套机制的鼓励措施，借款人如果将其全部的反向抵押贷款用于购买长期护理保险，在申请反向抵押贷款时应向 FHA 缴纳的保险费将被免除。这些措施在很大程度上促进了美国反向抵押贷款市场及配套机制的深度拓展。

　　此外，美国高额的遗产税制度对反向抵押贷款的推广也起到了推动作用。始征于 1916 年的美国遗产税，针对的是不劳而获的接代传富行为，旨在平滑巨大财富世代沿袭带来的社会问题。按照美国法律，美国公民或永久居民（绿卡持有人）死亡时，不管他的遗产位于世界上哪个角落，其继承人（除法定豁免的部分外）均要将遗产总额按照税额交给美联邦政府。多年来，美国遗产税税率一直起起落落，在很大程度上是政党博弈的结果。1916 年遗产税起征点为 5 万美元，最高税率为 10%；1935 年，起征点下降到 4 万美元，税率却上升到 70%。从 1942 年至 1976 年这三十多年间，遗产税征收的起点一直不高，仅为 6 万美元，但遗产税最高税率却达到 77%。2001 年以后，遗产税征收起点每年开始大幅提高，而遗产税最高税率则逐年下降。2001 年，时任美国总统小布什曾通过了一个遗产税减免法案。根据美国国会 2001 年通过的《经济增长与税收救济协调法》，遗产税的豁免额从 2001 年的 67.5 万美元逐年递增到 2009 年的 350 万美元；税率则从 55% 降低至 45%。该法案还规定，如果在 2009 年之前没有出台新的法案，遗产税于 2011 年恢复征收。这也造成了 2010 年的美国遗产税被开了"天窗"，即在这一年去世的富人后代不需要缴税。在 2011 年，美国缴纳遗产税的起点提高到个人为 500 万美元，夫妻为 1 000 万美元，税率降低至 35%。经济学家认为，这次调整是党派之间政治利益博弈的结果，也是奥巴马为促进美国经济复苏作出的让步。

当然，美国遗产税的出台并非针对以房养老，但以房养老却成为规避遗产税的手段之一。在高额的遗产税背景下，老人很容易在以房养老和留遗产给子女但要纳大笔税之间作出选择。

5. 加大监管规范力度。以房养老作为一种新型的金融工具，不仅面临着利率、房价、经济周期、长寿等各项风险，而且由于参与主体数目比较庞大，且以老年群体为主，加大了相互之间利益关系协调的难度。特别是在住房反向抵押贷款开始的初期，监管工作如果不到位，老年人容易被误导，一旦出现了欺诈和违约现象，将阻碍住房反向抵押贷款业务的推广。美国国会自 1987 年推出 HECM 以来，就密切关注反向抵押贷款市场的运行。FHA 负责项目审批、保费收取、保险基金管理等具体运营，HUD 定期对 HECM 的运行状况进行评估并向国会汇报。配合贷款机构和咨询机构市场准入、贷款机构信息披露、贷前法定咨询程序等一系列有关法律法规的出台和执行，住房反向抵押贷款业务得到了规范发展。

（四）美国住房反向抵押贷款取得的成效和存在的问题

总体来看，住房反向抵押贷款在提高美国老人养老生活水平等方面发挥了积极作用。学者 Mayer 和 Simons（1994）研究认为，美国的退休老人通过参与住房反向抵押贷款，至少可以提高现有生活水平的 20%。Kuty（1998）也指出，住房反向抵押贷款在美国可以帮助 29% 的人脱离贫困线。2006 年，美国有关部门对反向抵押贷款客户的调查报告显示，58%的借款者认为反向抵押贷款已经完全满足了他们的全部财务需求；25% 的借款人认为该贷款满足了他们大部分的需求；有 12% 的借款者认为部分满足了他们的财务需求；只有 2% 的人认为完全不能满足他们的需求；另外 2% 的人未做回答。

虽然美国是反向抵押贷款运作最为成功的国家，但覆盖面仍然有限。自 1990 年至 2013 年第一季度（财政年度），全美共发行了 80.8 万份 HECM，占老年家庭数的比率不到 2%。美国反向抵押贷款市场规模还较小，原因之一在于无法调动足够的需求，使得贷款供给者不能获得规模优势。面临的障碍因素主要有如下几点。

1. 交易服务成本高。反向抵押贷款最主要的问题，就是较高水平的交易费用和服务成本。由于风险大，反向抵押贷款的利率通常高于一般抵押贷款利率，加上各项税费，成本较高。据美国调查，对于一个普通的反向抵押贷款，各项费用占到整笔可贷金额的 10%~15%，同时最高可贷金额的规定又限制了老人实际能够贷到的现金数量。对于一个 75 岁拥有 10 万美元房产的老人来说，大概需要支付 6 500 美元的总贷款费用，而能获得的净贷款额不会超过 4.1 万美元。对于大多数老人来说，这显然不是一个合算的交易，往往只能作为万般无奈下最后的选择。

2. 客户群范围有限。美国反向抵押贷款的主要倡导者 Scholen（1993）指出，在美国反向抵押贷款的运行中，初始考虑是将这一贷款的借款人界定为贫困、单身的老年人，导致覆盖群体有限。虽然有学者认为应进一步扩大客户定位范围，但必须指出，由于这项政策带有一定的福利性，适用群体也较为有限，因此其客户面不可能大范围扩大。事实上，由于 HECM 计划设定的申请门槛不高，现有的业务量已经给美国政府造成了一定压力。美国政府近期宣布要加强对申请者的资格审查，并调降利率，以保证计划的可持续发展。因此，政府和开办机构对风险的承受能力，以及业务本身的属性特点，使得反向抵押贷款在未来的很长一段时期，都注定难以成为大众产品。

3. 公众接受度有限。公众对反向抵押贷款的认可和接受程度受多方面因素影响。

首先，老年人对新业务的接受速度本身较慢。反向抵押贷款的主要倡导者 Scholen（1993）指出，老年消费者对接受新生事物已较迟钝，对许多金融产品的创新接受缓慢，或还抱有天然的抵触情绪，对专业金融知识与技能的了解又甚少，往往对业务开办及参与存有各种顾虑和疑问。并且，反向抵押贷款是知识含量较高、程序较为复杂的业务，以老人的阅历难以完全理解，即使是在儿女陪同的情况下，也要花上较长时间，才能基本熟悉产品特性。所以，尽管美国已投入较多精力开展宣传教育，但要让更多的老人熟悉这项业务，仍然需要时间和人力物力方面的投入。

其次，产品设计特性也影响了老人的接受度。反向抵押贷款的初衷和特点之一是让老人继续居住在自己的房屋里，因此条款设计中也体现了对居住权的保护和对搬迁的限制。但并不是所有的老人都适合居家养老，特别是一些老年人健康状况恶化后，可能要离家一段时间进行治疗，或者重新考虑更合适的居住安排，如搬进养老院或其他临时住所。因此，一些老人出于对未来健康状况等方面的担忧，或出于对居住安排的考虑，不愿选择反向抵押贷款。

4. 外部因素影响大。美国是目前反向抵押贷款业务最成功的国家，但该业务的实际运作中也揭示出这样一种奇特的现象：参与反向抵押贷款的老年人，相比没有参与这一贷款业务的老年人，在其晚年生活中住房转换比例反而更高。根据美国某项住房调查的结果，参与反向抵押贷款的单身女性从房屋中搬离的可能性，要比非反向抵押贷款参与者高 50%。原因主要在于：

第一，受房价变动的影响大。例如，2002 年到 2007 年期间，美国房地产市场处于高速增长期，房屋价值年均增长率在 2005 年到达顶峰，为 9.41%；年平均房屋价格指数则在 2007 年达到最高点，2008 年由于次贷危机的影响开始出现负增长。反向抵押贷款作为一种对住房价值波动极度敏感的产品，无疑受到了这一期间美国房价走势的极大影响。尽管合约中约定，贷款机构会根据房价的波动定期或不定期对给付款项作一定的调整，但实际操作中的及时性、可实施性等有待考量。于是在房价出现大幅度上涨、而每期给付款项却未能同比例上升时，借款人就会感觉继续持有反向抵押合约远不如将住房出售更为合算。

第二，受利率变动影响大。反向抵押贷款对于贷款机构而言风险较大，因此要求的贷款利率高于普通住房抵押贷款。考虑到复利的累积效应，老人如果考虑到以后不会一直参与反向抵押贷款直至终老，一般会选择尽早退出反向抵押贷款业务。这是由于一般情况下，反向抵押贷款都设有"无追索权"条款，即老人去世后，所需偿还的贷款本息和仅以被抵押房屋的价值为限，因此，越晚退出，需偿还额越接近或大于房屋价值时，选择提前退出反而不合算。另外，在市场利率走低时，反向抵押贷款可能依旧保持较高的利率，对参与人很不利，参与人选择退出的动机往往更加强烈。因此2002—2005年，美国10年期债券利率保持在相对较低水平波动，而房产价格指数保持了较高的增长率，两个因素的共同作用下，反向抵押贷款的退出率比较高。

正是由于上述因素，不少老年住户选择在房屋价值高速增长或市场利率低迷时期出售住房，提前结束合约，这使得贷款机构无法享受到房屋增值的收益，也打乱了其业务安排。

二、美国以房换养模式

在住房反向抵押贷款之外，美国也存在其他形式的以房养老，其中以房换养是以房养老的一种重要模式，它将租、售房和养老相结合，其中老年公寓市场的发展是自助型以房养老模式的关键一环。相对住房反向抵押贷款而言，以房换养可以自行操作，交易成本也较低，老人可选择面较大。

美国不少老年人退休后将自己的房子卖掉，住进老年公寓，用卖房的钱支付公寓所需。美国的老年公寓是一个发展了几十年并比较成熟的行业，一般分为营利性和非营利性两种。营利性老年公寓大多为私人公司所办，进入房地产市场，可租可买，与其他住房无二。非营利性老年公寓主要由慈善机构兴办，美国政府给予部分津贴，收费低而门槛高，符合条件的老年人可登记排队入住。如纽约州地方政府办的老年公寓，申请者必须是住在当地的美国公民、低收入或无收入者，银行存款不能超过3 000美元，年龄在65岁以上，一般申请两三年才能入住。绝大多数老年公寓都是独立的建筑物，不同类型的老年公寓一般分开建造，分布在居民居住区中。

（一）美国老年公寓种类

1. 自住型老年公寓（Independent Living）。也称普通型老年公寓，专为生活能自理的老人设计，基本不提供专门的医疗康复协助，但会配置为老年人服务的设备设施，不仅有洗衣房、餐厅、公共交通等设施，还有丰富的娱乐设施，如游泳池、健身房、图书馆、俱乐部等。大部分公寓经常组织集体娱乐活动，主要供健康或基本健康的、想要保持高质量生活品质的老年人居住。如Woodcliff Lake老年公寓，交通便利，环境优美，旁边还有日托幼儿园，适宜健康老人养老。

2. 陪护型老年公寓（Assisted Living）。陪护型老年公寓目前最流行，主要为日常生活需要帮助，但不需要专业医疗护理的老人设计。入住的老人主要是体质较弱或者身体条件不能完全自理，但又喜好优美的自然环境和精彩的社会活动的老人。如Brighton Garden老年公寓，建在海边，且靠近购物中心，整体住宅为时尚高雅的公寓式，有充分的公共活动空间，公寓的工作人员均经过专门的实践训练和理论培训，可为居住的老人提供全方位的日常生活服务。

3. 特护型老年公寓（Services and Amenities）。特护型老年公寓除了上面两种老年公寓提供的设施和服务外，还提供综合的医疗性服务和健康服务，包括护士服务、康复护理、健康监控服务等，有专业的护士、专门的药剂房。如Deer Creek老年公寓，建在乡村俱乐部旁边，紧挨购物中心和医院，附近还有私人飞机降落场，可以为老年人提供标准的护理服务和医疗服务。

（二）美国老年公寓的运营管理经验

美国老年公寓市场的充分发展甚至是过度开发，使得老年公寓市场竞争非常激烈，但这同时也给老年公寓的经营管理带来了创新，促进了经验的积累。

1. 人本化住宅设计。在美国，将人本化设计理念运用于老年公寓的建设，已成为建筑设计者们关注的焦点。人本化设计理念，就是小区规划、户型设计以及配套设施的配备等方面都必须以老年人的特点和需求为中心。美国老年公寓的设计一般具有以下特点：选择环境优美的地方建立社区，区内规划科学、美观；采用低层、配备电梯的小高层建筑，或是建有小院的平房；道路设计无障碍；户内配备紧急呼叫与电子安防系统；居室要有充足的阳光射进以及良好的通风条件；公寓内设有完备的配套设施和服务，健身娱乐、医院、购物中心、文化教育、图书资料、银行、邮局、家政服务、交流活动等是必备服务项目。

2. 采用有积极意义的公寓名称。名称可以给人以心理上的暗示，这已为心理学家所广泛证实。在美国，人们不把老年人称做夕阳，而是太阳。以太阳来肯定老年人所做的贡献，太阳同时又象征着活力与丰富多彩的人生。美国太阳城中心（Sun City Center）老年公寓即是直接以太阳进行命名。黎明老年公寓（Sunrise Senior Living）则以黎明、日出来昭示着活力与温情。以温馨、亲情为出发点进行命名也随处可见。如 Bee Hive Homes（蜂巢之家），以"家"来拉近老年人对公寓的心理距离。Comfort Keepers（舒适看守人）让人联想到公寓的舒适与温馨。

3. 营造优质服务及氛围。面对激烈的竞争，老年公寓的出租人、开发商、经营者都在努力寻找生存之道。主要做法有如下几点。

一是培养专业化的人才。美国诸多老年公寓均实行有计划、有组织的服务培训，以提高专业服务水平。

二是提供附加服务。有的老年公寓为入住老年人提供各种专业性附加服务：保险与税收服务、理财计划与可行性学习服务、市场分析与研究、临床咨询服务、补偿服务、医疗保障以及抵御医疗诈骗等。有的老年公寓除了提供陪护型老年公寓以外，还为疾病或受伤康复者提供家庭护理服务，24 小时紧急呼叫与服务系统也是有些老年公寓的必备服务。有的老年公寓则在提供基本服务项目的基础上，满足老年人的特殊要求，实行定制化服务。

三是营造适宜的服务氛围。环境氛围直接影响人的精神状况，牵涉身心健康。住在老年公寓的老年人中，体弱多病者占了很大的比例，这对公寓中的生活氛围形成负面影响。欢快、愉悦的居住气氛，对老年人的身心健康尤为有益。黎明老年公寓的第一个社区自 1981 年成立以来，一直遵循这样一个原则：在家庭一样的居住环境中，营造出振奋精神、支持自我与自主、鼓励独立、维护尊严以及家人与朋友围绕的氛围，积极为老年人提供服务。为老年人举办社团，创造良好学习环境，为志趣相投的人提供交流机会，也是必不可少的。另外，可以通过装修中的色彩搭配以及装饰品的布置来营造出适宜的服务氛围。

4. 规模化、品牌化经营。有的老年公寓以专业化和市场细分确立自己的品牌，如美国芝加哥设有一家为犹太人提供的老年公寓（Council for Jewish Elderly），仅此一家便拥有近 800 名训练有素的职员。又如马里奥特老年公寓针对美国有 400 万阿尔茨海默氏病（Alzhemier，即老年性痴呆症）患者的现实状况，2000 年与 Alzhemier 组织进行为期两年的合作，致力于提高对 Alzhemier 患者的照料。此外，规模化也是美国老年公寓发展的成功之路。如黎明老年公寓是美国最古老也是最大的老年公寓之一，经过 20 多年的发展，在美国、英国、加拿大正在经营及处于建设中的社区有 350 多家，每一个社区的容纳量达到近 40 000 人；马里奥特老年公寓在美国 30 个州共有 147 个正在经营中或建设中的老年公寓社区。

5. 政府及社会支持。美国 1965 年制定了《美国老人法》，1975 年制定了《禁止歧视老人法》。根据这些法律，老年人不仅可以得到收入和医疗的保障，而且可以在生活服务和参与社会等多方面得到良好的照顾。老年公寓的建设具有社会福利的性质，需要政府、社区、社会在资金、人力、物力等方面的大力支持。美国社会福利性组织——老年事务委员会（Elder Affairs Commission）推出老年住宿计划来支持老年公寓的发展，主要包括两方面的内容：一是对护理业进行改进，根据个人需求改进服务，提供长期轮换护理服务；二是协助低收入与中等收入的老年人付费，满足这部分群体的服务需求。美国各老年公寓的网站基本都设有接受捐助的网址，呼吁社会的关注与支持。社区对老年公寓的捐助行为很多，如 I-deal 与纽约 Upstate 大学医学院联合，照顾公寓中的老年人是该院学生的必修课程之一。

第二节　其他国家和地区发展以房养老的主要模式和经验

一、英国发展以房养老的主要模式和经验

(一) 英国以房养老发展的历程

与美国政府主导推动反向抵押贷款市场发展不同，英国走的是市场自发推动道路，行业组织在其中发挥了重要作用。

住房反向抵押贷款产品在英国一般被统称为"资产释放机制"（Equity Release Mechanism，ERM）。它最早出现于 20 世纪 60 年代中期，但一直到 20 世纪 80 年代初，市场销量都不大，主要原因是产品设计的缺陷以及监管的缺位，导致社会公众对住房反向抵押贷款缺乏信心。这类早期的产品缺乏"无追索权保证"条款，即如果所抵押的房产资不抵债，贷款机构可以向老人及其继承人追索；并且其中一些产品，如家庭收入计划（Home Income Plan），在申请人签订合约后，并没有拿到现金，而是获得投资债券。按照产品的设计本意，在理想的情况下，借款人获得的债券收益要超过其须支付的利息，从而能从中获利，以补充养老金。但期间由于英国经济衰退，资本市场低迷，股票债券价格骤跌，致使上述债券不仅没能给持有人带来任何收入，甚至偿还不了利息费用，令老年借款人的债务有增无减。这些不具有"无追索权保证"的产品已于 1990 年被英国政府取缔，对以往的合约，投资者可以根据《投资者补偿办法》（Investor's Compensation Scheme）进行索偿，但仍有个案没有解决。该类事件严重影响了英国住房反向抵押贷款的发展，在事隔多年之后，仍有不少老年人对这类产品存有戒心。

为重振市场信心，1991 年，6 家开办资产释放业务的金融机构联合创建了行业组织，以推广安全的资产释放产品。这一行业组织以"安全家庭收入计划"（Safe Home Income Plan，SHIP）命名。SHIP 的成立，促进了英国资产释放业务的规范、健康和可持续发展。这一组织从保护消费者利益的角度，对产品应包含的关键要素做了界定，并出台了约束其成员市

场行为的自律准则。其中，SHIP 注重保护消费者的知情权和选择权，要求成员机构建立消费者贷前咨询程序，同时咨询人应具备资质。

随着 SHIP 影响力的扩大，越来越多的开办机构加入该组织，逐渐覆盖了市场上的主要参与者，2006 年经营资产释放业务的成员主体达到 20 家。特别是 1999 年，市场领头羊英杰华（Aviva）加入，并创新推出了英国首个"卷藏式"（Roll – up）抵押贷款产品。该类产品与以往抵押贷款产品最大的区别在于，消费者在贷款期间不需要支付利息，而是将利息累计到本金总额中，复利计算，直到去世后通过出售房产一并偿还。"卷藏式"产品由于避免给消费者生前增加还贷负担，受到了消费者的欢迎，极大地推动了市场的发展。

为进一步加强行业管理，SHIP 已扩充成为英国资产释放理事会（Equity Release Council），SHIP 则变身为资产释放理事会内部的标准委员会，负责行业标准和行为准则制定等核心工作。资产释放理事会的成员不仅包括资产释放业务开办机构，还包括有资质的理财顾问、律师、中介和房产评估人，代表所有参与者发出共同的声音。根据英国资产释放理事会网站上的公开资料，目前英国市场上有英杰华（AVIVA）等十余家资产释放机构，合计占英国在售并接受政府监管的资产释放业务量的八成以上，同时占英国抵押贷款业务量的比重约为 1%。

资产释放理事会延续了 SHIP 的宗旨，主要目标在于保证产品安全可靠、信息披露充分，以保护消费者的利益。资产释放理事会通过约束和规范其成员的行为，为消费者提供了六个方面的保证：允许消费者终身居住于房产内，但必须将抵押房产作为主要居所；对消费者提供公正、简单易懂和完整的产品信息披露，即对消费者所享有产品的利益、限制及义务都必须明示；消费者如需搬迁或换新居，可将资产释放合同转移到另一合适居所，并且不必支付违约金；消费者可自选独立律师，为其进行贷前咨询等服务；律师签署的咨询证书应保证客户已充分了解产品细节及影响；提供"无追索权保证"，即抵押房产若将来资不抵债，对于不足以还本付息的差额部分，贷款机构无权向消费者或其家人追讨。

SHIP 和其后的资产释放理事会不仅在行业的自律管理方面发挥了重要作用，而且作为行业代言人，在宣传推广以及积极争取政府支持等方面发挥了积极作用。为顺应老龄化趋势下民众对以房养老的需求，加强对住房反向抵押贷款的监管，英国金融服务局（Financial Services Authority, FSA）分别在 2004 年、2007 年将终身抵押贷款和住房转换计划两类主要产品纳入监管范围，改变了对住房反向抵押贷款监管缺位的情况，有助于增强公众对住房反向抵押贷款的信心。2013 年，随着英国金融服务局分解为审慎监管局（PRA）和金融行为监管局（FCA）两个机构，对反向抵押贷款等业务的微观监管职能相应地移交给 FCA 负责。

（二）英国资产释放产品种类

1. 已退出市场的部分产品

（1）家庭收入计划（Home Income Plan）。家庭收入计划是英国早期失败的一个产品，它是指老年人将房屋产权抵押给贷款机构后，获得的不是现金，而是一种投资债券。如果房主选择的是夫妇两人的共同合约，则合同到夫妇两人都去世时终止。早期产生丑闻的合约采用的是短期浮动利率，并要求房主每月交纳利息，这样每月应付利息变化幅度可能很大，而贷款机构付给借款人的投资收益却因股票市场的低迷而甚微，从而导致了借款人入不敷出。产品失败之后，家庭收入计划大多变为采用固定利率，并保证利率在贷款期间不变，而支付给房主的年金数目也固定，故被称为安全家庭收入计划。在英国政府废除了偿还抵押贷款利息方面的税收优惠政策后，家庭收入计划就逐步退出了住房反向抵押贷款市场。

（2）共享升值住房反向抵押贷款（Shared Appreciation Mortgage）。共享升值住房反向抵押贷款最先由苏格兰银行发行，后来巴克莱银行也随之推出。它分为两种类型：第一种是借款利率低于正常市场利率水平，但贷款机构要与借款人分享住房未来的增值部分。第二种是借款人不需支付任何利息费用，但将来的还款额是本金加上住房升值部分与借款比率乘积的三倍，而且借款比率最高为 25%。假如借款人住房资产为 10 万英镑，借款比率为 25%，则借款本金为 25 000 英镑，如果在贷款期结束时住房资产价值上升到 15 万英镑，则借款人需还款 25 000 + 3 × 25% × （150 000 − 100 000）= 62 500（英镑）。早期的共享升值反向抵押贷款最大的缺陷是，在贷款期间内，借款人不得出售或搬离该住房，从而使借款人失去了迁徙的自由。后来，苏格兰及巴克莱银行因缺乏长期投资者（如养老基金等）的支持，资金供给困难，而停止发放该贷款。

2. 现有的产品。目前，英国资产释放理事会成员提供的资产释放产品主要包括两类，分别是终身抵押贷款和住房转换计划，均由金融行为监管局（FCA）监管，其中前者占主导地位。英国资产释放理事会核准的资产释放产品均提供"无追索权保证"，即如果出售抵押房产的所得不足以还本付息，对于差额部分，贷款机构不能向借款人及其继承人追偿。此外，如果出售房产所得在还本付息后仍有盈余，盈余部分应归还给借款人或其继承人。

（1）终身抵押贷款（Liftime Mortgage）。终身抵押贷款由"卷藏式"住房反向抵押贷款发展而来，申请人必须年满 55 岁（夫妻双方共同申请的，必须都年满 55 岁）。在这种贷款模式下，借款人保有对抵押房屋的居住权，在贷款期间不必支付利息，利息自动累积到贷款本金总额中，复利计算，但如果借款人愿意，也可以按月付息。借款人去世或进入长期护理阶段后（如果是夫妻共同申请贷款，则以两人中的最后一人去世或进入长期护理阶段的时点计算），贷款即到期，须用房产变现以还本付息。

贷款领取方式分为趸领和按月支付两种。借款人也可以不等到自己去世而选择提前偿还贷款，但通常必须支付一笔较高的违约金。不过也有一些产品不要求支付违约金，或对超过一定期限（如 5～10 年）之后提前偿付的，不收取违约金。此外，终身抵押贷款的一大特色在于，借款人可以选择保留房产价值的一定比例，作为将来的遗产留给子孙。当然，由于借款人只将房产的部分比例抵押给贷款机构，能得到的贷款金额将相应减少。

（2）住房转换计划（Home Reversion Plan）。住房转换计划类似于一种售后返租的模式，申请人必须年满 60 岁。在该计划下，老年人先将住房的全部或部分产权出售给开办机构。开办机构根据老人的年龄和健康状况，一次性给付一笔免税的款项（也可选择定期支付），并提供一份终身租房契约。老人可以终身继续住在原住房内，不必缴纳租金。当老人去世后，公司将住房收回变卖，收益则按合同约定的双方产权比例分配。

除了上述产品类型外，英国老人也有选择"以大换小"、用差价款养老，以及将房产出售后搬到其他物价水平较低的国家去养老等以房养老方式。这些方式比反向抵押贷款更灵活，但老人需要根据自身的居住需求、财务需求、搬迁成本等作出综合考虑和选择。

（三）英国资产释放业务的发展状况

根据英国资产释放理事会网站提供的 SHIP20 年发展报告，1991—2011 年的 20 年间，SHIP 成员提供了 27 万份资产释放合同、总金额达 121 亿英镑。其中，终身抵押贷款金额达 105 亿英镑，住房转换计划金额近 16 亿英镑。

英国资产释放产品的发展经历了一个逐步发展到达顶峰再缓步下滑的过程。1992 年，即在 SHIP 成立后的首个完整年度内，客户数为 570 人，贷款金额为 2 890 万英镑，其中终身抵押贷款和住房转换计划金额分别为 1 030 万和 1 860 万英镑。之后，至 2001 年的十年间，市场快速发展，2001 年贷款规模为 5.7 亿英镑，签约 1.5 万份，其中终身抵押贷款凭借英杰华 1999 年创新推出的"卷藏式"抵押贷款，市场份额逐步上升，开始与住房转换计划分庭抗礼。2007 年，英国资产释放业务发展达到峰值，客户数为 2.9 万人，贷款总额为 12 亿英镑，件均贷款额为 4.1 万英镑；其中终身抵押贷款总金额为 11 亿英镑，领先于反转计划（8 260 万英镑）。从销售渠道看，SHIP 自 2003 年起增加了对销售渠道的统计，2007 年咨询机构代销收入达 6.9 亿英镑，超过贷款机构直销收入（4.7 亿英镑）。

2007 年开始的金融危机给反向抵押贷款的发展蒙上了阴影，一些机构停止了相关业务，退出了市场。2011 年，客户数为 1.2 万人，贷款金额为 5.7 亿英镑；其中，终身抵押贷款为 5.6 亿英镑，住房转换计划为 1 200 万英镑。虽然放款量萎缩，但市场运作依然良好。

SHIP 预测，虽然近年来业务下滑，但随着 55 岁以上人群坐拥 1.9 兆英镑的房产价值，相信未来市场仍有增长潜力。2012 年，一份以欧洲 12 个国家 1 000 名成年人为调查对象的报告披露，英国人正因经济衰退而重新审视自己的退休计划。调查发现，超过 1/3 的英国人打算利用房产筹集养老金；有一成退休者被迫出售房产或换成较小房子来维持生计。此外，由于资产释放产品能减少老人所持有的不动产价值，部分英国老人也将其作为应对规避遗产税的一个手段。据 SHIP20 年发展报告调查，从贷款实际用途看，59%的消费者将部分贷款用于改善居住环境；31%的消费者将部分贷款用于偿还信用卡等欠债；20%的消费者用于清偿原有抵押贷款；16%的消费者用于支付日常账单；30%的消费者用于假期游玩；23%的消费者用于资助家人或招待朋友；1%的消费者则出于规避遗产税目的。同时，虽然平均寿命延长、退休年龄提高，但现有申请者却呈现年轻化趋势，个人原有收入水平也有所提高，表明该类贷款客户群体在扩大。

（四）英国政府对资产释放业务发展的支持

英国住房反向抵押贷款主要采用商业化运作模式，政府在其中发挥的作用与美国不同。其中，关于住房反向抵押贷款的立法较为分散、烦琐，没有美国的立法全面，也没有针对住房反向抵押贷款的专门法规，但其他法规可部分地对这类产品起到一定的约束作用。如 1974 年颁布的《消费者信用法案》(Consumer Credit Act of 1974)，即适用于金额在 2.5 万英镑以下的反向抵押贷款。该法案对贷款人的信息披露、贷款利率及贷款费用、借款人取消或解除贷款合约时所享有的权利、贷款安全的保障措施等事项进行了规定。对金额在 2.5 万英镑以上的反向抵押贷款，则适用于英国抵押贷款委员会制定的会员作业守则，该守则规定了贷款人必须履行的基本义务，包括向借款人解释反向抵押贷款的特点、运作内容，保护借款人不受欺骗等。但是，由于《消费者信用法案》(1974)不是专为住房反向抵押贷款而制定的，它的许多规定烦琐而严格，增加了反向抵押贷款业务的成本和复杂程度。为了规避这个法案，许多贷款机构不发行低于 2.5 万英镑的反向抵押贷款产品，虽然其市场需求很大。因此，这个法案在一定程度上阻碍了反向抵押贷款的发展。

但是，随着老龄化危机的加剧和养老金缺口的加大，英国政府日益重视反向抵押贷款业务，特别是英国金融监管部门加强了对终身抵押贷款和住房转换计划的监管，并在官方编制的退休者指南中以详细章节介绍资产释放业务，强化宣传。同时，有关部门已在着手研究加大对资产释放业务的支持力度。

二、加拿大发展以房养老的主要模式和经验

(一) 加拿大住房反向抵押贷款概况

在加拿大，住房反向抵押贷款的主流产品是住房收入计划（Canadian Home Income Plan）。发起和管理该计划的是 1986 年成立的加拿大住房收入计划公司（Canadian Home Income Plan Corporation，CHIP），2009 年改名为住房净值银行（Home Equity Bank）。这家机构拥有 AAA 级的评级，是加拿大第一家也是目前唯一一家直接向老人提供住房反向抵押贷款服务的全国性机构。借款人可以直接向 CHIP 申请贷款，也可以通过加拿大的主要银行、保险公司、信用协会、投资和财务规划公司等金融机构的终端网络来办理相关业务。经授权的抵押贷款经纪人及合格的金融机构为借款人提供贷款咨询。

随着 55 岁以上老人成为加拿大增长最快的人群，住房反向抵押贷款业务量也有较大幅度的增长。截至 2002 年底，CHIP 发放了 2.75 亿加拿大元的反向抵押贷款；而截至 2011 年 6 月，共有约 8 500 笔反向抵押贷款，应付贷款总额 11 亿加拿大元，涉及加拿大各地总价值 30 亿加拿大元的房产。据初步统计，2013 年新增 2 500 名客户，发放 2.5 亿加拿大元贷款。

在加拿大，除了住房收入计划之外，也有部分金融机构推出了针对住房收入计划（CHIP）的替代产品，称为银行信用额度贷款（Bank Line of Credit）。这类贷款往往对借款人没有年龄限制，主要针对收入较高、希望得到房产价值更高比例贷款的客户，贷款占房产价值的比例最高可以达到 60%；一些需要短期资金周转的客户，也可以选择这类贷款。在这类贷款中，有的产品要求按月支付利息，本金则可以到售房时偿还，利率较低，客户可以直接通过银行卡或支票账户按需存取资金。有的产品要求借款人有良好的信用记录和较高的月收入，并根据收入水平确定可贷金额，如果借款人未履行还款义务或收入下降，银行可以撤回贷款或随时要求借款人清偿。这类产品并非典型的老年人住房反向抵押贷款，但为老年借款人提供了养老资金来源的其他选择。

(二) 加拿大住房反向抵押贷款的主要内容

1. 申请资格。住房收入计划对借款人的资格要求为：年龄在 55 岁以上，拥有的房产类型为单幢房产、城镇房产、复式房屋、公寓。申请资格不受收入状况和信用记录影响。

2. 贷款额度。由以下几个因素决定：房屋的价值、贷款者的年龄和性别、婚姻状况、财产状况以及房屋所处的地理位置，最高不超过房产评估价值的50%。

3. 贷款偿还。贷款在借款人过世、搬迁或出售房产时到期，只要借款人继续住在该房屋内，贷款机构便不能要求其偿还贷款。借款人在任何时候都可以自由出卖其房屋或移居他处，夫妻一方死亡的，另外一方可以继续入住该房产，直到死亡。

4. 贷款用途。对借款人而言，贷款资金使用不受限制，可用于还债、资助子孙、修缮房屋、投资、改善自身生活质量等。由于住房净值银行是一家联邦监管银行，可以提供较低利率，不少客户申请该贷款，用于偿还之前欠下的较高利率债务。

5. 借款人权益保护。该产品具有"无追索权保证"，即借款人被要求偿还的贷款额，不会超过该房屋变卖时的市场合理价格，以确保借款人的利益；同时，借款人也不存在贷款违约的风险。

6. 提前还款限制。借款人可以提前还款，但如果在获得贷款 36 个月内就进行偿还，则要支付额外的赔偿金给开办机构。

7. 支付方式。支付方式可以有趸领、按月支付以及二者结合等方式。不少借款人选择趸领方式，并用来购买年金保险，以保证在有生之年都能按月获得年金这笔固定收入，但这一方式缺点是贷款成本很高，因为要一次性取得大笔资金，且每半年复利计息，致使利息成本快速增加。

(三) 加拿大住房反向抵押贷款发展特点

加拿大模式具有以下特点。一是无专门法规约束。在加拿大没有特定的法律规范约束反向抵押贷款的运行。二是反向抵押贷款有减免税等财务效应。每月提供的贷款资金是免税的；贷款产生的利息还可以抵扣应纳税收入，具有减税效应。同时，据宣传，因为利息可以抵扣老人的收入，老年借款人还可能获得政府的一些福利补贴资格，当然，个体情况会存在差异。三是政府不起主导作用，由私营机构运作。加拿大金融机构监督办公室（OSFI）负责对住房收入计划开办机构进行监管，住房收入计划的经纪人等参与者也必须具备相应的资质。

曾有理财专家指出，加拿大住房反向抵押贷款的弊端在于复利计算，造成贷款成本较高。具体而言，每半年计算复利，利息增长很快，贷款人的债务每七八年可能将近翻一番。比如，贷款人获得 5 万加拿大元贷款，在抵押房屋居住 14 年，其贷款本息债务可能达到 20 万加拿大元。这意味着房产净现值可能已接近于零。加拿大住房收入计划创始人威廉·特纳承认这种现象，并建议老人如果想要保全房产价值，就不要涉足反向抵押贷款。因此，有专家认为，住房反向抵押贷款应是急需用钱的老人最后的解决办法。

但在加拿大反向抵押贷款中心等经纪人提供的宣传材料里也显示，在二十多年的实践中，住房收入计划（CHIP）99% 的客户在出售房子偿还贷款后，售房款仍有盈余，平均盈余比例为 50% 左右。据宣传材料分析，其原因在于：首先，加拿大住房反向抵押贷款发放金额较为保守，最高发放额仅达期初住房评估价值的 50%，大多数借款人只贷到 25%～40%；其次，反向抵押贷款业务开办以来恰遇房地产市场整体长期向好，经过漫长的贷款期间，大多数房子都升值了，而根据合同约定，客户得以享有房产升值的收益。

三、澳大利亚发展以房养老的主要模式和经验

（一）澳大利亚住房反向抵押贷款概况

20 世纪 80 年代末期，反向年金抵押贷款（Reverse Annuity Mortgage）首次在澳大利亚出现，模式为拥有住房的老人把房子抵押给金融机构，由金融机构每月向老人提供生活费用。

在澳大利亚，反向抵押贷款不是政府的一项政策，而是金融机构针对老年人推出的一个金融服务产品，采取纯商业化运作。目前，有反向抵押贷款（Reverse Mortgage）和住房转换计划（Home Reversion Scheme，HRS）两种产品，贷款机构为澳大利亚老年人资产让与协会（Senior Australians Equity Release Association，SEQUAL）的 9 家会员机构。根据德

勤会计师事务所 2012 年 6 月的统计，截至 2011 年底，全澳共有 4.2 万例反向抵押贷款，总金额达 33 亿澳大利亚元。总体而言，这一金融产品正在为越来越多的澳大利亚老年人所接受。统计数据还显示，大多数借款人是 70～75 岁、拥有自住住房的夫妇，他们申请贷款的用途主要是改善住房、偿还债务、增加退休后收入。

（二）澳大利亚住房反向抵押贷款的主要内容

申请反向抵押贷款需要满足以下条件：一是澳大利亚居民，且已年届 60 岁或以上；二是拥有自己的永久住房，其中住房转换计划（HRS）要求房屋位于墨尔本和悉尼；三是贷款目的是个人使用；四是没有其他借款（信用卡、个人使用贷款的再贷款等除外）；五是在办理反向抵押贷款之前，借款人需要寻求独立金融咨询师的建议。典型的反向抵押贷款借款人是拥有中等资产，拥有一套在市中心或市郊的不足 40 年房龄的住房，房产价值在 10 万美元左右，单独居住的中产阶级。从实际运作情况来看，主要是在市中心有相对便宜住房的业主和少数民族业主会申请反向抵押贷款，因此，该项目主要用来满足那些较低收入的老年人。

贷款金额主要由借款人年龄、配偶状况、房产评估价值、贷款支付方式和市场利率决定，不超过贷款机构规定的最高额度。该额度限制指标为贷款价值比（LVR），随着借款人年龄增大而提高。《悉尼先锋晨报》曾对反向抵押贷款作出计算，假设一对 65 岁的夫妇以价值 100 万澳大利亚元的房屋作抵押申请反向抵押贷款，以年利率 9%、贷款 20 万澳大利亚元、期限 20 年为例，假设房屋价值每年升值 4%，到还款时，房屋价值将达到 219.1 万澳元，但连本带息还给银行的钱要达 122.4 万澳大利亚元。也就是说，还款后房主只能拿到房屋价值的 44%；如果借款额更多或贷款期限更长，则房主能保有的房屋价值更少。该类贷款产品也具有可转移性，人们可将贷款随自己转移至另一处房产。

贷款支付方式有一次性支付、按期支付、信用额度支付或这几种方式的组合，由借款人自行选择。所有债务将在住房出售、房主永久搬离或借款人死亡时支付，借款人也可选择提前还款。如果房屋价值不足以偿还贷款，贷款人没有追索权。在贷款期内，如果遇到借款人未能支付财产税、未能维持住房产、未能维持有效的风险保险单等情况，贷款机构可以选择代为支付这些费用，并扣减借款人的贷款资金额度，而非取消抵押品的赎回权。

四、新加坡发展以房养老的主要模式和经验

（一）新加坡实施以房养老的背景

在新加坡，55 岁以上的老年人被称为乐龄人士。作为一个非福利性国家，新加坡政府一向倡导国人自食其力，并不鼓励父母留房给儿女，因为新加坡已经制定了有利于年轻人自己买房的政策。按照 1964 年推出的"居者有其屋"计划，新加坡国家发展部的下属法定机构建屋发展局承担建筑公共房屋，称为组屋，统一对中低收入居民限价供应，并出台购房补贴等扶持政策，保证 80% 以上的中等收入家庭买得起房。截至 2010 年，85% 的新加坡公民住进组屋，其中 93% 拥有房屋产权，7% 的低收入家庭向政府廉价租赁；另外 15% 的高收入家庭拥有高档商品住宅。住房拥有比例高（但八成居民住在政府组屋内）、父母无须为子女住房问题太过操心，这构成了新加坡以房养老的第一个背景。

第二个背景则是老龄化的加剧和退休金来源的不足。1945—1966 年，新加坡曾出现一个婴儿生育高峰，之后生育率持续下降，人口老龄化危机凸显。到 1999 年，60 岁以上的人口达到 23.5 万人，占总人口的 7%，预计到 2030 年，60 岁以上的人口会达到 79.6 万人，占总人口的 19%。为解决养老问题，新加坡政府实施了强制的中央公积金制度（Central Provident Fund，CPF），规定 1987 年退休人员的个人公积金账户最低余额应达到 3 万新加坡元，此后逐年递增，到 2003 年达到 8 万新加坡元。但 1993 年 CPF 年报显示，约有 42.8 万人的公积金账户余额不足 3 万新加坡元，其中大部分在退休时的余额达不到 8 万新加坡元。鉴于新加坡老龄化问题加剧，中央公积金制度又不能完全满足需求，1994 年，政府委派的成本评论委员会（Cost Review Committee）提议发展住房反向抵押贷款，帮助市民将住宅资产变现，以贴补退休后的生活支出。

（二）职总英康住房反向抵押贷款产品概况

1997 年 1 月，新加坡一家综合性保险合作社——职总英康（NTUC Income）率先推出了住房反向抵押贷款产品。该产品对借款人资格的要求

为：新加坡公民或永久居民，年龄在 60 岁及以上；拥有私人房产，且拥有权至少在 70 年以上，此处的私人房产不包括政府组屋；目前未被列入穷籍（生意失败、负债无力偿还的破产者，即由法庭宣告债务人为"穷人"），也没有牵涉任何官司；必须是职总英康的寿险保户；成功的申请者必须在贷款期间购买抵押保证保险，购买职总英康的人寿保险以及屋宇保险，并在贷款期间内维持保单持续有效；在某些情况下，申请者必须找担保人，且担保人的年收入必须高于一定金额。

该产品规定，每月贷款额度根据申请人年龄、房产价值、贷款期限和现行利率计算，屋主可以申请的最高贷款限额是房产估价的 70%，期限最高 20 年，或当屋主满 90 岁或死亡时，以较早者为准；如果房子市价大幅下跌，职总英康有权减少数额或停止发放贷款；贷款金额可以积累到一笔数额后提领用于旅游、特别医药开支或装修项目；可以继续保有住房的居住权，或在适当时机将房产出售获得增值的利润；所积累的贷款和利息可以在房子出售后或贷款者去世时偿还。

在反向抵押贷款初始推出时，公众的热切反应远远超出职总英康的预期，仅 2 个月，就签署了 22 笔住房反向抵押贷款合同。但好景不长，市场需求迅速下降，一直到 2004 年只有 180 位客户。

从 2006 年 3 月开始，在新加坡政府的推动下，职总英康这一计划被扩大到覆盖新加坡八成居民人口的政府组屋市场。70 岁至 90 岁之间的政府组屋屋主，可以向职总英康申请贷款。但是一方面屋主担心由于长寿导致贷款本息利过高而被迫出售房屋，另一方面保险公司也担心近年来的楼市不景气造成房屋价值下跌，供需双方积极性都不高。职总英康自 2008 年起停止发放住房反向抵押贷款。

该产品在新加坡遇冷的主要原因如下。一是在 2006 年贷款对象扩大到政府组屋屋主之前，该产品只面向拥有私人商品房的老年业主，而在新加坡，80% 以上的公民都居住在政府提供的组屋里，没有被纳入业务覆盖范围。二是贷款合约缺乏"无追索权保证"条款，这意味着在合约到期时，如果贷款本金与利息之和超过住房价值，职总英康可能向借款人或其继承人追讨差额。对此，老年房主害怕因长寿而被迫迁出住房，致使无家可归。在儒家伦理理念笼罩下的新加坡人，对此似乎有一种天然的抵触情绪。三是在纯商业化运作条件下，保险公司出于风险考虑，也不愿意放宽申请人的资格条件，对可贷款的额度等也进行了较为严格的控制，导致月给付额大大缩水，在一定程度上抑制了客户对它的需求。

（三）华侨银行住房反向抵押贷款产品概况

除了职总英康保险公司之外，新加坡本地三大银行之一的华侨银行（Oversea Chinese Banking Corporation Limited，OCBC）于 2006 年 8 月推出类似的住房反向抵押贷款计划，成为当时唯一开办该业务的银行。

华侨银行的反向抵押贷款同样只限于私宅地产，条件为：一是年龄在 65 岁以上的新加坡公民或永久居民；二是拥有或共同拥有私人不动产，并且该不动产必须于贷款期限届满前尚有 45 年的租赁权。

为满足不同客户的需求，华侨银行提供两种贷款选择方案。首先，是有期限的支付方式。客户可以选择定期按月支付，直至贷款满 25 年为止，或者是当客户满 90 岁时，以较早发生者为准。对于担心寿命长过获款期限的客户而言，还有第二个选择：终身年金支付方式（Annuity - linked Option）。上述两种支付方式的年利率略有不同，分别为 5.00% 及 4.88%。相较于终身年金式支付方式，有期限的支付方式每月所能收到的金额将更多，但后者的附加优势是为客户提供终身的支付。

高龄市民在缔约之前将由资深银行专员进行面谈，以使客户了解该贷款是否适合自己。在与客户面谈时，客户的近亲必须全程在场，以确保客户是在询问过其近亲之意见下而作出决定。

2008 年，华侨银行也停止提供住房反向抵押贷款。

（四）新加坡政府推出的以房养老计划概况

新加坡由金融机构开办的反向抵押贷款业务只是昙花一现。据新加坡学者分析，相比美国、韩国等以房养老政策成效相对显著的国家，新加坡之所以在这一业务发展上首战失利，主要原因在于政策支持不够。美国、韩国的主流产品都是由政府出面担保，属于政府行为，而新加坡以保险公司、银行机构主导，属于市场行为。由于反向抵押贷款风险大，私人金融机构必然优先考虑保护自身利益，条款设计不利于老年借款人，导致市场反应冷淡。

为继续推进以房养老探索，新加坡政府出台多项政策，鼓励各种形式的以房养老。其中，依赖成熟的组屋政策和中央公积金计划，新加坡政府于 2009 年相继推出以房养老鼓励政策，包括屋契回购计划、乐龄安居花红计划等。

2009 年，新加坡政府推出屋契回购计划，这是一种售后返租形式的以房养老政策。按规定，达到公积金最低存款提取年龄的老年人（现为 63 岁），只要家庭月收入不超过 3 000 新加坡元，且名下没有其他房产，即可将居住组屋的剩余屋契卖给建屋发展局，获 2 万新加坡元津贴，并以 30 年租约继续居住。根据新加坡国家发展局公布数据显示，屋契回购计划自 2009 年推出以来，仅有约 500 名申请者，因为政府规定屋契套现的净收益优先填补公积金账户，剩余部分才能以现金形式提取，实际上对一些年长有宅但缺少现金来源的年长者，并没有起到较好的套现作用。

2013 年 2 月，新加坡政府又开始正式实施乐龄安居花红计划，这是"以大换小"形式的以房养老政策。其鼓励老年人卖掉现有大型组屋，搬到三房式或更小的组屋或小型公寓，以领取乐龄安居花红，这一花红最多也可达 2 万新加坡元，不过大屋换小屋所得收益也必须有一定数额填补老人的公积金退休户头，剩余部分则可全数提取现金。乐龄安居花红计划的响应者也不多，一方面因为老年人一般不太愿意搬离已经非常熟悉的居住环境，另一方面也由于计划的相关条例和手续过于复杂，参与者能拿到的现金不多。建屋局的数据显示，迄今乐龄安居花红计划的申请者只有 23 个，获得批准的有 13 个，社会反响较为平淡。

此外，新加坡还有两种政府支持下的以房养老自助形式。

一是通过出租部分或者全部居室换取养老收入。新加坡政府允许老年人通过出租整套组屋或组屋的某间空房获得一定收入。新加坡国家发展部的一项最新调查显示，新加坡有 25.4 万年满 55 岁的组屋屋主，占屋主总数的 30%，其中近八成已经付清组屋贷款。在这些老年人中，出租整套组屋或某间空房的人约占总数的 1/10。

二是通过"以大换小"来获得养老收入，对于一些原来居住较大面积住房的退休夫妇来说，如果子女长大成人并且已经搬到其他地方居住，老年夫妇可以将现有住房置换成面积较小的住房，以大换小后获得的净收入用做老年日常开支，或者投资一些风险小的产品来获得收益。当事人还可以根据经济状况选择一次性或分步地完成住房的以大换小。新加坡政府支持建设专门为独居或只和老伴居住的老年人提供的"乐龄公寓",通常面积在 40 平方米左右,建在成熟社区内,各种设施齐全完善,公共交通便利,价格低廉,一般只需五六万新加坡元即可购买,为老人实施换房型以房养老提供了条件。此类公寓使用权一般为 30 年,可延长使用期,但不能转让和继承。

此外,新加坡政府还推行了一些非常人性化的养老政策。如注重发挥家庭养老功能,年轻人购房时,愿意与父母住在一起或比邻而居的,将享受政府的优惠补贴;推动发展机构养老,通过政府投资、财政补贴、税收优惠等政策,吸引社会力量投资老龄产业。这些政策虽然与以房养老并不直接相关,但与以房养老政策协调发展、共同完善了多层次养老保障体系,为解决养老问题提供了多种选择。

五、日本发展以房养老的主要模式和经验

(一) 日本实施以房养老的背景

日本是目前世界上人口老龄化水平最高的发达国家之一。1970 年,日本 65 岁及以上的老年人口达到 739.3 万人,占总人口的 7.1%,按照联合国标准,开始进入老龄化社会。日本人口数于 2004 年达到高峰,之后总人口持续减少,年满 65 岁以上的人口比重加速增长。在 2005 年,老龄人口已经占到日本总人口的 20.1%,比 1985 年高出了约 10%,这意味着每五个人中就有一位老年人。根据 2013 年日本总务省公布的人口统计情况,日本 65 岁以上人口为 3 186 万人,占总人口的比重高达 25.0%,是全世界人口老龄化程度最高的国家。与此同时,日本的"少子化"现象也越来越严重,人口出生率从 1974 年至今持续下降,总和生育率在 21 世纪初保持在 1.3 左右的极低水平。

老龄化、少子化的趋势不仅使日本面临严重的人口危机,而且使日本社会养老保障体系面临严峻的财务危机。日本的养老保险制度又称为年金制度,起源于明治政府时期的"恩给"制度,二战后逐渐普及,在 1961 年实现"国民皆年金"。尽管日本政府对现收现付的年金制度进行多次改革,为年金不断"开源节流",但依然无法扭转年金系统长期巨额亏空的

局面。在此背景下，日本积极探索新的养老模式，其中包括建立住房反向抵押贷款制度，即以房养老。

日本经济发达、老人拥有住房比例高，也为开展以房养老创造了条件。2001 年日本国民消费调查显示，日本国民最重要的资产是住房和土地，89.2% 的退休老人拥有自己的房屋，房屋价值等于其所拥有金融净资产的 1.8 倍。为了迎合老龄化社会的市场需求特点，日本金融业也作出相应调整，开发符合社会需要的以房养老金融产品。在此背景下，满足老年人消费需求、改善其晚年生活质量的住房反向抵押贷款业务应运而生。

（二）日本住房反向抵押贷款发展概况

日本的住房反向抵押贷款形式多样，统称为"不动产担保型生活资金"。该业务以老年人拥有产权的住宅作为融资担保，向贷款人（融资机构）融得资金；当老年借款人死亡时，住房反向抵押贷款合同终止，贷款人将担保用房屋加以处分（拍卖、变卖）用以清偿贷款。因此，对于无劳动能力、收入不足以维持生活的老年人来说，该制度使得其在有生之年不用搬离其已经居住习惯的住所，并能继续保有该不动产的所有权，直至终老。

日本的住房反向抵押贷款按组织运作模式可分为两类：一是政府主导的公共计划，主要分为政府主导下的自治体开办和政府主导下由国土交通省及厚生劳动省推行；二是银行等金融机构或房地产集团推出的私营计划，采取商业化运作。

日本最初于 1981 年在东京都武藏野市试点反向抵押贷款，由地方自治体从一般预算中拨出资金发放贷款，当时的适用对象是 65 岁以上且在武藏野市居住达 1 年以上、拥有不动产的老年人。老年人以自己的房产为抵押，可定期获取贷款供养老之用，贷款总额以房产价值的一定比例为限。待老年人去世后，房产被出售用于偿还贷款本金及利息。"武藏野模式"开日本以房养老之先河，但发展并不顺利。日本学者上野千鹤子在其著作《一个人的老后》中指出，"武藏野模式"开办后 20 年来，仅有 100 件使用这种方式贷款的案例。

其后，1990 年开始实行的"世田谷方式"（东京都世田谷区）则是由地方自治体主导，由民间金融机构进行贷款发放，其中自治体只负责对利息部分融资。此外，神户市等自治体和部分信托银行亦相继主导推行该制度。信托银行在1984—1989年开发了系列以房养老产品。不过，无论是自治体还是信托银行开展的这种以房养老业务，利用者为数不多，特别是随着日本经济泡沫的破裂，民间开展的以房养老业务基本处于停滞状态。

2002年，日本厚生劳动省迫于年金亏空压力，开始正式以地方政府的福利部门为主体设立以房养老制度，实施"长期生活支援资金贷款"（即现行的"不动产担保型生活资金"）制度。在具体实施上，各地有所不同，但总的来说，申请门槛较高。以东京为例，要求申请人在65岁以上且不能与子女同住；申请人家庭的人均收入要在当地的低收入标准之下，并且已申请"低保"等社会福利的家庭不能申请；申请人的房产必须是土地价值在1 500万日元以上的独门独户建筑，集体住宅不能申请。这些严苛的条件把很多居住在城市的老年人排除在外。但在民间，随着房价的逐渐稳定，银行和住宅建设集团等企业开始再次推行以房养老业务。

住房反向抵押贷款在日本的施行，呈现出公私模式兼有的多层次特点：政府推行的制度更偏向于公共福利性，每个月的融资上限是30万日元（可以支持老年人夫妇两人的生活），但因为该制度严格限定申请对象，因此申请人数并不多；而金融机构推出的以房养老业务，由于多以资产价值高的住宅为抵押对象，被认为仅限于富裕阶层，正好是政府实施的以房养老制度的补充；住宅建设集团推出的以房养老业务则限定于本集团建设销售的住宅，其目的更倾向于推动其所建设住宅的营销。

截至2009年，日本政府和民间实行反向抵押贷款的数目并不算多，除去无法统计的住宅建设集团开办的部分，总计约为2 400件。

（三）日本信托型反向抵押产品发展概况

日本信托型反向抵押贷款，实际上是引入了资产证券化的方式。1981年武藏野市开展的反向抵押贷款试点，方案设计思路已体现了与信托制度的结合。此后，以信托方式进行反向抵押的产品开始研发，名为"资产活用型银行贷款"或者"信托型反向抵押贷款"。为了能够进一步促进反向抵押信托发展，日本信托经济研究会提出新信托型反向抵押的架构，其思路如图2-9所示。在此架构中，由老年人作为委托人兼受益人，以其居住的不动产、金融资产等资产委托给信托机构，进行整合运用。老年委

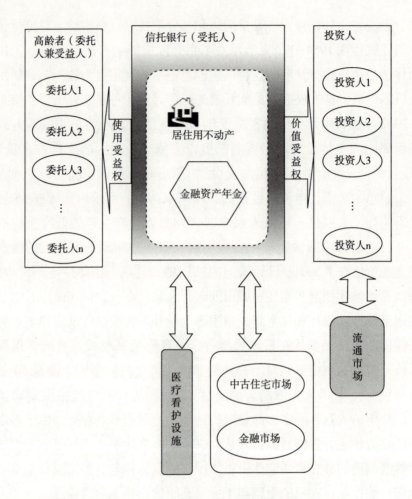

资料来源：潘秀菊：《逆向抵押（反向抵押）制度——以房养老之可行性探讨》。

图2-9 日本新信托型反向抵押架构

托人可以继续居住在房产内，并获得生活费用或医疗护理。多家信托银行所持有的抵押房产可以整合形成资产池（Asset Pool），通过资产证券化来获得最大效益。

信托型反向抵押贷款在运作过程中，存在一些问题。首先，这种产品的受托财产包含居住用不动产与金融资产，而对于不动产以外的金融资产，受托人的资产评估和风险管控能力不一定到位。其次，由于委托人死亡意味着契约的终止，不动产将进行处分，因此容易衍生与继承相关的问题或纠纷。此外，房产价格波动与市场规模也是此种产品发展中面临的重要问题。由于不动产价格往往受到经济景气程度的影响，随着日本泡沫经济的崩溃，不动产贬值严重，冲击了此种信托产品的发展。而如果没有一定的业务量以形成资产池，资产证券化自然也无从谈起。

（四）日本以房养老面临的主要问题

日本人善于学习新事物，以房养老曾引起很高的关注。但时至今日，以房养老在日本依然发展缓慢，主要受以下因素影响。

一是传统观念制约。东亚传统文化有很强的继承观念，同时日本人"有土斯有财"的观念根深蒂固，认为土地是财富极佳的储存形式，不到万不得已，不会变卖土地和住宅。

二是与房屋质量及维护状态有关。以房养老需要房屋有稳定的质量、维护状态良好。日本的房屋建设虽然质量较高，但日本频发的自然灾害极大降低了住房的远期交易价值。同时，日本法律规定，大楼等钢筋水泥建筑物的住宅使用期限为47年，假设30岁入住，住了40年以上，不但居住者衰老，建筑物也会老化损坏。由于经济长期低迷和年轻人口不断流失，老旧房屋缺乏资金修缮，有的小区因为居民日渐稀少甚至只剩老年人而趋于荒废，造成银行不愿接手这样的抵押物。

三是与日本特殊的经济和自然环境有关。房价下跌是以房养老的一大风险。日本1981年引入以房养老时，正值房地产价格开始快速上涨的时期，当时普遍预期房价上涨，追逐利润的金融机构愿意开发反向抵押贷款产品。然而，20世纪90年代日本泡沫经济破灭，房地产价格大幅下跌，使这项业务严重受挫。目前，日本的房地产市场依然不景气。"少子老龄化"造成日本人口从2005年开始缩减，导致房地产需求萎缩，更加强化房产贬值的预期。而且日本人均预期寿命全球最长，进一步增加了合同的不确定性。在缺乏有力政策扶持的情况下，金融机构没有足够的积极性开展反向抵押贷款业务。

（五）日本养老政策方面的其他经验

日本以房养老发展虽然缓慢，但日本作为世界老龄化程度最高的国家，在刚刚步入老龄化社会的时候，政府就开始进行各种研究，不断探索适合老人的养老体制。这些政策不一定与以房养老直接相关，却可以间接影响以房养老发展。日本养老政策中与以房养老业务间接相关的主要有：

一是老年住宅市场的发展。老年住宅的存在，为老人采取租售或"以大换小"等自助型以房养老提供了终端产品。日本的老年住宅无论是住宅还是其提供的看护服务，一开始都是由国家政府机构进行投资建设营运，随后大部分转为由民间企业营运。在政府的主导和推动下，日本适老性住宅发展快速，间接为以房养老创造了条件。

二是长期护理保险制度的建立。2000 年 4 月日本开始实行政策性"长期护理保险制度"，要求 40 岁以上的居民缴纳一定的保险金，等年老需要接受看护时，只需要承担看护费用的 10% 即可。政策性长期护理保险制度的建立，虽然与以房养老并不直接相关，但作为养老政策体系的一个组成要素，在一定程度上对以房养老的市场空间、潜在需求、产品设计等方面产生影响。

六、韩国发展以房养老的主要模式和经验

（一）韩国实施以房养老的背景和概况

韩国保健福祉部预计，2018 年韩国 65 岁以上人口将接近总人口的 15%，而到 2026 年 65 岁以上人口将超过总人口的 1/5。在老龄化压力下，如何完善养老保障体系成为韩国政府必须解决的难题。2007 年韩国政府根据韩国人普遍养老金较低而房产占财产比重高的特点，适时推出了以房养老制度——住宅年金。实施以来，住宅年金制度不断优化，吸引了越来越多的申领者，住宅年金正在成为韩国人养老的重要资金来源之一。

韩国于 2003 年 12 月 31 日颁布了《韩国住宅金融公社法》，并依照此法于 2004 年成立了韩国住宅金融公社，主管住宅抵押债券、住宅金融信用保证和住宅年金等业务。住宅年金制度于 2007 年 7 月正式实施。据韩国住宅金融公社统计，截至 2013 年 6 月，加入住宅年金的总人数已达 14 866 人，申领者平均年龄为 72.3 岁；抵押住宅平均价格为 2.8 亿韩圆（1 元人民币约合 170 韩圆），人均月领养老金 103 万韩圆。住宅年金申领者的住宅资产占总资产比重为 92.8%，而且年龄越高，使用住宅年金的比率越高。住宅年金申领者的月收入中，住宅年金平均占 69.4%；70 岁以上的住宅年金申领者月收入超过了普通老年阶层。申请人数逐年递增，以当年 7 月至次年 6 月为一个年度单位，首年申领者为 831 人，第二年

1 014 人，第三年 1 338 人，第四年 2 503 人，第五年 3 979 人，第六年 5 201 人。可以看出，第六年申领者的人数已经超过首年的 6 倍。

（二）韩国以房养老的具体模式

韩国的住宅年金制度实施中，由申领者将自有的住宅抵押给住宅金融公社，并领取对应的养老金。申领者年龄越高，对应的养老金越高；抵押的住宅价格越高，对应的养老金越高。养老金具有与贷款类似的性质，住宅金融公社会向申领者收取相应的利息，并从养老金中扣除。住宅年金为终身制，在申领者能够履行合同义务、抵押房产所有权不出现变更的情况下，养老金支付将直至申领者及其配偶死亡时终止。偿还方面，申领者可以随时偿还全部或部分已领取的养老金。申领者夫妇双方都离世后，住宅金融公社有权对抵押房产进行处分，处分金额大于支付养老金总额的，差额退还申领者的继承人；处分金额小于支付养老金总额的，不足部分无须补缴。

韩国住宅年金制度规定：夫妻双方中只要房屋所有者的年龄超过 60 岁就可以申请加入住宅年金；抵押房屋住宅价格在 9 亿韩圆以下，包括老人福利住房；年金领取方式包括"递增型"（以适应不断上涨的物价）、"递减型"（以适应老人消费活动的不断下降）以及"阶梯型"（以 10 年为单位，前 10 年领取金额相同，第 11 年领取第 1 年的 70%，以此类推，作用类似于"递减型"）。申领者可以根据自己的消费习惯和经济状况，选择适合自己的养老金领取方式。

韩国住宅年金相对于其他养老金融产品具有以下优势。一是终身制。申领者及其配偶不仅可以终身得到养老金保障，而且可以终身住在抵押的房产中。二是国家保障。韩国住宅金融公社为国有机构，养老金给付具有国家保障，不存在中断风险。三是低利率。住宅年金较一般的住宅抵押贷款具有更低的利率，一般比照 3 个月定期存款利率上浮 1.1%。四是税制优惠。申请该种抵押贷款的住宅将减免 25% 的财产税，计算年终所得税时将扣除年金利息支出，另外将免缴登录税、地方教育税等税款。五是随时偿还。申领者可以随时申请对住宅年金负债额进行核算，并选择偿还全部或部分已领取的养老金，在此过程中不收取任何手续费。

（三）韩国以房养老成功发展的主要原因

1. 政府支持力度大。政府加强顶层设计，从制度上保障住宅年金业务的贯彻落实。一是建章立制，出台《韩国住宅金融公社法》等相关规定，使得该项业务有法可依。二是设立专门机构，成立了韩国住宅金融公社，加强对住宅年金等业务的推动和管理。

2. 产品设计不断完善。韩国住宅年金产品根据消费者需求不断完善，获得民众青睐。首先是申领条件的放宽和年金制度的完善。住宅年金制度在推出之时，要求申领者的夫妇双方年龄都要达到 65 岁以上；到了 2009 年 4 月，这一条件下调至夫妻双方均达到 60 岁即可；而从 2013 年 8 月 1 日开始，夫妻双方中只要房屋所有者的年龄超过 60 岁就可以申请加入住宅年金。从抵押物方面看，原来要求住宅价格在 6 亿韩圆以下，现在这一标准已提高到 9 亿韩圆，老人福利住房也被列为抵押对象。从领取方式看，从最开始的终身领取相同金额的"定额型"，已经发展为"递增型"、"递减型"以及"阶梯型"等多种形式，迎合不同的需求。申领者可以根据自己的消费习惯和经济状况选择适合自己的养老金领取方式。据韩国住宅金融公社的最新数据，在住宅年金加入条件自 2013 年 8 月 1 日再次放宽之后，当月申请者增加人数便达到 482 名，同比增长 16.4%。

3. 民众观念变化。近年来，韩国人对待住宅继承和老年生活观念逐步发生变化。住宅金融公社"2013 年住宅年金需求状况调查"结果显示，选择不会将住房留给子女继承的老年人比例占到了 25.7%。而该比重 2008 年为 12.7%，2010 年为 20.9%，2012 年为 21.3%，呈逐年增高趋势。尤其是不满 64 岁的老年人此项比重最高，约达 33.5%。在选择加入住宅年金的理由时，"不希望增加子女负担"的占调查对象的 87%，"没有其他养老经济来源"的占调查对象的 85.7%。

4. 宏观经济影响。在经济陷入低迷的情况下，韩国政府面临着税收不足的压力，为保证财政稳健性，作出了缩减基础养老金发放范围的决定，使韩国不少退休老人对养老前景充满不安。韩国总统朴槿惠曾在总统选举时承诺，政府将向 65 岁以上老年人每月发放 20 万韩圆（约合人民币 1 138 元）养老金，但韩国政府 2013 年 9 月 26 日发布的预算案显示，仅向收入水平属下游 70% 的 65 岁以上老人提供养老金。同时，韩国首尔和

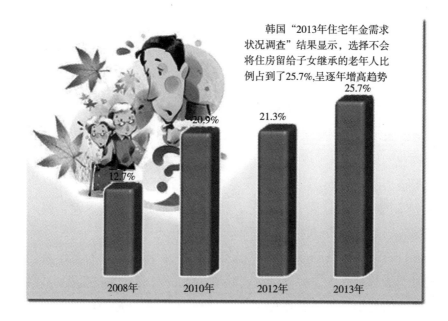

韩国"2013年住宅年金需求状况调查"结果显示，选择不会将住房留给子女继承的老年人比例占到了25.7%，呈逐年增高趋势

图 2 - 10　韩国 2013 年住宅年金需求状况调查

周边地区房价近年来出现逾 10 年来的最大跌幅，在预计房价短期内不会再涨的情况下，原计划把房子留给孩子的老人都纷纷转而去做反向抵押贷款，希望在房价下跌前尽快获得贷款、以贷得更多的钱来补充养老资金。2012 年韩国住宅年金的申请件数为 5 013 宗，同比增长 71%，金额达 6.9 亿韩圆，创下这项业务开办以来的新高；2013 年继续快速增长。

七、香港地区发展以房养老的主要模式和经验

（一）香港实施以房养老的背景和概况

香港近年来老年人士数量大幅增加。据调查，在 2011 年的香港长者中，65~69 岁的人士占 24.9%，70~79 岁的则占 46.3%，而 80 岁及以上人士占 28.8%；在过去 10 年，年老长者（80 岁及以上人士）所占比例不断上升。但是，在这些老年人当中，除了公务员有退休金之外，其他退休老人几乎没有固定收入。尽管香港针对长者的保障制度包括"综援"和"生果金"，可这两个制度都对资产和收入有一定限制，那些拥有一定资产却收入一般的香港长者无疑成为其中尴尬人群。他们穷其一生或许博得

了一套房，但可能拥有的房屋价值不高，租金并不足以维持好的生活，这种情况下如果把房子进行反向抵押贷款，每个月收取固定年金，不失为一项很好的养老选择。

香港政府在推出以房养老前进行过市场调研。港府背景的香港按揭证券公司（乃香港政府通过外资基金全资控股的企业）在 2010 年进行市场调查时，发现逾 1 000 名受访长者中，约 44% 赞成引入安老按揭，让拥有自置物业的长者多一个财务安排的选择，近 25% 人表示会考虑申请。最终按揭证券公司决定牵头开发安老按揭产品，由该公司扮演类似美国 FHA 扮演的"最后保险人"角色，给借贷双方提供按揭保险保障，以减轻其风险，从而为市场注入信心和动力。

2011 年香港按揭证券公司提出了名为"安老按揭"的老年人住房反向抵押贷款计划。安老按揭计划让持有物业的长者，通过抵押自住物业，从银行取得按揭贷款。借款人在世时，可以继续住在原有的物业；无论楼价下跌或者利率上升，借款人可以获得的年金金额都维持不变。如有特别需要，例如要还清物业原先的按揭、支付物业维修或保养，或应付医疗开支，借款人可以申请一次性资金以应付所需，称为"一笔过贷款"。

自 2011 年 7 月香港推出安老按揭计划以来，截至 2013 年 10 月底已经有 7 家银行提供此类贷款产品；累计批出 497 宗申请，借款人每月平均取得 13 800 港元的年金，最低是 20 港元，而最高则有 83 600 港元。借款人由 55 岁至 93 岁不等，平均为 69 岁；递延房产价值由最低 80 万港元至最高 3 500 万港元，平均约 440 万港元；楼龄则由 5 年至 53 年，平均楼龄为 30 年。37% 的借款人选择终身按月支付，33% 的借款人选择 10 年期按月支付方式，其余则选择 15 年或 20 年期的按月支付方式。

（二）香港以房养老的具体模式

2011 年香港政府推出安老按揭试验计划后，在 2012 年中改进了计划方案，实行至今。截至 2013 年 11 月，按照最新版安老按揭计划的规定如下。

1. 借款人资格。只要年满 55 岁以上并持有香港身份证，目前没有破产或涉及破产呈请或债务重组的人士；申请抵押的物业，必须以个人名义持有，或与一名借款人以联权共有形式持有，该物业楼龄在 50 年以下，没有任何转售限制，而物业是借款人的主要居所，并没有出租。符合上述条件即可提出按揭申请。安老按揭还具有"反悔期"，借款人在签订合同的前六个月内可以随时终止这项安老按揭，只要偿还已领取的安老按揭贷款本息即可，已缴纳的按揭保费可以全数退还、豁免。

方案规定，为避免不必要的费用和支出，有兴趣申请安老按揭计划的人士，在进行任何例如楼契转名或验楼等手续前，应先往参与银行接受初步评估其是否符合申请资格。

2. 贷款主体。截至 2013 年 10 月，参与主体为 7 家银行。

3. 贷款支付方式。业主可选择 10 年、15 年、20 年或终身领取年金，除了每月年金外，还可选择提取一笔过贷款以应付特别情况（包括清偿原有按揭、支付物业的维修及保养、支付境内外医疗费用情形）。一笔过贷款的金额上限为安老按揭贷款的 90% 年金现值。支付方式选定后，借款人可以随时提出更改。

4. 贷款金额。由于香港楼价高昂，计划规定楼价 800 万港元及以下住宅，年金按楼价 100% 计算；超过 800 万港元以上物业则按一定比例计算；而超过 2 500 万港元的物业，一律按 1 500 万港元计算每月年金。一般来说，借款人的年龄越高及选择的年金年期越短，每月年金的金额便会越高。如二人共同借款，二人收取每月年金的金额会较单人借款每月年金的金额低，每月年金金额将以较年轻借款人的年龄计算。每月年金为固定金额，在支付期限内不会有改变，不受有关费用、楼价和利率的波动、通胀/通缩或其他经济因素影响。然而，如果借款人提取一笔过贷款，其后所收取的每月年金金额将被相应调低。

5. 贷款费用。一是贷款利息，该计划目前利率为最优惠利率（5.25厘）减 2.5 厘，实际利率即 2.75 厘，银行将贷款的总欠款按复息计算收取；但利息只是计入总欠款内，不须按月支付，最终将在贷款到期时，由物业出售变现收入一并偿还。二是申请人还须支付两部分的按揭保费，第一部分为分七期支付的基本按揭保费、于第四至十年每年支付，每年费用为物业价值的 0.28%；另一部分为每月支付的按揭保费，按总欠款计，年费率为 1.25%，但上述保费可计入总欠款内。三是借款人申请前须先接受法律顾问的辅导，需支付约 3 000 港元辅导费。签署按揭文件时也要支付有关法律费用。此外，借款人每次更改年金年期或申请一笔过贷款，需缴纳 1 000 港元手续费，某些情况下需提交验楼报告的，还要缴纳相应的费用。

6. 贷款的偿还。当借款人百年归老之后，如果他的后人不打算赎回物业，银行才会将物业出售以收回欠款。如果售楼所得的款项多于欠款，银行会将余额归还给借款人的后人。反之，如果售楼所得的款项不足以全数偿还欠款，按揭证券公司作为保险人会向贷款人补偿有关的差额损失。在贷款存续期间，借款人也可以提前清偿全部贷款而无须支付违约金，但按揭银行不接受提前部分还款。

（三）香港以房养老面临的主要问题

由香港政府全资拥有的按揭证券公司推出的按揭计划与美国的 HECM 计划相似，具有一定的福利补贴性质，采取政府主导、市场化运作方式。倒按揭的受惠人群早就确定为拥有房产的"中产老人"，而不是过着拮据贫困生活的老年人，因而这项按揭是面向中产老人提供的金融服务，但绝不是一种社会保障制度。从实施安老按揭计划至 2013 年 10 月底，成功申请这项计划的有 497 笔。而香港政府统计处的数据显示，在 2011 年香港 65 岁以上的长者就有 94 万名，占全港人口的 13.3%。老年人口多与申请笔数少形成强烈对比，有以下原因：

一是不少老年人对安老按揭仍然存在着很多顾虑。申请安老按揭需要交纳利息、按揭保费、辅导费、律师费等费用，开支不少，手续烦琐，对于老年人来说理解接受有难度。另外，与传统观念也有一定抵触。即便是在强调独立的香港，依旧有大部分老人自己舍不得抵押房产或被亲情"绑架"，难以跳出传统观念的制约。此外，老人们还担忧如果在安老按揭期间通货膨胀的话，有可能导致每个月领取的年金入不敷出，生活堪忧，而且做安老按揭也担心牺牲掉物业升值的机会，以及金融机构是不是能保证持续给付养老金。

二是银行亦有顾虑。参与安老按揭计划的只有中国银行、交通银行等 7 家银行。一般来说，会把房子拿去按揭的都不是太新的楼宇，而按揭期限一般都在十年以上，甚至是终生按揭，因此到银行收楼的时候房子已经比较破旧、不易脱手了。而且，银行还必须考虑楼价下跌和利率变动的情况，因为即使楼价跌至低于当初的估值，银行也不能减少每个月支付给长者的贷款金额；不管将来利率怎么提升，仍然是按照签约时的利率来计算贷款金额，这就可能导致银行的亏损。即便有保险保障，但面临的风险以及长期资金占用的成本仍然较大，而收益甚微，因此银行做这项业务的积极性也不高。

（四）香港其他以房养老方式概况

除了反向抵押贷款，香港老人还可以选择将自己的住房出租或出售，换取资金入住老年公寓。香港房屋协会针对中产老人，修建了可以购买终身居住权的长者安居乐楼盘。区别于普通楼盘，特地为老年人打造的长者楼盘不仅有全套无障碍设施、理疗师，还有阅读室等老年康乐机构。60岁以上的香港永久居民或者夫妇申请人中有一位是香港永久居民，资产在300万港元以上，就能申请。

对比香港普通一居室房屋的租金至少月租 8 000 港元的情况，这些定义为"长者安居乐"的楼盘奉行的是出租终身居住权的模式。目前，60岁至 64 岁老人租住的话，需缴纳 31 万至 62 万港元（不同面积的房屋租金不同）就能获得终身居住权。但如果是 75 岁老人来住，可能就只要付25 万至 50 万港元即可，如果长者暂时无法一次性缴纳租金，可以分三期给付长期租金，如果其间老人要搬走，租金还能退回一部分。

八、台湾地区发展以房养老的主要模式和经验

（一）台湾实行以房养老的背景

台湾地区早在 1993 年就已迈入老龄化社会。根据台湾当局统计数据，目前台湾 60 岁以上老人占全台湾人口比例超过 13%，并将于 2018 年超过总人口的 14%，达 334 万人，迈入老年社会；到 2060 年，台湾 65 岁以上人口将由现在的 260 万人增长至 746 万人，劳动人口比率将从 74% 降为51%，养老的负担将更加沉重。

进入老龄化社会后，首先面临的问题就是如何养老。作为一个传统的华人社会，台湾地区当前主流的养老模式依然是家庭养老，即由子女负责为长辈养老送终。台湾并不实行计划生育，反而以育儿津贴的方式鼓励生育，但由于台湾进入现代社会后生育率下降，加上妇女就业率提升，传统

的家庭养老模式正面临着越来越多的难题。据台湾当局统计，老人独居及仅和配偶居住的比率，由 1986 年的 25%，到 2008 年上升至 40%；年长者和子女共居的比率，由 1986 年的 70% 至 2008 年降为 57%，比率不断下滑。并且，由于结婚率的不断下降及子女外居的情况增加，并非每位年长者皆有子女可以抚养，鳏寡孤独群体亟须仰赖政府政策，才能实现老有所养。

为缓解传统的家庭养老面临的问题，1997 年以后，在台湾当局的鼓励、推动下，台湾的养老产业开始起步，随后发展迅速，并向着居家照顾、社区服务、机构养老多元化方向发展。这些社会养老模式的出现，在一定程度上缓解了家庭养老的压力。目前，全台有公营、私立养老机构千余家，但仍供不应求。社会养老机构虽然具有一定的福利性和公益性，但费用相对较高，对于普通百姓而言，仍然难以承受。一些商业性高档养老院价格更贵，以台湾知名的"润福生活新象"老人公寓为例，押金至少要先交 500 万元新台币①，每个月管理费、餐费、水电费约 1.7 万元新台币。若要居住 20 年，至少要准备 600 万元新台币，医疗费要准备 1 500 万元新台币，这绝非普通百姓所能负担。

虽然家庭养老和社会养老解决了绝大部分台湾老年人的养老问题，但仍有一部分老年人面临着养老难题，特别是有自己的土地房产，但收入偏低且没有子女的孤寡老人。据官方统计数字，台湾现有 11 万户独居老人。同时一些有子女、高收入、有中高档住宅的老人也有养老方面的困难，特别是失去生活自理能力后，护理照料成为难题。

在台湾当前的社会保障体系中，除了军、公、教等公务人员未来养老问题由当局一包到底外，收入较低的城市老人，每月可领到数千元新台币不等的敬老津贴，农村老人则可每月领到 7 000 元新台币的老农津贴。不过，这两项津贴均设置了"排富条款"，即家庭财产（包括土地、房屋等）超过 500 万元新台币，或者个人年收入超过 50 万元新台币者，不得领取。这样的政策，实际上让相当一批拥有土地和房产，但没有实际现金收入的贫困孤寡老人被排除在津贴政策之外。为了解决这类孤寡老人的实

---

① 参考中国银行现汇卖出价，2014 年 1 月 24 日，1 元新台币约合 0.2006 元人民币。

际生活困难和养老问题，台湾当局于 2013 年开始试行针对这批低收入、有房产的孤寡老人的以房养老政策。

（二）台湾以房养老的具体模式

台湾初步定于从 2013 年 3 月起至 2017 年底的五年期间内，在部分大都市（初定台北、高雄、新北）试行"不动产逆向抵押贷款"（Reverse Mortgage）的以房养老制度，实施对象为 100 名有房产、无子女的 65 岁以上贫困老人。制度采取政府主办、企业代办的公益型模式，试点期间委托台湾土地银行为代办金融机构。老人把自己的房产估价抵押给政府后，可以继续住在自己房子里，并拥有房子的所有权，每月能从政府委托的银行领取类似养老金的津贴，支付年限最高为 30 年，但可变更或延长支付年限。百年之后，老人的房产归政府处置，当老人不能自理时，护理费用也由政府承担。代办银行只负责受托经办事务，不承担房价波动等因素带来的亏损风险。

老人每月可领取的金额，由台湾当局按老人性别、年龄及其不动产估价精算核定。由于女性平均寿命较长，所以相同年龄或拥有相同价值不动产的男性领取的金额会比女性高。比如，同为 70 岁长者，不动产估价皆为 1 000 万元新台币，精算的结果是，男性可月领 34 800 元新台币，女性只能月领 30 300 元新台币。房子价值越高，每月领取的金额也就越高。

申请程序是：凡符合申请条件且自愿申请者，可先向所在县、市主管部门提出申请，听取详细解释说明，然后由县、市核发证明文件。申请者只要凭证明文件就可到代办银行办理。此外，相关部门每年在审核老人津贴时，若发现不具备申请老人津贴资格但符合申请以房养老条件者，也会鼓励或主动介绍这些单身老人提出申请。

这项政策性质为社会福利而非市场化运作，由台湾当局出资，资金来源为台湾财政部门的公益彩券回馈金和试办县市拨款。主导这项政策的台湾"内政部"解释，台湾八成老人有自住房，其中不少老人实际生活的确困难。虽然台湾有社会救济，但很多老人却申请不到低收入补助，因为其收入和动产部分虽然符合申领救济条件，但却因为拥有不动产而不能申领救济。所以，此次试办的以房养老是社会救济的补充，让缺少生活费、孤苦无依又无法领到相关救济补贴的老人可继续住在自己的房子里领到生活费。政策立意良善，结果尚需时日观察。

（三）台湾以房养老面临的主要问题

台湾的以房养老新政，尽管看起来对有房的贫困孤寡老人有很大吸引力，但第一波申请日期截至 2013 年 7 月底，咨询人次达 183 人，申请数量却为 0。分析个中原因，有老人自身对财产投入与回报是否合算的考量，也有房地产新旧程度评估的原因，加上现阶段台湾房价起伏较大，且老人长寿趋势明显，导致产品设计保守、缺乏吸引力，申请者也处于观望之中。

一是产品设计有待完善。有老人表示，假如参加以房养老，3 个月后即过世，已领到的钱不过数万元新台币，而价值数百万的房屋则形同"充公"，这对孤苦老人来说不仅不公平，而且不合理。据推算，拥有 500 万元房产、65 岁加入以房养老的老人，要活到 90 岁才可能领回与房屋等值的生活费。还有细心人算了一笔账，符合条件的老人抵押房子养老不如卖掉房子去住养老院，卖房子的钱一般来说也够老人在养老院住满 30 年。因此，以房养老计划对于大多数参加者来说，经济上未必合算。

二是贷款对象规定范围小、条件严。由于该政策为"公益性"，考虑到财政负担，同时为了防止年轻人投机主义、逃避赡养义务，这次以房养老试点面不广，限制在 65 岁以上、单身且无继承人的老人。同时，由于台湾本土缺乏以房养老制度的实务操作经验，先以试办方式推动，所以将试办对象资格单纯化，条件比较严苛。例如，老人在申贷期间内若结婚或出现继承人，就要立刻终止契约，且先前领取的钱必须全数偿还。申请人签约后亦不能反悔，若提前清偿还要支付违约金。这些条件影响了民众申贷意愿和市场规模。

三是观念改变尚需时日。台湾老年人普遍希望土地、房屋这些不动产传给子孙，以改善下一代的生活。即使有许多独居、弱势的长辈，宁可保有房子，也不想让唯一财产被政府折成现金，且越是弱势，越怕没房子、没保障，因为房屋本身也是安全感的来源。所以，生前会将房产抵押成现金供自己使用的台湾人，现阶段可能不会太多。

九、法国发展以房养老的主要模式和经验

法国人寿命较长。据统计，芬兰、奥地利、比利时、卢森堡、波兰、意大利、斯洛伐克等欧洲国家居民退休后的余命高达 25 年以上；其中，以法国 28.1 年为最久。随着退休潮的到来，经济处于困境中的法国政府越来越难以招架退休金支付压力。但法国最初并没有直接引进反向抵押贷款，而是创造了一种私人之间进行的交易产品 Viager，译为终身年金制房产交易；对反向抵押贷款的引入时间则较短，尚未成为主流产品。

（一）法国终身年金制房产交易（Viager）概况

终身年金制房产交易这一词语来源于古典法语"viage"，其含义为"生命时光"，中世纪开始流行至今。终身年金制房产交易是私人之间进行的以房养老操作，一般选择这种交易的是没有继承人的老人。

根据法国媒体报道，这种交易的通常操作模式是：老年人出售自己的房产，并不是一次性立即取得房子售价的全部所得，而是以养老金形式分期取得款项，直至去世为止。购房人购得该处房产，也不需要立即支付全部购房费，只需按一定比例（比如 0 ~ 30%）的首期费用后，再按月支付一定的月费，支付额与通货膨胀指数挂钩。购房人只能在售房人去世后才能最终得到房屋的产权，老年人可以继续拥有对住房的居住使用权直到死亡。但如卖主继续住在原有房子里，买主可以从每个月给付的钱中按市价减去租金。比如，原定每个月买方向卖方付 7 000 法郎，可因为卖方还住在房子里，这种住房市面上的租金是 3 000 法郎，那么，买方每个月就只需付给卖方 4 000 法郎。如果购买者不能如约按期支付房款，房屋产权将归还卖主，卖主可以再出售给别人。房子的交易金额与年龄成反比，每大 10 岁，交易价与房屋现价的比例增加 10%，比如卖方年龄 60 岁，交易价为现价的 50%；如果是 70 岁，则为 60%。

Viager 主要是双方私人交易为主，只受普通合同法规约束，法国并没有对此出台专门的法规。法国还存在许多中介公司专门从事此项业务，为有需求的买卖双方牵线搭桥。据报道，法国前总统夏尔·戴高乐曾以此方式，向住在 Boisserie 的一个寡妇购买位于 Colombay 的两座教堂；法国的另一位前总统斯卡·德斯坦，也曾以此方式购买了他婶婶的城堡。

老年人之所以会采用这种"售房养老"的方法，主要基于以下四种原因。

1. 法国经济的不景气，使退休金有减少的趋势，"售房养老"可增加养老金收入。

2. 部分房主没有继承人，与其去世后将房产赠送给慈善机构，还不如在生前变卖换钱，提高晚年生活质量。

3. 有些老人既不想失去自己的房产，又缺乏现金，这种方式较有吸引力。

4. 法国实行遗产税制，老年人将参与 Viager 作为规避遗产税的一种有效方式。

（二）法国反向抵押贷款发展概况

2004 年，法国借鉴美国经验，提出引进反向抵押贷款。2006 年，法国政府通过改革抵押贷款安全法规，决定引入包括反向抵押贷款在内的一系列新的抵押贷款形式。

在政府的推动下，2007 年 6 月，法国储蓄金库银行集团旗下公司——地产信贷银行（Credit Foncier de France）率先在法国推出名为"养老地产抵押贷款"的住房反向抵押贷款业务。地产信贷银行是法国主要的抵押贷款机构之一，对法国房地产信贷行业有着重要影响。它不涉及日常存款和结算，主要通过债券市场融资筹集资金，再出借给客户。地产信贷银行推出的反向抵押贷款业务具体流程为：地产信贷银行先对申请人的房产估价，然后办理抵押贷款手续，付给申请人贷款金额；借款人死亡后，其继承人只要偿还贷款本息后，就可以向银行赎回抵押的不动产。利率每年固定为 8%（含贷款成本和风险费）。如果借款人愿意，也可在生前出售房产来偿还贷款债务。

反向抵押贷款的出现，将法国人熟悉的 Viager 由个人之间的交易，转变为由抵押贷款机构为媒介平台的集体交易。其特点是：第一，贷款的对象只提供给 65 岁到 95 岁的老人，主要针对拥有房产、年事已高、收入不高的老年人，以补贴其养老开支；第二，贷款额取决于房价、增值潜能及房主的年龄等因素，每 3 年重估一次；第三，贷款期间，房产仍属老年借款人所有，老人可继续享有房产增值带来的好处，并可以选择适当的时机出售，以获得较高收益，同时清偿贷款本息；第四，银行对借款人提供"无追索权"保护，万一房产售价低于还贷总额，差额损失由贷款银行承担，如果房产售价高于负债额，多余部分将支付给借款者的继承人。由于"似曾相识"，法国老年人比较容易接受反向抵押贷款业务。

第三节　各国（地区）以房养老发展的共性特点

以房养老在西方发达国家应用推广已有几十年的历史，是发达国家进入老龄化社会后应对多元化养老需求，建立健全多层次养老保障体系的发展结果。总结各个国家和地区的发展模式，其中发展较好，应用较为普遍的模式是住房反向抵押贷款和以房换养。

一、各个国家和地区住房反向抵押贷款具备的共性要素

目前，美国、加拿大、英国、法国、新加坡等国家都已开展住房反向抵押贷款。住房反向抵押贷款虽然起源于荷兰，但发展最成熟、最具代表性的要数美国。各个国家和地区的住房反向抵押贷款具体内容各异，但拥有共同的基本构成要素。

（一）运作模式和贷款主体

从国际经验看，各个国家和地区反向抵押贷款的组织模式包括三类：政府福利型、政府福利加市场运营型、市场运营型，也可称之为政府开办型、政府支持型、私人开办型三种模式。美国涵盖了全部三种模式，在政府主导推动下形成多层次产品体系，相应地，政府给予的支持也不同，但政府提供担保的产品占市场的绝大部分；加拿大、英国等国家是私人开办型，中国台湾地区则是政府开办型。

反向抵押贷款业务的开办机构，有非营利机构（如政府、养老保障基金管理机构等）和营利机构（如银行、保险公司、信贷公司及其他金融机构等）两种，在运作上有公办、公办私营、纯商业化运作和商业代办等不同的模式。虽然设计和提供住房反向抵押贷款产品的机构营利性质不同、模式各异，但其销售和管理往往依赖于银行或保险公司众多的机构网络，并需要相关部门或机构的相互合作。

（二）客户群体

住房反向抵押贷款普遍对客户群体有年龄及房屋产权等方面的要求。各个国家和地区对借款人年龄的严格限制主要基于两个原因：一是住房反向抵押贷款本身的养老属性要求其适用对象必须是特殊的老年群体；二是要控制贷款机构的贷款风险，向特定年龄的居民放款可以整体缩短贷款期限，减少贷款风险。

具体要求各个国家和地区又有不同之处。美国以 62 岁为下限，对性别无限制，可以接受共有的房屋，但共有人年龄不得小于 62 岁。加拿大的住房反向抵押贷款以美国为蓝本，对借款人要求以 55 岁为下限，对于租赁的房产、共同拥有的房产和大面积土地的拥有者无借款资格。澳大利亚以 60 岁为下限，要求房产为主要居住地并为单一家庭住房，也可接受共有。中国香港地区要求借款人为 55 岁以上的香港居民，房屋楼龄不超过 50 年且已付清贷款。新加坡以 60 岁为下限，资格方面要求为新加坡公民或永久居民，不能牵涉任何官司，也不能被列入"穷籍"（生意失败负了债无力偿还的破产者，即由法庭宣告债务人为"穷人"）。同时，由于其提供方是保险公司，还加设了购买保险方面的条件。

（三）贷款额度

取决于反向抵押贷款产品的类型和支付方式。大体上影响的因素有借款人年龄、利率、房屋价值等，一般来说，贷款额度会被限制在房屋价值的一定比例内，如不超过 50%。加拿大对住房反向抵押贷款额度规定由借款人的年龄、性别、婚姻状况、房产的类型和地段以及评估时的市场利率而定，并设置了上下限。在年龄方面，一般借款人年龄越大，可以获得的贷款金额就越大，夫妻两人因为其组合寿命要大于单身者，因此比单身者可获得的贷款金额要低。在利率方面，贷款利率越高，意味着到期所付利息越多，所能获得的贷款金额越小。在房屋价值方面，考虑房屋房型、所处地理位置等因素，房屋价值越高，贷款金额也越大。

住房反向抵押贷款产品不同，最高额度也有差异，如美国的三种产品中，房产价值转换抵押贷款（HECM）的可贷款额度不能超过 FHA 规定的最高额度，FHA 每年都会根据具体情况调整最高额度的限制；住房持有者计划（Home Keeper Program）的最高贷款额度高于 HECM；财务自由计划（Financial Freedom）的最高贷款额度则比前两者都要高得多。

（四）支付方式

贷款支付方式较为灵活，在贷款额度内，有一次性支付、有期限的按月支付、终身按月支付或取得一个信用额度，或者其中两种或几种方式的组合等多种支付方式。

其中，一次性领取的支付方式，在国外实践中并不多见。这是因为多数老年人一般对金融市场并不熟悉，不能有效地对领取的贷款金进行保值增值投资，而且这种领取方式的利息费用也比较高。

信用额度支付方式最受欢迎，其优点是只需对已领取的部分支付利息，额度内未支取的部分可随房屋价值的升值而同比例增加，借款人因此可以享有房屋增值的利益。

一定期限内按月支付，意味着在借款人选择的固定期限内，可以按月领取固定数额的贷款，在期限结束之后不能再领取贷款，但仍可居住在抵押房屋内直至终老。

终身按月支付方式，意味着只要借款人居住在现有住房内，就可以按月领取贷款，直到借款人死亡、永久搬出住房或出售住房。终身支付方式中，有一种是终身年金计划，通常是借款人和保险公司间的一种合同安排。操作中，借款人把从住房反向抵押贷款中领取的资金作为保险费交给保险公司，保险公司为其终身支付固定数额的年金。其优点是即使住房被出售、反向抵押贷款合同到期，老人依然可以终身领取年金，直至终老。如英国的"卷藏式"住房反向抵押贷款（Roll Up Mortgage）可选择年金支付方式，其中年金又有固定金额式和递增金额式之分。

需要注意的是，按月支付方式通常没有"通货膨胀保护"，每月支付的数额是固定的，不随通货膨胀的变化增减。因此，在未来通货膨胀时期，贷款资金的实际购买力会降低。除了上述支付方式外，住房反向抵押贷款还允许借款人选择组合支付方式，如"一笔现金加年金"，典型代表是法国的 Viager；还有"一笔现金加每月提取"、"年金加信用额度"以及其他的组合方式。

（五）还款方式和无追索权保护

住房反向抵押贷款的还款方式可自由选择，以达到最大限度地维护借款人或其继承人的利益。当借款人去世或永久搬离该房屋后，贷款人可将房屋出售以获得贷款本息，也可以由借款人或继承人直接偿还贷款本息而保留房屋。最常见的偿还方式是借款人去世之后，以其住房抵债还款。

国外运作相对成功的住房反向抵押贷款大多设置了"无追索权"保护，即当借款人去世或永久搬离住房时，如果贷款的本息累计超过了房屋价值，贷款人无权就超出部分向借款人或向其继承人求偿。由于以房养老的目的就是保证老年人在继续居住在自己房屋内的前提下，以该房屋抵押取得的现金来养老，"无追索权"保护实际上是规定了住房反向抵押贷款的还款额是以房屋资产价值为最高上限，从而减少了借款人的风险。同时，借款人只要还在该房屋内居住，就没有还款的义务。

从国外经验看，不提供无追索权保护条款的住房反向抵押贷款产品一般都难以推广。英国在 20 世纪 80 年代初期出现的住房资产释放计划（Equity Release Mechanism，ERM），没有设置无追索权保护条款，加上产品设计的其他缺陷，在经济衰退时期，造成老人债务持续增加、陷入困境，使住房反向抵押贷款发展一度偏离正轨，打击了市场信心。新加坡职总英康保险公司（NTUC Income）提供的相关产品也因缺乏无追索权保护条款，在市场遇冷，受多种因素影响，最终停办。

（六）住房所有权

签订住房反向抵押贷款合约后，贷款人获得的是房屋的抵押权，所有权仍归借款人所有。借款人可以把房产遗留给自己的继承人，但以其归还全部贷款为前提条件。借款人可以随时提前归还已发放的贷款及利息，以终止住房反向抵押贷款合同，一般不用付违约费用，但也有国家和地区的产品对提前还款权利做了部分限制。在贷款期间，借款人有责任履行房产所有人的义务，如缴纳财产税、保险以及负责住房的修缮维护等。住房反向抵押贷款一般在借款人死亡或者永久搬出住房时到期，借款人（在借款人死亡的情况下，其继承人）可以选择归还贷款本金与利息，继续保有房屋的所有权或者选择放弃房产所有权，以房产出售所得归还贷款。

（七）住房使用权

住房反向抵押贷款的借款人在生存期间拥有住房的永久使用权，可以居住在被抵押的住房内直至借款人（在夫妻以共有住房申请反向抵押贷款情况下，最后一个借款人）死亡、出售住房或者永久搬出住房。

（八）贷款费用

与普通的住房抵押贷款相似，取得住房反向抵押贷款需要支付各种各样的费用。这些费用一般包括如下几部分。（1）评估费用。评估费用通常包括房产价值评估和信用评估的费用。（2）初始费用。初始费用是借款人在签约时，支付给贷款机构的手续费。（3）第三方费用。第三方费用是指在审批阶段，除贷款机构外，需要相关部门提供服务而发生的费用，包括为完成资格审查、保险调查、房屋勘测和检测、抵押登记等各项工作而发生的税费等，这些费用一般由借款人承担。（4）服务费。服务费是指在贷款期间，为使该笔贷款能很好地执行，需由贷款人或其代理人提供服务而发生的费用，主要包括发送账目清单、寄送账户信息，代缴财产税及保险费、根据贷款协议监督债务合同的执行等。住房反向抵押贷款的借款人通常每月需交纳固定数额的服务费用。（5）利息。实践中，大部分住房反向抵押贷款采用浮动利率计算利息。在美国，一般以一年期国库券利率为基准利率，并有最高上限的限制。

总体来看，住房反向抵押贷款需要高额的成本费用。住房反向抵押贷款往往持续 20 年甚至更长的时间，对于贷款期间可能发生的各种情况，包括借款人的信用程度、宏观经济背景、住房质量、贷款期间住房市场的发展情况等，贷款机构都需要向专业咨询公司进行咨询，或需要借助其他金融产品来对冲住房反向抵押贷款产品的高风险。基于上述开支，住房反向抵押贷款产品的手续费往往很高，可以达到住房价值的 1%～2%。以美国市场为例，由于风险较高，美国住房反向抵押贷款中最成功的 HECM 贷款，其手续费往往占到房屋价值的 2%。加拿大政府也将住房反向抵押贷款界定为高风险和无获益性的业务，该类贷款的手续费也相当高。

（九）费用融资

借款人可以使用从住房反向抵押贷款得到的资金支付贷款所需的各种费用，称之为费用融资。这些费用全部计入贷款余额内，当贷款到期时，贷款本金、利息、费用都必须归还。

（十）贷款期限

大部分住房反向抵押贷款的期限终点规定为借款人（或最后一个借

款人）死亡、出售住房或者永久搬离时。也有小部分固定期限的住房反向抵押贷款，这种贷款的有效期限是固定的，例如10年，但在市场上逐渐萎缩，因为借款人普遍担心出现贷款到期时"人还活着、房子没了"的困境。住房反向抵押贷款也可能有一些中止情形的条款约定，可以使贷款随时停止执行。例如，借款人宣布破产；捐赠或放弃房产；出租全部或部分住房给未经授权的人；增加房产所有人；把住房改为商业用途；以住房抵押取得其他债务等。在这些情况下，贷款人有权随时中止发放贷款。

（十一）优先受偿权

住房反向抵押贷款的贷款人一般要求成为抵押房产的"第一债权人"，即相对于其他债权人，拥有对该房屋的优先受偿权。在实际操作中，如果在签订住房反向抵押贷款合约之前，原有的住房抵押贷款尚未清偿，借款人有两种选择：在住房反向抵押贷款合同签订之前清偿原有债务，或利用住房反向抵押贷款得到的资金清偿原有债务。大部分申请人会选择后者。

（十二）抵押权的赎回

抵押权的赎回是指住房反向抵押贷款合约签署生效后，借款人可以随时偿还贷款本息，赎回房屋抵押权，从而结束贷款。在实践中，多数住房反向抵押贷款允许借款人将住房的抵押权赎回而不需要支付任何额外费用，但也有例外。如英国的住房反向抵押贷款对赎回住房抵押权有较严格的限制；加拿大规定借款人可以出售自己的房产来偿还贷款，但如果在获得贷款的前3年内就进行偿还，将抵押权赎回，需要支付给贷款机构额外的赔偿。

二、国际其他以房养老模式的共性特点

以房换养也是发达国家实行以房养老较普遍的模式，可解决老年人无人照料的问题，对孤寡或子女无精力照顾的老人较为适合。主要有两种方式：一是老年人把房子出租或出售，以出租或出售的收入入住老年住宅，用租金或售房款养老，如多数美国老年人在退休后会将房子卖掉，搬进老年公寓，用卖房钱来支付费用。这是自助型的以房养老方式，即不需要通过金融机构或社会养老机构来提供相关产品，自己通过系列的售、租等操

作实现，在此过程中房屋所有权和使用权都发生了改变。二是老人在保留房产所有权的前提下，将房产使用权让渡给经营老年住宅的养老服务机构，以换取终生免费入住老年住宅，享受养老服务机构为其提供的生活起居及医疗保健等服务。养老服务机构通过将房产出租等方式对老年人房产进行经营管理，获得的收入用以维持老人的生活费及部分医疗费用支出，老人过世后房产所有权归养老服务机构所有。这类业务需要运作规范、信誉良好的养老服务机构或相关社会机构提供操作平台。

　　老年住宅市场是实行"以房换养"的重要一环。老年住宅按照不同服务内容，大体可分为以下三种类型。一是自住型，为具有生活自理能力的普通老人建造的。如美国的自住型老年公寓（Independent Living）为身体健康的老年人服务，由开发商开发，政府给予税收优惠政策，要求业主年龄必须在 55 岁以上，且常住人口不得多于两人。加拿大的普通老人住宅也属此类，老年人可以不受外界干扰地自己生活，也可要求服务人员上门服务。二是服务型，针对失去部分生活能力和身患疾病的老年人。老年人在这种老年公寓，既可以得到一定的照顾，又可以保证一定的独立生活空间。如美国的陪护型老年公寓（Assisted Living）为失去部分生活能力和身患重病的老年人提供有针对性的医疗及生活服务。三是护理型，面向有生理缺陷，需要长期照顾的老年人。这种公寓医疗保健设施齐全，如美国的特护型老年公寓（Services and Amenities）完全是康复式的治疗中心。

　　美国的老年住宅（Senior Housing）市场较为成熟，不同需求的老年人都可以找到满足其需求的产品。其老年人住宅是市场化和福利化色彩兼而有之的产品，其中生活辅助住宅、特殊照顾型住宅和疗养院基本上全靠政府资金运作，属于社会福利性质的机构。瑞典的老年福利政策也很典型，不仅为老年人提供了普通住宅、年老者专用服务、服务之家、家庭旅馆、老人之家及公立养老院等，其配套的社会服务也很健全。日本政府在进入老龄化社会时，就开始大规模规划建造适老化住宅，其中一些老年公寓也是专为有特殊需要的老年人设计建造，如面向轮椅使用者的"都营住宅"等。

三、各个国家和地区发展以房养老的基本规律

纵览各个国家和地区以房养老特别是发展反向抵押贷款的发展历程，可以看出：以房养老的推广运用是经济社会发展到一定阶段的产物。经济较快发展带来了物质的丰富，同时又面临日益严峻的老龄化问题，政府和人民都必须要寻找新的养老方式以缓解养老压力，而以房养老可以成为社会养老保障体系的一个补充形式，为解决养老问题增加一种选择。影响以房养老顺利推进的各项因素主要有如下几方面。

（一）政府的重视与支持，对以房养老的发展发挥引领作用

从各国经验看，政府的重视、引导、支持和监管在反向抵押贷款业务发展中发挥着重要的作用。由于住房反向抵押贷款制度的高风险性，在纯市场机制情况下难以推行，它需要政府出面，通过保障制度来降低借款人和放贷人的风险，同时需要借助市场条件来提高借款人和放贷人在住房反向抵押贷款运作中的积极性。可以说，没有政府的积极推动和政策扶持，住房反向抵押贷款很难成功；政府如何支持、力度大小、政府和市场作用如何明确分工、合理界定，对反向抵押贷款市场的深度和广度以及运行效率影响很大。

以美国为例，走的是政府主导和市场化运作相结合的道路。美国早在20世纪60年代就已有住房反向抵押贷款类似合约出现，但直到20世纪80年代，住房反向抵押贷款并无实质性进展，可以说发展非常缓慢。随着养老问题的日益严峻，美国政府开始寻找新的渠道缓解养老压力，着手推动反向抵押贷款市场发展，取得了明显的成效。

美国政府对住房反向抵押贷款业务的支持主要体现在几个方面。第一，完善法制环境，在一般性法规约束基础上，出台专门法规，从法制层面保障住房反向抵押贷款业务的健康规范运作。其中，特别注重消费者权益保护，贷款机构信息披露义务、贷前法定免费咨询程序、利率浮动范围限制等规定，保护了消费者的权益，也预防和减少了不必要的纠纷，维护了反向抵押贷款的良好声誉。第二，开展政府主导项目，健全风险分担机制。设计推出政府主导产品，配套政策性保险机制，消除了借贷双方的后顾之忧，为市场发展注入动力和信心，并在试点积累经验后上升为永久项

目。第三，注重宣传教育。在政府示范项目 HECM 计划推出之前，美国政府就已成立了国家房产价值转换中心（NCHEC），主要是宣传反向抵押贷款产品知识和进行国民理财教育。同时，培养、认证大批咨询机构为消费者执行贷前免费法定咨询程序。美国国会通常对咨询机构提供一定的资金支持。第四，主导建立二级市场，由半官方机构联邦抵押协会来收购合格贷款，改善了贷款机构的资金流动性。第五，出台各项优惠政策，鼓励借贷双方积极参与。第六，加强监管，规范市场运作，保障各方当事人合法权益。

同时，美国住房反向抵押贷款运行并非一味由政府大包大揽。在政府主导项目中，贷款具体运作是由商业性机构进行，政府的定位在于顶层设计、制度保障、全程监管及兜底责任。通过政府主导项目的成功，带动了半官方和私营产品的参与，形成了多层次的产品体系，满足了不同消费者的需求。

在欧洲，以房养老主要作为一种商业模式运作，政府支持力度不如美国大，相应地，发展的深度和广度不如美国，其中有的国家曾经由于私营产品设计缺陷、政府监管不到位等原因还走过弯路。虽然运作模式不同、发展状况各异，但随着养老问题的日益严峻和以房养老潮流的兴起，各国政府都日益重视反向抵押贷款业务，加强了对住房反向抵押贷款等业务的监管。如英国的金融服务局（FSA）从 2004 年 10 月 1 日起接管了住房反向抵押贷款事务，并负责制定新的监管条例，增强了市场对这类产品的发展信心。加拿大的住房反向抵押贷款由金融机构监督办公室（OSFI）监管，并要求 CHIP 产品经纪人必须持证上岗。法国、德国等国家已经设立或正准备设立专业机构管理反向抵押贷款市场，其中德国设立反向抵押监控部门，由金融、法律、保险等部门组成的专家委员会对以房养老中出现的问题进行监控。如果金融机构出现违规行为，会被警告、写入黑名单；问题突出者，将依法受惩。

（二）发达成熟的相关产业，为以房养老发展提供重要支撑

反向抵押贷款业务涉及面广，需要多领域的合作。金融市场、房地产市场和养老服务市场的不断发展，金融技术的更新升级和专业人才的大量聚集，推动了反向抵押贷款市场的发展。从美国经验看，主要得益于以下

几点。

一是高度发达的金融业是住房反向抵押贷款业务成功的基础。发达完善的金融体系，使开办机构得以不断完善产品结构，并借助金融工具来有效规避和分散风险，通过证券化等金融技术手段带来了多种筹集资金的工具，为反向抵押贷款市场带来了流动性，降低了贷款机构的运营成本，减轻压力。

二是繁荣发达的房地产业是住房抵押贷款顺利运作的依托。宏观经济的发展、利率的下降、美联储宽松的货币政策带来了房地产业的繁荣，加上联邦抵押协会、联邦住房贷款抵押公司等组成的房地产二级市场与联邦住房管理局等政府机构提供的担保体系，共同保证了反向住房抵押贷款的低风险和高回报，而多种形式的房地产信用活动也使得住房金融市场具有极大的活力和极好的流动性。

三是相对成熟的养老服务业为各种形式的以房养老提供了更好的条件。美国老年住宅市场的发展，以及各种社会化养老服务设施的发展，为以房养老提供了更多的选择，既可以将反向抵押贷款的资金支付链条延伸到养老机构这个终端，也可以选择租售房等途径直接筹措资金入住养老院，实现自助型的以房养老，而不一定要选择反向抵押贷款这一相对昂贵的形式。

三大产业的发达，为以房养老提供了有力的支撑，尤其表现在以下两方面。

首先，丰富的专业人才是反向抵押贷款发展的保证。在华尔街聚集了大量的金融人才，可以利用技术优势，将复杂的以房养老原理转变为适合民众需要的金融产品，并通过将市场调研的数据经过金融工程、保险精算等处理，分析各种可行方案，提升产品定价和风险管理的科学性，为业务健康运作打下基础。同时，产品运作中也需要资产评估、法律服务、建筑检测等方面的专业人才，为参与者提供专业化服务。

其次，供给主体的增加，特别是私营机构的参与是住房反向抵押贷款发展的助力。美国国家住房法等法律支持、鼓励私营公司的参与。在经历了发展初期的沉寂之后，银行、保险公司、信托公司等机构发现反向住房抵押贷款这一业务蕴藏着巨大的利润空间，于是开始蜂拥进入这一领域。

在提供倒按揭贷款业务的公司中，既包括政府背景的公司，也包括私人企业。据美国国家反向抵押贷款协会统计，美国国内发放反向抵押贷款的金融机构数量由 1990 年的不到 200 家，发展到 2008 年的近 1 600 家。高度发达的金融业和充分的市场经济环境为美国在短期内涌现出这么多参与甚至专门从事倒按揭业务的企业提供了先天的优势，而且一些公司机构已在研究 HECM 的替代产品。还有许多政府机构和非营利组织，比如美国退休人员协会（AARP）和美国的住房供给和城市发展部门（HUD），为美国退休的私有住房拥有者提供免费的辅导服务，使得反向抵押贷款更为公民所熟知。供给机构的增加，扩充了资本，克服市场扩张中的资金约束，有效增加了市场供给，并促进了反向抵押贷款市场的竞争，丰富了反向抵押贷款产品，提升了服务。

（三）相对完善的外部环境，为以房养老运作创造良好条件

反向抵押贷款业务风险大，面向的主要是中低收入老年人这一弱势群体，业务的规范运作和稳健运行十分重要。对此，法制、诚信、市场等外围环境，对降低反向抵押贷款业务运营中的道德风险等因素，实现稳健运作，起了良好的促进作用。

（四）公众的理解和认同，是以房养老产品得以普及的前提

相对而言，在以房养老观念方面，欧美老人相对东方人更容易接受一些。2012 年初，德国经济研究所等机构对欧洲 16 个国家进行一项欧债危机下的养老专题调查，80% 的受访者表示不会仅依靠国家养老保险金，会寻求更多的养老方式，近三分之一的受访者表示会利用房产筹集养老金。但毕竟老年人一般都不易理解和接受新事物，即使欧美人崇尚独立自主，代际间物质凝聚力相对较弱，老年可以有很大的自主权处置自己的资产，但老年人也不是从一开始就接受住房反向抵押贷款这一复杂的金融产品。美国开办初期就曾因公众对该产品的误解而无法推广，英国在这个方面更是走了一段弯路。美国住房反向抵押贷款成功的因素之一在于在推出产品之前先进行有关产品知识的宣传和理财教育，逐步提高人们的理财意识，增强老人们对新型养老理财模式的认同感，将其潜在需求转变为现实需求。除了宣传教育之外，完善专业的咨询制度也有助于观念的转变及对住房反向抵押贷款的理解。专业咨询机构在帮助老年人正确选择住房反向抵

押贷款产品的同时，也促进了对住房反向抵押贷款的宣传推广，从而保证了反向抵押贷款的顺利运作。

总体来看，反向抵押贷款等以房养老业务在国外发展也只有数十年的历史，还处于发展改进的过程中，适用群体小，并非主流或基本的养老方式。但随着现代社会的发展进步和老龄化危机的步步紧逼，以房养老方式的影响力不断扩大，日益受到各国政府的重视和支持，使其成为多元化社会保障体系的一种有效和有益的补充形式。

第三章　国际保险业支持以房养老的做法和经验

第一节　国际保险业支持以房养老的主要途径

虽然国内一些媒体报道往往将老年人住宅反向抵押产品归为保险产品，2013 年 9 月国务院下发的《关于加快发展养老服务业的若干意见》中的相关提法也是"开展老年人住房反向抵押养老保险试点"，但从其运作原理和已有实践看，反向抵押类的以房养老产品并非一个简单的保险产品，保险公司并不是唯一的参与者，甚至不是主要的参与者。总体来看，国际保险业通过发挥自身专业优势，多形式、多层次地参与以房养老运作。一方面，加强同政府部门、银行、房产开发商、养老机构等的业务合作，不同程度地介入以住房反向抵押贷款为主的以房养老运作流程；另一方面，结合老龄社会发展需求，积极开发与养老相关的商业人寿、健康保险产品，为以房养老顺利运作起到重要的助推与配套补充作用。

一、保险公司作为开办机构，推出反向抵押产品

国际上保险公司直接开发、运作的住房反向抵押保险业务量总体不大，主要集中在英国等欧洲国家。保险公司所开发的以房养老产品，与银行以及专业性的房产贷款金融机构提供的同类产品相比，在运作模式上并无实质性差异，只是在配套产品提供以及借款人资质要求上，往往与年金、人寿保险、屋宇保险等保险业务联系更紧密些。

目前，部分发达国家保险业根据本国国情，研发了特定的反向抵押产品，典型代表是在欧洲推行的"抵押房产，领取年金"类的产品，有抵

押年金（Collateralized Annuity）或逆向年金之称。一般来说，保险公司或保险集团旗下的子公司开发的反向抵押年金产品，申请人自身就是产品受益人，给付方式可以为一次性支付或者多次支付；老年人在合同存续期间拥有住房的使用权。

（一）英国英杰华（Aviva Plc）集团的终身抵押贷款产品

英杰华集团是英国最大的保险和金融服务商之一，连续多年被列入财富世界500强。2012年，其集团营业总收入超过600亿美元，在世界主要保险金融集团中列第13位，在英国国内列第1位。同时，作为资产释放理事会（Equity Release Council）成员之一，英杰华集团旗下的英杰华资产释放有限公司开办了资产释放业务，向55岁以上的老人提供终身抵押贷款产品。自从1998年启动资产释放计划业务以来，英杰华已为超过13.9万消费者提供了总额45亿英镑的资产释放业务，在英国住房反向抵押贷款市场中处于领先地位。

该公司终身抵押贷款主要内容有如下几方面。

1. 基本运作原理。老年客户参加英杰华的终身抵押贷款后，仍然是抵押房产的所有者，并可以一直居住到去世或者进入长期护理阶段，之后再通过出售房屋来偿还贷款。同时，双方还约定在房屋售价合理的情形下，老年客户无须对最终贷款本息超出房屋售价的部分进行偿还。

2. 申请人条件。55岁及以上拥有房产的老人（可以联名申请，但均需满足最低年龄条件）；愿意将部分房产价值释放；房产没有被抵押或者只有小额抵押贷款，在获得终身抵押贷款后应先偿还原有的抵押贷款债务；住所限位于英格兰、苏格兰、威尔士或北爱尔兰；房产价值在75 000英镑以上，且为主要居住住所；向保险公司申请的最低金额为15 000英镑；接受固定利率核算方式。

3. 具体经办模式。英杰华的终身抵押贷款产品提供趸领模式和弹性模式两种选择，二者在可贷资金总额、资金给付方式、利息计算方式等方面有所差异。

在趸领模式下，借款人一次性取得所有借款资金（最低15 000英镑）；在弹性模式下，借款人在取得一个初始借款资金（最低10 000英镑）的同时，获得一个以后可以从中取现的备用金账户（最低5 000英镑）。对于备用金账户中的资金，借款人未将其取现时不计息（借款人也可以选择将备用金账户资金作为初始借款资金）。

相对弹性模式，趸领模式可一次性借入更多的资金，但也要支付更高的利息。弹性模式的优势在于可以更灵活选择借贷资金量，降低资金借入成本。

4. 继承保证约定。客户通过申请继承保证约定可以确保给亲友留下部分遗产。如在申请终身按揭的时候，客户向英杰华公司提出继承保证约定，约定将来房子出售所得的一定比例作为遗产。继承保证约定的好处在于可以确保亲友将来从遗产中获得一定收益，但弊端在于会降低房产参与抵押的价值比例，从而减少可借入的资金总额，并对贷款利率造成影响。英杰华公司规定客户只能在首次申请按揭时提出继承保证约定，且"只减不增"，即此后不能再要求增加继承保证的价值比例，但可以提出降低比例或者取消继承保证。

5. 利率及利率保证。英杰华终身抵押贷款实行固定利率模式，有助于更为准确地计算未来需偿还的贷款本息总和，但借贷双方也要为此承担市场利率波动风险。一般来说，英杰华公司在收到客户的按揭申请当天提出一个基准利率，并保证在此后 14 周内不管市场利率如何波动，都维持上述利率。如果借款人不能在上述期间内完成有关按揭手续，可以选择支付一笔额外费用（195 英镑）以获得一个新的 14 周基准利率保证（以支付额外费用当天的利率为准）。当然，客户也可以选择不缴纳这笔额外的费用，放弃预定利率保证，那么贷款手续完成当日的利率将作为合同利率，这一利率有可能比之前的预定利率高，也可能比预定利率低。届时英杰华将明确告知客户贷款所适用的利率水平，客户可以自主决定是否继续贷款。一旦进入放贷程序，贷款利率在整个按揭存续期间保持不变。当然，如果客户之后再申请借入资金或者从备用金账户中提现，这部分资金的利率则与最初申请按揭时的利率不同。

终身抵押贷款存续期间，客户不必还本付息，已使用的贷款所产生的利息则被加到贷款金额中，复利计算，等贷款到期（指借款人死亡、接受长期护理或提前还款）时一并偿还。因此，终身抵押贷款的利息成本较高，借的越多，负债额增长越快。英杰华建议客户应根据实际需要控制借贷资金规模，并尽量推迟借款时间。

为便于客户比较不同贷款的利率成本，英杰华提供了利率演示表（见表3-1）。表中年利率采用了2012年10月12日的利率（当然，客户实际获得的利率依照具体情况而定）；年化利息总成本率在年利率基础上计算，用于和其他贷款的利率成本进行比较。

表3-1　　　　　　　　英杰华终身抵押贷款利率演示表　　　　　单位：%

	趸领模式	趸领模式（含继承保证）	弹性模式	弹性模式（含继承保证）
年利率	7.10	7.10	5.99	6.16
年化利息总成本率	7.2	7.2	6.1	6.3

资料来源：《英杰华终身抵押贷款宣传手册》。

6. 可贷资金额度。英杰华公司规定最大可贷资金主要取决于客户年龄、选择的按揭模式以及房产价值等。对于联合申请情形，用最年轻借款人的年龄来计算。在趸领模式下，可贷资金总额也受是单一申请者还是联合申请者、客户医疗状况和生活方式等因素的影响。按照英杰华的规定，最小的按揭金额为15 000英镑；最大的按揭金额是房产价值的一定比例，称为贷款价值比，该比例依照借款者的年龄、按揭模式以及是否单独申请等情形而不同（对于公寓和复式，按房产评估价值的85%为基础计算）。总体上看，借款人年龄越大、房产价值越高，可借入的资金越多，反之，越少；相同年龄下，单独申请比联合申请可获得的趸领模式资金额度稍高。

表3-2　　　　　　　英杰华终身抵押贷款最大可贷资金总额表　　　单位：英镑，%

年龄	趸领模式			弹性模式	
	房产最低价值	贷款价值比		房产最低价值	贷款价值比
		对单一申请者	对联合申请者（以较年轻申请者的年龄为准）		
55	75 000	20.5	19.5	115 385	13.0
56	75 000	21.5	20.5	107 143	14.0
57	75 000	22.5	21.5	100 000	15.0

续表

年龄	趸领模式			弹性模式	
	房产 最低价值	贷款价值比		房产最低价值	贷款价值比
		对单一 申请者	对联合申请者 （以较年轻申请 者的年龄为准）		
58	75 000	23.5	22.5	93 750	16.0
59	75 000	24.5	23.5	88 236	17.0
60	75 000	25.5	24.5	83 334	18.0
61	75 000	26.0	25.0	78 948	19.0
62	75 000	27.0	26.0	75 000	20.0
63	75 000	28.0	27.0	75 000	21.0
64	75 000	29.0	28.0	75 000	22.0
65	75 000	30.0	29.0	75 000	23.5
66	75 000	31.0	30.0	75 000	25.0
67	75 000	32.5	31.5	75 000	26.5
68	75 000	33.5	32.5	75 000	28.0
69	75 000	34.5	33.5	75 000	30.5
70	75 000	36.0	35.0	75 000	32.0
71	75 000	37.0	36.0	75 000	33.0
72	75 000	38.0	37.0	75 000	34.0
73	75 000	39.0	38.0	75 000	34.5
74	75 000	40.0	39.0	75 000	35.0
75	75 000	41.0	40.0	75 000	36.0
76	75 000	42.5	41.5	75 000	37.0
77	75 000	44.0	43.0	75 000	38.0
78	75 000	45.0	44.0	75 000	39.0
79	75 000	46.0	45.0	75 000	40.0
80	75 000	47.0	46.0	75 000	41.0
81	75 000	48.0	47.0	75 000	42.0
82	75 000	49.0	48.0	75 000	43.0
83	75 000	50.0	49.0	75 000	44.0
84	75 000	51.0	50.0	75 000	45.0
85	75 000	52.0	51.0	75 000	45.0

续表

年龄	趸领模式			弹性模式	
	房产最低价值	贷款价值比		房产最低价值	贷款价值比
		对单一申请者	对联合申请者（以较年轻申请者的年龄为准）		
86	75 000	52.0	51.0	75 000	45.0
87	75 000	52.0	51.0	75 000	45.0
88	75 000	52.0	51.0	75 000	45.0
89	75 000	52.0	51.0	75 000	45.0
90 +	75 000	52.0	51.0	75 000	45.0

资料来源：《英杰华终身抵押贷款宣传手册》。

7. 申请费用。客户申请终身抵押贷款需要支付初始费用、评估费用、法律费用、利率重新预定费等。其中，初始费用为 550 英镑；房产评估费用依照房产评估价不同，分为多档，最低 160 英镑，如需复查，还要另外收费。客户如果撤回申请，已支付的费用不予退回。

8. 其他注意事项

（1）关于搬迁，借款人可以更换住所，但新的住所也要符合英杰华公司的按揭条件。如果客户搬到一个房产价值更高的住所，对原有按揭没有影响，借款人甚至可以申请借入更多资金；如果客户搬到一个房产价值相对较低的地方，英杰华公司可能要求借款人提前偿还部分贷款或者减少备用金账户的可用余额。

（2）关于提前还款，借款人不能申请提前偿还部分贷款，但可以申请提前全部还款（需要支付给英杰华公司违约金，费用可能高达按揭贷款总额的 25%）。如果客户是因搬迁而想提前还款，可以考虑将终身抵押贷款转移到新居。

（3）关于房屋维护改造，客户必须保持房产得到良好维护，并为此支付相关的保险、城建费及物业费等。客户可以利用按揭资金来改善房屋状况，但如果是对房屋进行结构性的改造，必须事先告知英杰华公司并得到许可。

（二）新加坡职总英康（NTUC Income）的住房反向抵押贷款模式

职总英康是新加坡唯一的保险合作社，也是唯一集普通险、寿险和健康险于一体的综合保险机构，是新加坡最大的普通险合作社。目前，职总英康的业务规模在新加坡国内领先，该机构为新加坡 200 万客户提供大约 380 万份的风险保障。

职总英康开展以房养老，源于新加坡政府为解决人口快速老龄化和改善退休人员的生活质量而出台的一系列政策指引。1994 年，受新加坡政府委派的成本评论委员会（Cost Review Committee）提议发展住房反向抵押贷款养老模式，帮助市民将住宅资产变现，以贴补老年人退休后的养老生活。1997 年，职总英康推出了新加坡首个住房反向抵押贷款产品。最初的产品主要针对拥有私人住宅、年事已高但收入不高的老年人。老年人可以通过抵押属于自己的房子，从保险公司借入资金，用于补贴生活费用，积累的贷款本息在房子出售后或者借款人去世后偿还。老年客户在申请贷款后可以继续保有住房的居住权，并可在适当时机将房产出售以获得增值的利润。

产品推出之初，职总英康规定的申请人条件包括：必须是职总英康的寿险保户，年龄在 50 岁及以上，没有被判入"穷籍"（生意失败负了债无力偿还的破产者，即由法庭宣告债务人为"穷人"），也没有牵扯任何法律诉讼程序及案件起诉；必须为新加坡永久公民，拥有私人房产且产权在 70 年以上；成功的申请者在贷款期间还须购买抵押保障保险、屋宇保险，并在贷款期间内维持保单有效。

然而，由于最初设计的产品仅限于私人建造的商品住房，而新加坡占比 80% 以上的政府组屋不能参与住房反向抵押贷款，再加上利率实行浮动，并且不设"无追索权保证"，即没有类似美国那样的政府担保，如果债务到期时贷款本息和超过房屋价值部分，职总英康将向老年借款人或其继承人追偿，从而使得不仅保险公司面临房屋价值波动的影响，老年人或其继承人也面临着债务风险。这些问题导致反向抵押贷款的吸引力大大缩水，直至 2004 年，也只有 180 个客户，这些客户平均月领取额为 1 800 美元，而被抵押资产的平均价值高达 160 万美元，抵押房屋资产的价值并未得到有效释放。

2006 年，职总英康在新加坡政府支持下，推出了计划覆盖新加坡八成居民人口的政府组屋反向抵押贷款计划。组屋屋主可以申请职总英康的反向抵押贷款，得以每月领取生活费，直至贷款期满。贷款机构会在贷款期满或屋主去世之后，把房子卖掉，以索回贷款额，或让申请者的家人还清贷款来取回屋子。同时，职总英康公司对借款人的申请资格给予一定调整：借款人为 70 岁到 90 岁之间的政府组屋屋主，必须是职总英康的寿险保单保户，保单至少生效一年，如果不是职总英康保户，申请者必须向职总英康投保至少 5 万元的人寿保险或个人意外保险；申请反向抵押贷款计划的组屋，在贷款期结束时必须有至少 50 年的契约（没有缴清贷款的组屋，也可申请）；在某些条件下，申请者必须有担保人，担保人年收入必须在一定金额以上。

在新计划下，屋主每月可领取的养老金收入取决于以下几个因素：房子的估价、屋主年龄、贷款期限和利率波动等。屋主可申请的贷款上限是房子评估价值的 70%，期限最高为 20 年，或当屋主年满 90 岁或死亡，以较早者为准。同时，如果房屋市价大幅下跌，职总英康有权减少养老金给付金额甚至停止给付养老金给屋主。上述反向抵押制度设计中仍没有设立"无追索权"保护或担保条款，意味着一旦未来出售房屋所得收入不足以偿还贷款本息时，老年人或其继承人将要对不足部分附有连带偿还责任。此外，由于贷款期限并非至终身，老年人担心如果他们的寿命比反向抵押贷款的期限长，会被迫出售自己的住房，出现"人还活着，房子没了"的困境。以上这些，使得职总英康公司的反向抵押贷款业务进展仍较有限。

2008 年，职总英康决定停止发放住房反向抵押贷款。

二、保险公司与贷款机构合作推出反向抵押贷款产品

部分保险公司充分发挥其母公司集团优势，加强与集团下其他非保险金融机构合作，共同研发反向抵押贷款保险产品及设计运作模式，为客户提供综合性的金融保险服务。

（一）荷兰国际集团（ING）模式

荷兰是住房反向抵押贷款的起源国。当时住房反向抵押贷款是为了兼

顾解决老年人住房和养老问题而提出的一种措施。荷兰的特色在于保险公司参与其中，为客户提供综合性的购房、养老及保险保障服务。

具体操作方式上，保险公司和贷款机构相互合作，把人寿保险和住房抵押贷款捆绑在一起，不单独核算收益。如荷兰国际集团在开展反向抵押贷款业务中，要求老年客户购买相应年限和金额的保险产品（如养老金保险＋寿险组合）作为借贷的抵押，再支付全部房款的 15% 或 20% 的首付款即可购买住房。同时，客户可以持续使用所抵押的住房，保险公司提供相应的养老保障直到客户身故后，房屋归属保险公司所有，从而达到以房养老的效果。

在这种机制下，一方面，客户每月仅须支付贷款的利息，人寿保险期满后其保险金恰好足以清偿本金，经济负担大为减轻；另一方面，保险人可以避免因借款人中途死亡或残废以致丧失还款能力而出现贷款无法收回的风险。同时，荷兰国际集团模式对客户利益的保障机制还体现为，客户成功申请与反向抵押贷款相关的综合性金融保险产品后，如果发生全残，免缴之后的保险费，保险公司依然承担保险责任；客户如果提前身故，保险公司将退还投保本金和对应的利息，房屋归属保险公司，或按协议由其继承人继续缴纳保费并拥有养老保障。当然，这些在增加对客户吸引力的同时，也增加了保险公司承担的风险。

据媒体报道，荷兰一度有 80% 的老年人参与了由银行或者银行与保险机构合作提供的反向抵押贷款产品，在缓解政府和社会养老压力的同时，也大大改善了老年人生活条件。然而，在 2008 年金融危机中，由于房价大幅下跌且风险过大，银行和保险公司等对反向抵押贷款业务的开办热情减退，荷兰国际集团等金融机构在危机中也损失巨大，以致不得不申请政府注资援助，此后，很多金融机构不再提供有关反向抵押贷款产品。

据统计，现阶段，荷兰有约 30 万户养老金收入低的老年家庭，他们最主要的财产往往就是他们的房子。为解决这部分老年人的养老生活问题，荷兰住宅协会连同银行、保险公司、养老基金、公共房屋公司在政府的支持下成立了一个"以房养老工作组"，致力于想出更好的以房养老点子，但到目前为止还没有很好的方案出炉。

（二）美国 Hartford 模式

美国 Hartford 公司是一家名列财富 500 强、成立超过 200 年的金融机构，其成立最初只开展火灾保险服务，之后业务范围不断扩展，1959 年扩大到人寿保险业务，是当前美国最大的投资公司和保险公司之一。目前，该公司主要通过与美国最大的私人贷款机构——老年财务自由基金公司（Financial Freedom Senior Funding Corporation）开展业务合作，来介入反向抵押贷款业务。

老年财务自由基金公司是美国市场上一家自行设计、提供反向抵押贷款产品的私营公司，其设计了美国反向抵押贷款市场主要产品之一的"财务自由贷款"（Financial Freedom），也是现阶段美国唯一的私营反向抵押贷款产品。该产品的最大限额是 70 万美元，又被称为"大额贷款"（Jumbo Loan）。Hartford 公司和老年财务自由基金公司约定：在老年客户成功向老年财务自由基金公司申请贷款后，相关的贷款资金应一次性转给 Hartford 公司，再由 Hartford 公司承担按月给客户发放年金的责任。这种方式其实就是将借款人所得的住房反向抵押贷款金向保险公司购买年金保险，由保险公司来承担定期支付义务。主要好处是老年客户即使在住房出售以后，也能按月得到固定收入，从而确保长期生活稳定，并且活得越长，收益越大；对于贷款机构而言，将自身承担的老年人长寿风险转嫁给了保险公司承担。

（三）英杰华住房转换计划（Home Reversion Plan）

英杰华集团除自身提供终身抵押贷款产品外，也与英国最大的住宅投资集团（Grainger plc）合作推出住房转换计划。投保人在一开始就把全部或部分房屋卖给 Grainger plc 获得现金，但仍然拥有居住权，直至死亡或接受长期护理。之后，Grainger plc 再将房屋卖出，获得收益补偿。当前，住房转换计划在英国的进展远滞后于终身抵押贷款业务。从英杰华公司网站来看，住房转换计划也不再作为其主打产品推荐，Grainger plc 目前也主要通过和旗下的 Bridgewater 资产释放专业公司来开展业务合作，开发推广以房养老产品。

三、保险公司为反向抵押贷款借贷双方提供保险保障

由于以房养老业务风险较大，在美国等反向抵押贷款运作相对成功的国家，贷款机构都要求购买抵押贷款保证保险，以转嫁贷款本息超过抵押物价值的风险，而借款人也需要通过购买保险来补偿由于贷款机构破产而不能继续提供持续贷款情形下的损失。此外，保险公司也积极开发与房屋财产安全等相关的险种，来配合推动以房养老业务发展。

（一）反向抵押贷款保证保险

反向抵押贷款保证保险，主要承担事故发生时被保险人应承担的全部或部分还贷责任，保障贷款人已发放的贷款额度不受损失。

目前，美国由政府机构为其国内住房反向抵押贷款提供政策性保险业务运作较为成功，对调动借贷双方积极性、保证项目顺利运作起到重要作用。

1987 年，美国国会设立了一个房产价值转换抵押贷款（HECM）公共保险示范项目，具体的提供机构是美国的联邦住房管理局（FHA），其职责包括审批反向抵押贷款项目、收取保费以及管理保险基金等。但 FHA 只是作为一个产品的设计机构，具体的贷款发放是由 FHA 批准认可的贷款机构来负责的。FHA 为借贷双方提供保险保障。一方面，FHA 保证 HECM 计划的借款人一定可以获得贷款机构承诺支付给他们的所有资金，并可把它用于任何消费目的，也就是说，即使贷款机构倒闭，房主也可以按时拿到贷款。另一方面，HECM 计划的贷款对象经过 FHA 的资格认证后，由 FHA 提供保险。当贷款期限结束时，如果贷款本息和超过住房价值，差额由保险基金进行补偿，从而使贷款机构避免了损失。通过这些保险保障措施，消除了借款人和贷款机构的后顾之忧。

在保费具体收取方式上，FHA 既在贷款之前预收，又在贷款年限或贷款期限内收取抵押贷款保险的保费，以确保保险基金充足，在一定程度上降低自身的承保风险。目前，根据首年借款占总借款限额比重不同，房产价值转换抵押贷款产品的预收保费（Mortgage Insurance Premium，MIP）费率分为原贷款金额的 0.5% 和 2.5% 两个档次，最高不超过 15 637.5 美元（根据目前房产价值转换抵押贷款的最高额度 625 500 美元计算）。此

外，在贷款期限内，FHA 还要向借款人每月收取抵押贷款保费，每月保费是根据未偿付的贷款余额按 1.25% 再除以 12 的比例收取。除 HECM 外，Home Keeper 也享受该保险，但最初的保险费率较低：在 Home Keeper 计划下是 1%，在 HECM 下是 2%。

除政府机构提供的政策性保险外，美国保险业亦有推出商业性的抵押贷款保证保险，作为配套补充。在美国的三种反向抵押贷款产品中，HECM 和 Home Keeper 享受政府提供的政策性保险，但私营的财务自由贷款（Financial Freedom）则不享受，需自行购买商业保险，来提高风险抵御能力。

（二）其他与财产及人身有关的保险保障

通过住宅财产保险保证了借贷双方避免因住宅的毁损而遭受损失；通过人寿保险，贷款机构可以将预期寿命风险转移给保险公司。新加坡职总英康规定老年客户申请反向抵押贷款必须向其购买抵押贷款保证保险、人寿保险以及屋宇保险等，从而免除借贷双方的后顾之忧。从国外实践情况来看，除了反向抵押贷款保证保险外，保险业有助于为以房养老提供风险保障的产品主要有以下两种。

1. 房屋保险。由财产保险公司提供，保障老年房主财产安全。当老年人赖以生活的房屋遭受火灾、爆炸、自然灾害等事故导致损失，保险人负责按合同约定赔偿相关财产损失。从国外情况来看，与反向抵押贷款相关的家庭财产保险多要求老年人作为投保人与第一受益人，同时将贷款机构列为第二受益人，保费则由老年人自己缴纳或者由贷款机构在支付给房主的反向抵押贷款中提前扣除。一旦发生房屋毁损灭失等保险合同约定的责任情形，老年房主和银行都享有保险金请求权，但是二者请求权的范围不同。对于贷款机构来说，由于其反向抵押贷款合同目的将无法实现，可就房屋毁损灭失前已支付给老年房主的贷款本息金额请求补偿；对于老年房主来说，在保险金中扣除给贷款机构余下的部分则属于老年房主的请求权范围。国外大多数反向抵押贷款产品都要求申请人投保房屋保险，例如加拿大的反向抵押贷款申请人必须提供的材料里，就包括房屋保险单（House Insurance Policy）。

2. 人寿保险。对于住房反向抵押贷款来说，贷款机构在考虑厘定给付金额时，老年房主的年龄是主要决定因素之一。随着世界医学水平的进步和人们物质生活水平的普遍提高，人类的平均寿命将不断延长，这将增加贷款机构的给付压力。因此，根据国外大多数国家的实践来看，在开展反向抵押贷款业务时，大多数贷款机构积极支持或强制要求客户必须投保人寿保险，特别是生死两全保险。这种生死两全保险的被保险人不论在保险期内死亡还是生存到保险期满，都可领取保险金，实现既可以为家属缓解因被保险人死亡而带来的经济压力，又可使被保险人在保险期结束时获得一笔资金用于养老。对于贷款机构来说，要求老年借款人投保人寿保险，一方面，有助于转移长寿风险，降低养老金给付压力。另一方面，对于老年人来说，如果老年房主的实际寿命长于抵押贷款合同约定的给付年限，则通过人寿保险可以获得必要的保障；即使实际寿命短于预期寿命，保险公司也可按人寿保险金的一定比例返还给房主的继承人，从而确保继承人权益。

四、保险公司发展与养老相关的商业长期护理保险

商业长期护理保险，也是保险公司可以为以房养老借款人提供的保险产品之一。之所以将其与其他以房养老配套的保险保障产品分开讲述，是考虑到其主要作用不在于转移以房养老运作本身的风险，而在于解决老年人的养老需求，是对以房养老服务链条的延伸。养老既需要资金，也需要人力护理照料。以房养老的运作，从目的分析，一方面是解决老年人的养老资金需求，另一方面，也要解决病弱老人（特别是失能老人）的护理照料需求。实施以房养老除了要能够提高老年人的生活质量、支持老年人就地养老之外，还要可以支付或者部分支付护理机构的长期护理费用、支付长期护理保险费和医疗保险费、支付居家护理的费用等。从这个角度看，需要长期护理保险（Longterm Care Insurance，LTCI）的介入。

20 世纪 70 年代，长期护理保险（LTCI）最早以商业保险的性质出现在美国，20 世纪 80 年代在德国和法国也出现了护理保险业务，近年来日本、韩国等还将长期护理保险纳入其社会保险计划，其他一些欧洲经济合作与发展组织（OECD）国家，如英国、奥地利、澳大利亚、瑞典等也推行了以公共财政为主要责任的长期护理津贴计划，这些都极大地推动了护

理保险的发展。

国外较早采取将反向抵押贷款和长期护理保险结合推行的做法，例如美国选用与长期看护险结合的反向抵押贷款占总数的比例 1999 年达到了 20%。反向抵押贷款和长期护理保险联结的具体运作方式一般如下：投保人将房屋抵押给保险公司或专业性贷款机构，由专业的评估公司估算出房屋的价值，扣除长期护理保险的分期保费后将余额支付给投保人；当被保险人进入符合长期护理保险的情形时，由保险公司履行有关保险责任进行赔付；当被保险人去世时，房屋归保险公司或相关贷款机构所有。只要设计、运作得当，长期护理和房屋反向抵押贷款的结合可以使得购买程序简化，有利于推广实施，并且能够减少中间的手续费用和代理费用，减少不必要的纠纷。

（一）美国商业长期护理保险发展概况

有别于日、韩等其他国家社会保险性质的长期护理保险制度，美国的长期护理保险服务主要由商业保险公司来提供、运作。但最初的时候，长期护理保险仅仅提供疗养院护理的保障且费用较高，业务进展并不顺利。1986 年，美国总共售出不到 10 万份长期护理保单。20 世纪 90 年代以来，美国政府大力推进长期护理保险体系改革，出台了一系列相关法规，极大地推动了商业长期护理保险市场的发展。这些法规政策主要包括：

1. 规范标准。美国政府一直致力于加强对长期护理保险的监督和管理，以促使其健康发展。2000 年在《公共法》（*Public Law*）106～205 条文中确立《长期护理保障法案》；美国保险监督官协会（NAIC）制定了《长期护理保险示范法规》，规定了保险公司在制定长期护理保险条款时所要遵守的最低标准和保障投保方应享有的权利；美国绝大多数州也通过了类似于示范法规的法律条文和相关规定，促使了长期护理保险产品逐渐向标准化发展。此外，许多消费者组织也积极协助、推动保险公司制定长期护理保险的指导方针和承保方案，满足社会各阶层对长期护理保险的需要。

2. 优惠扶持

一是对一般性购买长期护理险的税优政策。1996 年颁布的《联邦健康保险可转移责任与说明责任法案》（1996 *Federal Health Insurance*

Portability and Accountability Act，HIPAA）规定，对符合税收优惠资格的长期护理保单，其个人缴纳的长期护理保险费可列入医疗费用进行税前抵扣，企业或雇主为雇员缴纳的长期护理保险费以及雇主直接支付的长期护理保险费给付可以进行税收抵扣，个人获得的长期护理保险给付给予免税待遇。

二是对使用反向抵押贷款资金购买长期护理保险的优惠政策。2004年，美国住房与城市发展部（HUD）出台了一项政策来推动落实《产权和经济机会法案》（*American Homeownership and Economic Opportunity Act of 2000*），以刺激通过反向抵押贷款来购买长期护理保险。根据该政策，反向抵押贷款的借款人如果将其全部的反向抵押贷款都用于购买长期护理保险的话，办理反向抵押贷款时需缴纳的2%的保险费将被免去。新的政策还详细地定义了符合美国《国内税法》（*Internal Revenue Code*，IRC）规定的标准保单，以及几种符合美国保险监督官协会（NAIC）长期护理保险规定的保单，这些保单可以享受到某些特殊的税收优惠。

3. 政府提供长期护理费用的最终担保。鉴于长期护理保险对社会所作出的独特贡献，美国有四个州（加利福尼亚州、纽约州、康涅狄格州和印第安纳州）由联邦政府批准，成立了长期护理伙伴计划，由州政府与保险公司合作，为投保人提供独特优惠，即要求被保险人购买一定数额的商业保险，由保险公司负担最初的护理费用，不足部分再由政府补足，从而使投保者得到更多保障。

据不完全统计，目前，美国保险市场上有多达120多家保险公司可以提供长期护理保险。根据美国寿险营销研究会（LIMRA）的另一项统计表明，在商业长期护理保险方面，至2009年美国有714万人次购买了商业长期护理保险保单，保费收入累积106亿美元，其中个人保单达到480万人次，保费收入累计87亿美元，约占人身保险市场30%的份额。有研究报告表明，预计到2020年美国长期护理保险将会为老年护理承担17% ~29%的经费支出。

（二）美国商业长期护理保险主要框架

1. 保险服务内容及责任范围。可以承保被保险人在任何场所（除医院急病治疗外）因接受各种个人护理服务而发生的护理费用，这些护理服务不仅包括具有治疗性质的护理服务，如诊断、预防、康复等，还包括其他不具有治疗性质的护理服务，主要指在家中或者社会机构里的日常生活护理等。

一般来说，长期护理保险要求的服务时间至少要持续一年。就服务性质而言，全天候24小时的特别护理和非全天的一般护理均可。就服务级别而言，由高到低可分为专业护理、中级护理和日常家庭护理。其中，专业护理指提供医疗服务，由专业医生负责，护理人员在医生的指导下24小时看护患者，其护理人员应按患者需要具备特殊的护理专长；中级护理是一种非连续性护理，主要为那些不需要专业医护人员全日看护的患者而设，通常护理持续时间比专业护理长，就服务性质而言，可以是全天候的专业护理，也可以是非全日的中级护理与日常护理甚至包括家庭健康护理；日常家庭护理以提供个人护理为主，如协助洗澡、穿衣、吃饭及其他日常生活帮助。此外，一些保单还有其他选择性条款，诸如提供成年人白天护理、家庭健康护理和高龄老人需要的其他帮助等，充分满足被保险人各种护理需要。保险责任的判定一般可通过日常活动损失、认知能力损失、特定疾病等加以鉴定。

实际操作过程中，美国长期护理比较重视"在家护理"。"在家护理"方式既便利了老人的护理，又避免了住院和护理机构护理所带来的高昂费用问题。据有关研究报告表明，美国接受护理服务的被保险人中，仅有1/5是在专业机构，其余4/5的被保险人则是在家中或其他社区机构接受各种护理服务。

2. 投保方式及保险费收取。在投保方式方面，保单既可以独立签发，也可以以终身寿险保单的批单形式签发；参保人可以是个人，也可以是团体。团体长期护理保险可分为两类：雇主型保险计划和非雇主型保险计划。其中，雇主型保险计划又可以分为：团体形式购买的个人保单和强制保险。非雇主型的保险计划，主要出售给一些希望通过集体谈判获得较好保险条件的团体。同时，保险公司还承诺保单的可续保性，保证了长期护理保单的长期有效性。这一保护措施有利于投保后身体健康状况发生变化的被保险人，但保险公司将承担更大的风险。

在保险费收取方面，尽管现在美国销售的长期护理保险中，其主要条款基本上是一致的，但各家保险公司制订的护理保险费率并不统一，且拥有更新保单的权利，可以提高保险费率，但对同等情况的被保险人不能区别对待。同时，各保险公司对可保年龄的规定各有不同，包括 50～84 岁、55～79 岁、40～79 岁以及 20～74 岁等，有些保险公司出于对艾滋病的担心，长期护理保险仅面向 40 岁以上的客户群。

总体来看，年缴保费一般会随着承保方式、被保险人的年龄、保险金给付额、等待期等的不同而变化，健康状况差的人一般不能投保。一般来说，投保时被保险人年龄越低，则其费率越低；给付额（每日最高给付额及给付总额）越高，费率越高；等待期（投保后的免责期限）越长，保费越低；给付期（保险金给付期限）越长，保费越高。另外，一般来说，几乎所有的长期护理保单都有保费豁免条款。被保险人在得到长期护理保险金给付一段时间（如 60 天、90 天或 180 天）后，就开始不再需要支付保费。

3. 保险金的给付。美国长期护理保险保险金给付方式主要受保单的承保方式影响。

如果护理保险合同是独立签发的，被保险人有三种方式可供选择：最高给付额、给付期和等待期。在最高给付额方式下，一般仅规定一个日护理费用的补偿给付限额和整个给付期内的给付限额，即日给付的累计数额达到整个给付期的总限额时，即可终止保险责任。在给付期方式下，一般规定几种不同的给付期，被保险人可以自行选择。保险人在投保人所选择的给付期内，承担给付保险金的责任。实践中，被保险人一般选择 2～4 年的给付期，很少有被保险人选择终身给付，因为费率太高。在等待期方式下，规定 20 天、30 天、60 天、90 天、100 天或 180 天等多种等待期，交由被保险人自行选择，其实质上是免赔额的一种形式，目的在于消除一些小额索赔，减少保险人的工作量。

如果长期护理保单作为终身寿险的批单签发的，保险金给付方式一般按月给付居多，每月给付的金额相当于从终身寿险保额中扣减，一般每月支付保额的 1%～2%。当护理费用给付额累计达到终身寿险保额 50% 左右时，保险公司一般停止给付，余下的保额在寿险保单到期时给付给保单受益人。

此外，随着美国长期护理保险的发展，其在传统的现金（保险金）方式直接给付护理费用的基础上，近年新增了"管理式看护"给付方式，且发展迅速。许多保险公司通过产业链延伸，介入护理服务提供市场，将保险人与护理服务提供人的职能结合起来，由此带来实物（护理服务）给付方式的快速发展。

4. 保单重要条款

（1）"通货膨胀"条款。主要是为应对通货膨胀导致保险金实际贬值的压力，赋予投保人定期购买额外保险的权利，或规定日给付额可以5%的年增长率（单利）增加。此类条款实际上都会大幅度提高投保人的年缴费额。所以，保险公司为避免投保人无力支付保费而使保单失效的情况发生，一般规定被保险人达到一定年龄或缴费满一定期限后，就不能适用。

（2）"不没收价值"条款。美国长期护理保险由于兼具储蓄性质，在保单生效若干年后，便会出现一定的现金价值积累。被保险人拥有中途退保不丧失现金价值的选择权，既可把保单改为保额缴清保险或展期保险以及享有税收优惠的利益等，也可以选择保费返还的方式。通常情况下，由保险公司将其收取的保费扣除已给付的保险金额后，余额一次性返还给被保险人。

五、保险公司投资养老地产，为以房换养提供配套

投资养老地产与开展以房养老业务是两个概念，如果保险公司单纯投资养老地产、不接受老年人以自身住房抵押换取入住老年公寓，不能算是开展以房养老业务。但是以房养老的运作离不开老年公寓等基础设施的发展，老年人在抵押自身房产取得倒按揭贷款后，往往需要入住养老院等社会化养老设施。国外保险业积极整合保险产业链，通过投资养老社区、医疗机构等，向上衔接医疗保险、护理保险和养老保险等产品，同时带动下游的老年医学、护理服务等。国外许多保险机构都把建设或投资养老社区看做客户延伸服务，为老年人居住提供更多选择余地，客观上支持了以房养老业务发展。

（一）国外保险业投资商业养老地产的主要模式

当前，国外保险公司多以直接或间接方式投资养老社区等不动产。直接投资包括保险资金直接全资构建或兴建经营性养老社区，或者与开发商共同合作开发等；间接投资则包括购买房地产行业的债券或股票，投资房地产信托基金（REITs），购买不动产证券化产品抵押支持债券和担保债权凭证以及委托信托公司进行投资等。

表 3 – 3   保险公司投资养老产业主要模式分析

投资方式	优点	缺点
全资模式	可控性强，便于保险公司战略的制定和实施	在缺乏房地产开发经验的情形下，对保险资金占用规模较大、期限较长
保险公司与开发商合作模式	投资商、运营商、开发商为合作体，共担风险，共享利润，有利于充分挖掘保险公司等各参与方的优势	可控性差，协调成本高
通过各种股权投资、债权投资等间接进入养老产业（如 REITs）	保险公司管理成本较低，灵活性较强，容易与自身业务形成协同效应	对具体项目可控性较弱

从发达国家经验来看，保险资金通过间接方式，即通过投资房地产信托基金（REITs）和养老住宅综合运营商的方式，成为养老住宅的持有者，获取长期稳定的投资回报，是保险业投资养老地产较为普遍的方式。以 REITs 模式为例，它通过设立专门的养老社区房地产投资信托基金，由保险公司利用保险资金投资该信托基金，并由专业房地产开发商根据保险公司要求，对养老社区进行设计、建设，投资收益按比例分配给保险公司。保险公司则在资金募集完成后，让收益凭证在交易市场上市，再把收益分配给投资者。这可以充分发挥保险公司、基金管理方以及房地产开发商的专业优势。对保险公司来说，这种模式管理成本较低，灵活性强，并能与自身保险业务形成协同效应。

目前美国已经成为全球最大的 REITs 投资市场。1960 年美国颁布了《房地产投资信托法》，REITs 按一定的法人组织形式组建而成。美国采用的是封闭式房地产信托，在二级市场可以进行流通。近五十年来，REITs

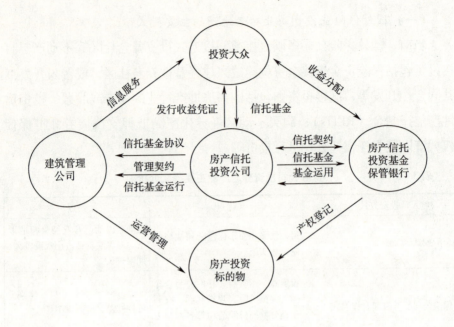

资料来源：张领伟、李海超：《保险资金投资于房地产投资信托投资基金的国际经验与风险防范》，载《现代财经》，2009（8）。

图 3 – 1　美国房地产信托投资基金模式流程

经历了迅速发展、衰落、复苏、稳定的发展过程，迄今已有三百多家，市值达三千多亿美元。2000 年以后，REITs 在日本、新加坡、中国香港地区等地也有所发展。在 REITs 发展过程中，保险资金也日益成为重要投资主体之一。

（二）国外保险业投资商业养老地产的具体实践

1. 荷兰国际集团生活社区地产项目（Real Estate Community Living Group）。该项目由荷兰国际集团（ING）依据权益性 REITs 模式设立，主要投资于澳大利亚、加拿大、美国的老年社区以及美国、新西兰的学生公寓等房地产。据这个投资项目的年报显示，仅在美国地区，ING 投资在养老社区的资金占全部投资基金资产的 54%，涵盖了美国对养老社区有固定需求的 27 个地区。目前，由经验丰富的 Chartwell 公司来帮助荷兰国际集团建立房地产信托基金，让该养老社区的收益凭证上市交易，而养老社区的管理则是交由 HorizonBay 和 UltimateCare 两所老年公寓管理机构来运营。

2. 美国长期护理退休社区项目（Continuing Care Retirement Community，CCRC）。美国长期护理退休社区项目（CCRC）起源于美国教会创办的组织，至今已经有 100 多年的历史。此类项目通常选择在距市中心 50～100 公里、一小时车程内、交通便利的城市周边地区。社区通过配备安全监控、保安巡查等多种方式提供安全保障，配有大面积绿地。社区还提供各种生活配套设施：餐厅、超市、洗衣、银行、邮局、美容美发及各种娱乐活动场所，同时社区医院拥有经验丰富的各专科医生。老人在社区可以结交兴趣爱好相同的朋友，根据不同爱好自愿组成各种学习、活动小组。

从 20 世纪 70 年代开始，CCRC 高效的商业化运作，吸引了以保险资金为代表的长期资金参与社区投资和运营，为社区的可持续运营提供可靠保障。进入 20 世纪 90 年代，保险资金成为社会资金的主力。美国保险业参与长期护理退休社区项目具有积极的意义：推动社区养老服务与保险产品结合，客户可以通过购买保险来支持社区发展，促进社区收费模式多元化；保险资金投入追求长期、稳定回报，可支持不出售产权、收取租金和服务费的养老社区运营模式，降低入住者的进入门槛和居住成本；借助保险企业庞大的客户群体和推广渠道，社区将具有显著的竞争优势。

目前，根据有关资料显示，全美有 1 861 家长期护理退休社区，社区平均入住率高达 94%，老年客户平均居住时间为 7～8 年。由于服务优质、设施优质、环境优质等，老年客户的平均年龄提高了 8～10 岁，医疗费用也大幅下降。良好的经营状况实现了养老社区、投资者（保险公司）、政府、养老人群的多方受益。

3. 日本保险业投资设立养老机构。在日本，有养老事业和养老产业两种养老实体。养老事业主要由政府提供资金，养老产业是由政府指导建设的民营营利性质的养老机构及服务的综合。20 世纪 70 年代开始日本出现人口老龄化加速的现象，政府独立支撑养老已经不可能实现，政府开始鼓励民间资本投资养老，养老产业开始发展。1974 年，日本厚生省出台"收费养老院设置运营指导方针"，一方面，规定民营养老产业的运转规则，指导、规范行业，如制定了"银色标志制度"；另一方面，通过税收减免鼓励民间资本进入养老产业，如 1988 年，日本政府为民间兴建或经营具有医疗、看护功能的福利设施提供低息或免息贷款，同时在税收上给予优惠。

目前，日本养老产业中的老人住宅、收费式养老院是作为营利性事业来经营的。按其服务内容不同，大致分为带护理的收费老人院、住宅型的收费老人院和健康型的收费老人院。具体经营形式有收费型老人公寓、老人集体住宅、昼夜看护服务旅馆、三世同堂住宅、老人住宅的改建和整修等。其中，由银行、保险行业投资建立收费养老机构是比较普通的、常见的方式。如生命人寿相互保险公司作为主要出资者建立了 SL Towers 株式会社（株式会社エスエルタワー），明治安田生命保险公司也参股了奥泽皇家生活养老机构（ロイヤルライフ奥沢），这两家都是日本知名的大型收费养老机构，分别位于日本东京都的中央区和世田谷区。此外，在日本，保险资金投资养老不动产是很普遍的现象。

六、保险公司为其他机构的以房养老业务提供受托经办服务

保险公司拥有机构网络和专业人才队伍，可以接受以房养老开办机构的委托，为借贷双方提供经办服务。经办服务不属于保险业务，而是保险公司在主营业务之外开展的其他业务，以房养老业务的风险仍由开办机构自身承担。国外以房养老开办机构的业务服务，往往依赖保险公司等金融机构现有的机构网络和人才队伍，以节约自身开办成本。

第二节　国际保险业支持以房养老经验对我国的启示

一、保险功能、特点决定了其可以成为以房养老操作链的重要一环

由于以房养老是具有较大风险的金融产品创新、服务创新，涉及利率风险、房产价值变动风险、长寿风险、道德风险等，保险分散风险和分摊损失的基本功能决定了其可以成为以房养老操作链的重要一环。

（一）现代保险具备三大功能，使其能在以房养老中发挥重要作用

现代保险具有经济补偿、资金融通和辅助社会管理三大功能。经济补偿功能是保险的基本功能，资金融通功能是在经济补偿功能的基础上发展起来的，辅助社会管理功能是保险业发展到一定程度并深入到社会生活诸多层面之后产生的一项重要功能，它只有在经济补偿功能和资金融通功能实现以后才能发挥作用。现代保险的三大功能均在以房养老中发挥重要作用。

首先，经济补偿功能是保险的立业之基，最能体现保险业的特色和核心竞争力。财产险方面，保险是在特定灾害事故发生时，在保险的有效期和保险合同约定的责任范围以及保险金额内，按其实际损失金额给予补偿，从而使社会再生产过程得以连续进行。以房养老运作存在的房屋风险、贷款风险等可以通过家庭财产保险、保证保险等相关险种予以转移或管理。人身险方面，保险金额是由投保人根据被保险人对人身保障的需要程度和投保人的缴费能力，与保险人双方协商约定后确定的，并在保险合同约定的保险事故发生或者约定的年龄到达或者约定的期限届满时，按照约定进行保险金的给付。这与以房养老的运作思路事实上不谋而合，只是保费收取与保险金给付的先后次序有所不同。此外，以房养老运转中存在的长寿风险，也可通过保险机制予以转移。

其次，资金融通的功能是指将形成的保险资金中的闲置部分重新投入到社会再生产过程中。一方面，由于保费收入与赔付支出之间时间差及数量差的存在使得保险资金运用成为可能。另一方面，确保保险资金保值增值是保险业稳定经营的必要条件，这就要求保险资金有必要进行安全稳健的投资。在以房养老运作过程中，保险公司先行对老年客户进行养老贷款发放，在客户去世或接受长期护理状态时，用出售或处置房产所得等来偿还贷款本息，实质上也是运用了保险资金。同时，保险业在与以房养老相关的养老社区建设过程中也提供了长期稳定的资金来源，有助于解决养老服务体系建设投入不足、融资难等问题，有利于减轻政府负担。

最后，辅助社会管理功能是指保险业对整个社会及其各个环节进行调节和控制的过程。保险业在参与社会关系的管理中，改变了社会主体的行为模式，为维护良好的社会关系创造了有利条件。尤其是作为社会保障体

系的重要组成部分，一方面，保险业通过为没有参与社会保险的人群提供保险保障，扩大社会保障的覆盖面；另一方面，通过灵活多样的产品，为社会提供多层次的保障服务，以此来发挥自身功能作用。当前，保险业已经在社会管理领域积累了丰富的实践经验，有效支持了社会关系和谐、整个社会良性运行和有效管理。因此，保险业也可以充分发挥自身功能，有效支持以房养老，在解决由人口老龄化引发的社会养老矛盾过程中发挥积极作用。

（二）保险业自身经营特点，使其具备参与以房养老的相对优势

1. 保险公司在业务管理上具有优势。其一，保险公司特别是寿险公司有专门开办养老金保险缴费与给付业务的部门，具有专业化优势，从业务相似度来说，开展以房养老业务具有优势。其二，保险公司本身拥有庞大的营销员销售体系和数量众多的分支机构网络，业务营销团队人员有一定的专业基础，新业务迁移成本较低，也为开展以房养老业务奠定了坚实的组织基础。其三，保险公司在业务开展过程中，掌握了大量寿险产品投保人的基本资料和诸如身体状况、信用度等基本信息。基于对寿险产品的认同度，住房反向抵押贷款客户往往可能就是保险公司的原有客户，这在一定程度上可节省保险公司重新搜集住房反向抵押贷款客户相关资料的成本。

2. 保险公司在产品设计和定价上具有优势。一方面，从产品设计上来说，养老保险是寿险业的传统业务领域，集中体现了寿险的产业特点和专业优势，而住房反向抵押贷款在本质上可以看做一种年金形式的养老险产品，即以产权独立的房产为保险标的，以老年人为投保人，将老年人的房产转化为保险年金或其他保险收入的形式。因此，保险公司在制定住房反向抵押贷款的合同条款时，可以参照其他养老险产品的相应条款，再根据住房反向抵押贷款特有的属性加以修改，实现住房反向抵押贷款与传统寿险业务的衔接整合。

另一方面，从产品定价上来说，由于住房反向抵押贷款业务的盈亏主要取决于借款人寿命的长短，因此该项业务的开展中可能出现借款人实际寿命与预期寿命偏离的问题，对长寿风险估计不足可能导致贷款承办机构和借款人之间利益分配失衡。如果房主借款人的实际寿命短于预期寿命，

开办机构支付的养老年金比预期的要少，将会获得很大的盈余。反之，如果房主借款人的实际寿命比预期的要长，则开办机构将支付比预期更多的养老年金，从而可能出现亏损。因此，这就需要精确算准借款人的寿命。保险公司拥有大量的精算人才并设有专门的精算部门，具有成熟的寿险精算模型，在对购买保险人的寿命进行预期和产品定价等方面有着其他行业无可比拟的优势。

3. 保险公司在资产规模和资产流动性上具有优势。一般来说，住房反向抵押贷款业务不但期限长而且风险种类繁多，贷款机构需要先行支付数额巨大的现金并要求能长期支付，同时，贷款机构回收本息需要在十几年甚至数十年后才能实现，这些问题的存在对住房反向抵押贷款的开办机构提出了较高的要求。对于保险公司来说，其一，其经办的寿险业务为其积累大量的业务来源，加上传统寿险业务上保费收入和给付支出的时间差，只要业务保持稳定增长，保险公司可以积累相当规模的巨额资金，即具备支付反向抵押贷款金额的实力。其二，保险经营具有负债性，保险经营是通过收取保险费来建立保险基金并加以经营，以满足对被保险人未来赔付的负债。尤其对寿险公司来说，其所要求的长期负债性更强，这正好能应对住房反向抵押贷款对负债期限足够长的要求，实现资产和负债的期限在更长期间内尽可能匹配，从而降低风险。其三，现阶段，保险公司一般都有自己的资产管理公司，一些大型保险集团甚至创办或参股了证券公司或基金公司，且有稳定的资金来源渠道，有能力承担长期贷款，并可通过资产证券化运作，增强流动性，降低风险。此外，从保险资金投资养老社区层面来说，据有关数据统计，保险资金中约有80%以上为寿险资金，寿险资金中约48%是20年以上的长期资金，25%为5~20年的中期资金，这也与养老社区的投资回收周期相匹配。

（三）发达国家政府均重视发挥商业保险在社会保障体系建设中的作用

20世纪80年代后，为缓和由于社会保障支出持续增长给国家财政带来的沉重压力，西方发达国家和部分发展中国家纷纷对养老保险领域进行了改革，包括减少政府在养老保障上的财务责任，从政府包揽养老、医疗等转向更多地利用市场机制实现对国民的保障，从现收现付向部分积累模式转变，从社会统筹向个人账户模式转变，最终形成一个包括商业保险在内的多支柱的养老保障体系。

改革过程中，大多数国家通过积极发展商业养老保险来填补由于政府退出或者部分退出所造成的空间，鼓励和支持商业保险在更大程度上发挥作用。在美国，政府用税收递延等政策鼓励发展养老保险的第二、第三支柱，其团体退休金计划一般由雇主发起，并主要由寿险公司、银行、投资公司等从事金融服务的机构来提供养老基金投资服务。寿险公司提供的基金积累工具主要包括团体延期年金、存款管理合同、退休金专用基金投资保险合同等。同时，美国个人退休金储蓄计划则全部由寿险公司、银行、相互基金公司、信用社等金融机构主办。瑞士严格规定团体养老金计划必须由寿险公司经营管理。英国政府养老保险为现收现付制，职业和个人年金为完全积累，且基金的绝大部分由寿险公司进行管理。以智利为代表的拉丁美洲国家则将社会保障资金管理完全私有化，由多个竞争性的养老基金管理公司负责个人账户管理，而这些基金管理公司与商业保险公司关联密切，基金的一部分最终甚至会被转至商业保险公司来运作。

因此，从发达国家实践看，商业保险在支持养老保障体系过程中是大有可为的。以房养老作为一种个性化，甚至还带有高端化的养老服务形式，能成为整个社会养老保险体系的有益补充，保险公司可以直接或间接参与其中，丰富支持社会保障体系建设的渠道和形式。

二、我国保险业参与以房养老运作的意义

(一) 保险业参与以房养老，有利于延伸保险产业链

产业链是各个产业部门之间基于一定的技术经济关联，依据特定的逻辑关系和时空布局关系客观形成的链条式关联关系形态。在应对全球人口老龄化的态势以及日趋严峻的社会养老问题过程中，国际保险业不再局限于适合市场需求的保险产品的开发和销售，而是开始着眼于保险在养老产业链上下游延伸问题，其中的一个重要途径就是参与以房养老相关业务运作，把传统的单纯养老金给付转化为直接或间接提供给社会更优惠、更专业、更具适用性的养老服务。

1. 以房养老有助于保险公司实现业务衔接与协同发展。保险业参与

以房养老业务运作，向上衔接了医疗保险、护理保险和养老保险等产品，向下衔接了老年医学、护理服务、老年社区等产业。其一，上游业务的稳定经营在为养老社区建设等提供必要的资金支持的同时，可以有针对性地收集大量有潜在购买能力的老年人的健康信息和服务需求，并为下游产业发展培育客户资源。其二，从下游业务来说，养老社区等下游业务发展有利于为上游保险产品设计提供更多更可靠的精算资料，使得保险产品创新更具科学性与可行性。同时，保险公司可以充分利用自身传统优势，将财产保险、保证保险、寿险业务等融入以房养老业务拓展之中，从而将潜在的保源变为现实的保源。总的来说，处理妥当的话，养老产业链上的各项业务、各个主体是极有可能实现协同发展、共同获益的。

2. 保险参与以房养老可以创造新的业务增长点。从国内情况来看，虽说当今保险市场可供投保人选择的寿险产品种类繁多，但面对公众日益增长、多元化、多层次的保障需求，一个不容回避的事实是，目前我国保险产品同质化严重，整个市场的产品架构尚不能满足消费者的多样化需求。在产品创新保护机制不健全的大背景下，一些公司耗费巨资和人力开发出新产品，但很快被竞争对手模仿和跟风，甚至以更低的价格和条件向市场推销，导致很多保险公司不愿意在新产品研发上高投入，整个行业低水平重复的竞争严重，陷入"劣币驱逐良币"的困境。保险业参与以房养老业务，不但可以扩大保险业务发展领域，在一定程度上实现由"业内竞争"转向"业外竞争"，从而为当前行业发展瓶颈寻找可能的突破点，而且有助于保险公司重视以消费者为导向的价值创造，扩大服务内涵、提升服务品质，树立行业良好形象和社会地位，构造强有力的核心竞争优势。

（二）保险业参与以房养老，有利于提升资金运用效率

首先，投资养老社区有利于拓展保险资金运用渠道。公开资料显示，发达国家或地区保险公司投资组合中大都包括了不动产投资，其中直接投资不动产的比例在 1%～5%，间接投资不动产的比例也在 1%～20% 不等，而这其中，与保险公司主营业务关联较紧的养老地产、养老社区等更是重要组成部分。与国外相比，我国保险资金投资渠道比较单一，以投资银行存款和购买债券为主。根据保监会公开信息显示，到 2012 年底，我

国保险资金运用余额为 6.85 万亿元，占行业总资产的 93.2%。其中，保险资金运用于银行存款和各类债券占比近 80%，显著高于其他国家，投资性不动产仅 362 亿元，占 0.53%。

表 3-4　　　　　　**2012 年末我国保险资金运用余额分布情况表**　单位：亿元，%

运用项目	运用余额	占比
银行存款	23 000	34.16
各类债券	30 600	44.67
股票和基金	8 080	11.8
长期股权投资	2 151	3.14
投资性不动产	362	0.53
基础设施债权投资计划	3 240	4.73

其次，投资养老社区有助于改善保险资金资产负债匹配问题。从我国保险资金资产负债匹配的实际情况看，我国与发达经济体的最大差异，就在于投资不动产和贷款，其中，贷款涉及和银行的混业经营问题。在我国保险业快速发展过程中，保险公司积聚了大量可运用资产，但其中大部分进入了银行存款、国债等短期投资渠道。据不完全统计，我国寿险资金的平均负债期限在 20 年以上，而对应的资产中只有部分债券类产品能达到此类要求，保险公司需要有利润稳定的长期资产来对应，最终实现总量匹配、期限匹配和性质匹配。在这样背景下，投资养老社区作为一项长期投资，规模大、期限长，有助于缓解目前保险公司资产负债不匹配的窘境。

最后，投资养老社区有利于提高保险资金运用收益。近年来，我国保险资金投资收益率整体偏低现象长期未得到改变，以 2008—2012 年为例，除 2009 年和 2010 年外，其余年份保险资金投资收益率均低于同期五年期定期存款利率。

从国外情况来看，随着全球人口老龄化趋势加强，保险公司通过投资养老社区，对确保投资资金的安全性、收益性和流动性起到了积极作用。以美国为例，近年来，其国内养老社区的现金回报率达到 8%～11%，大多高于商业地产。如 2009 年商业租房回报率是 5%，而同期养老社区的投资回报率则超过 6%。此外，虽然在美国，不同的房地产信托基金（REITs）公司有着各自的投资经营战略，可以采用纯出租、合资经营、

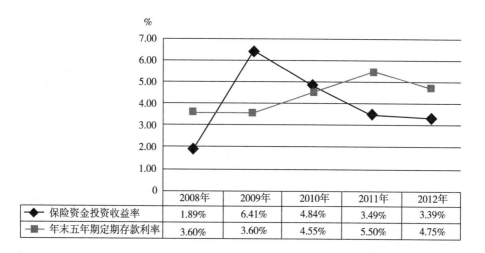

%	2008年	2009年	2010年	2011年	2012年
◆ 保险资金投资收益率	1.89%	6.41%	4.84%	3.49%	3.39%
■ 年末五年期定期存款利率	3.60%	3.60%	4.55%	5.50%	4.75%

图 3 – 2 2008—2012 年保险投资收益率和五年期定期存款利率比较

委托经营以及多元投资等多种模式，但总体上看，其经营收益大多处于较好状态，作为房地产信托基金（REITs）公司重要机构投资者的保险公司也从中获益匪浅。因此，推进保险业尤其是寿险业与养老社区建设，将是有效提高保险资金投资收益的方式之一。

表 3 – 5   **美国养老和医疗 REITs 公司的比较**

REITs 公司	HCP	Ventas	HCN	SNH
投资战略	多元投资	委托经营	合资经营	纯出租
房产数量（处）	672	602	684	320
自有房产（处）	573	538	—	—
租赁房产（处）	0	0	—	—
投资平台（个）	99	64	—	—
员工人数（名）	148	263	263	650
资本结构				
权益/总资产（2010 年,%）	61	41	53	64
债券/借款（2010 年,%）	71	50	68	35
经营业绩				
毛租金回报率（2010 年,%）	9.3	13.2	12.3	9.7
直接经营成本/收入（2010 年,%）	20.0	31.0	13.0	5.5
一般管理费用/收入（2010 年,%）	8.0	5.0	9.0	6.5
利息费用/收入（2010 年,%）	23.0	18.0	23.0	24.0

REITs 公司	HCP	Ventas	HCN	SNH
净经营现金/收入（2006—2010 年,%）	52.0	49.0	67.0	70.0
周转率	0.08	0.15	0.08	0.10
股东回报				
净经营现金回报率（2006—2010 年,%）	9.7	21.9	10.4	10.4
10 年股东总回报（2000—2010 年,%）	16.5	30.2	18.1	16.0

资料来源：杜丽虹：《养老地产这样做》，载《新财富》，2011（10）。

（三）保险业参与以房养老，有利于带动国民经济相关产业发展

以房养老的发展对于促进养老产业发展的意义不言而喻，保险业参与以房养老则可带动银行、房地产等行业的发展。

银行等贷款机构方面，通过与保险业合作开展以房养老业务，将对风险管控以及业务拓展起到积极作用。一方面，有助于降低银行经办以房养老业务的风险。商业银行拥有大量的资金，财力雄厚，能够满足反抵押贷款的启动预算要求，而保险公司尤其寿险公司则在产品设计、定价等方面具有优势。在银行提供大量启动资金的情况下，银行可借助保险公司的专业优势来识别风险，降低风险。同时，保险业可以开展财产保险、年金保险、保证保险等，对以房养老开展发挥积极作用。另一方面，有助于银行业拓展中间业务利润空间。国际先进银行的发展经验表明，发展中间业务，是商业银行提高资源配置效率、改善资产负债结构、增加业务收入和降低经营风险的有效途径。近年来，随着国内资本市场迅速扩张，新的投资渠道不断出现，商业银行传统的利润来源——利息收益面临较大挑战。银行通过与保险公司开展业务合作，可以共享优质客户资源，提供全方位的金融服务，实现银行、保险以及消费者多方共赢。

房地产相关行业方面，保险资金投资养老地产市场，对保险行业和房地产行业来说都是极为利好的。其一，近年来，国家政策积极鼓励各类资金投资于医疗养老社区、发展老年实体产业，但与其他房地产投资项目相比，此类项目资金投入一直不足。保险资金投资养老地产市场，不仅可以拓宽房地产业的融资渠道，缓解房地产业过紧的资金链条，而且可以抑制一部分过高的资金成本，提高房地产业的收益率。其二，保险公司介入以

房养老业务，将有助于愿意通过释放房产价值来改善生活质量的老年人通过销售或转换等方式处理房产，为房地产流通市场注入更多的房源，在一定程度上有助于缓解我国当前由于供需矛盾导致的房价上涨过快难题，促进房地产市场健康发展，同时也为社会和谐稳定作出贡献。其三，保险公司对这些领域进行投资，不仅可以增加居民住房数量和养老机构及服务的供给，同时还可以带动相关产业的发展，如钢铁、建筑、医疗等行业，起到扩大内需、增加就业岗位的作用，促进上下游相关行业就业人数的增长，扩大就业，拉动经济增长，实现国民经济的健康发展。

三、保险业参与以房养老需具备的条件

从国际经验看，保险业虽然并不是以房养老产品的唯一提供者，甚至在包括美国在内的很多国家和地区，保险机构并不是以房养老运作的主要参与者，但其以房养老的运作都离不开保险业的力量。保险业以直接或间接的多种方式参与以房养老运作，成为以房养老运作的重要一环。保险业参与以房养老运作，除了以房养老业务运作开展的大环境需要具备之外，还需要一些特定的条件。

（一）社会养老理念的转变

保险参与以房养老运作，前提是社会公众的理解和认可。首先，是对以房养老运作的认可。以房养老在国外已经有多年的实践经验，其国民理财教育和舆论宣传功不可没。例如，美国在其反向抵押贷款发展初期就大力开展宣传教育，由政府提供资金发展公立的咨询服务机构，服务机构的雇员工资也是由政府埋单，以增强咨询服务的公信力。就目前国内情况来看，总体上老百姓对以房养老、住房反向抵押贷款等了解不多，部分群体对以房养老理解存在偏差，甚至曲解为政府推脱养老责任的手法。没有社会公众的思想观念转化，就难以培育激活以房养老潜在市场，保险业参与以房养老也就无从谈起。其次，是对以房养老风险的客观认识和对保险功能作用的认可。理解保险、认可保险，才能运用保险，保险业参与以房养老才有群众基础。大部分开展以房养老的国家都是保险业相对发达、保险意识较强的国家，社会公众和政府都重视发挥保险业在养老、医疗等多层次社会保障体系建设中的作用。

(二) 政府的重视扶持

保险业参与以房养老有助于政府缓解养老压力，具有促进社会稳定、推动和谐社会建设的重要作用，同时也承担着较大的风险，具有较强的外部性，需要政府的重视与支持。从国外经验看，政府的重视与支持，为保险参与以房养老创造了有利的政策环境。

首先，需要调整完善相关的配套法律法规。在以房养老实施过程中，可能涉及遗产继承纠纷、地面附着物处置计价、房屋价值波动损失承担等法律问题。同时，保险业的参与，也需要相关的法律法规明确。我国目前一方面，在加强监管、统筹管理、防范风险等方面还缺乏有效的配套法律法规；另一方面，现行法律法规自身也存在着诸多障碍。如根据我国现有保险法规，保险公司不具备金融信贷的功能，保险资金也不允许直接投资商业住房项目。当贷款到期后，保险公司如何接受管理手中拥有的大量现房，实现房产的价值转换，需要解决其配套的法律法规问题。在实际操作中，也会面临很多具体问题。比如在签订保险合同时，反向抵押贷款总金额是否可以作为趸缴保费收入进行确认，或者是否可以被确认为应收保费、计入资产。对于这些新业务，适用什么样的规定需要进一步明确。

其次，需要安排适当的财政税收政策支持。开展反向抵押贷款业务以及投资养老社区等需要在一个相当长的时期内提供大量的资金，特别是在业务开展的头几年之内，现金流出会非常大，而且没有任何的现金流入。如果没有政府相关政策的支持，保险公司独自启动此业务将面临较大的资金压力及盈利压力。而保险资金毕竟是对保户的负债，资金安全至关重要，必须要保证保险公司的偿付能力，以保护被保险人的根本利益。国际上，不少国家都出台了相应的财税扶持政策。以美国为例，除了出台对以房养老业务的税收优惠政策之外，还采取了对投保特定商业长期护理保险的税收减免和保险费减免等措施，促进了以房养老市场的深度拓展。

最后，需要建立必要的政策性保险机制。分析美国 HECM 计划可以看出，该计划之所以能够在美国得到很好的开展，主要原因之一就是政府建立政策性的保险机制，由 FHA 担当保险人为业务开展提供保险保障；在保险基金金额不足的情况下，由政府财政予以兜底。而反之，新加坡职总英康推行的反向抵押贷款业务之所以进展缓慢，甚至一度终止了该项业务，原因就在于缺乏最后的保险人以及"无追索权"保证条款。因此，从正反两方面经验来看，推行反向抵押贷款有必要设立最终的保险人，而从此项业务涉及的社会效益以及风险程度来看，离不开政府的作为和担当。

（三）住房金融体系的完善

作为一种金融产品与服务的创新，以房养老的发展有赖于住房金融体系的建设；保险在其中功能作用的发挥，也离不开大金融背景。欧美及日本等国的实践表明，完善的住房金融体系有如下特点：

其一，有相对成熟的住房抵押贷款二级市场。如美国的住房抵押贷款证券化（MBS）市场，其包括个人信用制度、抵押贷款担保、保险体系等，加拿大在国家住房法下也建立了抵押证券（NHA Mortgage – Backed Security）。

其二，有独立的政策性专业住房金融机构。如日本的住宅金融公库（GHLC）以及新加坡的中央公积金局等，美国有房利美、房地美和吉利美，德国有住房储蓄银行、建房互助信贷合作社等。

其三，有多元的住房金融参与主体。既有专业性住房金融机构，如美国的储贷协会、加拿大抵押住房公司（CMHC）等；也有非专业性住房金融机构，如各国的商业银行都兼营住房金融业务，以及为住房融资提供担保和保险的机构，如各国私营的保险公司等。

其四，都重视住宅建设的立法，形成比较完备的住房法律体系。如日本就通过了《公营住宅法》、《住宅建设计划法》、《住宅金融投资保险法》等，美国通过了《住房抵押再贷款法》、《住房法》等。

我国目前住房金融体系的特点是以银行信用和住房公积金为主体。但是这种金融体系的发展还不完善，特别是其中住房抵押贷款二级市场发展不足，降低了相关资产的流动性，影响了保险公司等金融主体参与以房养老的积极性。

（四）保险业自身的良性发展

近年来，国内保险业虽然保持较快发展势头，与经济社会发展和人民生产生活的联系愈加密切，但是，在发展过程中，保险业声誉不佳、形象不好的问题一直比较突出，制约了保险业进一步发展以及发挥功能作用空间，具体体现为保险资产占金融总资产比重，以及保险深度、保险密度等指标，与国外成熟保险市场相比存在明显差距。这里面固然有国人对保险的认识存在偏差的问题，但更多是由于行业自身问题所导致。在 2012 年全国保险监管工作会议上，保监会主席项俊波提出，在保险业发展的过程中，一直存在着"三个不认同"。其一，消费者不认同，理赔难、销售误导、推销扰民等损害保险消费者利益的问题反映强烈，且长期以来没能得到较好的解决，导致消费者对行业的不信任；其二，从业人员不认同，保险基层业务员压力大、收入低、社会地位低，感觉被人瞧不起，对自身发展没有信心；其三，社会不认同，行业总体仍然停留在争抢业务规模和市场份额的低层次竞争水平，为了业绩不惜弄虚作假、违法违规，在社会上造成非常不好的影响。行业的这些弊端正在不断地侵蚀保险业发展的诚信基础，严重损害行业形象，制约行业可持续发展。

以房养老业务，特别是其中住房反向抵押贷款业务一旦启动，一般涉及长达十几年，甚至二三十年的养老金给付问题，且涉及的金额巨大，老年人对将后半生赖以养老保命的资产或钱交由其认为形象欠佳、社会信誉度不高的保险公司来经办，难免心存顾虑。因此，保险业要介入以房养老业务，重塑自身良好形象、取得消费者认同是应重视和亟待解决的突出问题。

（五）风险监管的强化

以房养老作为一种新型的金融工具，不仅面临着利率、房价、经济周期、长寿等各项风险，而且由于参与主体数目比较庞大，且以老年群体为主，加大了相互之间利益关系协调难度。从国外情况来看，开展以房养老业务的国家都采取积极措施加强对业务风险的监管。就我国情况来看，特别在现阶段，房地产市场价格走势、人均预期寿命等相关因素还没有长时间的稳定表现，而且相对国外，我国保险业仍处于发展的初级阶段，面对投入高、期限长的反向抵押贷款业务，保险业的经营管理水平和风险管控能力还不能完全与之相适应，基础数据资料等也需要进行大量的调研和持续的收集、积累工作，加强业务风险监管显得尤为必要。

第四章　我国开展以房养老的必要性

　　各国以房养老业务的出现，都与老龄化危机密不可分。而以房养老理念在我国的提出，也有着深刻的国情背景。

第一节　未富先老——养老问题日趋严峻

一、人口老龄化的界定

　　联合国人口委员会人口学词典编写委员会编写的《多种文字人口学词典》对人口老龄化的定义为："当老年人在人口中的比例增大时，我们称之为人口老龄化。"还有学者将其定义为一个人口总体中的中老年人口所占比例（或份额）不断增加，抑或青少年人口所占比例不断递减这样一种渐进过程。所谓人口老龄化，实际上就是指老年人口在总人口中的比重上升和人口年龄构成老化的社会发展过程。

　　上面是定性的解释，那么多大年龄算做老年人？老年人口占总人口的比例多少可以称为人口老龄化？1956 年联合国委托法国学者撰写了《人口老龄化及其社会经济后果》一书，书中将 65 岁定义为老年人口年龄的下限，指出"如果人口可以被硬性地划分为年轻型、成年型和老年型的话，则年轻型是指 65 岁及以上人口在总人口中低于 4% 的比例，成年型指这一比例在 4%～7%，老年型指这一比重超过 7%"。1982 年联合国在维也纳召开了"老龄问题世界大会"，通过了《维也纳老龄问题国际行动计划》，提出将 60 岁定义为老年人口年龄下限，老年人口达到 10% 为人口老龄化的临界点。至此，关于人口老龄化权威的划分标准有二：一是 60 岁及 60 岁以上老年人口占总人口的 10%；二是 65 岁及 65 岁以上人口占总人口的 7%。

二、人口老龄化的主要衡量指标

1. 老年人口系数。又称老年人口比重，通常是指年龄为 65 岁及以上的人口总数占总人口数的比重，一般用百分比表示。如前所述，年轻型人口是指老年人口比重低于 4% 的比例，成年型人口指这一比例在 4% ~ 7%，老年型人口指这一比例超过 7%。

2. 老龄化指数。又称老少比，指的是年龄为 65 岁及以上的老年人口总数与年龄为 0 ~ 14 岁的少年儿童人口总数的比值。一般来说，通过分析某一地区或国家的老少比的比值，就能大致判断这一地区或国家的人口结构类型。如果老少比高于 30%，那该地区或国家的人口结构类型为老年型人口；如果低于 15%，则为年轻型人口；老少比处于 15% ~ 30% 的，则属于成年型人口。

3. 老年抚养比。是指人口中非劳动年龄人口数中老年部分（65 岁以上）与劳动年龄（15 ~ 64 岁）人口数之比，用以表明每 100 名劳动年龄人口要负担多少名老年人。老年人口抚养比是从经济角度反映人口老化社会后果的指标之一，也称为老龄人口抚养系数。

三、中国人口老龄化现状

据 2010 年第六次全国人口普查资料显示中国 31 个省、自治区、直辖市（不包括港、澳、台地区）和现役军人的总人口数为 133 281 万人，其中：0 ~ 14 岁人口为 22 132 万人，占总人口比例为 16.6%；15 ~ 59 岁人口为 93 389 万人，占 70.1%；60 岁及以上人口为 17 759 万人，占 13.3%，其中 65 岁及以上人口为 11 889 万人，占 8.9%。同 2000 年第五次全国人口普查相比，0 ~ 14 岁人口的比重下降 6.3 个百分点，15 ~ 59 岁人口的比重上升 3.3 个百分点，60 岁及以上人口的比重上升 2.9 个百分点，65 岁及以上人口的比重上升 1.8 个百分点。具体中国人口老龄化情况见表 4 - 1。

表4－1 中国历次人口普查人口老龄化的发展变动情况

单位：万人，%

年份	总人口	≥60 岁总人口	≥60 岁人口比例	≥65 岁总人口	≥65 岁人口比例	0～14 岁人口	老龄化指数
1953	56 745	4 154	7.32	2 504	4.41	20 584	12.17
1964	69 458	4 225	6.08	2 458	3.54	28 067	8.76
1982	100 391	7 664	7.63	4 928	4.91	33 725	14.61
1990	113 051	9 697	8.58	6 299	5.57	31 300	20.12
2000	124 261	12 998	10.46	8 827	7.1	28 453	31.02
2010	133 281	17 759	13.32	11 889	8.91	22 132	53.71

资料来源：历次人口普查资料。

与其他国家相比，中国人口老龄化有如下一系列特征。

（一）老年人口规模巨大

2000 年，我国迈入老龄社会；2010 年，我国 60 岁以上和 65 岁以上老年人口比重分别达到 13.3% 和 8.9%；我国 60 岁及以上老年人口占全球老年人口比例超 20%，居世界首位，基本相当于整个欧洲 60 岁及以上老年人口的总和。根据《中国人口老龄化发展趋势百年预测》结果，2020 年中国 60 岁及以上老年人口将增至 2.48 亿人，占中国总人口比例达 17.2%，并呈加速增长之势；2037 年将超过 4 亿人，2051 年将达到最大值，之后一直维持在 3 亿～4 亿人的规模。整个 21 世纪上半叶，中国虽然不一定是人口老龄化程度最深的国家，却是世界上老年人口最多的国家。老年人口数量剧增必然要对养老保障制度和养老服务体系的建设提出新的更高的要求。

表4－2 未来50年世界总人口与老年人口发展趋势 单位：万人，%

年份		2025	2050
总人口	世界	793674	932 225
	发达国家	121 883	118 111
	欠发达国家	671 791	814 114
	中国	144 435	144 154
	美国	34 682	39 706
	日本	12 380	10 922
	法国	6 275	6 183
	印度	135 180	157205

续表

年份		2025	2050
60 岁以上 人口比重	世界	15.0	21.1
	发达国家	28.2	33.5
	欠发达国家	12.6	19.3
	中国	24.6	34.0
	美国	24.8	26.9
	日本	35.1	42.3
	法国	28.7	32.7
	印度	12.5	20.6
65 岁以上人口比重	世界	10.4	15.6
	发达国家	21.3	26.8
	欠发达国家	8.4	14.0
	中国	14.3	26.0
	美国	18.5	21.1
	日本	28.9	36.4
	法国	22.2	26.7
	印度	8.3	14.8

资料来源：*World Population Ageing*，UNSD2004。

(二) 人口老龄化发展迅速

从 60 岁及以上老年人口占总人口比重由 10% 升至 20% 这一阶段所需的时间看，世界上最早进入老龄化社会的法国用了 140 年，西方发达国家总体用了 50 年以上，而中国只需 27 年 (见表 4–3)。从每增加 1 亿老年人口所需年数看，1991 年中国 60 岁以上老年人口达 1 亿人，2014 年将达 2 亿人，间隔 13 年；2026 年达 3 亿人，间隔 12 年；2037 年达 4 亿人，间隔 11 年，速度不断加快。作为世界人口大国，中国人口快速老龄化，势必给世界人口老龄化进程带来深远影响。

表4-3　　　　中国与部分国家老年人口比例倍增时间比较

国别	10%→20%（60岁以上）	间隔年数	10%→20%（65岁以上）	间隔年数
法国	1850—1990年	140	1865—1980年	115
瑞典	1890—1970年	80	1890—1975年	85
意大利	1911—1990年	79	1921—1988年	67
美国	1937—2015年	78	1944—2010年	66
荷兰	1930—2005年	75	1940—2005年	65
加拿大	1940—2010年	70	1994—2008年	14
丹麦	1911—1980年	69	1921—1980年	59
瑞士	1930—1995年	65	1930—1985年	55
西班牙	1950—2000年	50	1950—1990年	40
中国	2000—2027年	27	2000—2028年	28
日本	1970—1995年	25	1970—1995年	25
印度	2015—2040年	25	2000—2030年	30
韩国	1997—2020年	23	2000—2020年	20

资料来源：邬沧萍等：《中国人口老龄化：变化与挑战》，北京，中国人口出版社，2006。

（三）未富先老特征明显

发达国家随着工业化发展，人均GDP在5 000～10 000美元时进入人口老龄社会，中国2000年在人均GDP仅为800美元（购买力平价3 976美元）（见表4-4）、处于中等偏低收入国家行列时，迈进人口老龄社会，导致我国人口发展超前于经济发展，应对人口老龄化经济实力薄弱，覆盖全人群的各项养老保障制度难以在短期内建立健全。

表4-4　　　　进入老年型社会时人均GDP国际比较

国家 （年份）	人均GDP （美元，购买力平价）	老龄化程度（%）	
		60岁及以上人口比例	65岁及以上人口比例
世界（2000）	7 446	10.0	6.9
中国（2000）	3 976	10.1	6.8
中等收入国家（2000）	5 734	—	6.6
美国（1950）	10 645	12.5	8.3
日本（1970）	11 579	10.6	7.1
以色列（1975）	12 270	11.8	7.8
韩国（2000）	17 380	11.0	7.1
新加坡（2000）	23 356	10.5	7.2

资料来源：人均GDP（2000）数据来自《人类发展报告（2002）》及推算；日本数据来自UN System - Wide Earth watch Website；美国数据来自 IndurM. Goklamy, Economic Growth and the State of Humanity, PERC, 2001；老龄化数据来自 World Population Prospect, 2002。

（四）农村老龄化程度超越城市

发达国家人口老龄化历程表明，城市人口老龄化水平一般高于农村，我国情况则不同。由于近年来约 2.3 亿农村人口进城务工，且绝大多数是劳动年龄人口，导致 2010 年农村老龄化水平（15%）高于城镇 3.3 个百分点。2020 年农村老龄化水平将比城镇高 5 个百分点，60 岁以上老年人口将比城乡平均水平提前七年突破 20%；2030 年全国老龄化程度达最高时，农村和城镇老龄化程度将分别为 29%、22%，差距最大达 7 个百分点，农村率先进入重度人口老龄化平台期，将是经受人口老龄化冲击最严重的地区。

四、中国人口老龄化趋势

（一）人口老龄化推力将由底部老化转变为顶部老化

我国实施改革开放和计划生育政策 30 年，生育率大幅下降，少生 4 亿人，使得老年人口在包括劳动年龄人口、少儿人口在内的全人口中的比例相对上升，从而提前进入人口老龄化，呈现"底部老龄化"，表现为少儿人口比例下降速度快于老年人口比例上升速度。1982—2012 年，0～14 岁人口占总人口的比重从 33.6% 下降到 16.5%，年均下降 0.6 个百分点，而 65 岁及以上人口占总人口的比重从 4.9% 上升到 9.4%，年均上升 0.15 个百分点，仅为前者的 1/4，处于轻度人口老龄化。在持续稳定的适度低生育水平下，随着预期寿命不断提高，未来老年人口规模不断增大而产生的人口老龄化，将呈现"顶部老龄化"，表现为少儿人口比例下降速度慢于老年人口比例上升速度，预计至 2050 年少儿人口比重将为 14%，年均下降 0.07 个百分点，而老年人口比重达 23%，年均上升 0.28 个百分点，是前者的 4 倍，逐渐进入深度人口老龄化。

2012 年，我国 15～59 岁劳动年龄人口在相当长时期里第一次出现了绝对下降，比 2011 年减少 345 万人，意味着人口红利趋于消失。人口老龄化由"底部"向"顶部"转变，推力由"生育率下降"向"预期寿命提高"转变，人口老龄化由被动型推进转向主动性发展。从长远看，中国要走出超低生育陷阱，必须逐步提振生育率，继续改革，鼓励生育，小步快进。2013 年 11 月公布的十八届三中全会《中共中央关于全面深化改革若干重大问题的决定》（以下简称十八届三中全会决定）明确：坚持计划生育的基本国策，启动实施一方是独生子女的夫妇可生育两个孩子的政策，逐步调整完善生育政策，促进人口长期均衡发展。然而政策的影响有个过程，单独夫妇二胎政策的出台也许会带来小的生育回潮，但是对出生规模影响有限，学界预估将达到每年 100 万～200 万新增人口数量，以中国人口基数来看，对总人口的影响非常微小，不会有太大的人口反弹。

（二）人口老龄化速度将由快速老化转变为加速老化

受出生人口高峰周期影响，1950—1959 年第一次出生高峰人口将从 2010 年开始相继迈入 60 岁，人口老龄化开始加速，老年人口年均净增数量从"十一五"时期的 480 万人提高到"十二五"时期的 800 万人，2015 年总量将突破 2 亿人，占总人口的 14.8%，比"十一五"期末增加 2.5 个百分点，2010—2020 年将迎来人口老龄化第一次"增长高峰"期。随着 1962—1973 年第二次出生高峰人口进入老龄期，连同第一次高峰期的叠加效应，2020—2035 年将迎来人口老龄化第二次"增长高峰"期（见图 4-1），老年人口将每年净增 1 000 万人，2026 年、2037 年总量将相继突破 3 亿、4 亿人，占总人口的 20.6%、27.4%（见表 4-5）。随着时间的推移，养老压力迅速增大，面对人口老龄化"增长高峰"期的到来，构建养老保障制度宜早不宜迟，时机不容错过。

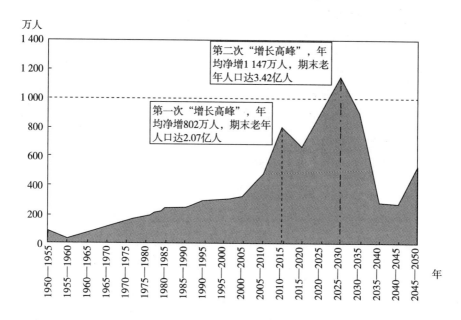

资料来源：Polulation Division of the Department of Economic and Social Affairs of the United Nations Secretariat，World Polulation Prospects，The 2008 Revision.

图 4-1 不同时期我国老年人口年均净增数量变化情况

表 4-5　　　　　　　　到 2050 年中国老龄化人口预测表　　　　　单位：亿人，%

年份	60 岁以上老年人口		人口老龄化指数 （60 岁以上老龄人口占总人口比例）	
	(1)	(2)	(1)	(2)
2015	2.13	2.13	15.19	14.85
2016	2.21	2.21	15.69	15.32
2017	2.29	2.29	16.22	15.81
2018	2.36	2.36	16.61	16.17
2019	2.4	2.4	16.84	16.37
2020	2.43	2.43	16.97	16.48
2025	2.96	2.96	20.38	19.63
2030	3.57	3.57	24.38	23.25
2035	3.99	3.99	27.24	25.67
2040	4.12	4.12	29.3	26.91
2045	4.21	4.21	29.3	26.91
2050	4.39	4.39	31.15	28.19

注：(1) 为按生育率 TFR = 1.7 计算；(2) 为按生育率 TFR = 1.8 计算。

（三）人口老龄结构将由低龄老龄化转变为高龄老龄化

21 世纪，我国将是世界上 80 岁以上高龄老年人口规模最大的国家，面临的压力超过任何国家。近年来，伴随人口老龄化发展，我国呈现老年人口高龄化，高龄老年人口持续增长的态势：2005 年高龄老年人口 1 640 万人；2010 年达 2 099 万人，占老年人口的 11.8%，此后每年将以 100 万人的速度增加；"十二五"期末将超过 2 600 万人，比 2005 年增加 1 000 万人，约占老年人口的 13%；到 2050 年将接近 1 亿人，约占老年人口的 22%，占世界高龄老年人口总量的 1/4。据第六次全国人口普查数据显示，60 岁及以上老龄人口中，健康人口比例仅为 44%，而高龄人口是病残率最高的人群，需要更多医疗保障和日常生活照料，高龄老年人口是人口老龄化的关键人群，是应对人口老龄化问题的难点和重点。

五、人口老龄化对中国养老现状的影响

（一）社会养老金支付压力剧增

截至 2011 年末，中国城镇职工基本养老保险参保人数达到 2.84 亿

人；城镇职工基本养老保险基金总收入为 1.7 万亿元，总支出为 1.3 万亿元，年末累计结存达 1.9 万亿元。当年，国家启动了城镇居民社会养老保险，与新型农村养老保险试点同步推进。截至 2011 年末，27 个省（自治区）的 1 900 多个县和 4 个直辖市及新疆生产建设兵团纳入国家两项试点，覆盖面超过 60%，加上地方自行开展试点的地区，参保人数共 3.64 亿人；试点地区新农保、城居保基金累计结余 1 231.2 亿元。尽管目前养老保险基金总体收入大于支出、不存在基金缺口问题，但已有 14 个省份出现了收不抵支的状况，收支缺口达到 767 亿元。此外，随着老年抚养比的直线上升，现阶段的收支总体平衡，不代表长期收支能够平衡。据人保部预测，到 2025 年，仅中国城市养老金的缺口就将达 6 万亿元，如果再加上农村养老金的巨大需求，则缺口更大。

撑大养老金缺口的最主要力量来源于国内人口的快速老龄化。据第六次全国人口普查数据显示，2010 年末全国 60 岁以上的老年人口已达到 1.78 亿人，占总人口的 13.3%，而到 2050 年，老龄化人口将占到总人口的 35%。不仅如此，据世界银行的研究报告，从 1980 年开始，中国人口的平均预期寿命每五年上升约 1 岁，如此趋势在未来几十年内仍将持续，到 2050 年，中国的人均寿命很可能会达到 82 岁。如果按照目前的退休年龄和平均寿命预期计算，男女退休后的生存年限分别是 22 年和 27 年，粗略估计，领取养老金的老年人大军在其退休后存活的岁月中所领取的全部养老金，大约是其退休前所缴全部养老金的 10～13 倍。养老金的支付压力可见一斑。

目前养老金的正常发放主要以转移支付的方式进行。一方面，现有 5 个劳动力赡养 1 个退休老人，政府完全可以采取"空账"（空账达 2.2 万亿元）的方式即用在职职工的个人缴费（没有进入自己个人账户）替发退休者的养老金；另一方面，中央财政每年拿出 1 000 多亿元对养老金发放不足部分进行补齐。然而，近年来，随着人口结构的转变，老年抚养比指标在直线上升。2011 年国家统计局数据显示，我国 60 岁及以上老年人口抚养比由 2007 年的 16.84% 上升到 2011 年的 19.67%，65 岁及以上老年人口抚养比由 2007 年的 11.17% 上升到 2011 年的 19.67%。到 2050 年，我国将变为约 1 个劳动力赡养 1 个老人（假定退休年龄仍保持不变）。在赡养率大幅提高的同时人口替代率又趋于下降，新生劳动力的补给不足必然导致养老金增量的短缺。更加重要的还在于，虽然目前每年高达 10 余万亿元的财政收入可以形成对养老金的强大补缺能力，但面对未来动辄数万亿甚至 10 万亿元以上的"缺口"，国家财政显然将无能为力。若无法有效解决，中国居民很可能跌入老无所养的尴尬处境。

（二）传统家庭养老负担加重

随着社会的发展进步和计划生育等政策的施行，家庭小型化的趋势日益明显、"421"家庭结构大量出现，使得传统的家庭养老功能弱化。同时，劳动年龄人口比重的下降，将使得未来老年人不但面临养老资金问题，也面临着护理照料等人力短缺、人力成本上升的问题。

自 1971 年开始在全国范围内推行计划生育政策，特别是 1980 年正式提出"提倡一对夫妇只生育一个孩子"的独生子女政策以来，生育率水平在短期内大幅度下降。总和生育率从 20 世纪 70 年代初的每个妇女平均生育 6 个子女，下降到 20 世纪 90 年代初期的更替水平，并在更替水平以下进一步下跌。进入 21 世纪以来，总和生育率一直保持在 1.8 以下，跨入了低生育水平国家的行列。

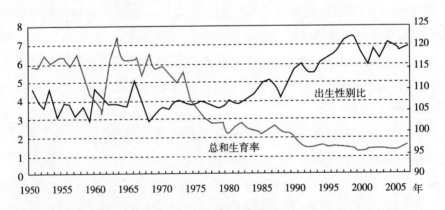

图 4 - 2　新中国成立以来我国总和生育率和出生性别比走势

基于生育率快速下降并稳定在低水平的现实，在宏观层面上，将引发人口年龄结构的巨大变化，特别是人口老龄化；在微观层面上，造就了一代特殊的家庭——独生子女家庭。尤其是 1980 年开始实行独生子女生育政策以来，城镇独生子女增加迅速，独生子女占新增人口的比重快速提高，据有关部门统计，2000 年独生子女超过 1 亿人。据不完全统计，自 2010 年开始，在新组合家庭中，双方均为独生子女的家庭比重将逐渐超过至少一方为非独生子女的家庭比重。目前，这一代独生子女已陆续进入婚育年龄，其家庭模式为"421"或"422"，即祖父母代（第一代）4 个老人，独生子女父母代（第二代）1 对夫妻，独生子女代（第三代）1 个或 2 个孩子。显然，家庭结构为"422"的独生子女家庭将面临更加沉重的家庭负担，既要赡养四位老人，又要抚养两个子女。

家庭模式的小型化，让成长后的独生子女遭遇了不同程度养老的压力与困惑。子女赡养老年人不仅包括对老年人的生活照料和精神慰藉，而且还要支付老年人的部分物质消费和医疗保健消费。更为重要的是，在双方均为独生子女组合的家庭，双方父母的家庭中至少有一方为空巢家庭，由此将进一步加剧独生子女家庭的养老困难。有关资料显示，独生子女结婚后希望与父母分开居住，独生子女选择核心家庭的比例为 17.5%，选择主干家庭的比例仅为 2.4%。随着独生子女家庭的逐渐增多和家庭结构的核心化，家庭养老将面临日益严峻的困境。虽然我国的计划生育政策已开始调整，但人口政策效应具有较长的时滞，加上经济社会环境变化对公众生育意愿的影响，在相当长时期内，人口总量不会大规模反弹，人口增长趋势和结构特点不会发生根本转变。

如果家庭养老的有效性降低，一大批新的赡养基础设施就必须尽快建立起来。但与此相应的是社会化养老设施发展滞后，80 岁以上的老年人中，不足 1% 是在养老院养老，相比之下，这一比例在美国是 20%。这反过来将加剧独生子女家庭的养老压力。中国 60～79 岁的老人，在 2000—2050 年几乎要增长三倍，与此同时，80 岁以上的老人将增加八倍。这一趋势中最令人不安的是，随着年龄的增长，失能老人的比例也持续增长。根据第六次全国人口普查数据，全国 60 岁及以上人口有 1 765.9 万人，其中身体不健康、但尚能自理的老人有 245.5 万人，而生活不能自理的老人有 52 万人，分别占老年人口的 13.9%、2.9%；在生活不能自理的老人中，缺乏收入来源、靠家庭其他成员供养的有 36.6 万人，占失能老人的 70%，靠最低生活保证金生活的有 5.1 万人，占失能老人的近 10%；失能老人中仅 47% 有配偶，而未婚、离婚或丧偶的占 53%。有机构统计，在

65～69 岁的中国老年人中，有困难从事一样或多样基本"日常活动"（如穿衣做饭）的，仅占5%；对于年龄在 80～84 岁的高龄老人，这一比例则达到20%；对于 90～94 岁的高龄老人，这一比例高达40%。也就是说，对于每一个成年子女来说，不仅会有更多的老人要照料，而且这些老人会更衰老、更弱。这是对中国家庭养老能力的一个极大考验。在就业人口膨胀的年代，外来务工人员大量涌入城市，就业供需失衡，这项看护成本相对低廉。但在十几年后，当子女和劳动力都成为稀缺物时，看护费用必然急剧增高，"421"家庭结构将造成成年子女更加缺乏经济能力同时照顾四个老人加一个孩子。

（三）无子女和失独群体养老问题凸显

在老人中，还有一类特殊的群体，即无子女或失去独生子女的老人。随着现代社会生育观念的转变以及受生活压力、环境污染、自身健康状况等问题影响，不少民众选择丁克，或因种种原因，没有养育子女。同时，中国每年都有不少独生子女家庭因疾病或意外等原因痛失爱子/女。独生子女一旦亡故，家庭中的老人父母，在承受精神打击的同时，也面临着老无所依的困境。北京市计划生育协会数据显示，截至 2012 年 5 月，北京失独父母人数为 7 746 人，其中农村 1 269 人，城市 6 477 人。这一人群年龄偏大，精神和身体状况欠佳，有一定的生活困难。

暮年失独虽然已成社会热点，但全国此类家庭究竟有多少，目前还没有全面、详细的数据统计。不少专家学者根据国家统计局和卫生部发布的一系列统计数据进行了推算。王广州根据全国第五次人口普查资料建立生命表推算，大约有 3.9% 的人活不到 18 岁，有 5.1% 的人活不到 30 岁，其中 1.2% 的人是在 18～29 岁死亡的。在 18～29 岁年龄段人群中，死亡率为 1.1‰。人口学专家易富贤根据人口普查数据和人口死亡的年龄结构推断，中国从 1975—2010 年共产生了 2.18 亿独生子女，其中会有 1 009 万人在或者将在 25 岁之前离世，意味着中国在不久之后会产生 1 000 万的失独家庭。有学者根据卫生部发布的《2010 中国卫生统计年鉴》显示的各年龄段人口疾病死亡率推算，15～30 岁年龄段的死亡率至少为 40 人/10 万人，并由此估计我国每年 15～30 岁独生子女死亡人数至少为 7.6 万人，意味着每年有约 7.6 万个家庭失去独生子女。国防大学教授刘明福按照军队样本中独生子女的比例估计，我国 15～30 岁的独生子女总人数至少有 1.9 亿人，结合《2010 中国卫生统计年鉴》中显示的该年龄段人口疾病死亡率 40 人/10 万人来推算，1975—2010 年间，有超过 1 000 万独生子女在 25 岁之前死亡。学者推断的数据虽有一定差异，但结论却是共同的，失独父母这一群体日益庞大。虽然我国已着手调整计划生育政策，据估算，与生育政策不变相比，预计到 2050 年每年死亡独生子女规模可以减少 1 万人左右，但失独家庭的总量依然庞大，其各方面的问题和困境已成为摆在全社会面前待解的课题。

失独群体的产生和日益庞大，是计划生育政策必然产生的结果。我国的计划生育政策已经实行了 30 多年，独生子女群体庞大。有学者认为，独生子女家庭本质上是风险家庭。在生育率稳定在一个较低水平的前提下，今后相当长一段时期进入老年期的独生子女父母将越来越多，考虑到独生子女中途死亡的风险，独生子女父母变为无子女老人的可能性难以避免。独生子女家庭养老的真正挑战，不是家庭子女多少的问题，而是有无子女和晚年有无存活子女的问题。在内部的家庭生活中，子女的死亡会带来经济水平的下降，进一步演变为养老弱化甚至家庭的解体；在外部的社会生活中，子女死亡给父母造成的精神打击会让他们无法面对未来的生活和周围的世界。在养老体系本身存在着种种掣肘的背景下，无人养老、无人送终，是很多失独父母普遍担忧的残酷现实；养老、医疗，成为大多数与共和国同龄的失独父母最大的共同焦虑。

失独老人在各方面存在的问题已经引起了政府以及社会各界的广泛关注，但离有效解决尚有很大差距。根据我国 2001 年 12 月出台的《中华人民共和国人口与计划生育法》第二十七条第四款的规定：独生子女发生意外伤残、死亡，其父母不再生育和收养子女的，地方人民政府应当给予必要的帮助。但这里讲的是"必要的帮助"，而非法律上的责任和义务，执行起来存在相当大的伸缩性，必须要求相应的实施细则予以保障。2007年，国家人口计生委、财政部决定从当年起在全国开展独生子女伤残死亡家庭扶助制度试点工作，对于独生子女伤残死亡后未再生育或未合法收养子女的夫妻，由政府给予每人每月不低于 80 元和 100 元的扶助金，直至亡故。但这样的政策和措施还不能从根本上解决失独家庭的养老问题。

2012 年 4 月国务院公布的《国家人口发展"十二五"规划》中明确提出，鼓励有条件的地区在养老保险基础上，进一步加强养老保障工作，积极探索为独生子女父母、无子女和失能老人提供必要的养老服务补贴和老年护理补贴。这一规定为失独老人在养老的经济保障方面提供了一定支持。2012 年 12 月，全国人大常委会完成了对《老年人权益保障法》的修改。此次修改新增了"国家建立和完善计划生育家庭老年人扶助制度"这一规定，从立法层面上明确了计划生育老年人的待遇制度，但是仍旧缺少对失独老人问题的特别关注。

失独家庭日渐成为一个庞大的社会团体，由此而产生的一系列问题也接踵而至，如何安置好这一群体，对社会、对政府，都是一个严峻的考验。失独老人大多是当年计划生育政策的积极响应者，曾为这项人口政策的实施作出自己的贡献，由此而导致的失独风险不应仅由家庭独自承担，国家理应给予这样的家庭特殊的照顾和援助。构建更加合理的社会支持体系，提高无子女老人生命、生活质量，是应对独生子女家庭养老风险必然的、理性的选择，也是政府应尽的责任。

（四）老年相对贫困问题突出

一直以来，中国的贫困问题最严重、最典型的是农村的贫困人口问题，而近十年来城市"新贫困"问题也变得越来越显著。20 世纪 90 年代后期开始，我国城市内部居民收入差距逐渐扩大、失业和下岗职工大量增加、社会保障体系建立的滞后和运行不健康，都不同程度地加剧了城市贫困问题。第六次全国人口普查数据显示，在 1 765.87 万 60 岁及以上老人中，主要生活来源为最低生活保障金的有 68.75 万人，靠家庭其他成员供养的有 719.06 万人，占比分别为 3.9%、40.72%。根据国家老龄办公布的 2011 年度中国老龄事业发展公报，全国 2 279 万城市居民最低生活保障对象中，老年人有 347 万人，占比 15.2%；全国农村低保对象 5 300 多万人中，老年人 1 934 万人，占 36.5%。

造成城市老年人贫困有其历史和现实原因，未来可预见的种种因素都会让这个问题更加严重。

第二节 城镇化进程放大养老压力

为了推进经济社会更好、更快发展，我国加快了城镇化进程，随之而来的是城市工业用地不断扩张和城市人口的不断增长，城市周边邻近的农村耕地也被大量征用。城市化进程中城市人口年龄结构的改变对养老金支出产生两方面的影响：积极的影响是可以在短期内缓解养老保险体系负担，年龄结构较低的农村劳动力纳入到养老保险体系，可以降低体系的负担系数；消极的影响是覆盖率放大，土地养老功能弱化，在将来的给付阶段会带来较大的压力。2013 年 11 月的十八届三中全会决定指出，要坚持走中国特色新型城镇化道路，推进以人为核心的城镇化；推进农业转移人口市民化，逐步把符合条件的农业转移人口转为城镇居民；稳步推进城镇基本公共服务常住人口全覆盖，把进城落户农民完全纳入城镇住房和社会保障体系，在农村参加的养老保险和医疗保险规范接入城镇社保体系。未来城镇化进程下，将有更多的农民被纳入到养老保险体系，养老需求和规模、资金缺口将不断放大。

一、相关概念的界定

（一）城镇化

百度百科中城镇化的定义是"农村人口转化为城镇人口的过程"。但到目前为止，学界对"城镇化"还没有达成统一认识，不过，比较认同的观点是：城镇化是由传统农业社会向现代文明社会转变的历史过程，是衡量现代化进程的标志，而在这个转变的过程中非常重要的一个变化就是社会人口由农业人口占很大比重转变为非农业人口占多数。在这个转变的过程中，城镇规模由于非农用地的大量增加而不断扩张，把原来属于农村的地域不断扩充为城市用地，与此同时，农村的地域范围不断减少。现在的"合村并居"正是城镇规模扩张而农村地域减少的表现。城镇化过程一般通过以下四个方面体现出来：第一，在产业结构上，工业和服务业在城镇聚集，工业和服务业的繁荣带来城镇化的加快；第二，农村人口和劳动力不断向城镇转移；第三，农村用地性质和景观逐渐转变为城镇用地；

第四，在生活方式上，农村逐渐接受城市生活观念和意识，城市文明伴随着城镇化的进程向社会传播，带来整个社会的进步。本书的城镇化概念更加侧重于伴随着城镇化进程，农村及农民在失去土地这一传统的生产资料后，人们生产方式和生活方式的改变以及新的社会关系、生产关系的形成。

（二）失地农民

"失地农民"是失去土地的农民的一个总称。他们内部情况又各有不同，有土地被完全征用的，也有土地被部分征用的。失地农民问题的产生是农村城市化、工业化的必然结果。英国在进行城市化进程中的"圈地运动"是这一现象产生的最早表现。我国失地农民最早产生于20世纪50年代，20世纪八九十年代后，随着城镇化进程的加快，失地农民问题日益突出。

失地农民担负了农村向城市转型的成本，他们一方面失去了土地，失去了"农民之为农民"的最基本的物质基础；另一方面，他们农民的身份没有改变，城市户籍所赋予的一些权利他们无法享受，没有被纳入城市三条保障线范围之内，面临着生活、就业、养老等方面的困难。

失地农民这个群体在城镇化进程中表现出以下特点。

第一，失地农民数量急剧扩大。近年来，随着我国现代化发展规划的逐步实施，城镇化和工业化的快速发展，非农产业用地需求急剧增加，致使失地农民这一社会群体急剧膨胀。根据2005年的统计数据，并考虑违规占用耕地，经测算非农用地实际占用耕地的面积为4 000多万亩，按通常的人均占有土地0.8亩计算，那么我国失地农民的数量可能高达5 000多万人。根据国土资源部课题《21世纪我国耕地资源前景分析及保护对策》估计，2001—2030年全国年均建设用耕地不低于180万亩，20年间将达到3 600万亩。在未来相当长的时间内，失地农民的数量将会继续攀升，成为全社会不得不关注的一个庞大群体。在我国建设实践中，失地农民在各城市的大量涌现也是对上述观点的有力说明。20年来，上海市不断征用、使用土地，到目前为止，上海市失地农民的总数已经超过百万。1993年以来北京市失地农民不断增加，累计达33万人。江苏无锡市仅在2000—2002年的3年中，因非农用地需要，农地被大量占用，共有20.83

万亩农田被国家征用或被集体使用，造成 11.39 万户共计 36.76 万农民失地。随着现代化进程的不断深入，西部大开发、振兴东北老工业基地以及中部崛起等政策的继续落实，我国城镇化进程将进一步加快，对土地的需要将长期保持在较高的水平上，失地农民的数量将会大量增加，其范围也会进一步扩大，由仅在大城市郊区和东部沿海向城市远郊及内陆地区延伸。

第二，失地农民普遍文化程度比较低，难以再就业。在失地农民中，小学文化程度的约占总数的 50%～60%，最高文化程度一般只有初中。以浙江省绍兴市社会保障部门对绍兴市三个县市的调研为例，在 1 000 个失地农民中，文盲 157 人，占 15.7%；小学文化程度的 326 人，占 32.6%；初中文化程度的 413 人，占 41.3%；高中或中专的 91 人，占 9.1%；大专以上的 13 人，占 1.3%。大多数失地农民长期在土地上耕作，除了农事以外几乎没什么劳动技能，土地对他们来说，不仅仅是生活来源的保障，更是自己的就业岗位。在他们失去土地之后，除了少数人利用城区开发带来的商机经商外，大部分失地农民受文化程度以及年龄所限，在重新找工作的竞争中处于劣势，难以找到新的工作。他们失去了土地，就失去了就业岗位。

（三）养老保障

养老保障是社会保障的重要组成部分，其目的在于保障劳动者在达到法定年龄解除劳动合同后，虽然失去劳动收入但仍能获得社会经济或者物质补助而维持基本生活。当前我国城镇养老保障以养老保险为主要实现形式，另外还有低保补助、五保养老等多种实现形式。我国已经进入人口老龄化社会，农村老龄化人口日益增多，而目前农村的养老模式还是以家庭养老为主要模式，根本无法应对人口如此庞大的老年人群体。在城镇化进程不断加快的今天，如何实现对农村老年人的养老也是完善养老制度的一项重要内容。

二、失地农民养老保障现状

目前农村的养老模式一般有传统的家庭型养老模式、社会型养老模式和商业型养老模式。传统的家庭型养老模式在农民养老保障中占据主导地位，农民依靠土地养老，在达到退休年龄以后仍在干农活，有些即使年纪很大了依然从事耕作，在失去劳动能力以后，由家庭成员一般是子女对老年人进行经济供养、生活照料、精神慰藉。社会型养老模式由国家和社会通过税收政策、社会福利政策等方式将分散于个体中的资金、人力、物质统一组织起来进行再分配，为老年人提供基本的物质生活保障。我国农村的社会化养老模式一般有两种形式：五保供养制度和农村社会养老保险制度，后者的覆盖面更大，是农村社会化养老的主要模式。在农村社会养老保险制度中，国家、各类农村集体组织和农民个人按一定比例缴纳养老保险费用，解决农民养老问题，这是目前我国正在推进的农村养老模式。但由于农民经济能力较弱以及地方政府和集体经济因为经济实力限制难以付出保险金，这种模式的推广有一定难度，覆盖面与预期相差较大。商业型养老模式是购买各类保险公司以营利为目的的养老保险险种，它与农村养老保险相比缺少"福利性"，只有经济实力较强的农民能够接受，所以采取这种方式养老的农民很少。

在失去土地以后，失地农民在失去了土地带来的社会保障权利的同时，由于不是城镇居民，又无法享受与城镇居民同等的社会保障权利，养老保障严重缺失。

（一）传统的家庭型养老保障功能在城镇化进程中弱化

家庭型养老是目前农村养老的主要模式，但是由于城镇化进程的加快，这一传统的养老模式正在不断受到冲击，功能弱化。家庭型养老一般是老人失去劳动能力以后由子女供养或者自己独立养老。在城镇化进程中，农民征地补偿费用较少，就业困难，失地农民依靠征地补偿费用难以实现养老，就业又无保障，年老农民生活状况令人堪忧。同时，计划生育政策也给农村养老增添了新难点，现在一对夫妇要供养四位老人，还要负担孩子发展的需要，经济压力非常大。另外，年轻一代受到经济、文化等外部环境的影响，家庭观念有所变化，传统的赡养老人的观念淡化，兄弟姐妹间推诿养老责任的事情时有发生。

（二）失去土地保障使养老问题更加突出

土地对农民来说是安身立命的根本，土地对农民的作用归结为六个方面：为农民提供基本的生活保障；为农民提供就业机会；为农民的后代提供土地继承权；对农民有着资产的增值效用；对农民有直接受益功效；避免重新获取时掏大笔费用。土地是国家用法律赋予农民的社会保障，农民依靠土地获得基本生活所需和就业机会，还能被后代继承，带来资产增值。但是，随着城镇化进程的加快，农民失去土地后失去了最后一道生活安全保障，土地赋予农民的一系列社会保障也随之失去，很多农民担心失去土地后没有退路，他们必须另谋出路进行养老。

（三）农村社会养老保险发展滞缓，难以保障失地农民养老

农村养老保险的缴纳一般实行国家出一点、集体出一点、农民个人出一点的方式，在实践过程中，遇到的难题是农民出于自身经济能力和现实的经济利益考虑，无力或者不愿缴纳，而地方政府和集体经济因受制于自身经济实力而难以为农民缴纳，造成农村养老保险实际发挥的作用有限，尤其是西部地区。即使缴纳了养老保险费的农民，也是低水平的养老保障，对农民实际帮助有限。农民失地以后，生产和生活方式都产生了巨大变化，由原来的土地生产和农村生活方式向城镇化转变，但是农民的户籍转换速度却远远低于农民的失地速度。据统计，只有大约30%的失地农民转为城镇户口，从而享受与城市居民同等的养老保障。失地农民在失去土地以后，无法享受与城市居民同等的社会保障，养老成为问题。这是单靠失地农民自己无法解决的问题，需要社会的关注与扶持。

三、失地农民养老保障难题的成因

（一）失地农民参保不积极

一是失地农民养老保险政策设计存在缺陷。各地区失地农民养老保险参保率低下的原因，主要是由于各地区失地农民养老保险在政策设计上存在不足所造成。大多数地区的失地农民养老保险政策缺乏强制性，实行失地农民自愿参保的方式。由于没有强制失地农民参与养老保险，更多的是一次性给失地农民一定数额的补偿金了事，为失地农民将来的养老留下隐患。另外各地区失地农民养老保险普遍存在养老金水平过低的现象，失地农民可能觉得参不参保没有太大的影响，导致其不愿去主动参保。以上种种失地农民养老保险政策设计上的不足，间接或直接地影响了失地农民的参保意愿。

二是失地农民养老保险管理机制不健全。失地农民养老保险管理机制不健全，使得失地农民对政府的管理机制不信任。其一是现今国家的失地农民养老保险还在实践探索，政策变动性比较大，造成了大多数失地农民在选择是投保还是拿到一次性补偿款时，都倾向于选择后者。其二是政府对失地农民养老金的监管机制还很不健全，间接地影响了失地农民的参保率。由于政府对失地农民养老保险金的监管存在一定的漏洞，加之养老金非法挪用和占用的案例比比皆是，让失地农民觉得自己的钱还是落袋为安比较好。特别是对于一些年轻的失地农民，除了对自己的钱交给政府管理表现出不信任外，他们还觉得养老对他们来讲暂时还不是很需要，所以他们就不愿意自己拿出一大笔钱去参加失地农民养老保险。

三是失地农民自我保障意识不足。失地农民生存的环境，对他们参保态度产生消极影响。失地农民几千年来，一直生活在生产力低下的农村，他们一直以来是以家庭养老为主。农村是一种自给自足的小农社会，而这种生产力低下的小农经济，也决定了他们的养老模式只能是靠子女的赡养来解决他们的养老之忧。但是现今城市化进程打破了这种自给自足的小农经济，而失地农民的观念意识还未完全转变，加之他们对养老保险的了解甚少，导致了失地农民参保意愿不高。失地农民参保的不积极，使得失地农民养老保险难以快速地推进。

(二) 失地农民养老保险缴费比例普遍偏高

自从国家出台被征地人员管理的指导意见后，我国各省市地方级政府，也陆续出台了当地被征地人员管理的暂行办法。其中养老费的缴费由政府、个人和集体三方共同分摊，但是大多数规定个人承担的比例为30%。对于这样一个万元以上的数字，失地农民大多数表示难以接受和承担。

一般来说，失地农民分为以下几种，第一种是在失去土地后，凭借本身的一技之长，在城市找到一份相对不错的工作，并且有着相对比较稳定的经济收入来源，逐步实现从农民到市民的转化；第二种是失地农民失去土地后，去城市打工，由于他们在城市的生活成本很高，最终安置费到手后也所剩无几；第三种是失地农民由于年龄或者自身素质问题，在城镇找不到合适的工作，他们只能依靠低保或失地补偿金度日，坐吃山空。而现实中，第一种失地农民占很少一部分比例，第二种和第三种占很大的比例。虽然政府出台很多政策鼓励失地农民再就业，但是失地农民中能真正实现农转非的数量很少。大量的失地农民靠数额一定的补偿金度日，让他们拿出很大一笔金额缴纳养老费，对他们来讲存在困难。

再从失地农民养老费的来源上来看，是由政府、个人和集体分摊，政策规定政府补贴一点、个人缴一点和集体承担一点。但是政府为失地农民补贴的养老费从土地出让金中出，个人所缴部分从安置费中出，集体分摊的那部分从土地出让金中出。可见，失地农民养老保险的资金主要还是来源于土地补偿金。政府拿走了土地，给失地农民很少的安置费，让农民失地后没有稳定经济来源，一份需要缴纳好几万元的失地农民养老保险，对于失去稳定经济来源的他们来讲，这个数额不算一笔小数，很难让他们心甘情愿、积极主动地去缴纳养老保险。

（三）征地补偿金偏少限制了失地农民参保能力

对于征地补偿金，目前没有统一的政策标准，各地区的经济发展情况相差很大，各省市政府根据当地的经济发展情况，制定了各自的被征地农民土地补偿标准和安置费标准。但这些土地补偿金和安置费的补偿标准往往不合理，无法让失地农民从承担农业风险转为承担市场风险。我国现行征地制度规定："国家征用建筑用地，给失地农民的土地补偿金是该被征地前三年均产值的 3 到 6 倍，安置费最高不超过被征地前三年均产值的 10 倍，对于还是不能使失地农民达到原来生活标准的地区，可适当提高，但是土地补偿金和安置费总和不能高于被征地前三年均产值的 20 倍。"据王心良（2011）对浙江省 85 个县市随机抽样的调查结果显示，失地农民中只有比例为 0.4% 的人非常满意政府补偿标准，14.7% 的失地农民满意政府补偿标准，40.5% 的失地农民认为补偿标准一般，36.6% 的失地农民对补偿标准不满意。可见，大部分失地农民对失地补偿标准并不怎么满意，从一个侧面说明了政府给予失地农民的补偿金偏低。

（四）政府对失地农民养老保险金补贴水平偏低

以南昌市为例，失地农民的养老金基本在 120 元/月到 300 元/月之间，就算按 300 元的每人每月的标准来看，现今也很难维持一个没有稳定经济来源收入的"三无"人员的日常基本开支，导致有些失地农民需要靠低保度日。再以西安市为例，该市在 2005 年的征地指导意见中指出，失地农民领取养老保险的标准在 200 元到 300 元之间。

失地农民享受的养老金水平偏低，不仅是由于失地农民养老保险政策制度设计的原因，也是由于各级政府对失地农民养老保险的财政补贴过少引起的。目前，对于失地农民养老费，政府补贴 30% 左右，看似不低。但实际上，征地所得收益大部分归政府及相关部门，农民到手的只有很少的数额。正是认识到在征地过程中存在的种种问题对社会安定产生的危害，2013 年 11 月公布的十八届三中全会决定指出，要缩小征地范围，规范征地程序，完善对被征地农民合理、规范、多元保障机制。

第三节　现有养老保障体系难以满足养老需求

人们通常把养老保障体系划分为"三支柱"。这种划分是世界银行 1994 年在《防止老龄危机：保护老年人即促进经济增长》报告中提出的，集中体现了新古典经济学派对于养老保障的一些政策主张。第一支柱，即公共养老保险（基本养老金），由政府主导并强制执行，大部分国家采用现收现付的筹资模式，其目标是有限度地缓解老年贫困，提供各种风险保障。第二支柱，即企业补充养老保险（企业年金），是一种完全积累制的

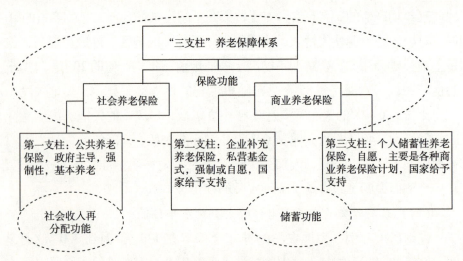

图 4 -3　"三支柱"养老保障体系框架示意

私人管理的养老金计划，可以是强制执行也可以是自愿实施，养老基金的运营管理市场化，享有税收优惠。第三支柱，主要是个人储蓄性养老计划，一般由商业保险公司办理，个人自愿投保，政府给予税收优惠。目前，大多数国家的第三支柱主要是个人在人寿保险公司购买各种商业养老保险计划。归纳起来，第一支柱的公共养老保险体现社会公平，第二、第三支柱的商业养老保险体现效率和个人的自我保障责任。这三大支柱有机地将社会公平与效率、政府与市场、社会保障责任和个人保障责任结合起来。可以说，针对全球性人口老龄化所带来的公共养老金支付危机，"三支柱"养老保险体系是一个较为完整的方案设计。

世界银行提出的"三支柱"养老保险体系改革思路，建议第一与第二支柱均采用强制性方式建立。第一支柱的责任主体是国家，应通过税收方式筹集资金，实现收入的再分配，从而达到维护最基本的"公平"目标。第二支柱主要由企业负责为职工建立个人积累账户，实现共同保险和储蓄的目标。第三支柱采取自愿性方式建立，用以满足较高水准的养老需求。各支柱的性质、目标、融资来源及责任主体概括见表4－6。

表4－6　　　　世界银行建议的"三支柱"养老保障模式

	第一支柱	第二支柱	第三支柱
形式	最低养老保障	企业年金计划	个人储蓄计划
性质	强制性	强制性	自愿性
管理方式	公共管理	私营管理	私营管理
功能和目标	再分配＋共同保险	储蓄＋共同保险	储蓄
融资	税收	有调控的完全积累	完全积累
责任主体	国家	企业	个人

我国于20世纪90年代初确立了逐步建立"三支柱"养老保险体系的目标。按照我国现有制度运行的实践，可将现行"三支柱"养老保障体系的性质、融资渠道等特性概括如表4－7所示。将我国现行"三支柱"养老保险体系与各国际组织建议的多支柱养老保险模式相对照，我们不难发现我国现行体系中各支柱均不同程度地偏离了其理想化的性质、功能和目标，并引发了一系列问题。

表 4 – 7　　　我国现有"三支柱"养老保险体系及其构成

	第一支柱	第二支柱	第三支柱
形式	基本养老保险	企业年金	个人储蓄养老计划
性质	强制性	自愿性	自愿性
管理方式	公共管理（省级以下）	市场化管理	市场化管理
融资	企业缴费 + 员工少量缴费	企业缴费 （或者 + 员工少量缴费）	个人储蓄
责任主体	企业 + 国家 *	企业	个人
功能和目标	?	?	?

注："＊"意指基本养老保险支付的缺口最终由国家财政予以补贴；"？"表明目标不明确或存在一定的偏离。

一、第一支柱——基本养老金难撑大局

（一）替代率含义和目标

养老金替代率是指职工退休后所领取的养老金与退休前某一特定时间（如退休前一年，或前若干年，或全部工作时间）工资净值之比率。从纵向看，以退休者个人为研究对象，是指退休者领取的养老金占其退休前工资收入的百分比。从横向看，平均替代率是指退休者的人均养老金收入与在职者的人均平均工资收入的比率，它表明了一定地区同一时期退休者与在业者的收入对比关系，受到经济发展水平和社会消费水平等因素制约。养老金替代率高低反映了养老保险金与劳动者退休前的某种关联，反映了养老保险的保障水平。

养老金替代率目标的确定是一个复杂的问题。这其中要考虑国家养老保险改革的目标、养老金给付的指数调节、地区居民的生活水平、个人的经济承受能力等。我国养老保险金由社会统筹的基本养老保险、企业补充养老保险以及个人储蓄养老保险三部分组成。因此，我国养老保险金替代率目标也由三个层次组成：基本养老保险金替代率确定为 60% 左右，企业补充养老保险金的替代率为 20%，个人储蓄养老保险金的替代率达到 20%，养老保险金目标替代率之和为 100%，达到养老保险金替代率的最高限。

（二）影响养老金替代率的因素

根据消费生命周期理论和边际效用递减理论，人们希望在一生中均衡消费，工作和退休时其消费水平是相同的。按照这一目标，人们在有工资收入时期储蓄消费剩余，以供退休无收入时期使用。现实生活中人们不同年龄时期的消费需求内容是不同的。这里假定一生消费水平和内容是相同的，则养老金目标值是其收入减去储蓄的一生平均工资。替代率与工资收入挂钩，把不同的工资收入作基数计算的替代率会有所不同。一般工资收入会随年龄增长而增长，退休前的工资水平较其一生平均工资水平高。退休前工资水平高的职工，在养老金一定的前提下，其替代率低，反之就高。由于职工的工资一般随年龄而增长，退休前工资较其一生平均工资要高，按一生平均净工资 100% 的目标值计算，相当于退休前一年净工资 70% 的价值，应是比较理想的养老金目标替代率。人们一般认为目前我国社会养老保险的替代率达到了 60%，远远高于其他国家。这里有两个基础是模糊的，一是替代率计算的工资基数不清楚，二是替代率比较与国家福利水平相关。

1. 工资基数。计算替代率的基础应明确。假定采用某一职工退休前一年工资为基础，和用其一生平均净工资或该地区职工平均工资为基础计算出来的养老金替代率是不同的。在养老金一定时，前一种方法计算的替代率低，后者较高。因此，两者之间不可比。事实上，我国养老保障制度改革之前，养老金替代率一般是用职工退休前一年的工资为基础计算的，若某一职工退休前一年的工资低于该地区或企业职工平均工资时，才规定以职工平均工资计算的替代率予以补齐。1953 年公布实施的《劳动保险条例》就是这样规定和执行的。养老保障制度改革以后，确立了社会统筹和个人账户相结合的筹资、记账和给付办法，养老金收入与职工的个人收入无法用统一的比率进行计算，于是，较多的是采用以职工平均工资为基础的办法进行计算。例如，基本养老金中的基础养老金，是用该地区上年度职工月平均工资 20% 的比率进行计算和支付的。因此，将养老保障制度改革前后两个不同时期的养老金替代率进行比较缺少说服力。

2. 国家福利水平。替代率比较与国家福利水平相关。国家福利水平与替代率是反向关系，一般来说，收入高和老年福利（医疗保健、免税优惠等）待遇水平高的国家，其退休人员养老金替代率就低；反之，收入低和老年福利待遇水平低的国家，退休人员养老金的工资替代率就高（见表4－8）。各个国家因历史发展、经济状况以及养老金制度的不同，养老金的工资替代率也不尽相同。

表4－8 各国基本养老金替代率 单位: %

国家	替代率
加拿大	40（保险保障型）
法国	50（保险保障型）
日本	68（保险保障型）
瑞典	25（福利保障型）
美国	40（保险保障型）
国际劳工组织	40～50
中国	1992 年 95.7，1994 年 90.5，1997 年 80

资料来源：韩大伟等：《养老金体制》，北京，经济科学出版社，2000，122 页。

（三）中国养老金替代率的现状

我国职工的工资收入水平是较低的，用恩格尔系数衡量，用于食物等基本生活必需品消费的支出费用占总收入的比例较高，社会供给的老年福利的项目少且标准较低。因此，我国养老金的工资替代率应该比经济发达国家高一些。

以国有单位职工为例，1990 年全国国有单位退休职工平均养老金 1 372 元，为当期职工平均年工资 2 284 元的 60.1%，这一养老金替代率用我国的职工生活标准衡量是较低的。之所以如此，是因为这一时期，我国社会经济发展情况良好，职工的工资收入增长较快，相比之下，对离退休人员的退休金没有作相应的同步的调整，致使退休人员的养老金收入略显拮据。经过调整，1994 年国有单位人均养老金增至 3 355 元，为当期职工年平均工资 4 797 元的 69.9%；1995 年人均养老金进一步增至 4 056 元，为当期职工年平均工资 5625 元的 72.1%。

如果用全国平均基本养老金替代率考察，数据显示：我国的替代率呈现在较高水平上不断下降的趋势（见表4－9）。较高水平的原因是，以基础工资收入来计算，替代率明显被高估了。我国基本养老保险的交费和给付都是以基础工资额（准确地说是工资单收入前三项）为计算基础的，替代率也往往是以基础工资额来计算的。但决定人们生活水平的是其全部收入，而不仅仅是基础工资额。计算替代率不应以基础工资为基础而应以实际收入为基础。因为企业职工除了基础工资收入外，还有数额不等的工资性补贴、岗位津贴、加班费、月奖、年奖、过节费、各种资产收入（如利息、红利等）、经营性收入、转移性收入，甚至相当的"灰色收入"。即使不考虑各种资产收入等后几项，前几项收入也与其基础工资收入相差不多甚至超过基础工资收入。而在国外，劳动者的工资收入一般等同于其全部收入。目前全国的平均替代率显示的是名义上的替代率，据保守估计实际替代率在 40% ~ 50%。而世界银行建议，要维持退休前的生活水平不下降，养老金替代率应不低于 70%，国际劳工组织建议养老金替代率最低标准为 55%。

表 4 - 9　　　　1995—2011 年中国基本养老金替代率平均水平

年份	基本养老金支出（亿元）	平均离退休人员数（万人）	人均养老金（元）	人均工资（元）	养老金替代率（%）
1995	848	2 160	3 924	5 348	73.4
1996	1 032	2 300	4 487	5 980	75.0
1997	1 251	2 446	5 117	6 444	79.4
1998	1 512	2 630	5 747	7 446	77.2
1999	1 925	2 855	6 741	8 319	81.0
2000	2 115	3 077	6 876	9 333	73.7
2001	2 321	3 275	7 087	10 834	65.4
2002	2 843	3 494	8 136	12 373	65.8
2003	3 122	3 734	8 361	13 969	59.9
2004	3 502	3 981	8 796	15 920	55.3
2005	4 040	4 235	9 540	18 200	52.4
2006	4 897	4 501	10 878	20 856	52.2
2007	5 965	4 795	12 441	24 721	50.3
2008	7 390	5 129	14 409	28 898	49.9
2009	8 894	5 555	16 011	32 244	49.7
2010	10 555	6 056	17 429	36 539	47.7
2011	12 765	6 566	19 442	41 799	46.5
2012	15 562	7 136	21 808	46 769	46.6

注：平均离退休人员数 =（上年末离退休人员数 + 本年末离退休人员数）÷2

资料来源：中华人民共和国统计局：《中国统计年鉴 2013》。

二、第二支柱——企业年金的保障程度和覆盖面均低

(一) 我国企业年金的发展阶段

第一阶段为 1991—2000 年，这是"政府推动阶段"，中央政府发布的 3 个文件发挥了作用，企业年金基金积累从无到有，到 2000 年基金累计达 259 亿元。这 3 个文件及其主要内容是：1995 年国务院颁发的《关于深化企业职工养老保险制度改革的通知》规定，企业可根据本单位经济效益情况，为职工建立补充养老保险；1995 年劳动部印发的《关于建立企业补充养老保险制度的意见》规定了企业补充保险的细则，介绍了大连、上海、美国和日本建立企业补充保险的情况；1997 年国务院发布的《关于建立统一的企业职工基本养老保险制度的决定》明确在国家政策指导下要大力发展企业补充养老保险，上海和深圳等一些发达地区据此出台了地方试点性质的政策文件，对补充养老保险给予程度不同的税收优惠，铁道、邮电、电力、交通、金融等 10 多个行业先后建立了补充养老保险。

第二阶段是 2000—2003 年，这是"税优试点阶段"，其标志性事件是 2000 年国务院发布的《关于印发完善城镇社会保障体系试点方案的通知》对辽宁等试点省份制定的 4% 税优政策。税优试点为企业年金发展注入了新的生机，到 2004 年基金积累达 493 亿元。

第三阶段是 2004—2013 年，这是"政策推动阶段"，其标志性事件是 2004 年两个试行办法的颁布。2004 年企业补充保险主管部门——原劳动和社会保障部发布了《企业年金试行办法》和《企业年金基金管理试行办法》，首次将传统的企业养老补充保险规范为完全积累的 DC 型信托制模式，对完全市场化运行模式给出了基本框架，并对企业和个人的缴费比例上限作出了规定：企业缴费比例不超过其上年度职工工资总额的 8.3%，企业和职工个人缴费比例合计一般不超过本企业上年度职工工资总额的 16.6%。与前两个阶段相比，第三阶段在短短几年里企业年金基金资产翻了两番。

第四阶段预计是从 2014 年起。2013 年 12 月，财政部、人力资源和社会保障部、国家税务总局联合下发《关于企业年金、职业年金个人所得税有关问题的通知》，决定自 2014 年 1 月 1 日起，实施企业年金、职业年

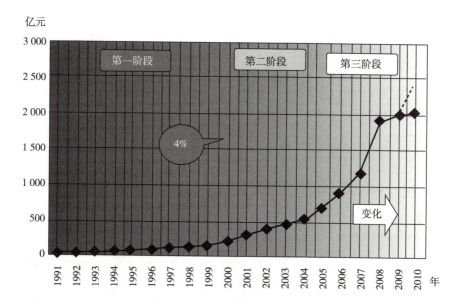

图 4-4　1991—2010 年中国企业年金税收优惠与基金积累互动关系

金个人所得税递延纳税优惠政策，这对我国企业年金市场的发展是个长期利好，也将开启我国企业年金发展的新阶段。此外，针对我国社会保险费率偏高、挤占了第二、第三支柱发展的问题，上述通知也提出要"适时适当降低社会保险费率"。

（二）目前我国企业年金发展存在的主要问题

1. 企业年金覆盖面不高。覆盖面又可分为企业参与率和就业人口参与率。虽然我国从 2012 年起每年企业年金新增规模过千亿元，但由于起步晚、前期政策支持力度不够，多年来企业年金覆盖面不高。

从企业参与率看，截至 2013 年第二季度末，全国共有 5.94 万户企业建立了企业年金，企业年末基金累计结存 5 366.65 亿元。按照 2012 年全国各类企业法人单位共计 828.67 万户算，企业年金的参与率仅为 0.7%。中东欧转型国家建立多支柱社保制度的时间几乎与中国相同，但企业年金的发展速度却远快于中国。例如，捷克建立职业年金的企业参与率是45%，匈牙利是 31%。与发达国家相比，中国的差距更大。如德国企业参与率高达 64%，美国是 46%，英国是 47.1%。

从就业人口参与率看，截至 2013 年第二季度，全国参加企业年金的职工数为 1 957.30 万人，按照 2012 年末全国就业总人口数 7.67 亿人估算，就业人口参与率为 2.55%。而根据经合组织数据，2008 年英国就业人口参与率就已高达 59.1%，美国为 57.7%。

2. 企业年金替代率偏低。中国企业年金在退休收入中的替代率不到 1%，几乎可以忽略不计；而 OECD 的 30 个成员国平均高达 9%，其中，英国自愿型企业年金替代率接近 40%，美国自愿型企业年金替代率也接近 40%（见图 4−5）。一般而言，企业年金替代率达到 20% 以上时，企业年金计划才能真正发挥对退休职工生活的保障作用。

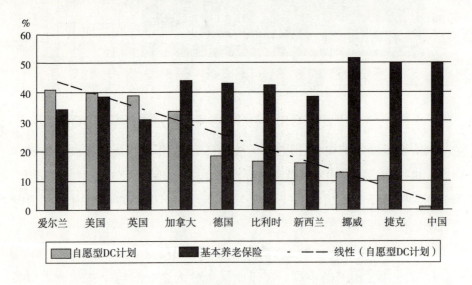

图 4−5　部分国家自愿型 DC 年金计划替代率及
基本养老保险替代率情况

3. 企业年金资产占 GDP 比重偏低。中国企业年金资产不到 GDP 的 0.6%，相比之下，全球企业年金占全球 GDP 的比重高达 38%，其中，OECD 成员国企业年金资产平均占 GDP 的 78.9%。即使与新兴市场国家相比，中国的差距也越来越大。波兰建立企业年金的时间与中国差不多，但企业年金发展迅速，企业年金资产占 GDP 的比重由 1999 年的 0.3% 上升到 2007 年的 13.7%（见图 4−6）。

4. 企业年金资产占资本市场比重偏低。国际经验显示，企业年金越发达的国家，资本市场就越发达。目前，中国已跃居全球新兴资本市场第

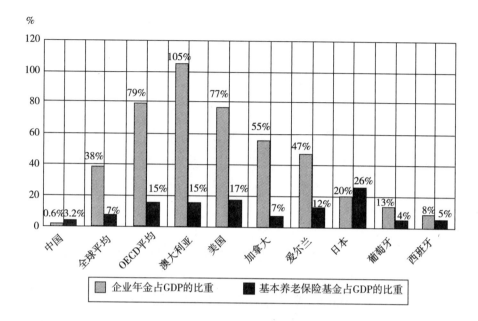

图 4 - 6　中国及部分国家企业年金
和基本养老保险基金占 GDP 的比重

一位，全球资本市场第三位，但企业年金却只占总市值的 0.3%，与资本
大国的地位很不相符，与外国相差几十甚至上百倍。2007 年，在 10 个发
达国家中，养老金占其资本市场总市值的 40%；16 个中东欧和拉美新兴
市场国家中，养老金资产占其总市值的 31.7%，其中，匈牙利从 2002 年
的 0.9% 上升到 2007 年的 16.9%，秘鲁从 1996 年的 4.2% 上升到 2007 年
的 14.1%，波兰从 1999 年的 0.6% 上升到 2007 年的 6.4%。

三、第三支柱——多种形式的个人养老金发展滞后

　　目前，中国第三支柱的个人商业养老保险也逐步建立起来，但其发展
仍然滞后。由于中国养老保障体系的第一支柱——基本养老保险的缴费率
偏高，不仅给企业增加了经济负担、提高了生产成本、降低了竞争力，还
挤占了企业参加补充养老保险的缴费能力和空间；缴费率的偏高也意味着
个人对基本养老保险的依赖性过高，从而降低了个人参加商业养老保险的
积极性。据不完全统计，2012 年底中国商业养老保险保费收入近 1 600 亿
元，占 GDP 的比重仅为 0.3%，人均保费不到 130 元。而相比之下，发达

国家相关商业保险费用占 GDP 的 10% 以上，人均保费超过 5 000 美元。从国际比较看，中国 2007 年底人均长期商业寿险保单持有量仅为 0.1 件，远低于发达国家 1.5 件的平均水平。中国保险行业协会原会长王宪章在 2008 年表示，中国人均商业养老保险保费仅为国际平均水平的 1/10，为美国的 1/70。从中国整个养老保障体系来看，根据国家规划，商业养老保险应占到个人养老保险的 10% ~ 20%。而在养老保险成熟的国家中"三支柱"各占总养老金的比例是：基本养老保险约占养老金总数的 30%，企业年金占比为 30%，而个人储蓄性养老金计划，包括保险、基金、股票、银行储蓄、债券、房地产等，约占养老金总数的 40%。

[小结] 我国已于 2000 年进入老龄化社会，虽然我国的养老保险基金规模不断增加，但每年养老基金的收支缺口仍然存在并呈扩大之势。"未富先老"的人口老龄化时代使得国家和企业承担了巨大的养老压力。在基本养老金难撑大局、企业年金和个人商业保险发展严重滞后的情况下，如何多渠道筹集养老基金，缓解养老压力，是当今社会的热点问题。以房养老这种将特定老年群体的资产配置成为养老资源的实现方式，不失为解决养老问题的积极补充。

第五章　我国实施以房养老的可行性

第一节　我国开展以房养老已具备的条件

改革开放三十多年，不仅推动了我国经济发展、社会进步，还推动了人的思想观念转变。"以房养老"作为一种舶来品，也迎来了新的发展契机。

一、经济社会的发展，为以房养老奠定物质基础

经济社会发展，是实施以房养老的大背景。一方面，它为老年人愿以住房换取较高收入，维持较高生活水平提供了动力；另一方面，它形成了各类可能参与以房养老运作的社会主体，进而为推动形成住房与养老收入间的转换机制创造可能。

（一）经济发展带动人民群众生活水平的提高

改革开放以来，我国经济持续保持较快增长，GDP 总量逐渐扩大并跃居世界前列，由 1978 年的 3 645 亿元人民币、列全球第十五位，增长至 2012 年的 52 万亿元人民币，排名也上升至全球第二位，仅次于美国，人均 GDP 同时也由全球两百多个国家和地区中倒数第二位进至顺数第九十位。

经济发展也带动了城乡居民收入和相应生活水平不断提高，表现为我国城乡居民家庭人均收入及恩格尔系数也发生了明显变化。2012 年，城镇居民家庭人均可支配收入和农村居民家庭人均纯收入分别约是 1978 年的 70 倍、60 倍，衡量居民生活富裕水平的重要指标城乡居民恩格尔系数分别由 1978 年的 57.5%、67.7% 下降至 36.2%、39.3%，均已进入相对

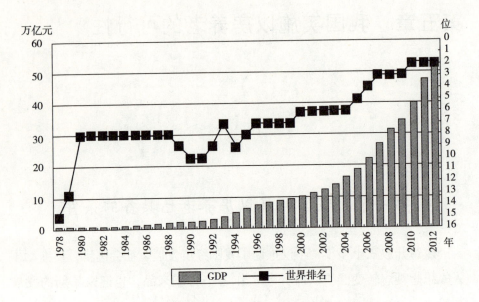

图 5-1　改革开放以来我国 GDP 总量及世界排名情况

富裕水平（根据联合国有关标准，一个国家的平均家庭恩格尔系数大于60%为贫穷；50%～60%为温饱；40%～50%为小康；30%～40%属于相对富裕；20%～30%为富裕；20%以下为极其富裕）。

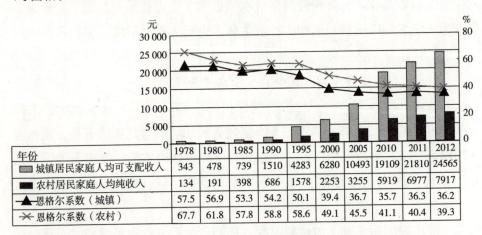

年份	1978	1980	1985	1990	1995	2000	2005	2010	2011	2012
城镇居民家庭人均可支配收入	343	478	739	1510	4283	6280	10493	19109	21810	24565
农村居民家庭人均纯收入	134	191	398	686	1578	2253	3255	5919	6977	7917
恩格尔系数（城镇）	57.5	56.9	53.3	54.2	50.1	39.4	36.7	35.7	36.3	36.2
恩格尔系数（农村）	67.7	61.8	57.8	58.8	58.6	49.1	45.5	41.1	40.4	39.3

图 5-2　改革开放以来我国城乡居民家庭人均收入及恩格尔系数情况

除货币收入增长外，城乡居民耐用生活消费品数量也保持较快增长态势，居民居住环境等也得以改善。

表 5 - 1 部分经济社会发展指标

年份 项目	2000	2005	2010	2011	2012
每百家庭彩色电视机（台）	116.6	134.8	137.4	135.2	136.1
每百家庭洗衣机（台）	90.5	95.5	96.9	97.1	98.0
每百家庭电冰箱（台）	80.1	90.7	96.6	97.2	98.5
每百家庭移动电话（部）	19.5	137.0	188.9	205.3	212.6
城镇居民人均住房建筑面积（平方米）	20.3	26.1	31.6	32.7	32.9
农村居民人均住房面积（平方米）	24.8	29.7	34.1	36.2	37.1

社会总体生活水平的提高，老年人也从中受益。除基本的吃穿改善外，他们也得以有机会接触或追求一些新的生活方式，如看电视、上网，甚至旅游等。以旅游为例，据全国老龄办发布的《中国老龄事业发展报告（2013）》显示，目前我国老年人出游比例已经高达 20%，并且呈现高速增长态势，市场发展潜力巨大。当基本养老金不足时，老年人可能会试图通过各种方式创造条件，逐渐跟上社会的进步，其中就不排除通过变现房产以增加收入，来维持一定的生活消费水平。

（二）城镇化的快速推进

城镇化推进是实施以房养老的一个很重要因素。其一，由于住房反向抵押的条件之一是房屋即抵押物必须有市场价值。就目前的情况，城市的房屋具有流通性和租赁价值，并且城市房屋的建造都符合相关部门制定的标准，房屋质量可以保证，从而实现房屋市场价值可评估性。其二，城镇化使城市面积扩大，其上的房产成为可评估价值且交易性强的商品房，而如果是在农村，房产可变现为收入的可能性、便利性不高。其三，随着城镇化的推进，越老越多的人口涌进城市，城里人需要和拥有的房产总量也不断增多，为实施以房养老提供了大量"房源"。同时，城镇化带来的对住房的刚性需求也成为城市房价长期维持增长态势的重要支撑。因此，现阶段以房养老更适合在城市中进行，城镇化的推进、商品房、住宅销售面积增加则为实施以房养老提供了广阔空间。

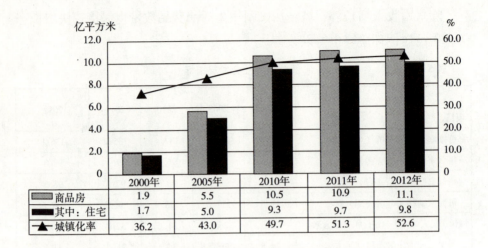

图5-3　近年来我国城镇化率与商品房销售面积情况

	2000年	2005年	2010年	2011年	2012年
商品房	1.9	5.5	10.5	10.9	11.1
其中：住宅	1.7	5.0	9.3	9.7	9.8
城镇化率	36.2	43.0	49.7	51.3	52.6

(三) 各类社会主体的大量涌现

改革开放后，我国社会层面的一个显著变化是，除了政府、各种事业单位、国有企业外，还增加了大量的外资企业、民营企业以及非政府公益组织、不固定依托某一组织的自谋职业者等各类社会主体。据统计，截至2012年末，我国已经有各类法人机构1 062万个，其中机关事业单位98万个，企业829万个（含国有控股28万个、集体控股27万个、私人控股655万个、港澳台控股10万个、外商11万个），社会团体22万个。各类社会主体大量涌现的现象，将使得在以房养老运作中，除政府直接开办

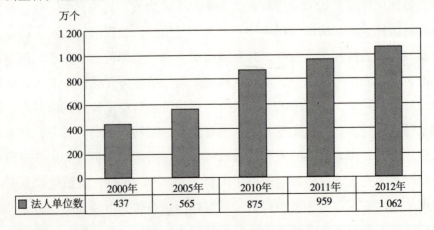

	2000年	2005年	2010年	2011年	2012年
法人单位数	437	565	875	959	1 062

图5-4　2000年以来我国法人单位数量情况

外，其他社会主体也可能出于盈利或公益目的，积极参与进来。

二、住房制度的改革，为以房养老提供基本条件

在 20 世纪 90 年代我国住房制度改革前，城市住房大多归国家或单位所有，个人拥有住房的极少，老年人想以房养老也无从谈起。随着国家住房制度改革的推进，住房产权关系发生变化，越来越多的住房转为个人所有，个人对住房具有自由支配权，以房养老才算具备了基本前提。

（一）住房产权改革明朗化

1. 私有化。我国实行社会主义基本制度，很长一段时间住房是作为一种福利和使用的权利，由政府提供，居民只需支付很少的租金就可取得居住的权利，但并不拥有产权。但是，这种住房分配模式渐渐暴露出尖锐的供给与需求之间的矛盾，以及与市场经济环境的不适应。从 1979 年我国开始改革开放以来，针对矛盾重重的住房问题，政府尝试推行住房制度改革。1998 年启动的住房改革计划，废除了原有的福利分房制度并推动中国的住房投资，改革的主要成果包括：第一，通过大幅折价销售，1998—2003 年，约有 50% 政府的公房产权转让到了城镇公众的手中，客观上使得城镇居民的收入在 5 年间净增了 22%；第二，城镇居民中拥有自己住房的比率在 2000—2003 年已经上涨了将近一倍，中国很多大城镇里都达到了 80%，甚至高于美国和其他工业化国家约 65% 的平均水平。

2. 商品化。有统计表明，在近年商品房销售中，个人购房比例达到 95% 以上，居民私有住房的比例已经达到了 80% 以上，城镇居民财富的这种快速积累推动了中国城镇消费总量的高速增长。与此同时，围绕新住房开发、销售、二手房买卖、评估的各类房产中介机构迅速增多，住房货币化、可交易的便利程度不断提高。尤其是近十年来，在新房买卖火暴的同时，二手房成交的套数、金额也不断攀升。

3. 高值化。进入 21 世纪以来，特别是近十年来，受城镇化进程加快、城市土地稀缺性、建设土地招拍挂、房产投资热等供求关系、成本推动诸多因素影响，城市住房价格节节攀升，并且上涨速度远超过收入增长速度。据《羊城晚报》2013 年 2 月的一篇报道显示：近十年在京、沪、广、深等一线城市，房价涨势尤为迅猛，十年涨幅分别达 365%、341%、

261%、233%。在房价基本每平方米上万元的一线城市，坐拥三居室、上百平方米的满足基本居住需求的家庭，动辄拥有价值几百万元的房产。有统计表明，随着住房价值急剧膨胀，目前私有住房占城镇居民家庭资产份额比例达到47%，房屋产权价值已经取代了银行存款成为最主要的资产形式。住房资产在家庭财产中所占比重急剧加大，相比居民月收入，已是一笔非常大的财富。换言之，一套住房可相当于或转化为长期的每月收入，给有房者以房养老创造了可能。

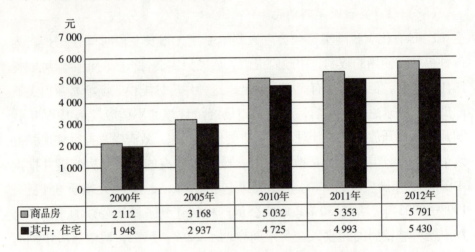

元	2000年	2005年	2010年	2011年	2012年
▨ 商品房	2 112	3 168	5 032	5 353	5 791
■ 其中：住宅	1 948	2 937	4 725	4 993	5 430

图5-5　近年全国商品房平均销售价格增长情况

4. 老人单独拥有房产比例提高。随着社会经济的发展，特别是在市场经济条件下，受工作变动频繁、人口流动加速、物质生活水平提高以及精神生活追求增长等因素影响，我国传统的大家庭规模结构向小家庭规模结构转变，老年人单独居住的数量正在不断增加。据2003年统计资料显示，我国城镇60岁以上老年人中，一对老夫妇生活户占家庭总户数的20.35%，单身老人户占11.97%，两项合计达32.32%。另据第五次全国人口普查的数据，我国城镇60岁以上老人中，独居一室的占52.95%，这就是通常说的空巢家庭。空巢家庭的增加，表明了我国60岁以上的老年人大多都有固定的居所，居住条件普遍有了提高。同时，因住房制度的改革，老年人可以单独处置住房，伴随房地产市场的建立和繁荣、物业价值的提升，这就为住房反向抵押贷款提供了可能。

（二）相关法律法规不断健全

庞大的房地产市场发展，自然离不开法规的规范、保障。房地产相关法规的健全，也为下一步实施以房养老提供了有力保障。

从根本大法来看，2004 年 3 月 14 日第十届全国人民代表大会第二次会议通过修正的《中华人民共和国宪法》第十三条明确规定："公民的合法的私有财产不受侵犯。国家依照法律规定保护公民的私有财产权和继承权"。而多年来房产基本上已成为大多数公民家庭合法的最大宗私有财产。

从其他相关法律法规来看，按颁布实施时间先后顺序，依次主要有《中华人民共和国土地管理法》、《城镇国有土地使用权出让和转让暂行条例》、《城市房地产管理法》和《中华人民共和国物权法》。一是 1987 年 1 月 1 日起施行的《土地管理法》。该法对我国土地的所有权和使用权进行了明确："城市市区的土地属于国家所有。农村和城市郊区的土地，除由法律规定属于国家所有的以外，属于农民集体所有；宅基地和自留地、自留山，属于农民集体所有"。二是 1990 年 5 月 19 日起施行的《城镇国有土地使用权出让和转让暂行条例》。该条例对住房所附着土地使用权的出让、转让、划拨、出租、抵押、中止等进行了规范，正是在该条例里，明确了居住用地使用权出让有效期最高 70 年，多年来人们所热议的"70 年"也即来源于此。该条例第十二条规定："土地使用权出让最高年限按下列用途确定：（一）居住用地七十年；（二）工业用地五十年；（三）教育、科技、文化、卫生、体育用地五十年；（四）商业、旅游、娱乐用地四十年；（五）综合或者其他用地五十年"。三是 1995 年 1 月 1 日起施行的《城市房地产管理法》。该法对土地使用权出让、划拨，房地产开发、交易、转让、抵押，房屋租赁、房地产中介服务机构、房地产权属登记管理等做了系统规定，使住房相关各个环节有明确法律可依。四是 2007 年 10 月 1 日起施行的《物权法》。作为"私有产权"保护领域一部重要立法，其不仅在界定财产归属、明晰产权从而达到定纷止争、实现社会秩序方面有明显效果，更在于使有限的自然资源的效益得到充分发挥，对于推进中国经济体制改革和建设法治国家都具有重大意义。同时该法第九条第一款也对不动产物权生效条件做了规定："不动产物权的设立、变更、转让和消灭，经依法登记，发生效力；未经登记，不发生效力，但法律另有规定的除外。"

此外，根据 2013 年 11 月党的十八届三中全会通过的《中共中央关于全面深化改革若干重大问题的决定》（以下简称十八届三中全会决定）中提出了"保障农户宅基地用益物权，改革完善农村宅基地制度，慎重稳妥推进农村住房财产权抵押、担保、转让，探索农民增加财产性收入渠道"，为下一步扩大农村宅基地权能，甚至进一步探索农村以房养老市场等都提供了利好。

三、相关政策的逐步明朗，为以房养老提供良好环境

（一）退休政策明晰强化

现行《宪法》和《中国共产党章程》都对干部、职工的退休政策做了原则性规定。如《宪法》第四十四条规定："国家依照法律规定实行企业事业组织的职工和国家机关工作人员的退休制度。退休人员的生活受到国家和社会的保障。"《中国共产党章程》第三十六条也规定："党的各级领导干部，无论是由民主选举产生的，或是由领导机关任命的，他们的职务都不是终身的，都可以变动或解除。年龄和健康状况不适宜于继续担任工作的干部，应当按照国家的规定退、离休。"

在具体的退休年龄要求方面，1978 年 5 月 24 日，五届全国人大常委会二次会议原则批准《国务院关于安置老弱病残干部的暂行办法》和《国务院关于工人退休、退职的暂行办法》。前者第四条规定："党政机关、群众团体、企业、事业单位的干部，符合下列条件之一的，都可以退休：（一）男年满六十周岁，女年满五十五周岁，参加革命工作年限满十年的"，后者第一条规定："全民所有制企业、事业单位和党政机关、群众团体的工人，符合下列条件之一的，应该退休。（一）男年满六十周岁，女年满五十周岁，连续工龄满十年的"。

同时，根据 2006 年 6 月中共中央办公厅印发实施的《党政领导干部职务任期暂行规定》，党和国家领导人职务任期制及隐含的退休制度更是有了制度规范。该规定第二条明确："本规定适用于中共中央、全国人大常委会、国务院、全国政协的工作部门和工作机构的正职领导成员；县级以上地方党委、政府领导成员，纪委、人民法院、人民检察院的正职领导

成员；省（自治区、直辖市）、市（地、州、盟）党委、人大常委会、政府、政协的工作部门和工作机构的正职领导成员。"第三条明确："党政领导职务每个任期为5年。"第六条明确："党政领导干部在同一职位上连续任职达到两个任期，不再推荐、提名或者任命担任同一职务。"第七条明确："党政领导干部担任同一层次领导职务累计达到15年的，不再推荐、提名或者任命担任第二条所列范围内的同一层次领导职务。根据干部个人情况和工作需要对其工作予以适当安排。"

（二）老龄事业发展日益受到重视

从相关法规文件看，重要的至少有以下五份。一是1996年10月1日起首次颁布施行并于2013年7月1日起修订施行的《老年人权益保障法》。该法明确界定六十周岁以上的公民为老年人，规定每年农历九月初九为老年节，对老年人的家庭赡养与扶养、社会保障、社会服务、社会优待等做了法律规定，特别是第十六条规定："赡养人应当妥善安排老年人的住房，不得强迫老年人居住或者迁居条件低劣的房屋。老年人自有的或者承租的住房，子女或者其他亲属不得侵占，不得擅自改变产权关系或者租赁关系。老年人自有的住房，赡养人有维修的义务。"二是2000年8月19日颁布实施的《中共中央国务院关于加强老龄工作的决定》（中发〔2000〕13号）。该决定指出，按照国际通行标准，我国人口年龄结构已开始进入老龄化阶段；提出了老龄工作的指导思想、原则和目标，强调要发展老年服务业，切实保障老年人住房、财产、继承等合法权益。三是三部"五年"规划。自2011年以来，国务院连续印发实施三部中国老龄事业发展规划，均提出了在老年人社会保障、医疗卫生保健、权益保障等方面的主要任务。同时，各省市区也基本都颁布实施了地方规划，如北京、南京等地的老龄事业发展"十二五"规划中，还明确提出了"鼓励商业保险企业、商业银行或住房公积金管理部门建立公益性中介机构，开展'以房养老'（住房反向抵押贷款）试点业务。"四是国务院于2013年9月6日印发实施的《关于进一步加强养老服务业发展的若干意见》（国发〔2013〕35号）。该意见提出："到2020年，全面建成以居家为基础、社区为依托、机构为支撑的，功能完善、规模适度、覆盖城乡的养老服务体系"，强调要大力加强养老机构建设，完善投融资、土地供应、税费优惠、补贴支持等一系列政策。五是十八届三中全会决定。作为近十年来力度最大的改革纲领性文件，指出要"积极应对人口老龄化，加快建立社会养老服务体系和发展老年服务产业"，强调"建立更加公平可持续的社会保障制度；坚持社会统筹和个人账户相结合的基本养老保险制度，完善个人账户制度，健全多缴多得激励机制，确保参保人权益，实现基础养老金全国统筹，坚持精算平衡原则。推进机关事业单位养老保险制度改革。整合城乡居民基本养老保险制度、基本医疗保险制度"等。

从实际措施和改善状况看，养老保障体系逐步完善，覆盖范围进一步扩大，企业职工基本养老保险制度实现全覆盖，企业退休人员养老金水平连续多年提高，基本养老保险实现了省级统筹，新型农村社会养老保险开始试点并逐步扩大范围。老年社会福利和社会救助制度逐步建立，城乡计划生育家庭养老保障支持政策逐步形成。老龄服务体系建设扎实推进，在城市深入开展并逐步向农村延伸，养老服务机构和老年活动设施建设取得较大进步。老年教育、文化、体育事业较快发展，老年精神文化生活更加丰富。全社会老龄意识明显增强，敬老爱老助老社会氛围日益浓厚，老年人权益得到较好保障。

（三）社会保障经办主体朝多元化转变

改革开放前，除依托子女外，农村养老主要靠集体，城市养老主要靠单位。城市里"单位办社会"的现象极其普遍，从生到死，单位基本全包。随着各项制度的改革，"单位办社会"的现象才逐渐改变，以国家统筹、单位和个人分别缴纳部分法定保险金为基本、以个人投保商业保险等其他形式为补充的社会保障体系逐渐形成。在十八届三中全会决定中进一步强调，要"加强社会保险基金投资管理和监督，推进基金市场化、多元化投资运营。制定实施免税、延期征税等优惠政策，加快发展企业年金、职业年金、商业保险，构建多层次社会保障体系"。总体上看，未来的社会保障体系构建中，国家将着力于"托底"，建立基本统筹保障制度及最低生活保障等社会救助体系，不再包办一切，这为个人及其他社会主体探索包括以房养老在内的各种补充养老形式提供了广阔的空间。

四、公众观念的转变，为以房养老提供动力支持

(一) 居民理财观念逐渐增强

社会主义市场经济的繁荣，在带动居民收入增长的同时，也使得资金等生产要素参与社会分配变成可能。在经济活跃的带动下，居民的理财观念得以增强，市场上也提供了多种理财方式与渠道，除传统的银行存款外，增加了股票、基金、保险、信托、楼市，甚至彩票、民间借贷等多种形式。以证券市场为例，截至 2012 年末，我国证券市场股票有效户数达 1.4 亿户，相当于每十个中国人就有一个参与了股票市场投资理财。

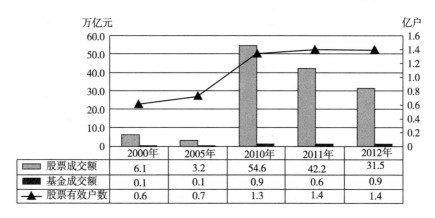

	2000年	2005年	2010年	2011年	2012年
股票成交额	6.1	3.2	54.6	42.2	31.5
基金成交额	0.1	0.1	0.9	0.6	0.9
股票有效户数	0.6	0.7	1.3	1.4	1.4

图 5-6 近年我国股票、基金成交额以及股票有效户数情况

其中，老年人参与新型理财方式，甚至参与被认为风险大的股票投资的也为数不少。如由腾讯财经频道和其他网站联合发布的《2011 年中国股民生态调查报告》显示：2011 年，55 岁及以上的老人占股民总数约 5%。此外，根据 2008 年上海财经大学一个课题组的抽样调查显示，上海市居民区附近的证券营业部散户有 85% 以上是 50～70 岁的老人，在商业中心的证券营业部散户室中老年人也占绝大部分，这也侧面印证了我国老年人在有闲暇且有一定积蓄的情形下，可能会参与新型投资理财方式。

(二) 居民消费理念方式转变

节俭通常被归为中华民族的传统美德之一。但越来越多的迹象表明，多年来市场经济的浸淫，我国社会物质化倾向在增强，逐渐摒弃低收入、低消费的生活方式，开始追求较高收入、较高消费的生活方式。今日城市

里工作的人们大多数已不再是上辈传统的钱攒够后再消费，而是对贷款消费、提前消费习以为常，如按揭买房、按揭买车、信用卡消费等，以追求较高的生活品质。以信用卡为例，根据近年中国人民银行发布的《中国支付体系发展报告》等显示，2006 年末，我国信用卡发卡量仅约 5 000 张，而至 2012 年末，我国信用卡发卡总量达到 3.3 亿张，2012 年全年的信用卡交易金额更是达到 10 万亿元。

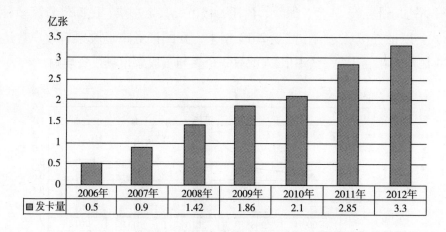

图 5 - 7　2006 年以来我国信用卡发卡量增长情况图

（三）老年人对新鲜事物的接受程度提高

进入以互联网为标志的信息化社会以来，由于信息量急剧膨胀，各种技术和消费品的发明创造及升级换代速度加快，以致人们对一些新鲜事物

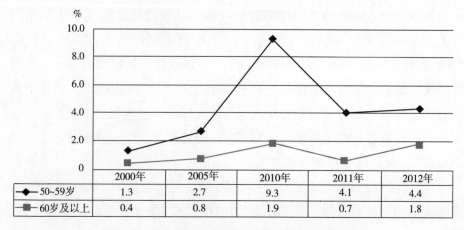

图 5 - 8　近年来老年网民占上网人口比重变化情况

甚至还没来得及感觉新鲜，就已悄然接受或参与其中。如随着电脑和网络的普及，老人玩电脑游戏、上网、使用智能手机已司空见惯。

第二节　以房养老试点在我国逐步起航

在 2013 年 9 月国务院发布《关于加快发展养老服务业的若干意见》（国发〔2013〕35 号）、国家层面正式提出"开展老年人住房反向抵押养老保险试点"之前，一些地方和机构已在探索开展以房养老试点。虽然其中多数试点因应者寥寥而实际停办或成效尚未呈现，但推出之时还是引起一定的反响，对以房养老观念的普及起到了一定的促进作用。

一、部分地区有关部门开展的以房养老试点

（一）北京地区试点情况

2007 年 10 月，北京市石景山区寿山福海养老服务中心推出"养老房屋银行"业务：老人出租其房屋，保留产权，租金直接缴付养老院，享受五星级养老服务。但据报道，实际参与者很少，已基本停办。

（二）上海地区试点情况

2007 年 5 月，上海市公积金管理中心推出以房自助养老业务：65 岁以上的老年人，可以将自己的产权房与市公积金管理中心进行房屋买卖交易，交易完成后，老人可一次性收取房款，房屋将由公积金管理中心再返租给老人，租期由双方约定，租金与市场价等同，老人可按租期年限将租金一次性付与公积金管理中心，其他费用均由公积金管理中心交付。据报道，上海试点仅 6 例成功，后悄然暂停。

（三）南京地区试点情况

2005 年 4 月，南京市汤山"温泉留园"老年公寓推出以房换养业务：拥有该市 60 平方米以上产权房、年届六旬以上的孤残老人，自愿将其房产抵押，经公证后可入住老年公寓，终身免交一切费用，而房屋产权将在老人逝世后归养老院所有。从推出到 2006 年 12 月底，仅有 3 名老人参与，其后基本停办。

二、国内银行业开展的以房养老试点情况

（一）中信银行试点情况

2011 年 10 月起，中信银行在全国范围内推出针对中老年客户的"信福年华"借记卡业务。该借记卡开办有养老按揭贷款业务：年满 55 周岁的客户或客户年满 18 岁的法定赡养人可作为借款人，以住房为抵押，向中信银行申请每月发放用于养老用途的贷款。中信银行将根据所抵押房产的价值和合理的养老资金确定贷款金额，累计贷款额最高不超过所抵押住房评估值的 60%，贷款资金按月分期发放，且每月支付的养老金不超过 2 万元，贷款最长期限为 10 年，贷款利率按照人民银行公布的同档次基准利率或者上浮。该业务要求借款人需有两套或以上自有住房，所抵押的住房不属于抵押人和共有人生活的唯一住所，用于抵押的住房的共有人须同意将住房用于抵押担保。对于借款人只有一套自有住房的情况，除了以该自有住房抵押，还必须增加一名拥有自有住房的法定赡养人作为共同借款人，用于抵押的住房的共有人须同意将住房用于抵押担保。该按揭还可与租房互补，客户为了补充养老金的缺口，可以把出租的房子再向银行办理以房养老业务。

该业务主要是通过针对老年人群的产品品牌打包，以综合理财的方式推出。尽管应者寥寥，但该行相关人士表示，未来银行会根据市场反映及客户接受程度逐步推广该项目，毕竟此业务能满足部分人群的需要，而且未来的养老形势也需要这类型的业务。

（二）上海银行试点情况

据媒体报道，目前承担了上海地区 40% 的养老金发放、积累了约 150 万庞大的养老客户群的上海银行，凭借其在养老金融服务领域积累的丰富经验，也正积极探索创新产品和增值服务，着力打造多样化的"以房养老"产品系列，满足老年客户"租房养老"、"换房养老"、"房贷养老"等多元化需求。尤其是 2013 年 9 月国务院相关文件出台后，该行相关工作推动力度明显加大。

1. 开发老年人住房反向抵押产品。据媒体报道，上海银行可能与建信人寿共同合作开发老年人住房反向抵押产品，主要围绕银行提供服务，

保险机构则配合银行在年金产品设计上做好对接工作。据悉，在拟推出的版本中，将实现老年人为贷款主体，老年人去世后房屋由银行拍卖，拍卖所得资金来偿还本金；产品可能设计成固定期限领取和终身领取两种形式，其中定期型资金给付不超过 10 年，终身型资金将一直给付到房主身故为止，并拟增加对担保人过世后额外资金发放的尝试。此外，在老年人去世后，如果子女阻拦房屋拍卖进行，银行将向法院申请强制执行。但综合各方报道来看，目前，该产品的具体设计、定价还在研究中。

2. "房屋管家"专属优惠服务。上海银行通过与沪上知名房产中介合作，为该行养老金客户实现"以房养老"提供一站式的"房屋管家"专属优惠服务，合作内容主要包括如下两方面。其一，针对有出租房屋需求的上海银行养老金客户提供专属佣金优惠或房东"金色管家"服务优惠。"金色管家"服务全程代为出租房屋，并提供贴心服务。上海银行养老金客户可免费委托签约房产中介为其出租房屋；房产中介免费为养老金客户寻找租客。在出租过程中，提供全程专业管理，养老金客户无须为租房琐事操心，也不用为清洁、追讨、维修等日常事务烦心，免除养老金客户房屋出租的后顾之忧。此外，房屋租金每月由房产中介准时打入养老金客户的"美好生活卡"，养老金客户房屋出租全程不用担心租金收入，收租金如领工资，并可转嫁空置风险。其二，针对有换房养老、房屋买卖等以房养老需求的上海银行养老金客户，该行特别提供专属的佣金优惠服务，以及定期看房团、免费咨询、专题讲座等现场服务。目前，该项目也刚刚启动，成效还有待检验。

三、国内部分保险公司投资养老社区试点

截至 2013 年末，国内保险公司并未直接开展以房养老业务。曾经有保险公司尝试设计相关产品及条款，但是因为产权纠葛、责任界定等难以用文字表述或一些不可知和不确定的因素，最后知难而退，但已有不少保险公司投资养老社区，并成为现阶段保险公司间接介入以房养老的主要形式。2013 年 12 月，保监会保险资金运用监管部市场处处长贾飙在第八届 21 世纪亚洲金融年会上曾表示：截至 2013 年 10 月末，我国有 8 家保险公司计划投资 150 亿元在养老地产领域，实际投资额是 50 亿元。虽然保险

公司投资养老地产或养老社区并非直接开展以房养老，但保险业借此实现产业链的延伸，可以为进一步参与以房养老特别是以房换养创造有利的条件。

（一）中国人寿投资养老社区的实践

2011 年 11 月，中国人寿在河北廊坊开工兴建高档养老地产项目"国寿（廊坊）生态健康城"。该项目占地约 4 平方公里，不仅将有为老人提供的独立套房式的居住区，同时配有高档商业区、健身养生区等，在医疗健康方面引进了国际上新兴的"养生健康物联网"管理模式，将使得入住的老人无论在生活、医疗方面都与国际高端生活接轨。2012 年 11 月，该公司与苏州市政府签署战略合作协议，探索在苏州建设中国人寿大型养老保险社区，共同开展养老保险税延政策创新试点。2013 年 9 月，该公司在苏州工业园区阳澄湖半岛建设的高端养生养老社区项目配套的项目公司中国人寿（苏州）养生养老投资有限公司首期注册资本 3 亿元到账。该项目占地约 242 亩，总投资 10 亿元，将由中国人寿和美国最大的非上市养老运营管理机构 Merrill Gardens（魅力花园）联手建设，建成后将成为集休闲养生、活力养老、持续看护养老和医疗康复为一体的跨代型高端养生养老社区；将引入美国成熟的养老社区运营模式，为 40 岁以上的健康活力人士提供全生命周期服务。社区将配备健康体验、运动体验及自然体验三大中心，采用美国成熟的养老社区运营经验，提供健康管理、运动休闲、美容抗衰老、家庭医生、营养餐饮、康体娱乐以及日间照料、喘息服务、协助护理、专业护理、康复疗养等全生命周期的专业化、个性化服务，力争为入住老年人构建"老有所医、老有所养、老有所学、老有所享、老有所乐、老有所用"的幸福晚年生活。同时，中国人寿还将为该养生养老社区项目开发专门的养老金融保险产品，客户可通过购买该金融保险产品，享受入住该养生养老社区的资格及各类优惠、服务。针对全国的中国人寿中高端保险客户，中国人寿集团还将提供每年 7～14 天的入住体验活动，适时发展"候鸟式养老"。

（二）平安保险投资养老社区的实践

2012 年 9 月，该集团在浙江省嘉兴市桐乡，启动建设"平安养生养老综合服务社区"项目。该项目总投资 170 亿元，总建筑面积约 150 万平方米，是平安集团进军养生养老产业的首个项目，将由桐乡高桥镇和乌镇两个地块组成。其中，高桥地块规划建设健康膳食概念村、体检咨询中心、休闲商业街区、诊所医药区、亲子型养老公寓等；乌镇地块主要是结合乌镇旅游业发展，建造养生度假酒店、国际学校、养生度假村、商业街区等。此外，该集团旗下的平安不动产还将在长三角、珠三角、环渤海、中西部、海南岛进行五大战略布点养老社区，通过平安及国外专业的运营团队，形成"候鸟度假养老模式"。

（三）泰康人寿投资养老社区的实践

2011年12月，泰康人寿旗下泰康之家（北京）投资有限公司在北京昌平区，与北京昌科航星科技开发有限公司组成联合体，以16亿元中标一幅30万平方米的地块，规划投资50亿元建设拥有3 000个床位的养老社区。2013年6月，该养老社区已对外开放样板房，据测2015年可完全建成并对外营业。目前设想客户入住社区有两种方式，一种是与保险产品挂钩，购买相关保险产品的客户，能够保证其配偶及两对老人的入住或优先入住权利，且保费与户型直接相对；另一种是在入住时缴纳一定金额的类似押金性质的资金60万元到100万元，在离开社区时这笔资金才可以退还。2012年12月，该公司在上海松江区，以4.25亿元中标一幅4.6万平方米的地块，规划为建设可容纳1 000户的养老社区，预计2016年可入住。2013年7月，该公司又在广州经济开发区，以1.3亿元中标一幅2.38万平方米的地块，规划建设养老社区。截至2013年10月，该公司在上述三地共有5个养老项目，建筑面积共有70万平方米，规划可入住6 000多户。该公司计划，未来5~8年，在长三角、珠三角及其他省会城市，投入750亿元左右，建10~15个连锁养老社区。

（四）合众人寿投资养老社区的实践

2013年10月23日，该公司合众优年生活养老社区一期在武汉开园，一部分70岁客户当期入住，成为国内首个投入使用、由保险公司投资的养老社区。一期建筑面积达17万平方米，包含定位50~70岁的活跃老人社区、70岁以上的持续退休社区。该公司在武汉地区设计了两款与入住养老社区对接的保单，缴费期均为10年，不同的是每年缴费额及入住年限。第一种每年缴费2.9万元，70岁后可以入住10年；第二种每年缴纳保费4.8万元，70岁后可以入住直至终身。该养老社区开园后，无论是保单的签约情况，还是当期的入住数量均高于公司预期。截至2013年10月，该公司已在湖北、辽宁、安徽、广西四省区落实用地并开工建设养老社区，北京、济南、郑州等地正在办理征地手续，海南、江西、福建、上海、浙江、黑龙江、山东等十余地正在洽谈之中。

总体看，现阶段保险公司投资养老地产方兴未艾，但也存在一些突出问题。首先，投资模式的可持续性需要实践检验。从国际经验来看，发达国家的保险业主要以间接方式投资养老地产，或者不介入养老地产开发的前期环节。比如美国的保险业主要通过基金等方式间接投资养老地产，将其作为一种财务性投资；日本和英国保险业则基本上等到养老地产盖起来以后再买入，然后开发养老院。而现阶段国内的保险公司则是拍地、开发、投资、运营全过程运转，投资持续时间较长。这种投资模式的可持续性值得深思，也需要实践的检验。其次，在保险产品服务与养老服务两种产品的对接方面，还需要加强研究和管理。目前保险业对养老地产的开发还更偏重于地产投资环节，对于如何把保险的优势延伸到养老机构里面，开发配套的责任险、护理保险以及其他的医疗保险等保障服务方面探索不多。同时，在保险产品的销售和养老机构服务的销售对接中，仍需要加强规范运作，以避免销售误导等损害客户利益的问题。再次，目前养老地产的入住门槛较高，主要适用于中高端保险客户，这也使其面临利用政府优惠政策实施"圈地"、借养老的公益之名行牟利之实等质疑。而未来这种纯商业性质的地产开发能否继续享有政策优惠，以及政策优惠消失之后投资运作能否持续等，都面临较多不确定性。

当然，必须看到，尽管保险投资养老地产还存在不少问题，但其吹响了保险业向养老服务业延伸产业链的号角，也符合我国鼓励市场化力量参与建立健全多元化社会养老服务体系的政策方向。因此，在鼓励保险投资向养老服务业延伸触角的同时，需要加大对保险投资养老产业的监管力度，促进其规范发展。

第三节　我国以房养老存在的难点有望逐步解决

尽管开展以房养老在我国已具备诸多有利条件，但与此同时，我国开展以房养老也同样存在着一些难点，而这些难点基本就是此前一些地方试点没能取得成功的原因。2012 年，华东师范大学金融与统计学院院长，博士生导师汪荣明教授指导 6 名本科生开展"以精算模型为核心的中国反向抵押贷款式养老模式研究"，课题组总结了国内以房养老试点模式的失败原因：缺乏政府等有公信力的中间机构介入，无法取信于广大老年人；项目实施者的利益导向使得与其处于博弈关系的广大老年人望而却步；无法满足老年人的收益预期；不能有效规避风险；不适应中国老年人的社会心理；没有考虑老年人的生命因素，使实施者与参与者双方都面临巨大风险等。

可喜的是，近年来的改革开放不仅使得我国在经济领域取得了举世瞩目的成就，还推动了我国社会领域进一步深化改革，包括行政管理、法律和舆论环境等发生了一系列深刻变化，尤其是社会对于老龄化问题的日益关注，这些都对逐步解决以房养老试点中可能遇到的难点具有积极意义。

一、以房养老面临的法律障碍正在破解

由于以房养老是新生事物，其出现需要修改相关的法律法规，或对有关问题，如对住宅建设用地如何自动续期，要进一步明确。同时，目前部分法律规定不利于保护以房养老参与者的正当权益，比如虽然合同约定贷款到期时房产交由贷款机构处置，但老人或其家人如不愿履行合约，由于房产登记仍在老人名下，贷款机构未必能拿到房子，可能会面临遗产纠纷。法律障碍是以房养老开办机构犹豫不决的重要因素。以下重点针对住宅建设用地续期涉及的法律问题加以具体分析。

房屋产权是否免费自动续期问题是影响以房养老顺利推进的主要难点之一。根据我国现有法律，对住房附着其上的土地，借鉴的是香港地区的所有权归国家、使用权只有一定期限的制度。香港土地转让使用权限早期的一般为参照英国的 999 年，而我国内地 1990 年 5 月 19 日起施行的《城

镇国有土地使用权出让和转让暂行条例》第十二条规定："土地使用权出让最高年限按下列用途确定：（一）居住用地七十年"。该条例并未对房屋产权是否免费自动续期问题加以明确，严重影响以房养老以及其他与土地、房产相关政治、经济和社会制度的设计，阻碍我国改革开放的整体进程及不断深化。近年来，随着《宪法》、《物权法》等颁布实施，明确了住房作为私人产权物品，受法律永久保护，为逐步解决七十年后住宅建设用地续期问题创造了条件。

第一步，明确了土地使用权经申请可以续期。1995 年 1 月 1 日起施行、2007 年 8 月 30 日修正施行的《城市房地产管理法》第二十二条规定："土地使用权出让合同约定的使用年限届满，土地使用者需要继续使用土地的，应当最迟于届满前一年申请续期，除根据社会公共利益需要收回该幅土地的，应当予以批准。经批准准予续期的，应当重新签订土地使用权出让合同，依照规定支付土地使用权出让金。土地使用权出让合同约定的使用年限届满，土地使用者未申请续期或者虽申请续期但依照前款规定未获批准的，土地使用权由国家无偿收回"。

第二步，进一步明确了住宅建设用地使用权自动续期。2007 年 10 月 1 日起施行的《物权法》第一百四十九条第一款规定："住宅建设用地使用权期间届满的，自动续期"。虽然至今未有权威机构予以明确，但根据法律适用上一般"从新不从旧"的原则，即应适用《物权法》规定，居住用地使用权 70 年期届满的，自动续期，而无须另提申请。

第三步，对于房屋产权免费自动续期问题已引起重视。现阶段，对自动续期是否免费，如果收费，将收多少等尚未有官方权威的文件说明，但从现有各地在实际操作中对期限较短已到期的少量房产均实行免费续期的案例来看，未来政策明确免费续期的可能性极大。2013 年 10 月 4 日，官方权威网站新华网专门刊文《以房养老引发 70 年使用权担心政策真空引多重猜想》，呼吁对这一问题尽快予以明确，并被拥有约 4 亿微信用户的腾讯公司推送新闻等众多媒体转载报道，引起较大反响。因此，随着下一步房屋"大限"问题的日益紧迫，改革政策设计将无可避免地要周密考虑相关制度的协调和衔接，避免房屋"大限"问题成为加强和创新社会管理的障碍。

二、以房养老涉及的税收政策或将破冰

目前，虽然国内部分地区已经零散推动以房养老试点，但国家以及地方政府尚未出台相关的配套支持政策。如对金融机构向养老服务业提供资金未予贴息等优惠鼓励；对房价下行时，贷款机构收回的房产价值不抵贷款本息时，政府是否给予补偿，也尚无政策。这些都将影响参与者的积极性。随着我国税收改革工作推进，近年来引发热议的遗产税、房产持有税改革或为以房养老带来利好推动。

（一）遗产税改革

从国外经验看，在开征遗产税的情况下，住房反向抵押贷款可以成为一种合理的避税手段。因此，未来遗产税是否开征、起征点多少、税率如何、对以房养老中如涉及住房产权转移怎么对待等，这些都是以房养老开办机构需要考量的重要因素。

从国内情况看，随着改革开放后先富起来的部分人群逐渐进入晚年甚至离世，并开始出现财富代际转移，遗产税是否开征的问题逐渐被人们关注。早在 1993 年 11 月，党的十四届三中全会通过的《关于建立社会主义市场经济体制若干问题的决定》就提出："适时开征遗产税和赠与税"。1994 年的新税制改革将遗产税列为国家可能开征的税种之一。1996 年全国人大批准的《国民经济和社会发展"九五"计划和 2010 年远景目标纲要》中提出"逐步开征遗产税和赠与税"。2004 年 9 月，财政部拟订了《中华人民共和国遗产税暂行条例（草案）》并于 2010 年进行了修订，但一直没实施。该条例草案提到，应征收遗产税的遗产包括被继承人死亡时遗留的全部财产和死亡前五年内发生的赠与财产；在遗产税税款缴清前，其遗产不得分割、交付遗赠，不得办理转移登记；无人继承又无人受遗赠，遗产依法归国家所有，免纳遗产税；遗产税免征额为 20 万元。而对遗产税的征收方法，该条例草案还拟订了超额累进税率：对应纳税遗产净额不超过 80 万元的，税率为 0；80 万 ~ 200 万元、200 万 ~ 500 万元、500 万 ~ 1 000 万元以及超过 1 000 万元的适用税率分别为 20%、30%、40%、50%，对应的速算扣除数分别为 5 万元、25 万元、75 万元、175 万元，遗产税计算公式为应纳税遗产净额 × 适用税率 − 速算扣除数。2013 年 2 月，

国务院同意并转发国家发展改革委、财政部、人社部三部门《关于深化收入分配制度改革的若干意见》指出要"研究在适当时期开征遗产税问题",预计在不久的将来,遗产税征收将成为我国宏观调控的又一手段。

若以我国遗产税的起征点初定的 80 万元来测算,北京、上海、深圳等城市的很多居民,仅房产这一项资产的价值就已高出此限。因此,反向抵押贷款中国模式的实施,将作为国家补充养老的一个具体办法,这笔贷款收入极有可能被看做免税收入的一部分(当然,需要国家税收政策予以明确规定)。居民利用这一融资模式对遗产税进行合理的规避,不失为一种可选择的有效办法。

(二)房产持有环节税改革

房产持有税,也被称为物业税,是国家对符合一定条件的拥有房产者,根据其房产套数、面积、价值等,在房产持有环节征收的税收。当前,房产持有税在德国、美国等国家是较普遍的,而在我国未正式开征,国家仅对房产交易环节征税。出于降低地方政府对新建楼盘土地拍卖收入的土地财政依赖症、开发税源、调节贫富差距等考虑,多年来,国家有关部门一直在论证、探索房产持有税,并于 2011 年起在上海、重庆等地进行了试点。上海征收对象为本市居民新购房且属于第二套及以上住房和非本市居民新购房,税率暂定 0.6% ;重庆征收对象是独栋别墅高档公寓,以及无工作户口、无投资人员所购二套房,税率为 0.5% ~ 1.2%。两地均设有一定面积的免税额。美国等国家对已申请反向抵押贷款的老年人的抵押房产免征相关的财产税,成为推动以房养老运作的一个鼓励手段,而我国房产税政策尚未明确。下一阶段,如大面积、正式推开实施房产持有税,对符合征税范围的房产而言,将影响反向抵押贷款老年申请人的每月可得收入,开办机构一次性贷款额或每月放款额也应考虑这部分税收支出。这些都需要相关政策尽早明确。

三、以房养老相关行业调控支持力度加大

(一)房地产业

首先,楼市调控措施频频出台。我国住房制度市场化时间还相对较短,房地产市场运作中存在较多投机炒作等问题。1998 年以来许多城市

的住房价格上涨了 200% 以上。2010 年北京、上海、天津、深圳、杭州、成都、武汉、西安八大城市的"房价租金比"已经达到 35，住宅价格远远背离了租金所反映的市场价值；八大城市的房价收入比均值也已经达到约 18 这一历史高值。高昂的住房价格使得银行、保险公司等金融机构对未来住房价格能否实现保值增值充满担心和疑虑。

从近年来看，为控制房价上涨过快风险以及由此引发的一系列社会问题，在中央推动下，各地政府相继出台了加快保障房建设，以及对商品房"限购"、"限贷"等楼市调控政策，一定程度上对抑制房价大起大落风险起到积极作用。随着有关部门加强对影子银行的监管和美国量化宽松政策的逐步推出，我国的房地产市场投资压力将加大，行业稳健发展面临考验。

其次，房产中介领域的整治力度加强。近年来，伴随着住房市场的火暴，房产中介机构在我国如雨后春笋般迅速增加，据媒体报道，2012 年上海市中介门店数量达 1.5 万家，此外，还有诸多拥有房产评估资格的资产评估事务所服务于房产市场。在众多的房产中介机构中，经纪人员职业操守和专业水平参差不齐，制约了市场的健康发展。2013 年 7 月，由住房城乡建设部和国家工商总局联合下发的《关于集中开展房地产中介市场专项治理的通知》（建房〔2013〕94 号），列出了当前房地产中介机构和经纪人员 10 项典型的违法违规行为，包括：发布虚假房源信息，造谣、传谣以及炒作不实信息误导消费者的行为；诱导、教唆、协助购房人通过伪造证明材料等方式，骗取购房资格、骗提或骗贷住房公积金、规避限贷的行为；采取内部认购或雇人排队制造销售旺盛的虚假氛围以及通过炒卖房号非法牟利的行为；协助当事人签订"阴阳合同"规避交易税费的行为；违反《商品房屋租赁管理办法》规定，擅自改变房屋内部结构分割出租，为不符合安全、防灾标准的房屋提供租赁经纪服务以及低价收进高价租出赚取差价的行为；侵占、挪用房地产交易资金的行为；未履行书面告知义务，强制提供代办贷款、担保服务并额外收取费用的行为；泄露、出售或不当使用委托人的个人信息，谋取不正当利益的行为；未取得营业执照或未在房地产主管部门备案，擅自从事房地产经纪服务的行为；借用冒用房地产经纪人员名义签署房地产经纪服务合同以及租借房地产经纪人员资格或注册证书的行为等。

针对房产领域存在的突出问题，住房城乡建设部和地方相关主管部门积极探索出多种措施加以规范。一是积极完善相关的规范标准，如2011年4月1日起我国正式施行的第一个专门规范房地产经纪行为的部门规章——《房地产经纪管理办法》等。二是采取有力措施加大打击力度，如开展全国性的房地产中介市场专项治理工作等。这些措施对规范房产中介市场起到了积极作用。当然，市场秩序的规范和行业发展水平的提升是个长期工程，仍需要有关部门和市场主体持之以恒的努力。

（二）养老服务业

以房养老的推动需要养老服务业配套跟进，但从近年情况看，受城市用地紧张、财政经费投入不充足等因素影响，我国养老服务业发展已经滞后于我国老龄化社会进程。相关数据显示，截至2012年底，我国共有各类养老服务机构4.4万家左右、床位约416.5万个，每千名老年人拥有养老床位21.5张，远低于国际上5%~7%的标准。其中，如考虑城乡不平衡因素，农村老人养老机构更是严重不足。

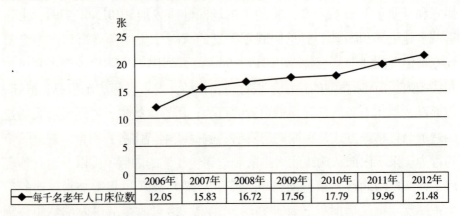

图5-9 2006年以来我国每千名老年人拥有床位数变化情况

政府公办的基本养老机构方面，由于建设投入不足，愿以房养老、入住养老机构者，可能面临"住不进"。2013年两会期间，有全国政协委员曾披露一组数据：北京首屈一指的第一社会福利院有养老床位1 100张，只向拥有北京市户籍的老年人开放，而排队等待入院人数超过1万人，以此计算，即使一年轮换一次床位，进入第一福利院也要十年时间，被戏称

"十年等一床"乃至"数十年等一床"。

民营资本投入的养老机构方面，受限于国家优惠政策不够、长期以来群众对非公办养老机构信任度低等因素，其市场规模总体不大，要么收费昂贵，多数养老者"住不起"；要么受设施维护不好、人员待遇不高等困扰，运营难。据《南方日报》2011 年的一篇报道显示，近年，广州民营养老机构已经形成规模，机构数量、床位总数等占整个行业的半壁江山，但民营养老机构较普遍面临着资金缺乏、政府扶持难度不够、护工难招等问题。

养老机构护理方面，受护理人员大多文化程度不高、人数不足、年纪偏大、受培训少影响，其整体护理水平也有待提高。个别人员甚至职业道德不高，存在区别对待甚至虐待老人的情况，抑制人们依托机构养老的意愿。如 2011 年河南电视台记者经过六夜暗访，报道了河南郑州一家敬老院护工虐待老人新闻，视频播出后在河南乃至全国引发强烈关注，社会各界纷纷谴责，虐待老人的"冷血护工"也被治安拘留。

可喜的是，在 2013 年 9 月国务院《关于加快发展养老服务业的若干意见》出台之后，部分地区在支持养老机构发展方面已经有了实际行动。如在支持养老机构用地方面，根据 2012 年 12 月新修订发布的《老年人权益保障法》第四十条明确了"非营利性养老服务设施用地，可以依法使用国有划拨土地或者农民集体所有的土地"。北京市 2013 年 10 月下发通知规定政府投资建设的养老机构、社会资本投资建设的非营利性养老机构，依法采取划拨方式供地，不需要缴纳土地出让金；北京市还首次将养老设施用地纳入年度供地计划，并明确将计划供应 100 公顷。在支持民办养老机构运营方面，北京、上海、深圳等地已经出台了对民办养老机构的具体补贴政策。根据北京市 2013 年出台的政策：对非营利性养老机构接收生活完全不能自理的老人每人每月可享受 500 元运营补贴，新建、扩建一个具备护养功能的床位建设补贴可达 5 万元。上海市也规划对养老机构实施较大幅度地提高补贴，最高可以补贴床位建设费用的 50% ~ 75%。在提升养老机构服务水平方面，各地纷纷推动了养老护理服务标准规范制定工作。2013 年，由福州市社会福利院、福建省标准化研究院、福州市民政局共同制定的福建省地方标准《养老机构护理服务规范》，首次将内容聚焦到养老护理服务上，结合福建省各地养老机构护理工作开展实际情况，从护理服务理念、场所与环境、设施设备、服务人员、服务内容等十个方面对养老机构护理服务进行了规范，并提出了详细要求。

(三) 金融业

我国改革开放不过三十余年时间，金融业虽然实现快速发展，但基础仍较薄弱，经营管理水平与发达国家相比还有一定差距。尤其是在以房养老运作中被寄予了厚望的保险业，还处于发展的初级阶段，底子薄、基础差。2012 年，我国保费规模约合 2 455 亿美元，列世界第 4 位，但反映保险成熟度重要指标的保险密度和保险深度则仍处于第 61 位和第 46 位，保险业发展与经济社会发展需求之间仍有差距。从发达国家经验看，以房养老作为创新性金融产品，需要发达的金融市场为支撑，例如美国有着全世界最活跃的金融市场和成熟的住房抵押贷款证券化市场，美国的民众对于信用消费和债务的熟悉程度和接受程度也是所有国家中最高的。目前，中国的金融市场正处在摸索与修正的阶段，国内相关部门和机构已经开始积极探索住房抵押贷款证券化研究和试点工作，中国老百姓也开始认识和接受信用消费和债务这些新生事物。所有这些，为推动形成适合以房养老运作的金融大环境准备了积极条件。

四、对以房养老监管问题已经引起重视

以房养老业务，横跨住房、养老、金融等行业，涉及国土、住房与建设、民政、医疗卫生、金融监管等部门，不可能单独一个部门包揽所有环节，可能将出现"多龙治水"的格局。在实践中，既可能出现监管真空或推诿扯皮，也可能出现重复、过度监管等问题。因此，实施以房养老至少有以下两个方面的监管问题需研究解决。

一是对养老机构变相拿地的监管。随着部分企业接连在北京、上海、广州拿地建设养老社区，其中有的企业不仅能从地方政府低价拿地，国家还会给予补贴，甚至享受其他优惠如减免税、配套出让商业住宅用地、专项补贴等。已有声音质疑其通过养老名义以较低价格拿到建设用地，建设高档养老社区，具有不正当牟取巨额商业利益之嫌。对此问题，究竟由哪个部门进行主要监管，尚未有定论。但值得肯定的是，为了约束保险机构假借"养老地产"等名义建设和销售商品房，2012 年 7 月，保监会下发了《关于保险资金投资股权和不动产有关问题的通知》，对保险资金直接和间接投资的范围进行了重新界定，明确保险机构投资不动产项目，不得以投资不动产为目的，运用自用性不动产的名义，变相参与一级土地开发。

二是对老年人权益维护的监管。在以房养老业务前期推介过程中，金融、房产中介、养老等机构均可能存在隐瞒风险、费用，夸大收益，不实承诺等误导问题；在房产价格上升，利于贷款方而不利于借款方，或房产价格下降，不利于贷款方而利于借款方时，双方很可能发生纠纷。在老年人实际依托机构养老过程中，由于身处养老机构相对封闭的环境里，加之老年人往往行动不便，对遭遇不好的服务、不公的待遇，可能面临没有能力申诉或申诉无门的境地，甚至可能发生申诉后重新回到养老机构被打击报复的情形。当以上这些矛盾纠纷发生时，相对于金融机构、房产中介机构和养老机构等，老年人往往处于弱势地位，权益容易受到侵害，这些将会影响到老年人参与以房养老相关业务的积极性。

目前，中央已明确以房养老的试点工作由保监会牵头。随着试点的推进和金融监管协调合作机制的逐步建立健全，对以房养老监管交叉和真空地带的监管问题有望解决。从长远看，我国社会主义市场经济体系日趋成熟完善、《老年人权益保障法》等相关的法律法规修订实施，以及社会越来越关注老龄化问题，也将对逐步解决以房养老开办过程中老年人权益保障问题起到积极促进作用。

五、开展以房养老的社会环境正逐步改善

（一）社会信用体系逐步健全

我国对信用体系建设的呼吁由来已久，但目前比较健全、可便捷查询的基本上只有人民银行统一建立的个人资信体系。虽然一些行业，具有资质分类、评定等机制，但不同程度地存在公众查询不便、同类资质机构间水平差异较大、评定结果与实际感受差异较大等问题。就以房养老业务而言，对其中涉及的养老机构、房产销售中介或评估机构以及金融机构等，也存在信用体系不健全的问题，尤其是在房产中介领域表现尤为明显。

目前，国家有关部门已在牵头研究制定健全社会信用体系建设方案。同时，也有部分地方政府已经为此积极开展探索。以北京市海淀区为例，该区房管局 2013 年 12 月开通了房地产经济行业信息发布平台，在海淀区买卖、租赁房屋的居民可以通过上网或电话的形式随时查询该区内所有中介机构、经纪人和业务员的信息和信用情况，并对违法违规行为进行投诉举报。同时，该区房管局还推行了房产中介从业人员统一佩戴"信息卡"制度，卡上内嵌二维码信息，客户通过手机扫描即可实现查看该从业人员是否有劣迹。这些措施对推动房地产中介领域信息透明公开、建立健全信用体系具有积极意义。

（二）潜在市场需求有望逐步激发

从短期来看，我国现阶段开展以房养老业务确实存在市场需求不大的问题。

从农村市场来看，目前条件确不成熟。目前，我国最严峻的养老及老龄化问题，并不在城市而在农村。据"我国农村老龄问题研究"课题组的研究表明，农村老年人口规模是城市的 1.69 倍，城市老年人口比重为 7.97%，而农村老年比重已超过 18.3%。这也就是说，目前我国老年人口中的绝大多数都在农村，农村老人总数超过 1.2 亿人。农村地区推行以房养老的主要困难包括：其一，较之城市住房，农村住房的财产价值要低得多，难以承担养老功能；其二，依据现行制度，大多数农村住房也不可能自由入市交易；其三，农村老人即使拥有房产，但农村房产商品化程度低、可交易性差，以房养老难以进行。

从城市来看，短期内也无法大范围推广开来。其一，虽然随着时间的推移，城市目前拥有住房的中青年都将迈入老年，但在短期内，老人拥有房产的不多，老人所住房产可能为其子女拥有。其二，城市里拥有房产的老人，如果其房产过旧或属于砖混非框架结构的房产，也难以抵押或售卖，出租价位也会较低，将降低这部分人群被机构接受以房养老的可能性。其三，即使城市里拥有满足反向抵押贷款条件房产的老人，如果其子女无房，需要将房产留给子女，也无法做到以房养老。

因此，现阶段以房养老的小众，将可能集中于城市里，拥有一定质量的住房，但无子女或子女不需要老人房产以及子女难以照顾老人、基本养老金不高的老人群体。房产反向抵押贷款可先从失独老人和无子女老人开始做起。简单推算，约占人口 10% 的无子女家庭和失独家庭中，除去一半农村老人，以及城市里富有的不用抵押房子来养老和没房抵押的老人，剩下的大约 3%，也就是可以让 60 万的孤寡老人通过以房养老来改善晚年生活。此外，十八届三中全会决定中对农村宅基地的改革探索或为未来农村老人参与以房养老提供可能。如果能通过适当的制度安排和产品设计，辅以持之以恒的宣传、教育，在满足小部分群体需求的基础上，逐步发挥项目的示范效应，将能够逐步调动潜在市场需求，使得以房养老的受益面可逐步提升。

（三）社会观念逐渐转变

以房养老与中国人诸多传统家庭道德观念相冲突。这些传统观念主要有如下三方面。其一，安居乐业。中国历史上是一个典型的农耕为主的国家，相对总人口，土地永远处于稀缺资源状态，造就了中国人对土地及附着其上的房子有着特殊的深厚感情。安居才能乐业，这是中国千百年来一直信奉的一种信念。从古至今，中国人对于一生能够拥有一套属于自己房子的追求一直没有停止过，似乎有自己的房子才有安定的生活、才有和谐的家庭。其二，"养儿防老"。由于人口众多等原因，中国人历来缺乏国家社会的保障，年轻时在家靠父母出外靠朋友，老了丧失劳动力自然得靠子女，尤其是儿子。这种"养儿防老"的观念进而又导致了"重男轻女"的观念，至今在农村未得到很好改善。城市的情况相对好得多，但影响也仍然存在。对于子女来说，让父母"以房养老"，也可能背上不孝的"恶名"，为周围舆论谴责，可能伤害到子女的尊严。其三，尊老爱幼。我国自古以来一直有着尊老爱幼的传统美德，且多年来，"爱幼"从某种程度上远超"尊老"。中国父母尤其乐意为子女奉献一生，在"但存方寸地，留与子孙耕"的传统观念影响下，一般也会倾向于将房子留给孩子。

因此，以上这些传统观念使得相当一部分老年人极可能不会为换取较高的养老金、过上较好的老年生活而参与以房养老，而是可能宁愿自己节衣缩食，也要把房子留给子女，从而减少以房养老市场。然而，我们也要看到，在我国进入老龄社会、养老压力加大的大背景下，经过近些年来的社会变革以及新闻媒体的宣传解读，社会养老价值观念已有所转变。国务院相关文件出台之后，以房养老再次引起社会公众热议本身就说明了这个问题。未来随着社会的发展进步，社会公众对以房养老的认识、理解和接受度也将逐步提升。

第四节　我国保险业支持以房养老面临的机遇和风险

一、保险业支持以房养老的内外条件日趋成熟

（一）国家层面

首先，国家日益重视保险业发展。我们可从以下一系列历程看出我国政府重视保险业的发展。一是 1949 年 10 月 20 日，新中国甫一成立，即设立了中国人民保险公司。二是 1959—1979 年，虽然受各种因素影响，我国停办了国内保险业务，但仍保留国际保险业务。三是 1980 年，我国刚实施改革开放，即恢复国内保险业务。四是 2000 年，时任中共中央总书记、国家主席、国家军委主席江泽民同志为《领导干部保险知识读本》题写书名并作重要批语，提倡各级领导干部学习、了解保险。五是 2006 年，国务院专门印发实施《关于保险业改革发展的若干意见》（国发〔2006〕23 号），分南北片区召开全国保险工作会议，各省、直辖市、自治区也随后召开保险工作会议，专题研究、推动保险业发展。

其次，政府支持保险发挥功能作用。一是利用出口信用保险，保障外贸需求。2001 年 12 月，国家财政专门出资成立中国出口信用保险公司，为我国企业进出口提供收汇风险保障，服务国家外贸经济发展。2008 年欧美金融危机后，我国面临出口需求减少的形势，2009 年国务院《政府工作报告》提出要"扩大出口信用保险覆盖面"，并于次年向全国人大报告 2009 年"完成短期出口信用保险承保 900 亿美元，安排 421 亿美元大型成套设备出口融资保险"。2013 年，我国出口信用保险保费收入 155.2 亿元，向近 4.5 万家企业提供风险保障 2.86 万亿元，为稳定国家外需作出了贡献。二是实施交强险制度，提升道路交通事故补偿救助能力。2004 年 5 月 1 日起施行的《道路交通安全法》第十七条明确提出"国家实行机动车第三者责任强制保险制度"，2006 年 7 月 1 日起《机动车交通事故

责任强制保险条例》施行，关系上亿机动车主及数亿道路乘客或行人的交强险正式实施。据不完全统计，近年来，保险业平均每年为近亿部机动车提供责任保障，每年为交通事故伤亡者提供多达 500 多亿元的补偿赔付。三是推动大病保险业务，提升社会医疗保障水平。2012 年 8 月，国家发展改革委、卫生部、财政部、人社部、民政部和保监会六部委出台《关于开展城乡居民大病保险工作的指导意见》（发改社会〔2012〕2605号），其中明确要 "利用商业保险机构的专业优势，支持商业保险机构承办大病保险，发挥市场机制作用，提高大病保险的运行效率、服务水平和质量"。其后，全国各地均大面积开展起来。2013 年，大病保险在全国 25个省的 144 个统筹地区全面推开，覆盖人口 3.6 亿人。四是利用农业保险，提升农业经济抗风险能力。2012 年 11 月我国颁布《农业保险条例》，并自 2013 年 3 月 1 日起施行，以规范农险发展，重视发挥财政补贴为基础的农业保险作用，以保障农民生活、恢复农业生产、促进农村稳定。2013 年，全国农业保险保费收入 306.6 亿元，向 3 177 万受灾农户支付赔款 208.6 亿元；承保主要农作物突破 10 亿亩，占全国主要农作物播种面积的 42%，提供风险保障突破 1 万亿元。目前，我国农险规模业已位居世界第二，仅次于美国。五是探索启动巨灾保险试点。自 2008 年以来，随着当年 5·12 汶川大地震等大灾的多发，国家已在持续酝酿推出巨灾保险制度。2013 年 9 月，保监会决定在云南省楚雄州和深圳市试点巨灾保险。云南试点以地震为主，主要是对居民住房进行保障；深圳试点主要是台风和洪水等巨灾，通过综合巨灾方式为当地居民的人身财产提供保障。

　　最后，相关文件明确支持保险业参与包括以房养老在内的养老事业。一是 2011 年 9 月，国家印发实施《中国老龄事业发展 "十二五" 规划》，提出在老龄事业发展中，要 "发挥商业保险补充性作用"，"积极发展商业健康保险，完善补充医疗保险制度"，"鼓励、引导商业保险公司开展长期护理保险业务"。北京、南京、吉林、福建等多地政府老龄事业 "十二五" 规划中，更是明确提出鼓励保险公司开展以房养老试点业务。二是 2013 年 9 月，国务院《关于加快发展养老服务业的若干意见》出台，明确提出要 "开展老年人住房反向抵押养老保险试点"，"鼓励养老机构投保责任保险，保险公司承保责任保险"，"鼓励老年人投保健康保险、长期护理保险、意外伤害保险等人身保险产品，鼓励和引导商业保险公司开展相关业务"。该意见出台后，引起了各界广泛关注，更是大声吹响了保险业进军以房养老领域的号角。目前有关部门已在紧锣密鼓地研究并争取早日启动以房养老试点。

（二）行业层面

首先，保险资金运用范围得以不断拓宽。自1995年第一部《保险法》颁布实施以来，保险资金运用经历了逐步放宽的过程。1995—2002年，保险资金运用仅限于银行存款、买卖政府债券、金融债券等，并明确"不得用于设立证券经营机构和向企业投资"。2002年，《保险法》第一次修改，保险资金运用由"不得向企业投资"放宽为"不得用于设立保险业以外的企业"，也即明确可设立保险业的各类保险公司、保险资产管理公司、保险中介机构等。2009年2月，《保险法》第二次修改，保险资金运用范围进一步扩大至可投资企业债券、股票、证券投资基金份额等有价证券以及投资不动产。2009年3月，中共中央、国务院联合印发实施《关于深化医药卫生体制改革的意见》，提出"探索委托具有资质的商业保险机构经办各类医疗保障管理服务"，即业界通常所称的探索允许保险公司投资经营医院。2012年3月，国务院《关于印发〈"十二五"期间深化医药卫生体制改革规划暨实施方案〉的通知》（国发〔2012〕11号）则将"探索"进一步提升为"鼓励"，即鼓励"商业保险机构等社会力量以及境外投资者举办医疗机构"。近年来，随着金融业所谓"大资管时代"的到来，中国保监会在深思熟虑后，决定实施"放开前端、管住后端"，进一步放宽保险资金运用范围，允许投资商业银行、非上市企业股权等新品种。其中，将无担保债券的投资比例上限由上季末总资产的20%升至50%，投资未上市公司股权、股权投资基金和相关金融产品的账面余额，由两项合计不高于上季度末总资产的5%调整为10%；投资非自用不动产、基础设施债权投资计划及不动产相关金融产品，合计不高于上季度末总资产的20%。特别是2010年9月，保监会印发实施的《保险资金投资不动产暂行办法》，明确保险资金可投资与保险业务相关的养老、医疗等不动产，并允许保险公司投资不动产的账面余额占总资产的比重可达10%，使现有不到1.5%的实际比重与之相比，还有很大差距，这就为保险公司建设养老社区等创造了巨大空间。保险资金运用范围拓宽也推动了保险资金运用总规模的扩大。截至 2013 年 9 月末，全国保险业总资产达 8.1 万亿元，保险投资余额达 7.4 万亿元，为保险业进一步投资房地产、医院、养老社区等以房养老相关领域准备了良好条件。

其次，保险公司初步具备相关养老业务经验技术。1995 年第一部《保险法》颁布实施，明确保险业内实行产、寿险分业经营，随后原产寿险混业经营的中国人民保险公司、中国平安保险公司等相继分设财产险公司和人身险公司，专业化经营趋势不断增强。尤其人身险公司，由当时人员、保费、资产、资金规模均小于财产保险公司，在分业后得到了迅猛发展，在上述几个方面迅速超过财产险公司，并在包括养老险、健康险等方面积累了丰富的人才、技术、精算及死亡率等经验数据。截至 2013 年 9 月，全国经营养老险业务的人身险公司共 76 家（其中专业养老险公司有 5 家），这些公司实现保费收入 8 811 亿元，资产规模达 6.7 万亿元。其中五家专业养老保险公司有企业年金缴费 446 亿元、受托管理资产 2 384 亿元、投资管理资产 2 094 亿元。

最后，具有较强的市场推广能力。其一，机构网点健全。截至 2013 年 6 月末，全国共有保险公司各类机构网点 7.6 万家，且普遍实行总分公司的统一法人制，对下属机构管控力度大。中国人民财产保险股份有限公司、中国人寿保险股份有限公司等部分老公司更是建立了从总公司所在地到省会城市、县市的健全机构网络，并在不少乡镇乃至村落设有营销服务

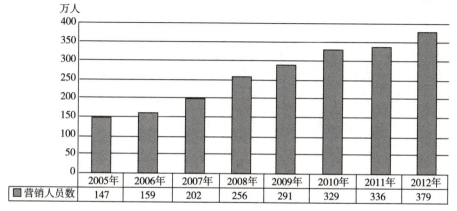

图 5－10 2005 年以来我国保险营销员人数增长情况

部等基层机构。其二，营销队伍庞大。自1992年美国友邦保险上海分公司开业带进全新保险营销制度后，我国各保险公司特别是寿险公司纷纷效仿，保险公司销售、推广能力极大增强。虽然保险营销制度也存在人情营销、反复营销、扰民营销等被诟病的问题，但不可否认，众多保险营销人员穿街走巷，对挖掘和满足社会公众保险需求、扩大保险覆盖面、提高保险渗透力等，发挥了积极而巨大的作用。截至2013年9月末，全国已有保险营销人员347万人，其中人数最多的中国人寿保险股份有限公司拥有83万人。其三，销售能力强。在保险营销制度发展过程中，保险业逐渐形成了晨夕会、制式培训、产能考核、晋升淘汰等富有成效的制度，从业队伍的销售能力较强。2012年，全国共有保险营销员379万人，为保险公司贡献保费达6 010亿元，贡献占比39%，人均年贡献保费近16万元。

（三）社会层面

尽管多年来，保险业发展过程中，社会诟病其中销售误导、理赔难、推销扰民等问题，但随着人民群众生活水平提高和保险业发展水平的逐步提高，保险业地位、作用逐渐深入人心，公众对保险业接受程度逐渐提高，各界对保险业介入以房养老也将较能接受。下面几个方面，可说明人们对保险的接受程度已潜移默化地提高，生活中与商业保险打交道的越来越多。

其一，日益增多的车辆拥有者投保车险。随着近几年私家车的普及，以及机动车强制责任保险制度的实施，车险覆盖面较大。2012年，全国有投保交强险车辆1.3亿部，基本对应着1.3亿户家庭或单位。

其二，出行的群众越来越多选择投保公共交通工具意外险。近年来，经济社会大发展，人员流动空前频繁、大量。人们选择的公共交通工具有汽车、飞机、火车、轮船等。而多年来，除涵括多种公共交通工具的综合意外保险外，保险行业还较为成熟地开发、销售了专门针对汽车或飞机意外的保险产品，保障群众出行安全。据数据显示，仅2012年，全国包含乘意险、航意险在内的意外险总保费收入386亿元，同比增长15.6%。

其三，越来越多的家庭投保教育险、医疗险或养老险等保障产品。人们越来越重视通过商业保险手段，来对自己的未来进行保障，以熨平风险的冲击，维持一定的生活水平。越来越多的父母，甚至一些手头较宽裕的

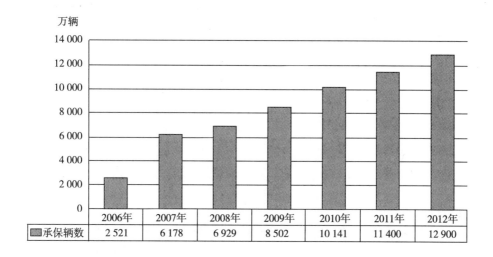

图 5 - 11　2006 年以来全国机动车交强险承保辆数

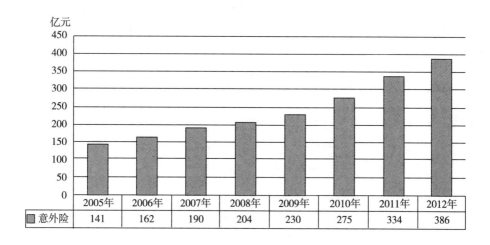

注：2011 年起因全面实施《企业会计准则解释第 2 号》，意外险保费口径发生变化。

图 5 - 12　2005—2012 年全国意外险保费收入情况

老人可能通过购买保险的方式，为后辈储备教育开支；面对似乎更加多发的大病以及日益高涨的医疗费用，政府提供的基本医疗保险，已只能补偿小部分医疗支出，人们往往选择投保商业医疗险来进行财务安排；年富力强、处在净收入阶段的劳动者，越来越感到有必要通过投保商业养老险等手段，为保障自己不再工作时的生活水平提供来源。据数据显示，2012年，全国人身险保费达 1 万亿元，其中寿险 8 908 亿元，健康险 863 亿元，分别比上年增长 2.4% 和 24.7%。

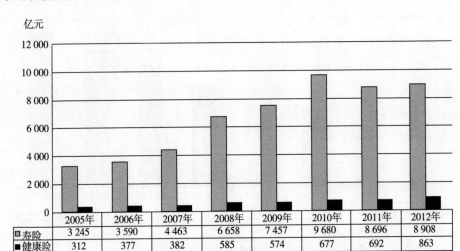

亿元	2005年	2006年	2007年	2008年	2009年	2010年	2011年	2012年
寿险	3 245	3 590	4 463	6 658	7 457	9 680	8 696	8 908
健康险	312	377	382	585	574	677	692	863

注：2011 年起因全面实施《企业会计准则解释第 2 号》，寿险、健康险保费口径发生变化。

图 5－13　2005 年以来全国寿险、健康险保费增长情况

二、保险业支持以房养老业务过程中应予关注的主要风险

虽然开展以房养老在理论上已被证明具有积极意义，并在部分国家有了相对成功的实践，但从国外有关探索来看，其运行和发展都面临着很大的不确定性和风险，包括利率风险、道德风险、长寿风险、房价波动风险、流动性风险等。同时，由于我国的土地制度、消费习惯、信用环境、政策环境等与国外有较大的差异，因此我国保险业开展以房养老将比国外难度更大，上述部分风险也表现得更为突出，应予积极关注。

（一）利率风险

利率会受到宏观经济形势、通货膨胀及银行贷款利率等多种因素的影响，期限越长，不确定性越大，尤其在我国近年正处于利率市场化改革进程中，中央银行对利率调整的频率加快，利率波动风险也呈扩大趋势。一般说来，保险机构如果开办反向抵押贷款业务，其资产负债结构的久期往往差别很大，且两者差异越大，对利率的波动就越敏感。事实上，无论是实行固定利率还是浮动利率，利率风险对于保险机构的影响都是客观存在的。

在实行固定利率的情形下，保险机构需要根据以往经验测算出估计的平均利率水平并据此计算养老金给付水平。一般说来，在住房现值一定的情况下，预定利率越高，保险机构需给付的养老金水平就越低；反之，预定利率越低，保险机构需要给付的养老金水平就相应提高。当实际利率上升时，反抵押贷款机构发放的养老金不能减少，贷款终结时累计本息和超过房产价值而导致亏损的可能性将加大；反之，盈利可能性将加大。因此，对未来长期的平均利率水平预测的准确性，对该业务的经营风险影响很大。

在实行浮动利率的情形下，保险机构可以避免部分利率风险，但由于大部分贷款的利息是在到期时才收回的，在此之前一直是资本化处理，保险机构也存在难以确定账面资产的未来价值的问题。由于整个贷款本金是不断积累的过程，且持续期限较长，即使很小的利率波动都会对贷款的未来价值产生很大影响。此外，在浮动利率下，利率过高，将加大老年人的借款成本，影响其还款的积极性，其违约或提早退出的可能性也大大增加。

（二）道德风险

在不健全的社会信用体系下，由于反向抵押贷款本身容易受到败德行为的侵蚀，导致保险机构经办相关业务的成本与风险加大，具体可表现为逆向选择风险和住房维护风险两种形式。

1. 逆向选择风险。反向抵押贷款签约前的准备阶段，保险机构要对老年借款人的以往病史、身体状况以及医疗保健等信息作出评估，并以此作为评估养老金给付年限以及给付额度的重要参考依据。但由于利益驱使，老年借款人不一定会如实全面告诉保险机构相关信息，而保险机构对于老年借款人的个人信息很难掌握齐全，从而增加保险公司长期给付风险。

2. 住房维护风险。主要指反向抵押贷款发放后，老年借款人因逐步失去房屋所有权导致维护房屋的积极性降低，从而加速房屋折旧贬值的风险。一般说来，当老年借款人把远期房产价值转换为现期消费时，极可能在心理上产生相当微妙的变化。他们倾向于将更多资金用于自身现期消费，减少对房屋的必要维护和保养，极易造成保险机构在到期收回房产时，抵押房产价值低于贷款本息累计额。即使保险机构与老年借款人在签订反向抵押贷款合同时对其住房维护责任加以约定，但在房屋的具体使用中，完全可能会出现各种违背合约的行为，而保险机构又不可能都加以细化监管。特别是贷款总额越大，房产市场的前景越糟糕，住房维护风险发生的可能性越大。

（三）长寿风险

长寿风险是指由于老年借款人的实际寿命超出预期寿命，导致保险机构必须继续支付贷款造成贷款累计额超过房产价值的可能性，这也是各国以房养老开办机构面临的普遍难题。从目前大多国家运作经验来看，反向抵押贷款都以老年借款人的去世作为合同结束的时点，这就要求养老金给付期和预期剩余寿命相一致，才能更合理进行产品设计和定价。老年借款人的寿命越长，开办机构给付养老金的期限也越长，导致其收不抵支的可能性也越大。长寿风险的形成主要受以下两个因素影响：一是社会的进步，群众寿命不断提高，预期寿命预测的难度也加大；二是老年借款人申请以房养老后生活状况得以改善，医疗支付方面的能力增强，将对寿命的延续以及健康的支持起到很大的促进作用。

（四）房价波动风险

房价波动风险是指在住房反向抵押贷款合同持续期间，由于房产价格发生波动给开办的保险机构带来的风险。在反向抵押贷款到期时，若房产处置收益高于保险机构前期支付的养老金成本，则保险机构获得收益；反之，保险机构则面临损失。从国际经验来看，经济波动带动房价大起大落的情形并不罕见。如在"倒按揭"的发源地荷兰，很多老人正面临以房养老后出现的生存困难。1995—2008 年，荷兰房价平均上涨了250%，然而 2008 年金融危机的爆发却戳破了房产市场的泡沫。2013 年，荷兰房价平均比五年前下跌了近20%，很多在 2008 年前做"倒按揭"的老人便成为了房价下跌的牺牲品，开办的银行、保险等机构也承受了相应的损失。

对于我国来说，虽然现阶段总体房价仍处于居高不下之态势，不少人也认为相对其他投资渠道，房产还是较好的保值方式，但房价泡沫、房价下行风险也绝不容忽视。其一，我国住房制度市场化时间还相对较短，现阶段房价普遍高企，下行压力较大。其二，我国的住宅质量本身普遍较差，在贷款到期时也可能面临较大的贬值风险。要保证以房养老的顺利实施，前提和基础是过硬的建筑质量。每年 20 亿平方米新建面积，让我国成为世界上每年新建建筑量最大的国家，而建筑的平均寿命却只能维持25~30 年。反观发达国家，英国的建筑平均寿命达到 132 年，美国的建筑平均寿命也达到了 74 年。如果不能在建筑寿命和质量上有实质性突破，以房养老就是个伪命题。其三，与发达国家相比，我国市政建设日新月异，房产还存在着较大的城市规划设计变更风险。尤其是国内大多数城市拆迁进程较快，房子除了贬值风险之外，还存在着毁损、灭失等风险。其四，房价水平最终还要归结于住房供求关系，随着我国进入老龄化社会，二三十年后在人口代际交替压力下，住房的供求关系可能大大改善，届时二、三线城市的房价能否继续保持坚挺，存在较大变数。

（五）流动性风险

以反向抵押贷款业务为例，经办的保险机构根据合同约定定期向老年人持续发放贷款或养老金，并在名义上逐步获得了老年人房产的产权，但仍允许老年人继续住在房子里面，这个期限可以长达一二十年以上，甚至直到老年人去世。在这段期间内，保险机构无法通过处置房产取得收益，尤其是在业务启动初期，单纯依靠该业务自身的现金流无法实现内部循环，需要靠从保费收入等其他业务发展中先予垫付有关资金，可能导致合同到期前保险机构该项业务的现金流入无法满足定期的现金流出的风险。同时，在我国现行社会背景下，以房养老最终被社会公众的接受程度如何、市场规模有多大等，都尚有待检验，保险机构前期投入较大，而后期产出不确定的风险也很高。

（六）其他内部风险

首先，对房地产业总体不够熟悉，专业水平不高。保险业参与以房养老的各种模式基本都涉及房地产业。如建设养老社区，涉及拿地、建设、管理等各环节。如果是以住房反向抵押贷款形式开办的，则不管老年借款人是继续居住在原房屋还是搬入养老机构，均涉及房产估价，以及产权转移后房产的出租或出售问题。虽然相关工作可以委托相关房产中介机构实施，但保险机构自身也需具备一定的经验。而较长一段时期以来，我国保险业远离房地产业的投资经营，缺乏这方面的经验、人才等。在 1995 年

《保险法》颁布实施之前，曾有一段时期，各省保险公司（当时保险市场基本只有中国人民保险公司一家主体）是可以经营房屋贷款、投资房地产的，但1995年之后已基本不再涉足，至今已近20年。而在这近20年间，我国房地产业发生了近乎翻天覆地的大变化，即使原有积累的一点经验，也已完全不适用。虽然2010年后，保险业可以对不动产进行投资，但至今时间不长，真正投资的也并不多，经验仍旧匮乏，且因资金运用集中在总公司层面，省级及以下机构基本是空白。据统计，目前保险资金投资不动产余额只有1 000亿元左右，仅占保险资金运用余额的1.4%，且有进行不动产投资的保险公司不多；若与一般流传的全国房地产约100万亿元的总值简单相比，更是只占了0.1%。

其次，对分支机构的激励约束难度加大。保险业如参与开办以房养老业务，必然涉及地域广、时间长，不可能照搬现有的仅集中在总公司实施的资金运用模式，而需要依托各地分支机构长期跟踪实施。这就会带来至少两种可能：一种是分支机构因人才、经验缺乏等，害怕风险，不敢开办或积极性不高；另一种是经办人员有较多赚取房屋出租或出售的差价等寻租空间，并放大信贷、扩大业务、中饱私囊，侵害公司利益，给公司经营蓄积风险。面对以房养老这一崭新的业务领域，如何实现激励约束相容，是保险企业需要研究解决的问题。

第六章　我国保险支持以房养老的路径安排和模式选择

第一节　明确以房养老在社会养老保障体系中的定位

在中国社会老龄化迅速发展的大趋势下，以房养老可以成为多层次社会养老体系的辅助组成部分和有益补充。通过推行住房反向抵押贷款等以房养老产品，利用金融工具盘活社会上的部分沉淀资产，减轻政府在社会保障上的财政支出压力，同时借助金融机制，通过金融产品的运作，帮助老年人改善生活条件，增强退休老人的自我保障能力，不仅可提供保障老年人生活的新经济来源，明显改善老年人的生活消费能力，还能有效减轻社会、企业和家庭日益沉重的巨大养老压力，合理引导社会的养老价值观和生活方式，同时还能促进房地产市场的繁荣，加快二手房的流通，社会经济效益十分显著。

但在其定位问题上，要明确——以房养老是社会保障制度的有益补充，是现有养老方式之外的一种新型养老思路，而非取代现有的社会保障制度。

第一，以房养老是养老保障体系中满足多元化需求的一个自愿性而非强制性的选择。要破解我国面临的养老难题，真正做到老有所养，关键是要加大社会保障制度改革力度，健全社会保障体系，探索多元化的养老服务发展路径，构建以居家养老为主体、以机构养老和家庭养老为补充的新型社会化养老服务体系。着力解决好两个层面的养老服务供给问题。第一个层面是保障性供给问题。以普惠性为原则，扩大养老保障体系的覆盖面，让尽可能多的老人能够获得基本的养老服务。第二个层面是市场性供给问题，在健全基本养老体系的基础上，满足不同层次消费群体的个性化需求。同时，通过完善基本医疗保险制度和社区基本医疗服务体系、培育和发展社会组织、鼓励民间资本参与社会化养老建设和服务等，缓解公办养老院数量短缺和庞大的需求之间的矛盾，实现供给和需求的动态平衡转变。以房养老作为第二个层面上的养老途径之一，是在社会养老、家庭养老、国家帮扶、社区服务等养老渠道后增加的一个自愿性而非强制性的选择。

第二，以房养老是辅助而非主流、局部而非全局性的养老方式。从国际经验来看，住房反向抵押贷款是一个主要适用于无子女、有房产老人的金融工具，仅对那些"现金穷人、房产富人"的老年人群体比较适用，而对其他人群的适用性并不强，不可能指望通过以房养老来普遍解决目前我国日益逼仄的养老问题。同时，反向抵押贷款号称是一种代价昂贵的贷款，参与其中需要发生的额外费用，比较普通住房抵押贷款要高得多。并且，反向抵押贷款对住房价值有一定的要求，住房价值越低，相关贷款费用的绝对数额会低一些，但相对比率则会较高，反之则相反。这就需要老年人在决定参与反向抵押贷款之前，应当请教专家，考虑今后房价的走势和自己对老年生活的大致规划，然后在若干种以房养老模式中谨慎选择、慎重从事。这些决定了其不可以作为一种独立的养老保障模式，而只能处于辅助和补充地位。即使在国外，住房反向抵押贷款制度实行得也并非十分普遍，自 1990 年至 2013 年第一季度（财政年度），全美共发行了 80.8 万份 HECM，占老年家庭数不到 2%。因此，由于受众有限、推行难度大，以房养老特别是反向抵押贷款并非基本或主流的养老方式，更不可能取代基本养老保险的制度设计。根据中国老龄协会的数据，我国现有老年人中约有 10% 属于无子女、有房产老人，如果可以通过住房反向抵押贷款提高其中部分人群的养老水平，虽不足以应对我国养老大局，但可以成为我国现有养老制度的一个有益补充。

基于我国基本现状，适合参与住房反向抵押贷款的老年人一般要有以下特征：

一是现阶段以居住在城镇的老年人为主，逐步扩展到农村。居住在城镇的老年人拥有实施住房反向抵押贷款的物质基础，城镇的老年家庭地处大中城市，一般拥有的房屋地理位置优越，长期看具有一定的升值价值。同时现阶段城市的房地产市场相对比较完善，房屋的交易相对比较容易，而且城市老年人接受新鲜事物相对较多，观念转换相对容易些。现阶段要把农村老年人列入以房养老对象范畴，难度则相对大些，这跟我国基本国情有关。如农村的房产变现能力相对较差，住房价值相对低廉；目前我国还存在着城乡二元结构，城乡经济收入等方面存在着较大差别；"养儿防老"观念在农村根深蒂固。2013 年 11 月十八届三中全会决定指出，"要保障农户宅基地用益物权，改革完善农村宅基地制度，选择若干试点，慎重稳妥推进农民住房财产权抵押、担保、转让，探索农民增加财产性收入渠道"。未来随着各项改革和试点的顺利推进，伴随我国城镇化和新农村建设的进程，在条件成熟的地区，可逐步把农村老人纳入以房养老业务范围。

二是借款人年龄的限制。在起始阶段，考虑到贷款机构风险的控制，应有最低年龄限制，且该年龄限制不宜过低。

三是拥有自有住房的完全产权，可以随时对所居住房屋实施抵押。

四是经济状况适中，思想观念开放的老年人。这部分老年人的思想观念开放，有自我养老意识，愿意也乐意参与住房反向抵押贷款项目，家庭的人际关系比较和谐，能够得到子女的理解和支持，或者本身并无子女。

第二节　明确政府在以房养老运作体系中的角色定位

从以房养老的形式看，以租换养等民间自发的以房养老早已存在，难度最大的在于反向抵押贷款业务。政府除为各种形式的以房养老创造更有利的条件外，也要加强顶层设计和基础建设，逐步引入反向抵押贷款并促进其规范化发展，为老人养老提供自愿性、辅助性选择。在此过程中，政府应扮演什么样的角色，换言之，发展反向抵押贷款应采取什么样的组织模式，是一个关键问题。从前文对各国反向抵押贷款运作模式分析的探讨，可以清晰地看出，美国模式相对于新加坡等其他国家的操作模式，明显的优点就是政府在其中具有重要作用，但又注重发挥市场作用。从实际运行效果来看，也以美国的反向抵押贷款市场最为成熟和完善，社会反响也最好，值得我们在立足本国国情的前提下适当借鉴。

2013 年 11 月公布的十八届三中全会决定指出，经济体制改革是全面深化改革的重点，核心问题是处理好政府和市场的关系，使市场在资源配置中起决定性作用和更好发挥政府作用。政府的职责和作用主要是保持宏观经济稳定，加强和优化公共服务，保障公平竞争，加强市场监管，维护市场秩序，推动可持续发展，促进共同富裕，弥补市场失灵。立足我国国情和未来改革取向，我们认为，我国发展住房反向抵押贷款，应在政府主导和政策支持下，充分发挥市场主体的优势，进行市场化运作，即要走政府模式与市场模式相结合之路。这是由住房反向抵押贷款的产品属性与我国的国情所决定的。

首先，业务的属性和我国的现实国情决定不宜完全采用市场运作模式。在反向抵押贷款的运作过程中，政府必须发挥关键性的作用，并且首要职责在于为反向抵押贷款的运行提供一种良好的制度环境。目前，我国的现实国情决定了反向抵押贷款运行模式还不宜使用完全的市场模式，这是因为：

第一，该业务作为主要运用于养老保障事业的贷款，必须考虑社会保障的相当属性。为老年退休人员提供必要的养老保障，本就是政府的职责所在，社会保障机制的参与必不可少。即使在市场经济体制高度成熟完善的美国，反向抵押贷款的运作也不是完全的市场机制，政府在其中的补贴优惠、损失担保和最终兜底发挥了相当积极的功效。如完全依赖市场模式，多数老年人单单依靠自身的房产所转换的财力，可能无法独自应对养老的严峻局面。这就需要将两者尽量较好地结合到一起。同时，我国有些老年人境况贫困，并非出于自身原因，而是体制等原因所引致。为此，国家在以房养老方面给予这些人员相应的优惠政策，也是一种应有的补助。

第二，市场化运作环境尚不完全成熟。我国社会主义市场经济还不成熟，信用体系不够健全，法律制度环境不很完善，如把这项涉及众多老年人群切身利益的事项完全交由市场运作，可能难以避免出现产品设计不当，或不法机构借此侵害老年人等问题以及发生各种经济纠纷。这在英国等国家有着深刻的教训。同时，反向抵押贷款业务的推出，需要客观的经济社会环境与相应条件的必要配合。相比市场推动的缓慢演变，政府参与推动能促成相关制度环境的早日完善，是反向抵押贷款顺利实施的必要保证。

第三，前期投入的高成本和外部效应决定政府应主动介入。住房反向抵押贷款的推出会面临着较多的风险，在推出过程中，需要深入系统地研究、设计；需要对消费者开展广泛的宣传教育和免费咨询；需要进行反向抵押贷款项目的论证、借款人资格界定、甄选合格的贷款机构、建立风险规避机制、设立保险基金、二级市场培育，乃至监督项目的运行、制定消费者保护规范、提供风险规避机制、保障各方当事人合法权益等诸多事宜，这些都不完全是私人机构愿意承担和能够承担的。同时，我国居民对住房反向抵押贷款的知识还很缺乏，对它的认识有一个时滞，政府的介入有助于增强居民的信心。

第四，我国还没有类似美国房利美、房地美那样的政策性专业住房金融机构（2013 年 11 月公布的十八届三中全会决定提出我国要研究建立住宅政策性金融机构，但正式组建、运作尚需时日），由银行、保险公司等商业性金融机构单独开展这一业务，难以控制经营中的非市场风险，尤其是政策风险、城市规划设计变更等诸多非系统风险。特别是反向抵押贷款业务的开办与房地产市场的发展紧密相关，我国的房地产市场受政府监管的力度越来越大，政府出台的每项关于房地产或利率的政策，都会对反向抵押贷款市场产生巨大影响，因此政府制定政策或立法，适度分担贷款机构的风险是必要的。

其次，也不宜使用完全的政府模式。原因如下。

第一，在我国未富先老的大背景下，政府有限的财力，决定了其无力大包大揽，无法将大量的资金都用于养老保障事业；在基本养老保障都还只能处于"低保障、广覆盖"水平的条件下，也无法对以房养老这种辅助性的、补充性和小众化的养老方式给予巨额的税费补贴。

第二，随着政府职能的转变，政府的管理方式应当逐步向宏观调控、间接管理趋进。借助金融机构及其他社会机构现成的机构网点、人力资源、技术和管理，能更有效地发挥市场机制作用，避免行政运作效率低等问题。十八届三中全会决定也指出，要全面正确履行政府职能，推广政府购买服务，凡属事务性管理服务，原则上都要引入竞争机制，通过合同、委托等方式向社会购买；积极稳妥从广度和深度上推进市场化改革，大幅度减少政府对资源的直接配置，推动资源配置依据市场规则、市场价格、市场竞争实现效益最大化和效率最优化。

结合我国的国情，我们认为应主要选择政府支持型的发展模式，即走政府主导、支持和市场化运作相结合之路。就我国而言，应做到：

其一，在不同的阶段、不同的领域，政府机构和市场主体各司其责、分工合作。在该业务推出的初始阶段，应主要通过政府扶植将其推向市场，在规则制定、政策支持、信用担保、风险分散、市场监管与宣传教育等方面起关键引领作用；在产品的设计、开发、推广等方面，则可以采用市场化途径。待以房养老市场机制成熟，再逐步放松政府管制，向更多市场化运作过渡。政府的大力支持，银行、保险公司、住房信贷部门、房地产业的积极参与，是该贷款项目成功的必要条件。这种带有福利性质的政府模式，需要财政在贷款运行过程中承担部分责任，但如产品设计得当的话，反向抵押贷款的运行不会对财政产生太大压力。

其二，构建多层次的以房养老产品体系，对不同层次提供不同的政策支持和严格的监管。政府模式与市场模式的结合，还在于市场上既有政府提供担保的反向抵押贷款产品，同时也鼓励商业部门开发自己的产品。政府提供担保的反向抵押贷款产品，并不是要求政府指定的机构设计产品来垄断市场，而是由该机构率先将产品投入市场，起到表率的作用，然后吸引其他商业部门开发不同的产品，促进市场竞争，进一步细分市场，实现产品多样化，提高市场整体服务质量。对商业部门开发的产品，政府不对其产品开发设计进行干涉，但要接受政府的监督与管理。这种模式的好处在于鼓励市场竞争，既增加了大量的机构供给，又对产品设计的改进具有促进作用。从而，针对不同的市场需求，鼓励设计不同的产品，由不同类型的机构来实施，相应地政府给予不同的财政支持和税收优惠，构建起多层次的以房养老支持体系，扩大以房养老市场规模，实现规模效益，为建立健全以房养老业务的风险分散机制、促进业务的良性运营、实现经济效益和社会效益的双赢奠定基础。

第三节 我国推进以房养老的制度准备

在我国大环境还不成熟的情况下，在短期内要大范围推行住房反向抵押贷款制度并不现实，国外发展反向抵押贷款也走过了相当长的道路。在准备阶段，应由政府主导，指定专营机构充分调研、论证，推出示范试点项目方案；同时，立足长远，加强制度建设。

一、完善法律法规

完善以房养老尤其是反向抵押贷款的专项法律法规、制度和政策，使其逐步走上法律化、制度化轨道，是政府首要责任。

一方面，通过法律制度对住房反向抵押贷款进行约束，规范借款方、贷款方和相关责任人的行为。

一是适时考虑制定住房反向抵押贷款专门管理办法。美国于 1994 年通过的《Riegle 社区发展法案》（*Riegle Community Development Act*，1994）就是对住房反向抵押贷款的运作进行监管的专门法案；英国虽没有专门的法案，但其《消费者信用法案》（*Consumer Credit Act of* 1974）就可以规制 25 000 英镑以下的反向抵押贷款产品。考虑我国国情以及以房养老业务发展需求，专门管理办法应至少对住房反向抵押贷款业务参与各方的基本条件、权利与义务、监督管理以及法律责任等进行界定，以规范住房反向抵押贷款市场主体及经营行为，也为政府对住房反向抵押贷款业务的监督管理提供依据。

二是完善住房反向抵押贷款相关的辅助配套法规。在资产评估环节，可以制定专门的房地产评估管理办法，规范住房反向抵押贷款的相关中介市场；在保险环节，为切实控制住房反向抵押贷款借贷双方的风险，对与住房反向抵押贷款相关的内容，以及今后配套开展的房屋价值保险、利率保险、借款人长寿保险等保险产品进行规范。

另一方面，不断调整修改与反向抵押贷款相关的配套法律体系，清除现有法律法规体系中与以房养老实施不相适应的障碍，对 70 年产权期限、遗产税等关键问题予以立法明确，为以房养老实施提供法律依据。其中，针对现有的土地所有权制度给住房反向抵押贷款发展带来的困难，可以通过以下措施加以解决。

第一，调整国家有关房地产的政策法规，建立相应的制度使得房产所有权和土地使用权权属时间得到匹配，保证住房反向抵押贷款业务的顺利开展。

第二，在土地转让金制度方面，需要经过实际调查研究，从完善房地产市场发展的角度，在充分考虑人们的生活需求的基础上，对土地转让金制度作出新的调整，确定具体的支付方式和支付金额。

第三，在土地使用权期满时无偿收回土地使用权，对地上建筑物是否补偿的问题上，法律也应该有相应的规定。

此外，十八届三中全会决定指出，要加快房地产税立法并适时推进改革，建议在立法时，将以房养老涉及的相关房产税收优惠问题统筹考虑，对作为以房养老抵押物的房产免征或减征相应财产税。

二、建立国家担保和特殊援助机制

某种意义上，政府会提供怎样的担保机制、会兜怎样的底，以及这个底的设置高低，决定着以房养老的市场大小，进而决定着选择的自由度。欧洲、新加坡等地区住房反向抵押贷款的深度和广度不如美国，一大原因在于缺乏政府信用的介入，单纯市场化运作走不远。我国住房反向抵押贷款推广难度比欧美更大，应建立无追索权保护和住房资产权益保证制度来降低借款人和放贷机构的风险，消除市场参与者的后顾之忧，消除住房70年产权限制和住房资产价格波动等对住房反向抵押贷款形成的障碍。

具体操作建议有如下几方面。

第一，政府建立保险基金。启动基金由财政注资，运转中则由通过审核的借款人按一定比例缴纳保险费用。对于贷款到期时房屋出售变现金额低于贷款本息的差值部分，由保险基金对贷款机构进行适度补偿。补偿操作可采取全额补偿，也可根据政府财力或防范道德风险等目的，采取按比例补偿或仅补偿本金部分等方式。为控制风险，政府可仅将示范项目的贷款业务纳入保险基金补偿范围，并可控制业务规模，限定不同时期示范项目的贷款机构可贷款最大笔数，根据试点进展逐渐调整、放宽。同时，通过保险基金保障，明确保障借款人利益的无追索权保护制度，即按月（或按季度、按年度）领取住房贷款金的本金额超过未来偿债的住房价值时，贷款机构不能对借款人及其继承人进行追索。

第二，明确兜底责任。在保险基金不足时，由政府兜底，追加注资。

第三，建立特殊情况下的援助机制。在特殊情况下，政府利用其资金优势，对于有暂时性困难的贷款机构予以援助。如对住房反向抵押贷款的贷款机构实行再贷款，解决其资金流动困难的问题。在条件适当时，研究由政策性住房金融机构牵头建立住房反向抵押贷款的二级市场，收购合格住房反向抵押贷款，加速贷款机构的资金流动性。

保险基金的管理建议由建设部或民政部负责，具体运作可委托商业保险公司等市场化主体提供经办服务。

三、研究出台优惠政策

2013 年 11 月公布的十八届三中全会决定指出，要"制定实施免税、延期征税等优惠政策，加快发展企业年金、职业年金、商业保险，构建多层次社会保障体系"。以房养老对于健全完善多层次社会养老保障体系有着积极的意义，政府应出台相应的优惠扶持政策。一是对经营机构的优惠政策。可以适当减免金融机构开办此业务的营业税、增值税、企业所得税和金融机构在二手房市场处理抵押住房时的房地产交易税等。二是对借款人的优惠政策。针对无子女等特定群体的借款人，出台财政贴息政策，对借款人按时从金融机构取得的养老金也应当给予一定额度的免税优惠。同时，出台商业长期护理和住房反向抵押贷款差值保险相关税收减免等措施，鼓励发展商业性老年保险，支持商业保险企业开发推广老年人意外伤害保险产品，并采取政府引导、个人交费、企业让利相结合方式，试点探索建立长期照料护理保险，通过保险机制和相应鼓励政策增强对以房养老的老年群体的保障。

四、加大宣传教育力度

在相关知识的宣传、计划的推广和潜在借款人的培育方面，政府都可提供相关的服务。即使是发展反向抵押贷款最成功的美国，在初期也专门成立了以向消费者进行反向抵押贷款宣传与教育为主要职责的全国反向抵押贷款中心；而英国之所以不如美国成功，一大因素就是传统观念。在我国，反向抵押贷款实施的最大障碍之一是养儿防老、遗产继承等传统观念，因此政府有责任加强宣传教育力度。一是建议借鉴美国、中国香港地区等政府的经验，建立法定的贷前免费咨询程序，消费者在贷款前必须接受咨询教育并签字确认知悉具体内容后，才能进入贷款的下一审核程序，以确保消费者的知情权和选择权。二是加强对咨询机构的认证和管理。对经认证的咨询机构给予适当的经费补贴，并加大人员培训力度，咨询人员应持证上岗。统一咨询内容，规范咨询行为，保证咨询内容的有效性、咨询过程的规范性，让借款人获得客观、公正、准确的信息，减少不必要的纠纷，维护反向抵押贷款业务的良好声誉。

第四节　我国推进以房养老的路径选择

虽然许多国家都已开展了住房反向抵押贷款业务，但是，由于各国政治、经济、法律以及文化心理不同，差异也是明显的，我们可以借鉴成功国家的经验和做法，但不能生搬硬套。应该组织地方政府、金融机构、研究单位和项目承担企业，共同开展项目试点和成果推广，建立具有中国特色的住房反向抵押贷款体系并实现可持续发展。鉴于我国地区经济发展不平衡，建议根据经济社会发展水平和老龄化状况，先在北京、上海、杭州等城市中区位好、保值功能强、房价预期稳定的住房进行试点，总结经验，然后分步向其他城市和有条件的农村地区推进，积极稳妥地探索住房与养老保险相结合，建立安居养老保险体系。

反向抵押贷款市场的运作过程通常包括有一级市场运作和二级市场的运作。一级市场主要是反向抵押贷款的发起与基本运营，二级市场主要是反向抵押贷款的证券化，为一级市场筹措资金、分担风险。若使住房反向抵押贷款在我国成功实施，必须分阶段逐步推行。开始时应该推出有担保的反向抵押贷款，减少其风险。可以设定额外的优惠条款，比如降低利率、简化手续程序等，打消老人的一部分顾虑，以利于进一步推广。试点最重要的目的是起到示范作用，投石问路，而非获取盈利。要及时根据市场上的反应对产品作出进一步完善，必要时甚至进一步改革制度体系。

一、试点模式的选择

初期，作者赞同部分研究者提出的反向抵押中国简化模式，即由符合条件的金融机构为老年借款人提供反向抵押形式的贷款给付；由特定的政府机构担任国家担保人，为借贷双方提供保障，一方面，保障借款人能及时足额获得贷款资金；另一方面，对贷款机构在合同到期时因房屋贬值导致的损失（贷款本息之和高于房屋价值的部分）予以补偿。

相关要素包括参与方、开办时机、运作步骤等，设想如下。

（一）参与方

参与方包括：（1）借款人。（2）贷款机构（银行、保险公司或其他金融机构），提供抵押形式的贷款给付。（3）国家担保人（由建设部或其他国家政府机构承担），制定反向抵押贷款程序，监管整个市场。该机构或其下属专设机构作为保险人收取差值保险费，并承担贷款机构差值损失（贷款本息之和高于房屋价值的部分）。（4）中介机构等。

（二）开办时机选择

研究认为，预期的房价升值率越低，预期利率越高，放弃与持有住房所有权收益差额越大，理性的经济人更有积极性选择住房反向抵押贷款。因此，住房反向抵押贷款推出的理想时机应该是兼备较高的预期利率和较低的预期房价升值率的时期。

（三）运作步骤设想

住房反向抵押贷款的运作，需要有一定的程序和机制作保证。对不同模式、不同类型的住房反向抵押贷款产品而言，贷款申请与支付的程序不一定完全相同，但总的框架应是一致的。如果按照上文的模式运作，主要步骤可以包括：

1. 借款者向政府的特设机构或与贷款者无利害关系的第三方进行咨询，就住房反向抵押贷款的优缺点、适用人群、产品特征、借贷双方的权利义务等内容进行充分了解，并与家人或继承人协商，在此基础上决定是否申请该贷款。

2. 符合条件并决定申请住房反向抵押贷款的申请人，向具有资格的贷款机构提出书面申请。也即向银行、保险公司或其他经办机构提出对自有住房实施反向抵押贷款的申请书。

3. 贷款机构对申请人提交的申请书内容进行初审，初审合格后予以受理。然后委托独立、合法、权威的社会中介机构，对申请人的资信和房产等情况进行审查。

4. 社会中介机构按照法定的程序和内容，对申请人的信用、住房情况进行全面审查，并出具审查评估报告。

5. 按照评估报告，贷款机构决定是否接受申请人的申请。对于符合条件的申请人，在借贷双方自愿的情况下，签订住房反向抵押贷款合同。

6. 国家担保人对符合条件的贷款核发差值保险单，承担保险责任。

7. 合同生效后，在贷款期间，贷款机构按照合同约定的支付方式，向借款者定期或不定期地提供现金支付。

8. 贷款到期或者按照约定借款人死亡后，房产所有权转移到贷款机构，借款者或其继承人可以用其他资产偿还贷款，否则贷款机构将抵押住房收回，并在二手房市场上拍卖出售，用所得收入弥补前期的贷款额，取得利润。

在这个过程中，国家担保人制定贷款标准及程序，监管贷款机构，并收取贷款机构或借款人缴纳的差值保险费，承担差值损失；对于贷款机构未能承担贷款责任的，采取相应的措施，保证借款人能按时足额获得贷款。

当然，上述步骤程序仅为参考。具体实施中，如果采取纯商业化运作、不存在国家担保人的角色，则须引入其他的风险分散机制设计。为满足市场多元化需求，运作中也须通过产品多样化，消除传统观念障碍。由于老人思想观念不同、客观条件也存在差异，因此，提出适宜的以房养老方式供老人选择是项目成功推行的必要条件。应该围绕房屋产权是否变更以及何时变更、签约后老人住在何处等分歧较大的问题提出多种解决方式，满足老人的不同需求，跨越传统观念给项目带来的障碍。

二、推广路径的选择

随着业务的稳步扩大和金融市场、房地产市场的良性发展，可以逐步引入资产证券化等工具，转移规避风险，适当建立反向抵押贷款二级市场，进一步保障借贷双方的利益，推进业务的良性发展。由专营机构主导，将反向抵押贷款出售给合适的金融机构，在二级市场上将产品进行证券化操作，以此获得运营资金，逐步摆脱对政府资金的依赖，将反向抵押贷款由政府主导运营过渡到市场主导运营。同时，在完善相关政策法规体系和产品结构之后，开始推广，有步骤地引入其他的一些非国有机构并推出无担保的反向抵押贷款，增加市场的竞争性和产品的多样性。

住房反向抵押贷款资产证券化是指住房反向抵押贷款发展到一定阶段，足以满足证券化条件时，贷款机构把实施反向抵押贷款的房屋作为标的资产，以未来房屋出售所产生的现金流为担保，将住房资产出售给专业的金融机构 SPV（Special Purpose Vehicle）进行资产证券化运作。SPV 这一特殊信托机构将资产进行重新包装组合，以预期收入为保证，经过担保机构的信用评级向投资者发行证券，产生稳定的现金流，从而达到筹集资金的目的。

住房反向抵押贷款资产证券化的具体运作步骤如下：

1. 建立特定机构 SPV，确保住房反向抵押贷款的真实出售。在实施住房反向抵押贷款资产证券化的初期，建立一个相对独立的特殊的信托机构 SPV。贷款发放机构将自己拥有的住房反向抵押贷款出售给 SPV，SPV 将所得资产进行重新组合，形成一个特殊意义的资产池，同时确保自身对资产池中的每笔贷款都拥有完整的所有权，保证资产池的真实出售。

2. 住房反向抵押贷款证券设计。SPV 根据资产池中住房反向抵押贷款情况（如资产池中房屋的数量和质量），决定发行债券的期限和数额。SPV 以资产池为发行标的发行一次性还本付息债券，进行融资。

3. 信用增级。住房反向抵押贷款一般具有贷款额度大、周期长、不确定因素多等缺点，容易给投资者带来损失。为了吸引投资者，需要对资产进行信用增级。住房反向抵押贷款证券可以通过信用增级机构来提升住房反向抵押贷款证券的信用。内部信用增级可由发起人贷款机构或者 SPV 提供担保，外部信用增级则可以由政府组织专门的担保机构提供担保，或者对借款人无力偿还债务的信用风险进行保险，以保障住房反向抵押贷款证券化资产池的资产价值，从而保障投资者收回投资本息。

4. 信用评级。为了让投资人认知住房反向抵押贷款证券，通常需要对证券进行信用评级。最终评级结果要向投资者发布，为投资者提供一个明确、可以理解的信用等级标准，方便投资者进行投资决策。

5. 住房反向抵押贷款证券发行。由 SPV 通过证券承销机构发行住房反向抵押贷款证券，SPV 按合同规定的价格，把发行债券的大部分收入支付给原始发起人即贷款开办机构。

6. 住房反向抵押贷款证券资产的管理和兑付。住房反向抵押贷款证券资产的管理和兑现一般由托管机构负责。托管机构对资产池进行管理，将服务机构收回并移交的本息收入定期向住房反向抵押贷款证券投资者支付，直至反向抵押贷款证券到期兑付完毕。如果产生的收入在还本付息、支付各项服务费用后有剩余，则按合同在贷款机构和 SPV 间进行盈余分配。

以房养老需要真正发达的资产证券化市场，以便于市场上各机构能够自由进行资产的买卖。在这样的市场制度条件下，才会有足够多的机构愿意来承担和分散资金占用、资产贬值的风险。目前，我国普通的住房抵押贷款证券化产品已经开发成功，但要大规模发展反向抵押贷款证券化还存在许多制约因素。首先，其基本前提是一级市场的业务量足够大，形成一定规模的资产池才能进一步操作，这点对于我国刚刚开始探索的住房反向抵押贷款业务而言还有较长的路要走；其次，由于历史数据的缺乏，在未来现金流预测等技术环节也受到相当程度制约；最后，外部环境还很不完善，如利率政策限制、相关法律法规存在不相容问题等。因此，住房反向抵押贷款证券化虽然是进行住房反向抵押贷款风险分散化的一个金融工具，但只有当业务发展到一定阶段、金融市场等整体环境发展成熟时才能较好地发挥作用。

第五节　以房养老配套保障机制的完善

住房反向抵押贷款并不完全是一个金融产品，更准确地说，它是一种制度创新，作为一个大金融产品，它涉及政府担保、房产评估、抵押贷款、房屋维护、房屋拍卖转让、贬值保险、长期看护险等众多领域，需要相关部门通力协作。因此，应加快制度创新与集成创新，开展多领域合作，完善配套机制，才能取得成功。

一、完善信用环境

第一，加强信用法律制度建设，切实规范社会信用行为。法律的强制性和规范性特点可以对信用体系的建设起到推动作用。我国在《民法通则》、《合同法》等民事法律中规定了诚实信用的基本原则，《反不正当竞争法》、《公司法》、《商业银行法》、《统计法》等法律中也有部分关于信用方面的法律规定。但除这些以外，在信用方面专门的法律法规还基本处于空白状态。要建立和完善我国社会信用体系，必须抓紧建立与之相适应的法律法规体系，制定与国际接轨的信用法律制度。具体到住房反向抵押贷款上，除了上述的一般性的信用法律法规外，还可以借鉴美国，在住房反向抵押贷款的专门立法中规定有关信息披露、贷前咨询的内容。

第二，推动信用体系的建设。除了颁布法规、制定政策以确立基本的信用制度外，还应行使信用监督职能，特别是应加强对企业以及社会中介机构的监督管理。加快面向全社会的信用体系建设，确保守信者能够得到合理的利益保障，让失信者受到不守信的应有惩罚，为住房反向抵押贷款的推行创建良好的信用环境。十八届三中全会决定也指出，要建立全社会房产、信用等基础数据统一平台，推进部门信息共享，未来我国社会信用体系建设步伐将大大加快。

第三，建立合理的信用评级体系。要推出住房反向抵押贷款，尤其在反向抵押贷款实施证券化的时候，必须建立房地产信用评估机构，建立合理的信用评级体系，正确评价房屋的风险和收益。

第四，建立完善的信息披露制度，让参与者能够获得充分的披露信息，从而能够作出自己的判断，也可以借此加强对金融机构、服务机构有效的外部监管。

二、注重产业衔接

以房养老的目的，其一在于解决养老资金融资需求，其二在于解决养老护理需求。现阶段我国不完善的养老服务市场并不能保证养老服务机构的服务质量，而且在养老服务市场供给有限的情况下，通过以房养老产品与养老服务机构衔接，反而可能提高养老服务的需求，引致养老服务价格的上升。因此以房养老的顺利运作，从长远看，必须与养老产业和养老保障体系的发展互相促进，有机衔接。这要求政府进行整体规划，加快社会保障体系、特别是养老方面问题的解决，积极对社会福利制度进行升级与改进。

一是建立护理保险制度。护理保险制度是社会保障体系的必要补充。借鉴韩国等国家护理保险制度的先进经验，我国也应加快建立覆盖全民的长期护理保险制度，完善相关法律法规，将长期护理保险纳入社会保险的范畴，建立国家、机构、个人三方共同负担保费的机制；建立完善的配套护理体系，为老年人提供优质的护理服务及护理信息；完善康复医疗服务，建立专业化的长期护理中心。在运作上，应允许各种营利性、非营利性组织尤其是民间资本进入，以营造一个公平竞争的环境。政府脱身出来掌舵，作为利益第三方，宏观调控、整体协调老年护理产品的生产和供给，并对此进行监督和评价，以确保社区、非营利性组织和民间企业各尽其责。

二是发展老年公寓、养老社区等老年居住设施。加强社区老年福利服务体系和基础设施建设，依靠社区的资源和力量实现"在地老化"。首先，急需政府出台相应的法规和政策，在宏观上进行协调控制，并将其纳入城市整体居住环境的规划当中。其次，出台鼓励和优惠政策，引导社会资源投向老年公寓的开发与建设，充分挖掘和利用社会资源为老年人提供各方面的优质服务吸引，多渠道解决建设资金来源。再次，加强监督管理。如何划分各级政府的职责，明晰社区服务管理体系、理顺居家服务的管理监督体制是社区护理服务建设的关键性问题。应着重推进福利主体多元化，在最大范围内发挥国家、社会、社区、家庭、个人以及志愿者等多服务主体对老年人的支持作用，建立完善的服务措施、专业的服务人员队伍，加强管理体系、监督体系和支援网络体系的建设。最后，建设多种形式老年公寓，满足老年群体多元化需求。可向经济条件比较优越的老年人提供豪华型与自购型老年公寓；对于经济条件稍微差一点的老年人，可以提供经济型老年公寓；向生活上具有完全自理能力的老年人提供独居型老年公寓；向在生活中需要照顾的老年人提供护理型老年公寓。不同档次和类型的老年公寓都将存在其市场需求，老年人可以根据自己的特点各取所需。

三、建立风险识别和防范机制

（一）利率风险的防范

其一，实行弹性还款利率制度，即根据具体情况定期对利率进行适当调整。如借鉴国外的经验，一般以基准利率加差额利率的方式对反向抵押贷款进行浮动计息，并定期进行调整。

其二，建立适应利率市场化要求的资金定价与调整机制。由于利率风险来自于资产、负债及二者间的关系，所以贷款机构可实行以利率风险为中心的资产负债管理模式，通过监测、识别并预测利率的变化走势，有针对性地调整资产负债管理方案，如将反向抵押贷款和正向抵押贷款进行组合，构造资产和负债组合。国外实践经验表明，将两种逆向业务联合经营将有助于在一定程度上降低任何一方的不确定性风险，抵消利率变化对资产价值的影响，从而大幅度提高组合效率，最大限度地优化资产负债结构。

其三，建立利率风险预测和度量体系。设计利率风险计量模型，建立以利率风险为核心的现代利率管理机制，是准确地预测和度量利率风险、进行利率风险管理的前提。通过实施电子化采集反映经济情况、货币政策的信息，建立全面、畅通的信息渠道，来建立科学的利率预测模型，从而做到准确预测市场利率变动的方向和幅度。

除了上述的三种方式外，贷款机构还可以利用利率金融衍生工具来防范或对冲利率风险。在有效测量利率风险的前提下，贷款机构可以利用远期利率协议、利率期货、利率期权和利率掉期等风险防范措施，达到管理利率风险的目的。

（二）道德风险的防范

要防范道德风险，除了尽可能地使贷款机构占有较多的信息外，还需要在制度设计方面作根本性的防范。在实际操作中，具体可采取以下几项措施：

其一，建立动态监管体系，降低信息不对称风险。随着信息时代的到来，信息化的管理是必然趋势，因此，在贷款机构与中介机构密切配合的情况下，建立一个联网的数据库系统是可能的。基于这样的一个数据库，贷款机构便可以构建一个高效的动态监管体系，即通过整合各中介机构的专业优势，建立起针对借款人和抵押物的年度登记复核制度，力图及时、客观地对借款人和抵押物状况实行动态追踪管理，来提高信息透明度，监管和规范当事人的行为。此外，在人力许可的条件下，贷款机构还可以经常深入借款者家中，以便了解借款者相关情况，增加对住房的评估次数等。

其二，收取房屋维护预留金。一般来说，要借款人进行房屋维护都是比较困难的，解决办法之一就是在贷款总额中预留一定的维护资金，并交由政府相关部门（如住房管理机构）负责保管。如果借款人在获取贷款后没有对其住房进行维护，那么住房管理机构就可以用这笔预留的资金来对房屋进行修缮；另一方面，如果住房被维护得很好的话，就将这笔资金按一定比例返还给借款人。

其三，规定合理的贷款价值比例以及引入风险分散机制。一方面，贷款机构规定合理的贷款价值比例来确保借款人在贷款到期时拥有一定的房屋净值，激励借款人对住房进行维护和修缮。这样借款者既能保证良好的住房品质，又可以将房屋增值部分留给后代分享，这样一来也就降低道德风险的发生概率。但是贷款价值比例又不宜过低，否则将不利于开展反向抵押业务。另一方面，贷款机构也可以利用商业保险等市场化的风险分散机制，对反向抵押贷款合同进行保险，作为政府机构担保之外的一种补充保障。毕竟受政府财力所限，政府建立的差值保险基金补偿范围有可能仅针对本金，或只能按损失比例进行，这就为商业保险的进一步介入提供了空间。

（三）长寿风险的防范

长寿风险虽然不可消除，但是可以分散或转移。首先，贷款机构可以通过大量风险标的的组合来有效分散长寿风险，发挥大数定律的作用，当然，这一前提是业务量足够大。其次，还可以通过再保险计划或其他衍生金融工具，将长寿风险转嫁给第三方。政府在财力允许的情况下，可以在差值保险基金补偿范围中规定一个专门条款，当人均寿命平均提高到一定年龄时，贷款机构可以申请政府行使保护。同时由于刚从岗位退休下来的老年人一般经济状况也比较好，所以也可以考虑提高老年人申请住房反向抵押贷款时的年龄下限。

（四）个体住房价值波动风险的防范

一方面，贷款机构要制定合适的贷款价值比例。贷款机构除了在出售房产的时候把握时机，还需要做好产品定价的精算工作，制定合理的贷款价值比例，尽可能在贷款期结束时，把贷款本息控制在房价之内。

另一方面，贷款机构要合理组合贷款项目资产。由于个体住房价值风险与具体住房的地理位置、类型等相关，可以通过不同组合来分散这一风险。就单个住房反向抵押贷款项目而言，潜在的风险以及风险造成的损失是很难预测的，而由于不同地区、不同类型的房地产升值率差异很大，当反向抵押贷款规模足够大时，由于分布足够广泛的资产组合在一起，这些风险会被分散化。因此通过建立跨地区的分支机构，吸引不同地区、不同结构的住房反向抵押贷款业务，可以尽可能地抵消单个住房反向抵押贷款带来损失的风险。

四、发挥其他主体的作用

住房反向抵押贷款的发放是一个十分复杂的过程，包括了发放前的业务流程设计、资费计算，发放过程中的资产评估、监督管理及售后服务，后续阶段的贷款回收等。因此，需要有相关机构的通力合作，以达到风险分散，实现经济效益和社会效益双重目标。我国反向抵押贷款的推出，应以银行、保险公司等金融机构为主，社保机构和相关中介机构参与其中，形成权责明确、风险共担、利益共享的合作关系。

（一）中介机构的参与和合作

在规范中介机构市场行为、加强管理的前提下，推动中介机构广泛参与住房反向抵押贷款的开展。中介机构主要包括信息咨询、资产评估、法律服务等机构。中介机构的广泛参与能起到对市场外部监督的作用，确保反向抵押贷款业务的公平合法。它们的主要机构有：

1. 咨询机构。主要为借款人提供专业的信息咨询，使其在作出反向抵押的决策前，准确全面地了解到贷款的优点、借贷双方的权利和义务等信息，选择最适合自身情况的产品。借鉴国外经验，反向抵押贷款将借款人进行贷前咨询作为一项必经的程序。信息咨询机构可由政府相关部门牵头组建，或进行认证管理，这样可以确保借款人得到的咨询信息具有客观、公正性。

2. 资产评估机构。在签订反向抵押贷款合同之前，或者在执行过程中贷款机构将收回的房屋投入到二手市场之前，都需要对房屋价值进行评估。所选择的资产评估机构需要与借贷双方没有直接的利益关系，而且要有高素质的房地产评估队伍进行正确、公正、合理的评估，并作出相应的评估报告，确保借贷双方的利益，避免纠纷的发生。

3. 法律服务部门。在签订住房反向抵押贷款合约时，借款人一般会委托律师事务所及会计师事务所等服务机构介入，确保借款人得到更详细、更公正的信息，防止反向抵押贷款交易中欺诈行为的产生。

4. 房屋维修、交易部门。在反向抵押贷款实施过程中，由于贷款的期限较长，为确保住房的正常使用功能，需要对房屋进行维护。当贷款结束时，贷款机构需要将房产变现以获得收益，所以需将房屋交由房屋交易部门投入到房地产二级市场进行变现。

中介机构作为独立于供给方和需求方之外的第三方，专业服务客观性更强，可信度更高。它们可以暂时充当监督者的角色，防止出现一方损害另一方利益的情况；当双方发生矛盾时，中介机构还可作为协调者，协调两者的冲突，将问题的解决纳入正轨。但目前中介机构缺少公益性动力，缺乏统一的规范，人力资本缺失，管理水平落后，服务质量低下，鱼龙混杂现象明显，要承担起参与以房养老业务的重任，仍需加强自身建设和规范力度。

（二）社会保障机构的参与和合作

近年来借助社会保障机构实现以房养老成为一种新思路。一方面，社会保障基金充足，具备开办的实力，另一方面，支持养老事业本来就是社会保障机构的功能。社会保障机构可以充当接受咨询、宣传教育、市场监督，甚至可以是代表政府的担保机构的角色，对房产评估、贷款发放、房屋产权转移、拍卖回收款项等以房养老全过程进行监督，以保障借贷双方的利益，维护以房养老市场正常秩序，并帮助各参与主体走向完善。

第六节　保险公司多层次参与以房养老形式的探讨

从全球范围看，保险公司参与以房养老，有自身作为贷款人的直接参与方式，有与其他贷款人合作，提供配套保险保障或经办服务等间接参与方式。保险公司直接作为贷款人的，主要在欧洲国家，多由实力雄厚的保险公司承担；在美国等国家，保险公司主要以间接方式参与。我国保险公司可以立足自身实际，积极审慎参与，选择适合自身风险管理水平和能力的参与形式。

一、作为政府示范项目的开办机构

人寿保险公司在经营中累积了较为详细的各地区人口死亡数据，能够较为准确地针对反向抵押贷款的特点，对贷款的发放进行合理的规划，并利用其经营网点多的优势，为需求方提供优质服务。但基于我国现有的市场环境及行业自身的风险管控水平，保险公司单纯商业化运作以房养老项目难以成功，必须在政策支持和综合配套下，以风险的有效分散和成本的合理分担为前提，审慎试点、逐步推广。

由于反向抵押贷款业务风险大、周期长、资金占用明显，对直接参与的保险公司提出了很高的要求和挑战。我国法律并未严格禁止寿险公司直接开展类似反向抵押贷款的业务，有关部门也支持由保险公司来开展以房养老试点工作，但实际操作中仍有较多具体问题需要明确。例如，对保费收入如何确认，应由相关的财会制度予以明确；运作中也会面临较多的障碍或难点，包括房产评估的可信度和准确性，贴现率制定的合理性，行业监管，准备金如何提取、提取比例，固定资产折扣率等，由于经验的缺乏和数据可靠性等问题，需要在实践中逐步摸索完善。此外，反向抵押贷款业务对保险公司的现金流及偿付能力充足性影响很大，需要保险公司对风险有充分的认识和应对，并有足够的造血功能和补充资本能力，并非所有保险公司都有能力开展。因此，有关部门应建立健全准入退出等监管制度，保险公司自身也应立足实际审慎开展。

二、提供配套保险保障

间接参与形式相对直接参与而言，对保险公司偿付能力等方面的影响较小，同时，也可以通过与其他保险业务的结合，实现风险在更广范围内的转移和分散。保险公司可以针对反向抵押贷款业务的风险保障需求特点，改造现有的年金保险、房屋保险、贷款保证保险等产品，为借贷双方提供市场化的风险分散和转嫁机制。国家也应出台相应的政策，鼓励老年人购买相应的保险服务，增强自身在以房养老运作中的风险抵御能力。以美国为例，通过国会法案规定，如果使用反向抵押贷款购买长期护理保险，可以免缴抵押贷款保险费，此举促进了长期护理保险市场的发展，1999 年选用与长期护理保险结合的反向抵押贷款占总数的比例达到了20%。因此，如果能设计出适合老年人实际需求的险种，并辅以扶持政策，保险公司的参与将有较好前景。

三、提供经办服务

从国际经验看，虽然设计和提供住房反向抵押贷款产品的机构营利性质不同、模式各异，但其销售和管理往往依赖于银行或保险公司众多的机构网络。我国保险公司可以发挥自身的机构网点、人才队伍等优势，为具体的以房养老业务提供经办服务。一是可以作为国家保险人的受托人。国家担保对于市场信心发挥了中流砥柱的作用，美国的 HECM 也是由住房和城市发展部作为保险人。但是，国家机构直接作为保险人可能缺乏风险管理经验，保险公司或多家保险公司的联合体可以受托于政府，更专业地管理和运营政策性反向抵押贷款保险业务。二是发挥保险公司的精算等优势，为贷款机构提供产品精算等相关服务。

四、将投资运营养老社区与以房换养业务对接

据不完全统计，截至目前，已有 8 家保险公司投资建设养老社区。根据这些养老社区现有的设想，入住对象主要是能每月缴纳数千元养老费用及数十万元押金或者购买上百万元保费产品的较高端人群。上述现有方式更多的是保险资金运用的一种途径，不能算做保险业参与以房养老的方

式。如果相关保险公司能开拓入住养老社区与老人以房换养对接的业务，则不失为保险业参与以房养老的一种途径。具体形式有，一是房屋产权在老人入住时暂不变更，老人将住房反向抵押给保险公司，保险公司把每月发放的贷款抵做老人入住养老社区的每月费用，待老人去世时，房屋出售价值扣除相关贷款本金及利息后，如有余额归其继承人；二是房屋产权在老人入住时就变更，老人将住房产权转移给保险公司，直接入住养老社区直至离世，其间不再缴纳任何费用，保险公司则将房屋出租获取租金或将房屋出售后资金再做投资获取回报。当然，此类业务，涉及房屋价值与入住费用的评估、匹配等具体问题，可能需要保险公司更多的投入。

　　总之，保险公司参与以房养老，可以有多种形式、多种层次。保险公司应立足自身实际，积极审慎介入，选择适合自身的参与形式。政府也应出台相应政策，发挥保险机制在以房养老运作中的作用，鼓励保险公司多层次、多形式参与。

第七章 加强以房养老监管

以房养老有多种模式，对于卖房养老、租房养老等"自助型"以房养老，由于交易环节简单，可以视同普通房产交易行为纳入统一监管；而反向抵押贷款（我国拟开展的该类业务为反向抵押养老保险，考虑到未来该类业务可能不仅由保险公司开展，下文仍以反向抵押贷款称之）作为一种金融与实业合作的养老模式创新，需要加强特别监管。无论从国外的实践还是国内探索来看，该类业务运行与发展都面临着很多不确定性及风险，这既与金融创新固有属性相关，也源于其参与主体的特点。一方面，参与以房养老业务的客户都是老年人，抗风险能力弱，缺乏足够的金融知识，容易被误导。另一方面，以房养老服务涉及多个领域，参与主体众多，相互之间关系协调难度大。如果缺乏强有力的监管安排，容易造成对老年群体及相关机构利益的侵害，不仅无助于缓解社会养老难题，更会影响到社会的和谐稳定。因此，政府在推动以房养老运作中的职责作用不能仅限于作为市场主体之一，更为关键的是通过逐步完善并有效落实相关的监管制度安排来推动以房养老稳步发展。

一、完善监管法规体系

完善以房养老有关的法律法规体系，尤其是反向抵押贷款类业务的专项法律法规、制度和政策，实现以房养老运作及监管有法可依是推动以房养老顺利发展的必然要求。就目前情况来看，尽管我国已有为数不少的全国性法规，如《证券法》、《担保法》、《保险法》、《商业银行法》、《个人住房贷款管理办法》和《老年人权益保障法》等或多或少与以房养老有所关联，但尚未有直接的法律法规对以房养老各参与主体的地位、权利与义务等加以明确，相关制度安排及监管依据等并不充分。结合我国实际，推动以房养老监管法律法规体系建设，应从以下方面入手。

1. 制定住房反向抵押贷款主体准入、退出的相关法律制度。明确住房反向抵押贷款借款人、贷款机构和参与机构应当具有的资格、权利义务，并建立相关的审核和登记制度，使住房反向抵押贷款市场主体得以规范，也为政府对住房反向抵押贷款市场主体的后续管理提供条件。就我国而言，试点初期，对于政府示范项目，可以指定某类金融机构开展，以便于监管、控制风险，但长期看应允许银行、保险公司、信托公司等符合资质条件的多种类型机构参与反向抵押贷款业务，各自探索积累相应的经验，同时应加强准入把关，对其资本实力、经营管理能力等设置门槛，对不同机构的门槛条件应保持相对一致。同时，建立健全市场退出机制，保障借款人的合法权益，防止因经营不善的公司破产倒闭带来系统性风险。

2. 制定住房反向抵押贷款市场运行过程的相关法律制度。明确各个运行机构开展住房反向抵押贷款的市场准入、市场退出的程序，对住房反向抵押贷款的操作程序、业务的监管等方面进行规范，对住房反向抵押贷款的市场秩序进行规范。其中，要注重建立健全消费者权益保护机制，对涉及借款成本以及贷款机构信息披露义务、借款人贷前咨询义务等保障消费者知情权、选择权的内容，应立法作出明确规定。

3. 明确政府有关部门的监管职责。通过法律法规明确政府对住房反向抵押贷款的监管职责，具体包括制定和完善住房反向抵押贷款的政策和法规、监管住房反向抵押贷款市场、提供住房反向抵押贷款的配套服务以及担保住房反向抵押贷款的额外风险。同时，由于住房反向抵押贷款参与主体较多，针对多头监管可能导致的"监管真空"，应明确指定牵头监管部门，并建立健全监管联席协调机制。

二、建立健全监管职责体系

我国现有金融体系采取的是分业经营、分业监管模式，而以房养老作为一种综合性的金融产品，其涉及行业之多非一般的金融产品所能比，商业银行、保险公司等都有可能开办此项业务。因此，有必要对以房养老相关的监管职责体系进行界定，避免监管过程中出现"多龙治水"或"踢皮球"等困局。

（一）明确主要监管（牵头）部门

从国外情况来看，明确监管机构并授予相关职权至关重要。在美国，房产价值转换抵押贷款（HECM）是国会授权的一种反向抵押贷款产品，其运行接受国会的监督，同时 HECM 保险项目得到美国住房与城市发展部（HUD）和联邦住房管理局（FHA）的支持；英国由金融服务局（FSA）负责监管；加拿大住房反向抵押贷款监管的角色由国家财务机构监管局（OSFI）担任。目前，我国的住房反向抵押养老保险业务试点主要由保监会牵头，但考虑到此项业务的综合性和涉及范围之广，以及未来该项业务参与主体可能扩大到银行等符合条件的金融机构，对其主要监管部门的设置应作相应的调整。

（二）建立监管协调机制

鉴于以房养老涉及金融、养老、房地产等多个领域，与此相对应的主管机构包括一行三会、民政部、住建部等。如在住房反向抵押贷款业务开展的前期，对于直接向老年人提供贷款（养老金）的银行（保险公司）主要由银监会（保监会）负责监管；在住房反向抵押贷款的后期，涉及抵押贷款证券化的，则由人民银行和证监会负责指导、监管等；涉及养老机构老年人服务提供的，又离不开民政部门参与。因此，反向抵押贷款业务的顺利开展非常有必要在较高层级建立监管协调机制，形成各职能部门各司其责又通力配合的监管协调模式，推动监管信息共享的规范化和常态化，尽可能减少对以房养老的监管交叉和真空地带，提高监管的连续性和有效性。

三、充实完善监管内容体系

从总体上看，以房养老的监管内容应至少涉及三个方向，包括机构人员监管、产品监管以及经营活动的监管。三者是个有机整体，相互联系，相辅相成。从更长远来看，应从功能性监管视角出发，主要针对反向抵押贷款等以房养老产品所具有的基本功能，实施跨产品、跨机构、跨市场协调的监管，以适应金融风险防范和金融监管改革的需求。

（一）机构人员监管

从国外经验来看，多数国家对开展反向抵押贷款的机构和人员资格等方面进行了严格规定。就我国情况来说，现阶段，反向抵押贷款业务更可能依托现有的商业银行和保险公司来推动。因此，监管部门通过对已有金融机构的业务开办资质进行监管将更具可行性。

1. 贷款机构

反向抵押贷款给付年限可能长达二三十年，这必然要求开办此项业务的金融机构要有较强的综合实力保证其未来贷款（养老金）给付，也只有这样，老年人才有信心把房产抵押给金融机构。因此，为保障反向抵押贷款参与各方的合法权益，推动业务顺利开展并实现养老服务的初衷，监管部门应加强反向抵押贷款业务准入标准设计，在资本金、机构运营年限、主要业务财务经营指标、专业人员配备等方面较其一般传统业务设定更高的要求。同时，从公平、公开、公正角度出发，应探索制定业务的准入公示制度，并形成统一的对外业务准入信息平台等。

以保险业为例，为统筹规划业务准入，逐步培育市场体系，应对反向抵押养老保险业务准入实施严格的审批制。在当前我国保险业整体实力还不强的情况下，应对申请开办的保险公司的偿付能力、业务构成及内涵价值等提出更为严格的要求。只有那些具备较高的经营技术水平、严格的信用调查机构、专业化的核保队伍、丰富的保险经验、雄厚的经济实力以及公众口碑较好的保险公司才能获准开办反向抵押养老保险业务。尤其是在初期，应先选择一两家规模大的保险公司在特定范围内进行试点，再结合市场需求和反应，有效控制业务准入节奏。

与此同时，也要探索完善反向抵押贷款业务退出制度安排，明确业务退出的界限与标准、程序、责任追究及后续安排等，以减少因个别公司业务退出引发的风险。

2. 中介服务机构

以房养老业务的推动，不仅需要金融机构、养老机构、房地产公司的主动作为，也不能缺少与此相关的各类中介服务机构的积极参与。甚至在很多时候，由于与消费者直接接触的首先是各类中介服务机构及其从业人员，其服务水平及形象更容易影响消费者对此项业务的信心。当前，在我国尚不健全的社会信用体系下，各类中介机构规模小，从业人员素质参差不齐，是业务误导风险发生的集中领域。因此，加强对以房养老相关中介服务机构的监管，确保其服务质量，对保护老年消费者权益、减少矛盾风险积累，从而顺利推动以房养老来说尤为重要。

从当前情况来看，监管部门要对中介服务机构进行有效监管，应在实施基本业务准入制的基础上，重点加强对中介服务机构从业人员业务能力和职业道德的监管。监管部门可充分发挥行业协会的自律管理作用，支持中介服务机构对其从业人员实施专业培训，并探索建立科学的淘汰机制，避免个别人员的劣质服务、损害消费者权益的行为伤及行业整体形象，切实保障以房养老相关方的利益。

（二）产品监管

产品是业务的灵魂，产品监管是对以房养老实施功能性监管的核心。从国际经验看，产品设计是否科学合理，对以房养老业务开展成败至关重要。由于反向抵押贷款业务本身的长期性、复杂性和高风险特征，为保护老年客户的合法权益，发达国家除对其实施一般产品监管外，还往往通过特定政府部门或行业组织，对产品要素或标准予以规范或统一。如美国占市场份额九成以上的房产价值转换抵押贷款（HECM）最初是作为示范性计划出现，由美国住房与城市发展部（HUD）负责项目的设计与改进，半官方机构联邦抵押协会（Fannie Mae）也参与到 HECM 的改进程序中，对此项目的一些原则与标准进行制定与修改。美国政府示范产品的成功，带动了私营产品的创新，并成为后者设计的重要参考。英国早期产品设计的缺陷以及监管的缺位，导致社会公众对资产释放业务一度缺乏信心。有鉴于此，行业组织"安全家庭收入计划"（SHIP）对产品应包含的关键要素做了界定，促进了英国此类业务的规范、健康和可持续发展。而新加坡由金融机构开办的反向抵押贷款业务只是昙花一现，与其产品条款设计不利于老年客户利益有着重要关系。

在市场化条件下，产品设计属于企业自主经营行为，失败与否固然也是市场的选择，但考虑到以房养老业务的公益属性，有必要加强产品监管。尤其对我国而言，整体金融体系和经济社会大环境尚难言成熟，基础数据、技术储备也不充分，在合理厘定政府行为边界的基础上加强产品监管，尤显重要。

第一，建立健全产品准入退出等全程监管机制。考虑到金融机构开展的反向抵押贷款类以房养老产品关系到社会公众利益，应将其纳入产品审批范畴，建立健全相应的产品准入退出机制。监管部门应尽快出台相关规定，对纳入监管的产品范畴进行界定，对产品准入应符合的条件、程序、人员责任，对产品运营中的管控制度、报告分析、风险预警、监督检查等进行明确的规定。同时，针对产品可能存在的失败退出情形，应从维护老年客户合法权益和维护社会安定稳定的大局出发，研究建立善后机制，对可能引发的紧急突发事件应有应急处理机制。

第二，推动产品标准化、通俗化。在业务开展的初期，监管部门可以指导行业协会或特定机构设计制定产品的示范性条款和基础费率，积极推进条款费率的通俗化、标准化工作，以促进业务的规范化发展，增强公众信心。其中，在条款方面，应遵循"依法合规、公平合理、诚实信用、通俗易懂"原则；在费率方面，则主要依据精算原理，达到充足性、适当性、无歧视性的目标，最大可能消除各方因缔约地位不平等而可能产生的消极影响，防止失信行为，有效保障社会公众利益。在业务发展的同时，加强建立行业基础数据平台及标准产品数据库工作，为产品调整奠定基础。

第三，积极审慎支持金融机构开展以房养老产品创新。住房反向抵押贷款仅是以房养老的模式之一。同时，即使老年人通过该项业务取得贷款（养老金），也仅是完成了以房养老的前期工作，后续的反向抵押贷款产品证券化等仍需要监管部门和金融机构的积极作为。因此，监管机构应积极支持金融机构以当地社会经济的实际情况以及社会公众的需求为出发点，在风险可控的范围内，最大限度利用现有的金融产业资源，以科学性和实用性为原则，设计开发出各类具有针对性的金融养老产品，提高参与社会保障体系建设的水平和能力。

（三）经营过程监管

第一，加强业务风险监控。如前所述，反向抵押贷款业务作为一种金融服务创新，对于开办的金融机构来说，可能会面临着房价波动风险、流动性风险、利率风险、长寿风险、道德风险等，导致无法获得预期收益。我国金融业总体发展时间尚短、基础较为薄弱，尤其对长周期风险的识别能力和应对能力还较为欠缺，而能否合理识别并控制风险是以房养老成功与否的重要保证。因此，监管部门应加强研究，结合我国现有金融监管总体框架，设计一套符合我国国情和针对性较强的反向抵押贷款业务监管指标体系，增强对该金融创新风险的识别能力，并要根据监测结果及时对相关机构采取风险提示、窗口指导以及限制业务等监管措施。

同时，监管部门也应鼓励开办反向抵押贷款业务的金融机构建立内部风险计量体系。在许多情况下，由于金融机构比监管部门更加清楚自己的风险状况，尤其是对反向抵押贷款这一复杂的金融产品来说，某些规模较大、经营管理水平较高的金融机构采用内部的综合模型开展评估，比监管部门设计的标准评估方法更能高效、真实地反映其风险状况。因此，监管部门应鼓励金融机构采用类似内部评价的方法对自身的业务风险状况作出合理的评判，并及时采取业务调整等措施。

第二，营造规范有序的市场竞争秩序。随着经济社会发展，公众养老意识转变，以房养老市场扩大可能吸引更多的金融机构参与。市场竞争加剧，很可能诱发个别公司的不正当竞争行为，既扰乱市场秩序，加剧业务风险积累，也伤害各参与方的利益。我国保险业发展的初期，也经历了一段违法违规问题突出的时期，至今仍为社会公众诟病。因此，监管部门应未雨绸缪，采取有效措施，为以房养老市场的参与各方建立一个公平、有序的良性竞争环境。

对于监管过程中发现的金融机构和中介服务机构违法违规问题，监管部门要依法予以严格处理，并要坚持查处机构与处罚人员并重，特别是强化对高管人员和上级机构的责任追究。同时，强化案件问责，把违法违规问题与以房养老业务开办资质、产品审批挂钩，高管人员的法律责任与其任职资格挂钩，提高市场秩序规范工作的针对性和有效性。

第三，建立健全消费者投诉纠纷处理机制。健全投诉纠纷多元化解决手段，为消费者提供低成本、高效率的纠纷解决途径是切实保护消费者权益，推动以房养老稳健发展的另一大关键。一方面，可充分借助监管部门以及金融机构已有的信访投诉平台，集中投诉、举报、咨询等功能，实现转办、反馈、督查等流程的信息化、标准化运作，提高办结率。另一方面，可大力借助专业能力好、社会公信力强、服务效率高的纠纷调解和仲裁机构的作用，如推动与各级司法机关合作、推动建立"诉调对接"机制等，赋予消费者最大的自由权和选择权，满足消费者的不同需求，逐步建立起良好的声誉，给予老年消费者信心。

此外，监管部门应积极推动建立开办以房养老业务金融机构投诉考评制度，全面考核开办机构投诉处理机制运转、信访投诉数量与投诉率等情况，并定期向社会公众公布，以促进提高投诉纠纷处置工作水平。

第四，建立健全信息披露制度。强化信息披露，增加经营透明度，不仅有助于防止内幕交易和市场操控等违规行为，也能让参与者获得充分的信息以作出自己的判断，并借此实现对金融机构、服务机构有效的外部制约。以美国为例，根据其《Riegle 社区发展法案》（*Riegle Community Development Act*，1994），反向抵押贷款的贷款人应向借款人披露全部贷款费用的真实估计，无论这些费用是否被认为是费用融资，也就是说，与反向抵押贷款有关的所有费用都必须向借款人披露。该规定对于确保借款人合理评估参与反向抵押贷款的成本，并决定是否参与起到了重要作用。

对于我国来说，反向抵押贷款作为一种相对新颖的养老产品，消费者对其产品设计、运作原理的了解较为有限。为保护老年消费者利益，金融机构必须准确、如实、全面披露自身的资质情况，反向抵押贷款的收益、成本（比如利率、各项费用等）以及可能面临的风险等。特别是在宣传和销售反向抵押贷款产品时，金融机构及相关中介服务机构要尽到必要的说明义务，避免误导和欺诈行为的发生。

因此，监管部门应对金融机构的反向抵押贷款信息披露的内容、时限、频率、渠道等作出明确规定。同时，可通过信息披露监测和评价等形式，来督促金融机构有效落实信息披露工作。对于未按照监管要求进行信息披露的行为，实施统一、标准的监管处罚措施。

四、大力推动监管配套体系建设

（一）推动强化企业内控建设

由财政部、审计署、保监会、证监会以及银监会五部委发布的《内部控制指南（2008）》指出，内部控制是企业为实现控制目标，而实施的一系列程序和方法，由企业全体人员共同实施执行。管理学经验表明，作为一种经营管理手段，内部控制具有很强的风险管理功能。反向抵押贷款业务流程较长，涉及环节较多，对于金融机构尤其是保险公司来说，由于之前对于贷款业务的经验较为有限，更有必要加强内控制度建设与执行力度，以实现有效防范业务经营风险。

金融机构方面，要从发展战略和风险管理角度提升对内部控制的重视，按照反向抵押贷款业务运作特点，建立完善业务内部控制制度安排。一方面，要对销售、贷款发放、房产处置等关键业务环节进行组织架构和岗位设计，确保权责明确、相互制约、不相容职务岗位分离，突出财务会计控制的基础作用。另一方面，要强化公司的内部监督，增强内审部门和人员的独立性与作用，理顺内部信息沟通交流机制，发挥机构内部审计的自我纠偏差错功能。

监管部门方面，应把金融机构内控建设和执行情况纳入监管的重要内容。一方面，要加强金融机构业务内控建设的指导与交流，包括组织行业力量，大力推动内控标准化，研究制定内部控制的科学评价机制，总结和推广业务内部控制的先进典型和经验做法等。另一方面，通过对金融机构内部控制的现场与非现场检查等手段，重点加强对反向抵押贷款业务、财务关键环节的内控落实情况监管。对于内控问题严重的，应及时采取限制业务乃至取消业务资质等措施，提高内控监管执行效力。

（二）推动完善行业自律机制

国内外金融监管实践表明，行业自律不仅是实现行业自我规范、自我协调的重要机制，也是维护市场秩序、促进行业健康发展的重要手段。相比较政府部门刚性的外部监管，行业自律通过自发的温和内部约束，更容易将问题和风险控制在萌芽阶段。尤其在政府监管所不能及的领域，行业自律更能发挥积极作用，对降低监管成本、提升监管效率具有积极的现实意义。以英国为例，其资产释放业务的行业自律组织包括早期的"安全家庭收入计划"（SHIP）和后期的资产释放理事会（Equity Release Council），从保护消费者利益角度出发，通过出台约束其成员的基本业务规范和市场行为自律准则，并作为行业代言人争取政府支持，对促进英国资产释放业务的规范、健康和可持续发展发挥了积极作用。

我国现代金融虽然起步较晚，但在近年高速增长之下，整体规模已经跃居世界前列，而金融监管整体力度和深度都与行业发展不相匹配。尤其是以房养老业务尚处于摸索阶段，相关的法律法规、监管制度更为缺乏，仅仅依靠政府部门的监管力量难以收到最佳效果。因此，以房养老监管更要大力借助行业自律机制，其发挥作用空间主要包括督促相关金融机构完善内部控制治理、制定行业标准和从业规范、建立落实自律惩戒约束机制以及开展同业信息交流等。在这一过程中，监管部门应积极支持树立行业自律的权威性，并对行业自律工作提供必要的指导。

结论和展望

我国面临着日趋严重的养老压力，国家财政难以负担，引入新的金融机制与金融产品来增强退休老人的自我养老保障能力，是一种可行的方法。引进反向抵押贷款等以房养老模式，对于缓解我国社会养老压力有着重大的意义。但这一业务的实施对社会经济环境也有较高的要求。我国在政治、经济、社会各方面虽然已经发生了深刻的变化，但是不确定性因素仍然较多，特别是我国金融体系不够完善、传统观念根深蒂固，会对产品的顺利推行产生较大的阻力。同时，这种产品具有较大的固有风险，前期投入成本大，推出反向抵押贷款要非常慎重。所以一开始不宜采取私营机构直接运作的模式，适宜采用政府主导，金融机构和相关部门通力合作的模式。

需要注意的是，以房养老有其特定的目标人群，不能把它当成解决所有老人养老问题的灵丹妙药。但作为一种新型的养老模式，它不仅能够切实地解决部分老年人的养老问题，而且可以给予我们思想的启迪。这种启迪不仅仅限于养老领域，更可以延伸到整个金融体系完善、创新等多个方面。随着发展的逐步深入，市场参与主体的不断增多，由政府主导运营过渡到市场主导运营，以市场化的方式解决我国部分养老问题将成为可能。其中，无论从境外实践还是行业内在特点看，保险业均有成功经验或独特的功能作用，可通过多种方式、多种层次参与以房养老，为我国养老事业作出自己的一份贡献。

附录 1　部分国家和地区住房反向抵押贷款主要模式一览表

国家或地区	贷款机构	借款人条件	贷款额度	贷款发放方式	贷款偿还方式
美国	政府和私人房贷机构同时提供，其中政府主导的房产价值转换抵押贷款（HECM）为主流，贷款机构为联邦住房管理局授权的银行、抵押贷款公司和其他私营金融机构	62 岁以上拥有永久住房的老年人，对收入水平及借款用途不设限制	主要由借款人年龄、配偶状况、房产评估价值、贷款支付方式和市场利率决定，不超过有关部门规定的最高贷款额度并每年调整	一次性支付、定期按月支付、终身按月支付、信用额度支付或这几种方式的组合，由借款人自行选择，可变更	所有债务将在住房出售、房主永久搬离或借款人死亡时支付，借款人可选择提前还款。如果房屋价值不足以偿还贷款，贷款人没有追索权
加拿大	由住房净值银行开办	55 岁以上拥有永久住房的老年人，对其收入、信用和健康状况不设限制	主要由借款人年龄、配偶状况、房产评估价值、贷款支付方式和市场利率决定，不超过房产评估价值的 50%	定期按月支付、终身按月支付、信用额度支付等，由借款人自行选择	所有债务将在住房出售、房主永久搬离或借款人死亡时支付，借款人可选择提前还款，如在 3 年内偿还，须额外赔偿给贷款机构。如果房屋价值不足以偿还贷款，贷款人没有追索权
澳大利亚	澳大利亚老年人资产让与协会（SEQUAL）的 9 家会员机构	60 岁以上拥有永久住房的本国居民，其中住房转换计划（HRS）要求房屋位于墨尔本和悉尼；没有其他借款等	主要由借款人年龄、配偶状况、房产评估价值、贷款支付方式和市场利率决定，不超过贷款机构规定的最高额度，表现为贷款价值比（LVR），其随着借款人年龄增大而提高	一次性支付、按期支付、信用额度支付或这几种方式的组合，由借款人自行选择	所有债务将在住房出售、房主永久搬离或借款人死亡时支付，借款人也可选择提前还款。如果房屋价值不足以偿还贷款，贷款人没有追索权

续表

国家或地区	贷款机构	借款人条件	贷款额度	贷款发放方式	贷款偿还方式
新加坡	主要是职总英康保险合作社（NTUC Income），已停办	60岁以上拥有私人住房且产权在70年以上的老年人，是公司的寿险保户，必须购买抵押贷款履约保证保险、人寿保险及屋宇保险	主要由借款人年龄、房产价值、贷款期限和现行利率计算，可以申请的贷款限额是房产估价的70%	定期按月支付，期限最高20年，或当屋主满90岁或死亡时，以较早者为准	如果房屋价值不足以偿还贷款，贷款人有追索权，借款人对不足部分负有偿还责任
韩国	韩国住宅金融公社	60岁以上拥有私人住房的老年人，抵押房屋住宅价格在9亿韩圆以下	主要由借款人年龄、房产价值、贷款期限和现行利率计算	递增型、递减型和阶梯型年金领取方式	所有债务将在借款人死亡时支付。如果房屋价值不足以偿还贷款，贷款人没有追索权
中国香港	参与香港按揭证券公司推出的安老按揭计划的7家银行	55岁以上持有香港身份证，目前没有破产或涉及破产或债务重组的人士；贷款物业必须以个人名义或联名共同持有，楼龄在50年以下，没有任何转售限制；物业是主要居所并没有出租	楼价800万港元及以下住宅，年金按100%计算，800万港元以上按一定比例计算，超过2 500万港元的按照1 500万港元计算每月年金	可选择10年、15年、25年或终身领取年金，除了每月年金，还可选择提取一笔过贷款（上限为贷款的90%年金现值）	所有债务将在借款人死亡时支付，也可提前全额还款，但不能提前部分还款。如果房屋价值不足以偿还贷款，贷款人没有追索权
中国台湾	政府主办、委托台湾土地银行代办事务	65岁以上有房产、无子女的贫困老人	按照性别、年龄及不动产估价精算确定	按月领取津贴，领取年限最高30年	老人离世后，房产归政府处置；老人不能自理时，护理费用也由政府承担
法国	地产信贷银行	65～95岁有房产的老人	贷款额取决于房价、增值潜能及房主的年龄等因素，每3年重估一次	终身按月支付	借款人死亡后，房产归银行处置；也可由继承人偿还贷款本息向银行赎回。借款人也可在生前出售房产来偿还债务。住房如果资不抵债，银行无追索权

附录2 美国反向抵押贷款常见问题解答①

1. 什么是反向抵押贷款？

反向抵押贷款是一种特殊类型的家庭贷款，允许年龄超过62岁的老年人将住房资产的一部分转换为现金。您苦心经营多年而买来的房子，现在可以为您提供回报了。转换出来的现金可以用一次性领取的方式、信用额度的方式或按月领取的方式取得。反向抵押贷款不需每个月偿还借款，只要您不搬出居住的房子、出售该房子，或者最后一位借款人还健在，所贷的款项就不用归还，直到借款人不再用所抵押的房子作为主要住所（或者说是借款人已经去世）。贷款期间，房子的户主仍然是借款人，联邦住房管理局（FHA）开办的反向抵押贷款具备上述特点，并且联邦政府为这类贷款提供保险保障。

反向抵押贷款有别于传统家庭住房抵押贷款或次级贷款，有以下几个特点：不用按月还款，不受信用和收入状况影响，不给晚辈留债务，终身不用还款，不影响基本养老金的获得，不用更换户主，是一个为62岁以上的"房产富裕、现金贫困"的老年人提供的最佳财务计划。

2. 我有资格申请住房与城市发展部（HUD）的反向抵押贷款吗？

HUD规定，反向抵押贷款的借款人必须是自有房屋的产权人，年龄在62岁或以上，正常居住在被抵押房屋内。借款人可以拥有少量的其他住房贷款，但金额必须小于反向抵押贷款的金额，且反向抵押贷款金必须首先用于偿还之前的住房按揭贷款。此外，在获得贷款前，申请人必须向HUD认可的机构进行咨询。

---

① 资料来源：根据美国反向抵押贷款的相关网站列出的问题进行组合融会后翻译。

3. 如果我的寿命比贷款时预计的要长，那么放贷机构是否有权拿走我的房子？

不行。放贷机构没有这个权利！只要借款人或借款人之一继续住在该房子里，并且仍然在缴纳财产税和保险费，您就无须偿还贷款，但您所能贷到的款不能超过房子的价值。

4. 如果我申请了反向抵押贷款，我还能将某些财产给我的继承人吗？

当您出售了房子，或者这个住房不再是您的主要居住用房了，就必须归还反向抵押贷款、利息和其他一些费用。如果还有剩余的其他财产，这些剩余财产将属于您或您的继承人。HUD 的反向抵押贷款不会影响您的其他财产。这笔债务不会让您的继承人来归还。

5. 通过反向抵押贷款，我能贷到多少钱？

贷款金额是根据联邦住房管理局的表格计算的，您能获得的贷款本金取决于以下三个因素：您的年龄、当前的利息率以及您的房子的价值。但是您的贷款额度不能超过 FHA 所规定的该地区的贷款上限。一般而言，住房价值越大，您的年龄越大，利息率越低，您可以贷的钱就越多。

（1）借款者的年龄和借款者的人数。当有三个借款人时，最年轻的那两位借款人的年龄将用来计算您能获得的贷款本金；您的岁数越大，您的贷款额就会相对高些。

（2）住房的价值。您的住房充当着抵押品的角色，住房价值取决于评估师给所抵押住房的评估价值。

（3）调整后的住房价值。调整后的住房价值是用来计算您能获得的贷款额度的，是住房的评估价值和 FHA 规定的最大贷款额两者之中的较小值。需注意的是，FHA 每年都会根据美国的平均物价指数来调整它所规定的最大贷款额。

6. 我如何得到我的贷款？

您有五种选择：

（1）终身按月支付，只要借款人活着并继续以该房子为主要居住用房。

（2）定期按月支付，即在选定的固定时期内按月支付。

（3）信用额度，不定期或分期支付，次数和额度由借款人随意选择，直至信用额度领用尽。

（4）终身按月支付与信用额度下不定期支付相结合。

（5）选定期限的定期按月支付和信用额度下的不定期支付相结合。

7. 如果我的孩子或别人同我住在一起，对贷款会有影响吗？

只要借款人居住在此房产内，这是允许的。不过，如果一个或全部借款人要搬离该住房时，则必须征得贷款银行的同意。

8. 为什么需要每两年评估一次房产？

定期评估您的房产价值，可以使您随时调整、掌握自己的财务状况，有助于您作出正确的金融决策。如果您的房产增值了，这种评估可以为您增加借款的额度。

9. 若干年后，如果我的房产贬值了，低于借款额度时，会怎么样？

借款人的责任限于其房产的权益，如果借款额度超过了房产价值，差额损失由贷款银行承担。

10. 我在什么情况下应该考虑申请反向抵押贷款？

如果您希望将现有的贷款还清、需要修理房子的费用、需要增加您的月养老金收入、需要支付一笔医疗费用，或希望有一笔额外存款来支付各种费用，那么您都可以借助于反向抵押贷款。这个计划将帮助您实现经济独立的愿望，并使您的晚年过得更加安逸。老人们辛苦工作了一辈子，没有理由住着大房子却手头拮据。房子可以作为您晚年退休的第二笔收入，应该充分利用房子这么多年带来的价值。

11. 借款人的个人责任或未来遗产继承人的责任是什么？

所有的责任仅限于实际用的贷款金额及利息，以在偿付贷款时抵押住房的实际价值为上限。如果您的遗产继承人用出售房子的钱来偿还贷款，那么房价超出贷款金额及利息的部分仍由您的继承人所有。当然，需要偿还的贷款金额永远不会超过您的房子出售价格。如果房子价格由于经济或其他原因下降了，不足部分由政府 FHA 的保险赔款来弥补，不用遗产继承人负责。

12. 反向抵押贷款有哪几种形式？

反向抵押贷款有以下几种形式：房产价值转换抵押贷款（HECM），这个计划是最通常、最普及的，由联邦住房管理局提供后台支持。该计划根据不同的地区有一个最大贷款限额。由联邦抵押协会发起并提供资金支持的住房持有人计划（Home Keeper），允许已经拥有住房的借款人将贷款资金用来购买新房。财务自由计划（Financial Freedom）提供高价值房子的特殊贷款，其贷款额度高于联邦抵押协会的住房持有人计划和房产价值转换抵押贷款的额度。

13. 如果我按月领取贷款，但有一天我需要一大笔应急的钱，怎么办？

您有权利将按月领取的钱转换成信用额度，取出需要的那部分应急钱，之后再按月领取。但在这部分应急的钱取出后，每个月可领取的金额就会减少。

14. 如果每个月需要的金额高于贷款公司计算的终身领取的月收入金额怎么办？

您可以将终身领取计划改成定期领取计划，比如由终身领取改为20年领取，这样的话，可以增加每个月的领取金额。如果选定的固定支付期限到期了的话，贷款机构就不会继续每个月给您支付金额，但您仍然保留终身居住房子的权利。

15. 我需要偿付我能够贷出来的反向抵押贷款款项的所有利息吗？

不，只需偿还实际已使用本金的相应利息，还没有使用的本金不用偿还利息。

16. 如果贷款前我的房子有按揭贷款或者其他形式的房子抵押，怎么办？

只要您房子的净值还有足够的市场价值，您就可以获得反向抵押贷款。贷款的总金额，首先一部分用来偿还现存的其他贷款或抵押债务。当然这个结果，会使得您每个月收到的贷款数额减少，但由于您每个月不用再去偿付原来的贷款，手头上实际可以使用的现金自然就增多了。

17. 如果我想结束反向抵押贷款，偿还所有贷款及利息，我要付违约金吗？

不用。任何时候偿还贷款都没有违约金。您可以一次性偿还贷款，也可以部分偿还贷款。

18. 我是不是一定要对贷款机构每个月的发放金缴纳所得税?

不用交税。政府税务部门将反向抵押贷款认同为借贷，这些钱被视为贷款的收益，不属于应征税款，所以没有税务问题。

19. 反向抵押贷款会影响社会保险福利或其他退休福利吗?

不，如果您只拿社会保障和退休金，反向抵押贷款不会影响您领取这些福利的资格。

20. 申请反向抵押贷款有许多不懂的事项应当怎么办?

联邦政府批准的反向抵押贷款顾问都会向申请人提示该抵押贷款可能涉及的问题，包括税收、对获取政府救济或其他扶助计划的影响、对房屋产权及继承人的影响等。

21. 申请反向抵押贷款，需要花费的成本代价有多大?

申请政府提供的反向抵押贷款成本最低。申请私营的反向抵押贷款，往往会涉及一系列开销。首先，申请费通常包括财产估价费、信用分析报告费。接着，就会有一系列机构费用，例如结算费、保险费，还有月服务费等。

本贷款在前阶段的花费很高，然后随时间推移而减少。短时期内，反向抵押贷款的成本代价是相当高的，但若该借款人可以存活的年份比期望年龄要久，成本就会被摊薄、变小。

22. 申请反向抵押贷款要手续费和其他费用吗?

有些贷款机构收费而有些机构不收费，上网查找一下就了解了。需要支付申请费时，您需要付 300 美元的评估费用，在反向抵押贷款批准后，300 美元将退还给您。如果没有获得批准（一般出现在原有的贷款额过高，或房屋产权不清楚等），300 美元的评估费不能退还。所有其他费用包括贷款公司的月管理费、通常的手续费、政府要求的保险费等都将体现在贷款总额中，不用申请人现在交付。所有费用清单，会在正式申请贷款时交给客户。

需要注意的有:

（1）贷款开办时需缴纳相当于最大贷款额 2% 的初始贷款保险费，以后每年需上交相当于每年未清偿贷款余额 0.5% 的保险费。

（2）若选择的是每年调整一次的浮动利率，每月的服务费不超过 30

美元，若选择的是每月调整一次的浮动利率，每月的服务费不超过 35 美元。这些服务费在贷款开办时即事先从贷款金额中预扣出来。

（3）要缴纳的费用均可以由贷款机构代为支付，支付的数额将加在借款者的未清偿贷款余额中，且要计息。

23. 在申请贷款完成后，还有其他费用吗？

有。包括贷款利息、贷款保险费以及每个月很低的管理费用、月结单记录、付款结算手续等。即便申请人没有使用反向抵押贷款的钱，这个月费用仍然要支付。这就是说，这个费用每个月都会增加到您的贷款数额中。当然，这并不影响您可以从反向贷款中拿到的钱数。

24. 如果我决定出售住房或者搬迁地址怎么办？

在这种情况下，反向抵押贷款就该提前偿还了。偿还的款项中包括贷款本金、利息和贷款手续费等。

25. 如果我过世了，谁将承担责任卖掉这个房子？

如果您过世了，这时候就该偿还贷款本金、积累的利息及手续费了。您的遗产继承人可以通过给房子再贷款，或出售房子，或其他现金的方式偿还贷款。如果您没有继承人，或继承人不愿偿还贷款，贷款机构将出售您的房子来偿还贷款。

26. 如果房子的价值在贷款期内增值了如何处理？

贷款公司只要求您偿还借贷的那部分钱，高出原来房子价值的部分，都将属于您或您的遗产继承人，或按合同约定的一定比例由贷款公司分享。

27. 在申请反向抵押贷款后，是不是要将房子转到贷款公司或者 FHA 的名下？

不用，房子仍然保持在您名下，不会发生变化。

28. 我作为借款人有哪方面的义务？

您必须保证您的房子是主要居住房，维护保养好您的房子，按时缴纳房地产税和保险费及有关的社区户主分摊费用（如果有的话）。

29. 如果我的房子办理了资产信托，我是否可以申请反向抵押贷款？

可以，但是您的资产信托协议要经过律师审查或认可。

30. 反向抵押贷款的利息是固定利率吗？

不是，联邦住房管理局（FHA）提供保险的反向贷款必须采取浮动利率。浮动的方式有两种：按月浮动或按年浮动。按月浮动的利息要低一些，但浮动风险比按年浮动风险大一些。按年浮动每年浮动幅度不能超过2%，整个贷款期间内的浮动限额不能超过5%。比如签约时的利息率是3%，那么整个贷款期间内的利息率不能超过8%。按月浮动利息，整个贷款期间内的浮动限额不能超过10%。比如签约时的利息率是3%，那么整个贷款期间内的利息率不能超过13%。

31. 如果我的信用分数特别低怎么办？

反向抵押贷款不存在向贷款机构按月还款问题，您的信用分数不是我们考虑的因素。

32. 如果我想在未来几年里移居别处，我应不应该申请？

不应该申请。反向抵押贷款是针对那些希望住在自己家里的老年人开办的。

33. 如果我搬迁或者过世了，我在信用账号上没有使用的钱怎么处理？

在信用账号上积累的钱，只能供申请人使用，当您搬迁或过世后，没有用完的信用额度，不用偿还。

34. 什么是反向抵押贷款再保险金？

反向抵押贷款的再保险金（MIP）是付给政府（FHA）用来保护联邦抵押协会（Fannie Mae）和贷款机构的保险金。对于贷款机构来说，当借款人已经借贷的金额超过房子价格后，由 FHA 将差价损失部分还给贷款机构。对借款人来说，如果已经借贷的金额超过房子的市场价后，不负责偿还超出房价的差额部分，由 FHA 负责向贷款机构偿还。

35. 反向抵押贷款再保险金的金额是多少？

申请贷款批准后，根据您可以得到的贷款限额计算，一次性缴纳2%的保险费。以后根据您实际已经使用的贷款金额计算，每年缴纳 0.5% 的保险费。如果您是按月领取反向抵押贷款的话，保险费将按月分摊，实际金额将在给您的每个月月结单中出现。

36. 在申请人过世后多久，继承人要还清反向抵押贷款？

一般来说，在申请人过世半年之内，房子的继承人应该将反向抵押贷款的账面金额还清。继承人可以保留房子，用现金还清贷款，也可以卖掉房子还清贷款。如果在半年内，房子没有卖出去，继承人需要向贷款公司申请延长还款期限。当然，如果您没有继承人，或继承人不愿偿还贷款，将由贷款机构来处置您的房产。

37. 我如何确定这种贷款是否适合我？

申请人需要向美国住房与城市发展部（HUD）认可的第三方中介机构咨询。中介机构业务人员会和申请人（或和申请人的家人）见面，向申请人解释这个产品，以帮助申请人作出决策。

38. 我能不能在任何我想要出售的时候出售房子？

可以。但将住房出售后，就需要归还贷款了，还清贷款后，剩下的钱仍归借款人所有。

39. 我如何使用贷款，是否有使用限制？

没有。这是借款人自己的钱，由借款人自行决定。

40. 我是否应该搜寻查找最低的利率？

不必，同一区域的利率是相同的。

41. 怎样偿还贷款？

贷款必须一次还清。您可以将住房出售或者用其他方式来偿还贷款（如子女为您偿还贷款）。

42. 如果我现在不需要额外的现金，我有必要申请吗？

反向抵押贷款的可贷资金款项，可以放在您在贷款机构开立的信用账号上，并享受存款利息增值。这样的话，在未来您需要钱用的时候，在反向抵押贷款账号上积累的利息，会增加您可以使用的现金额。但这个办法我们不建议使用。取得反向抵押贷款是要支付利息的，将暂时不用的款项存放在账号上可以得到一些存款利息，但存款利息率肯定要小于贷款利息率。

43. 银行会抢走我的房子吗？

反向抵押贷款机构和其他的贷款人一样，基本上没有权利去没收客户的财产。反向抵押贷款与以前的一般性抵押贷款一样：在贷款全部偿还之前，住户对自己的住房有留置权。在反向抵押贷款业务中，借款人或继承人可以选择以其他资产清偿债务，也可以选择将抵押的房子交给银行处分来偿还债务。银行不会真正地索取您的房子，他们的出发点只是要借给您钱，而不是要没收您的房子。

44. 房产等值贷款和反向抵押有什么不同？

反向抵押是在贷款期间无须偿还的房产等值贷款，只要您的房子仍然是您的主要居住地，您就不需要偿还贷款本息。您的收入和信用等级在反向抵押贷款资格审查时，是不需要考虑的，也没有必要每年去重新审批。

而在房产等值贷款期间，您必须固定按期偿还一定金额，并且从贷款开始后，就要开始偿还了。为了能够获得这类贷款的申请资格，您必须有足够多的月收入以保证偿还能力。如果您每个月不能挣到这笔钱，贷款人肯定不通过您的资格审查，您也只能被迫把房子卖了。您也可以每年要求对房屋等值贷款进行资格审核。如果您没有重新进行资格审核，贷款人就会要求您马上把贷款还清。所以，反向抵押贷款和房产等值贷款都能让您把房子等价转换成可以花销的现金，但两类贷款仍然有一些很重要的区别。

45. 怎样了解反向抵押的过程？

所有的潜在借款人在填写申请表时，首先会被要求与一个反向抵押贷款的顾问，或是咨询员会谈。他的工作就是告诉和指点客户如何选择五花八门的反向抵押项目，如何挑选那么多可供选择的工具。各类咨询会对借款人来说是免费的，可以一对一或者是通过电话进行。

46. 我能通过房子借到多少钱？

反向抵押贷款的总额是基于房产价值、房主的人数和年龄情况，当然，还有当时的利率水平。房产价值可允许变动的最大范围，取决于这个房产项目的评估情况。在联邦住房管理局的项目中，房产价值的变动范围受各个州的不同情况限制。

47. 我的孩子们会不会在我死了以后负债？

您或您的孩子们，绝对不会背上比您的房产价值还要多的债务。根据您的健康状况，贷款余额由支付给您的本金，再加上调整后的利息组成，调整方法照顾了借款人的利益。因此，贷款余额是一个在贷款到期时才要偿还的款项，而且是可以支付得起的。您或子女们可以选择变卖房产偿还贷款，或是子女要保留房子，用另外方法来偿还贷款。如果贷款总额超过您的财产价值，所欠的债务也不会超过您的房产价值。贷款人会用抵押保险赔款来补偿他的损失。请放心，不会对您的后代和您的房产有追索还债方面的诉讼。

48. 如果房产价值不幸贬值了，我会不会被迫变卖房产？

只要您一直住在您的房产内，并且还是主要的居住住所，您就不会被迫去变卖或被迫搬出房子，即使您拖欠的贷款总和已超过了房产价值。如果您选择固定期限的按月支付方式，即使支付期限已经过期、贷款人不再付您钱了，但您依然可以继续住在您的房子里，不用担心被赶走。抵押保险金会对贷款人未来可能遇到的资不抵债的损失进行赔偿。

49. 如果我的房子在抵押期间升值了，谁有权获得房产升值所带来的利益？

在贷款期间，贷款机构并不享有房子升值所带来的利益。

50. HECM 会影响我的其他收入来源吗？

不会影响您每月的社会保险金和医疗方面的待遇，但可能会影响您每月的社会保障补助金（SSI）或公共医疗补助金，因为 HECM 可能提高了您每月的收入水平，使您不再有资格获得保障补助金或公共医疗补助金了。所以，在申请贷款之前，您必须就这些情况打听清楚。

51. 我能把我的房子卖给我的孩子们吗？还是一直要住在那里？

如果您决定把您的房子卖给您的孩子们，或是其他人，或者是仅仅是换个户名，反向抵押贷款会立即到期，并且是需要马上偿还的。在贷款偿还之后，接下去对房产的占有安排，就由新的持有者来进行。

52. 申请反向抵押贷款前，已有的住房按揭贷款要全部还清吗？

反向抵押贷款要求，先前的住房按揭贷款要全部付清（或仅允许保留小额债务），以保证反向抵押贷款拥有第一置留权，或是处在债务清偿顺序的第一层级上。许多时候，从反向抵押贷款获得的资金能够付清之前贷到的有最优先受偿权的贷款。一个老年人，如果没有自有房产，就不可能得到反向抵押贷款的申请资格。

53. 对未来反向抵押贷款来说，抵押保险的保险费有多重要？

抵押保险的保险费对未来反向抵押贷款来说，是十分重要的。它对借款人来说是提供了一个保护，增强了参与者的信心，促进了市场的流动性。

附录3 美国 HECM 手册（4235.1 REV – 1）节选^①

一、HECM 贷款协议（手册附件7）

HOME EQUITY CONVERSION LOAN AGREEMENT

THIS AGREEMENT is made this day of ＿＿＿, ＿＿＿, 19＿＿＿, among ＿＿＿＿（"Borrower"）, ＿＿＿＿（"Lender"）and the Secretary of Housing and Urban Development（Secretary）.

房屋价值转换抵押贷款协议

本协议由＿＿＿＿（借款人）、＿＿＿＿（贷款机构）和住房与城市发展部（政府机构）于19＿＿年＿＿＿＿月＿＿＿＿日共同签订。

Article 1 – Definitions
第1章　定义

1.1 Expected Average Mortgage Interest Rate means the amount indicated on the attached payment plan（Exhibit 1）. It is a constant interest rate used to calculate monthly payments to the Borrower throughout the life of the loan.

---

① 房产价值转换抵押贷款（HECM）手册是美国政府编制的宣传说明手册，在美国住房与城市发展部（HUD）官方网站上可供查询下载。手册第一版于1989年8月出版，编号为4235.1，现行的为1994年9月出版的第一次修订版（4235.1 REV –1）。手册主要用于向合格借款人、参与贷款机构、HUD 经办人员以及经 HUD 认证的咨询机构人员提供有关 HECM 运作的最新指导信息。手册（4235.1 REV –1）主体部分由9章、23个附件组成，篇幅较大，本书仅节选其中的10个附件，采取英文原版和中文翻译对照的形式附于书中。

1.1　预期平均抵押贷款利率列示于后附的支付计划（附件 1）中。该固定利率用于计算在贷款存续期间每月应向借款人支付的金额。

1.2　Loan Advances means all funds advanced from or charged to Borrower's account under conditions set forth in this Loan Agreement, whether or not actually paid to Borrower.

1.2　贷款发放金指按照贷款协议规定的条件，贷放到借款人账上或记到借款人账上的所有资金，不论是否实际支付给借款人。

1.3　Loan Documents means the Note, Second Note, Security Instrument and Second Security Instrument.

1.3　贷款文件指还款承诺书、第二还款承诺书、保证文书以及第二保证文书。

1.4　Maximum Claim Amount means the lesser of the appraised value of the Property or the maximum dollar amount for an area established by the Secretary for a one-family residence under section 203（b）（2）of the National Housing Act（as adjusted where applicable under section 214 of the National Housing Act）. Both the appraised value and the maximum is issued. Closingcosts shall not be taken into account in determining appraised value.

1.4　最大求偿额按照以下二者中较低者来确定：房产评估价值和由政府机构根据《国家住房法案》203（b）（2）款（在《国家住房法案》214 条中调整适用）所确定的该地区的最高限额。评估价值和最高限额都会公布。对房产价值的评估不考虑借款手续费。

1.5　Note means the promissory note signed by Borrower together with this Loan Agreement and given to Lender to evidence Borrower's promise to repay, with interest, Loan Advances by Lender or Lender's assignees.

1.5　还款承诺书指与反向抵押贷款协议一并签署，交给贷款机构以证明借款人承诺归还贷款机构或其受托人的贷款本息的文件。

1.6　Principal or Principal Balance means the sum of all Loan Advances made as of a particular date, including interest and mortgage insurance premiums.

1.6 本金或本金余额表示截至某个特定日期已领取的所有贷款债务的总额，含所产生的利息和抵押贷款保险费。

1.7 Principal Limit means the amount indicated on the attached payment plan (Exhibit 1) when this Loan Agreement is executed, and increases each month for the life of the loan at a rate equal to one-twelfth of the sum of the Expected Average Mortgage Interest Rate and one-half of one percent. The Principal Limit is calculated by multiplying the Maximum Claim Amount by a factor supplied by the Secretary, which is based on the age of the youngest Borrower and the Expected Average Mortgage Interest Rate.

1.7 本金限额指在贷款协议开始执行时在后附的支付计划（附件1）中所列示的金额，并在贷款存续期间每月按照（按预期平均抵押贷款利率 +0.5%）/12 的比例增长。本金限额计算综合考量了最大求偿额以及由政府机构规定的系数，它以最年轻借款人的年龄和预期平均抵押贷款利率为计算基础。

1.8 Principal Residence means the dwelling where the Borrower maintains his or her permanent place of abode, and typically spends the majority of the calendar year. A person may have only one principal residence at anyone time. The Property shall be considered to be the Principal Residence of any Borrower who is temporarily or permanently in a health care institution as long as the Property is the Principal Residence of at least one other Borrower who is not in a health care institution.

1.8 主要住所指借款人在自己的固定住所居住，并在一个公历年度中大部分时间居住在此。一个人可能在任何时候都只有一个主要住所。即使借款人之一临时性或永久性地居住于医疗机构，但只要借款人中至少还有一个主要居住于此，该房产就可以被认为是主要住所。

1.9 Property means Borrower's property identified in the Security Instrument.

1.9 本协议中的房产指保证文书中所列明的借款人房产。

1.10　Second Note means the promissory note signed by Borrower together with this Loan Agreement and given to the Secretary to evidence Borrower's promise to repay, with interest, Loan Advances by the Secretary secured by the Second Security Instrument.

1.10　第二还款承诺书指与反向抵押贷款协议一并签署，交给政府机构以证明借款人承诺归还由第二保证文书所担保的政府机构贷款本息的文件。

1.11　Second Security Instrument means the mortgage, deed of trust, security deed or other security instrument which is signed by Borrower together with this Loan Agreement and which secures the Second Note.

1.11　第二保证文书是指借款人在签署贷款协议时一并签署的、对第二还款承诺书予以保证的抵押契约、信托契约、保证契约或其他保证文书。

1.12　Security Instrument means the mortgage, deed of trust, security deed or other security instrument which is signed by Borrower together with this Loan Agreement and which secures the Note.

1.12　保证文书是指借款人在签署贷款协议时一并签署的、对还款承诺书予以保证的抵押、信托契约、保证契约或其他保证文书。

Article 2 – Loan Advances
第 2 章　贷款发放

2.1　General. Lender agrees to make Loan Advances under the conditions set forth in this Loan Agreement in consideration of the Note and Security Instrument given by Borrower on the same date as this Loan Agreement.

2.1　一般规定。基于借款人在贷款协议订立之日提供还款承诺书与保证文书，贷款机构同意在本贷款协议约定内容下发放贷款。

2.2　Initial Advances.

2.2　首期发放金。

2.2.1　Loan Advances shall be used by Lender to pay, or reimburse

Borrower for, closing costs listed in the Schedule of Closing Costs (Exhibit 2) attached to and made a part of this Loan Agreement, except that Loan Advances will only be used to pay origination fees in an amount not exceeding $1,800.

2.2.1 首期贷款发放金可用于支付或补偿借款人所付的各项手续费用，项目详见作为贷款协议附件和组成部分的开办费用清单（附件2）列示，但贷款发放金所支付的初始费用总额不超过1 800美元。

2.2.2 Loan Advances shall be used by Lender to discharge the liens on the Property listed in the Schedule of Liens (Exhibit 2) attached to and made a part of this Loan Agreement.

2.2.2 贷款发放金可用于解除房产留置权，项目详见作为贷款协议附件和组成部分的留置权清单（附件2）。

2.2.3 Lender shall pay an initial Loan Advance to Borrower in the amount indicated on the attached payment plan (Exhibit 1).

2.2.3 贷款机构根据协议所附的支付计划（附件1）约定，支付借款人贷款发放金。

2.2.4 Initial advances required by this Section 2.2. shall be made as soon as such advances are permitted by the applicable provisions of 12 CFR Part 226 (Truth in Lending) governing Borrower's right of rescission, but not before that time.

2.2.4 按照美国联邦法规第12篇第226部分（贷款实情）有关借款人解约权的相关规定，本条中的发放金只要符合规定情形（即借款人没在"反悔期"内依法解约），就得立刻支付，但不得在此之前（即在"反悔期"结束前）支付。

2.3 Set Asides.

2.3 费用预留。

2.3.1 Amounts set aside from the Principal Limit shall be considered Loan Advances to the extent actually disbursed or earned by Lender.

2.3.1 从本金限额中预留费用的金额，应考虑贷款机构在发放贷款中的实际收支大小。

2.3.2　Lender shall initially set aside from the Principal Limit the amount indicated on the attached payment plan (Exhibit 1) for repairs to be made in accordance with a Repair Rider attached to and made a part of this Loan Agreement (Exhibit 3).

2.3.2　贷款机构应先从本金限额中预留本协议所附的支付计划（附件 1）中列示的修缮费用，用于依据修缮附加协议（附件 3，作为本协议的附件和组成部分）对房产进行修缮。

2.3.3　Lender shall initially set aside from the Principal Limit the amount indicated on the attached payment plan (Exhibit 1) to be applied to payments due for first year property charges consisting of taxes, hazard insurance, ground rents and assessments.

2.3.3　贷款机构应先从本金限额中预留协议所附的支付计划（附件 1）中列明的贷款第一年中房产应缴纳的物业费金额，包括税金、损失保险、土地租金和评估费。

2.3.4　Lender shall initially set aside from the Principal Limit the amount indicated on the attached payment plan (Exhibit 1) to be applied to payment due for a fixed monthly charge for servicing activities of Lender or its servicer. Such servicing activities are necessary to protect Lender's interest in the Property. A servicing fee set aside, if any, is not available to the Borrower for any purpose, except to pay for loan servicing.

2.3.4　贷款机构应先从本金限额中预留协议所附支付计划（附件 1）中列明的每月固定支付给贷款机构或其服务人的服务费。上述服务活动对于保护借款人在房产中的合法权益应确有必要。预留的服务费用仅供支付贷款服务，不能挪作他用。

2.4　Charges and Fees. Borrower shall pay to Lender reasonable and customary charges and fees as permitted under 24 CFR 206.207 (a). Such amounts shall be considered Loan Advances when actually disbursed by Lender.

2.4　收费。借款人应依据美国联邦法规第 24 篇第 206.207（a）规定，支付给贷款机构法律所允许的通常、合理的费用。这部分费用实际由贷款机构支付时，应视为贷款发放金。

2.5　Monthly Payments.

2.5　按月支付。

2.5.1　Loan Advances paid directly to Borrower shall be made in equal monthly payments if requested by Borrower.

2.5.1　贷款发放金可依借款人要求按月等额支付。

2.5.2　Monthly payments shall be calculated for either the term payment plan or the tenure payment plan, as requested by Borrower.

2.5.2　每月支付额可依借款人要求，采用定期支付或终身支付方式来测算。

2.5.3　Monthly payments under the term payment plan are made only during a term chosen by Borrower and shall be calculated so that the sum of (i) or (ii) added to (iii), (iv), (v) and (vi) shall be equal to or less than the Principal Limit at the end of the term:

2.5.3　定期按月支付计划指仅在借款人选定的期间内每月支付，每月支付额应做到；下列第（ i ）项或第（ ii ）项加上第（iii）、（ iv）、（ v ）和（ vi）项的总和小于或等于期末本金限额：

(i) Initial Advances under Section 2.2., plus any initial servicing fee set aside under Subsection2.3.4., or

(i) 第2.2条中的首期发放额加上第2.3.4条中的所有预留服务费。

(ii) The Principal Balance at the time of a change in payments under Sections 2.8. and 2.9. plus any remaining servicing fee set aside under Subsection 2.3.4., and

(ii) 第2.8和2.9条中支付方式变更时的本金余额，加上第2.3.4条中的所有预留服务费。

(iii) The portion of the Principal Limit set aside as a line of credit under Section 2.7., including any set asides for repairs (Subsection 2.3.2.) and first year property charges (Subsection 2. 3. 3.), and

（ⅲ）第 2.7 条中从本金限额中预留的信用额度的最高限额，包括预留的维修费（2.3.2 条）和第一年物业费用（2.3.3 条）。

（ⅳ） All monthly payments due through the payment term, including funds withheld for payment of property charges under Section 2. 10. , and

（ⅳ）整个支付期间的所有月付款，包括扣留以支付第 2. 10 条中所述物业费用的资金。

（ⅴ） All mortgage insurance premiums, or monthly charges due to the Secretary in lieu of mortgage insurance premiums, which are due through the payment term (Subsection 2. 13.), and

（ⅴ）整个支付期间的（第 2.13 条）全部抵押贷款保险费，或者根据政府机构规定替代抵押贷款保险费的每月收费。

（ⅵ） All interest through the payment term. The Expected Average Mortgage Interest Rate shall be used for this purpose.

（ⅵ）整个支付期间的全部利息。预期平均抵押贷款利率用于计算所需支付利息。

2. 5. 4　Monthly payments under the tenure payment plan shall be calculated as in Subsection 2. 5. 3. as if there were a payment term with the number of months in the term equal to the sum of 100 minus the age of the youngest Borrower multiplied by 12, but payments shall continue until the loan becomes due and payable as provided in the Loan Documents.

2. 5. 4　终身按月支付的金额同样按照第 2.5.3 条规定的方法计算，其中假定支付总月数 =（100 – 最年轻的借款人年龄）×12，但贷款实际支付应按协议规定，直至贷款到期。

2. 5. 5　Monthly payments shall be paid to Borrower on the first business day of a month.

2. 5. 5　每月付款额应于每月第一个营业日支付给借款人。

2. 5. 6　If Borrower has requested monthly payments, payments shall be

indicated on the attached payment plan (Exhibit 1) . The payment plan may be changed by Borrower as provided in Sections 2. 8. and 2. 9.

2.5.6 如果借款人选择每月支付，应在协议所附的支付计划（附件1）中列明。借款人可按第2.8条和第2.9条规定变更支付计划。

2.6 Line of Credit without Monthly Payments.

2.6 非每月支付的信用额度支付方式。

2.6.1 Borrower can request Loan Advances under a line of credit payment plan in amounts and at times determined by Borrower, if the Principal Balance of the loan after the Loan Advance is made is less than or equal to the applicable Principal Limit, excluding any portion of the Principal Limit set aside under Sections 2. 3. 2. or 2. 3. 4.

2.6.1 借款人可以选择信用额度支付，支付时间及额度内的支付金额均由借款人决定，只要支付后的本金余额小于等于本金限额（不包括第2.3.2条或第2.3.4条中本金限额中的预留部分）。

2.6.2 Line of credit payments shall be paid to Borrower within five business days after Lender has received a written request for payment by Borrower.

2.6.2 信用额度支付方式下，贷款机构应于收到借款人书面申请后的五个营业日内支付。

2.6.3 Lender may specify a form for line of credit payment requests.

2.6.3 贷款机构可以专门制定信用额度支付方式申请表。

2.6.4 Lender shall provide Borrower with a statement of the account every time a line of credit payment is made. The statement shall include the current interest rate, the previous Principal Balance, the amount of the current Loan Advance, the current Principal Balance after the Loan Advance, and the current Principal Limit.

2.6.4 贷款机构应当在每次信用额度支付后向借款人提供一份说明，说明内容包括当前利率、之前本金限额、当前贷款发放金额、发放贷款后的本金余额以及当前本金限额。

2.7　Line of Credit with Monthly Payments.

2.7　按月支付的信用额度支付方式。

2.7.1　Borrower may receive monthly payments under either a term or tenure payment plan combined with a line of credit, as indicated on the attached payment plan（Exhibit 1）.

2.7.1　借款人可选择定期按月支付或终身按月支付与信用额度相结合的支付方式，参见协议所附的支付计划所示（附件 1）。

2.7.2　Subsections 2.6.2., 2.6.3. and 2.6.4. apply to a line of credit combined with term or tenure payments.

2.7.2　第 2.6.2 条、第 2.6.3 条和第 2.6.4 条适用于定期按月支付或终身按月支付与信用额度相结合的方式。

2.7.3　If Borrower combines a line of credit with a term or tenure payment plan, the Principal Limit is divided into：（a）an amount for the line of credit payments, including repair and property charge set asides,（b）an amount for monthly payments which shall be calculated under Subsection 2.5.3. or 2.5.4. and（c）an amount for a servicing fee set aside, if required by Lender under Subsection 2.3.4. Amounts designated for line of credit payments and monthly payments increase independently at the same rate as the total Principal Limit increases under Section 1.7. Borrower can request Loan Advances in amounts and at times determined by Borrower, if the requested amount is less than or equal to the difference between（a）the Principal Limit applicable to the line of credit set aside and（b）the portion of the outstanding Principal Balance attributable to draws on the line of credit, including accrued interest and mortgage insurance premium or monthly charge due to the Secretary, but excluding any portion of the Principal Limit set aside under Subsections 2.3.2. and 2.3.4.

2.7.3　如果借款人采用定期按月支付或终身按月支付与信用额度相结合的方式，本金限额将被分为：（a）信用额度金额，包括预留出的维修费用及物业费；（b）按第 2.5.3 条或者第 2.5.4 条规定计算出的每月支付额；（c）贷款机构根据第 2.3.4 条要求预留的服务费。信用额度、每月支付额分别与第 1.7 条中规定的本金总限额同比例增长。支付时间和金额由借款人自定，只要申请总额小于等于以下两者差额：（a）预定的信用额度可用限额；（b）信用额度支付后的未清偿余额部分，包括其产生的利息、抵押贷款保险费或政府机构规定的其他月付费用，但不包括第 2.3.2 条和第 2.3.4 条中预留的本金限额部分。

2.7.4　A Borrower receiving monthly payments in combination with a line of credit may prepay the outstanding mortgage balance in accordance with the terms of the Note.

2.7.4　采取信用额度与按月支付组合方式的借款人，可根据还款承诺书条款规定来偿还欠款。

2.8　Change in Payments Generally.

2.8　变更支付方式的一般性规定。

2.8.1　Whenever the Principal Balance of the loan is less than the Principal Limit, Borrower may change from any payment plan allowable under this Loan Agreement to another.

2.8.1　只要本金余额低于本金限额，借款人可以随时将支付方式改成贷款协议允许的其他任意方式。

2.8.2　If Borrower requests that monthly payments be made after a change in payment plan, Lender shall recalculate future monthly payments in accordance with Subsections 2.5.3. or 2.5.4.

2.8.2　如果借款人申请改为每月支付方式，贷款机构应按第 2.5.3 条或第 2.5.4 条重新计算未来每个月付款额。

2.8.3　Lender may charge a fee not to exceed twenty dollars, whenever payments are recalculated and in any other circumstances in which Borrower is required to sign a form acknowledging a change in payment plan as provided in Subsection 2.8.5.

2.8.3　任何时候重新计算支付额以及任意其他情形下，借款人须按第 2.8.5 条要求签署确认改变支付计划的申请表时，贷款机构可以收取不超过 20 美元的手续费。

2.8.4　Loan Advances under a new payment plan shall be paid to Borrower in the same manner and within the time period required under Sections 2.5. , 2.6. or 2.7.

2.8.4　在新的支付计划中，发放贷款将以第 2.5 条、第 2.6 条或第 2.7 条中相同的方式和时期支付。

2.8.5　Changes in the payment plan must be acknowledged by Borrower by signing a form containing the same information as the attached payment plan (Exhibit 1). Lender shall provide a copy of the completed form to Borrower.

2.8.5　支付方式的改变，须经借款人在申请表上签字确认，申请表所含信息须与协议所附的支付计划书（附件 1）相同。贷款机构应提供申请表副本给借款人。

2.9　Change in Payments Due to Initial Repairs.

2.9　因首次修缮带来的支付方式改变。

2.9.1　If initial repairs after closing, made in accordance with the Repair Rider, are completed without using all of the repair set aside, Lender shall inform Borrower of the completion and the amount then available to the Borrower to be drawn under a line of credit.

2.9.1　如果在贷款开办后，根据修缮附加协议进行首次修缮完工后并未用到预留的维修费，贷款机构应通知借款人修缮完成，以及之后在信用贷款额度下的可用资金金额。

2.9.2　If initial repairs after closing, made in accordance with the Repair Rider, cannot be fully funded from the repair set aside, any additional Loan Advances needed to complete repairs shall be made in the manner provided under Section 2.16.

2.9.2　如果在贷款开办后，根据修缮附加协议进行首次修缮，但预留的维修费不够时，贷款机构将以 2.16 条中的方式提供发放贷款完成修缮。

2.9.3 If initial repairs are not completed when required by the Repair Rider, Borrower shall not request and Lender shall not make any further payments, except as needed to pay for repairs required by the Repair Rider and mandatory Loan Advances under Section 4.5. In order to complete the required repairs, Loan Advances shall be made first from the repair set aside, and then in the manner provided under Section 2.16.

2.9.3 如果根据修缮协议未能完成首次修缮，除了根据修缮附加协议要求支付的维修费和第4.5条要求的强制贷款之外，借款人不得进一步要求领取其他款项、贷款机构也不得支付。为完成必需的修复，贷款资金将首先从预留的维修费中支付，然后按照第2.16条规定的方式支付。

2.10 Payment of Property Charges.

2.10 相关物业费用支付。

2.10.1 Borrower has elected to require Lender to use Loan Advances to pay property charges consisting of taxes, hazard insurance premiums, ground rents and special assessments if indicated on the attached payment plan (Exhibit 1). Borrower may change this election by notifying Lender and at that time Lender shall pay to Borrower any amounts withheld from the Loan Advances to pay property charges.

2.10.1 借款人已选择请贷款机构用贷款代为支付物业相关费用，包括税金、损失保险费、土地租金和特别评估费，参见协议所附的支付计划（附件1）所示。借款人可以通知贷款机构改变这种选择（即由自己直接支付），贷款机构接到通知后应将贷款发放金中原先扣留以支付该费用的资金支付给借款人。

2.10.2 If Borrower has made the election under Subsection 2.10.1. and Borrower is receiving monthly payments, Lender shall withhold amounts from each monthly payment and use the amounts withheld to make timely payments of property charges. The amounts withheld shall be calculated as provided in

Subsection. Amounts withheld from monthly payments shall not be treated as Loan Advances and shall not bear interest except to the extent actually disbursed by Lender.

2.10.2　如果借款人已经作出 2.10.1 中的选择，并且接受每月付款，贷款机构应从每个月支付给借款人的款项中扣留部分资金用于支付相关物业费用。扣留金额按第 2.10.3 条规定计算。从每个月中扣留的费用不应被视为贷款发放金，不能对其计息，除非实际为贷款机构支付。

2.10.3　Lender shall withhold from each monthly payment an amount to pay (a) taxes and special assessments levied or to be levied against the Property, (b) leasehold payments or ground rents on the Property, and (c) premiums for fire, flood and other hazard insurance required by the Security Instrument. Each monthly withholding for items (a), (b) and (c) shall equal one-twelfth of the annual amounts, as reasonably estimated by Lender. The full annual amount for each item shall be paid by Lender before an item would become delinquent. Lender shall add the amounts for items (a), (b) and (c) to the Principal Balance when paid. If at any time the withholding for item (a), (b), or (c) exceeds the amount of actual property charges, Lender shall pay the excess withholding to Borrower and add it to the Principal Balance. If the total of the withholding for item (a), (b), or (c) is insufficient to pay the item when due, the amount necessary to make up the deficiency on or before the date the item becomes due shall be paid as a Loan Advance in the manner provided under Section 2.16.

2.10.3　贷款机构应从每月支付款中预留一定费用用于支付：（a）税收或是针对房产的特别评估费，（b）不动产租金或土地租金，（c）保证文书要求的房屋火灾、洪水或其他灾害损失保险费。贷款机构应合理估算每个月预留的（a）、（b）和（c）的费用，按年费用的 1/12 计算。贷款机构应当及时支付各个项目一年的费用，避免逾期未付。如果借款人选择自己支付，贷款机构应当将原先扣留以支付（a）、（b）和（c）项目的费用增加到本金余额中。（a）、（b）和（c）费用的预留额一旦超过实际支付额时，贷款机构要将超出部分还给借款人，加入到本金余额中。当预留的（a）、（b）和（c）的费用不足以支付实际费用时，不足部分按第2.16条规定的支付方式，以发放贷款支付。

2.10.4   If Borrower has made the election under Subsection 2.10.1. and Borrower is not receiving monthly payments, Lender shall make Loan Advances under the line of credit payment plan as needed to make timely payments of property charges, provided that no such Loan Advance shall exceed the amount permitted by Section 2.6.1.

2.10.4   如果借款人作出了第2.10.1条所述的选择，并且没有选择接受按月支付，贷款机构将根据信用额度支付相关物业费用，前提是支付额不超过第2.6.1条所述的限额。

2.10.5   If Borrower fails to pay the property charges in a timely manner, and has not elected to have Lender make the payments, Lender shall pay the property charges as a Loan Advance as required under Section 2.16. If a pattern of missed payments occurs, Lender may establish procedures to pay the property charges from Borrower's funds as if Borrower elected to have Lender pay the property charges.

2.10.5   如果借款人未及时支付相关物业费用，并且未选择由贷款机构代为支付，贷款机构应根据第2.16条规定，以发放贷款方式为之支付。如出现漏付情形，贷款机构可采取措施从借款人资金中支付物业费用，视同借款人选择让贷款机构代付物业费用。

2.10.6   Lender shall immediately notify any Borrower who has made the election under Subsection 2.10.1. whenever Lender determines that amounts available from monthly payments or line of credit payments will be insufficient to pay property charges.

2.10.6   对于作出第2.10.1条所述选择的借款人，贷款机构一旦发现其每月支付额或信用额度可用资金不足以支付相关物业费用时，贷款机构应立即通知该借款人。

2.11   Insurance and Condemnation Proceeds. If insurance or condemnation proceeds are paid to Lender, the Principal Balance shall be reduced by the amount of the proceeds not applied to restoration or repair of the damaged Property and the available loan funds shall be recalculated. At the same time, the Principal Limit also shall be reduced by the amount of the proceeds applied to reduce the Principal Balance.

2.11 保险金及征用金。如果保险金及征用金已支付给贷款机构，本金余额须减去未用于恢复和修理被损坏房屋的上述资金金额，贷款可用资金也须重算。同时，本金限额也将等额减少。

2.12 Interest

2.12 利息

2.12.1 Interest shall be calculated as provided in the Loan Documents.

2.12.1 利息应按贷款文件规定计算。

2.12.2 Interest shall accrue daily and be added to the Principal Balance as a Loan Advance at the end of each month.

2.12.2 利息按日计算，在每个月月末作为贷款发放金加入到本金余额中。

2.13 Mortgage Insurance Premium (MIP); Monthly Charge.

2.13 抵押贷款保险费（MIP）；每月收费。

2.13.1 Monthly MIP shall be calculated as provided in 24 CFR Part 206. If the Security Instrument is held by the Secretary or if the Secretary makes Loan Advances secured by the Second Security Instrument, a monthly charge shall be due to the Secretary and shall be calculated in the same manner as MIP.

2.13.1 每月应缴纳的抵押贷款保险费依据美国联邦法典第 24 篇第 206 部分的规定计算。如果保证文书由政府机构持有，或者由政府机构在第二保证文书担保下发放贷款，每月应交一定的费用给政府机构，计算方式与抵押贷款保险费相同。

2.13.2 The full amount of monthly MIP or monthly charge, including any portion of the MIP retained by a Lender under 24 C.F.R. 206.109, shall be considered to be a Loan Advance to Borrower on the later of the first day of the month or the day Lender pays the MIP to the Secretary, if any MIP is due to the Secretary. In the event that the Note becomes due and payable or the Note is prepaid in full after the first day of the month, Lender may add the accrued MIP to the Principal Balance or the Secretary may add the accrued monthly charge to the Principal Balance.

2.13.2　如果抵押贷款保险费应向政府机构缴纳，每月抵押贷款保险费或前文所述给政府机构的月费用，包括贷款机构依照美国联邦法典第24篇第206.109条规定保留的保险费部分，应视为贷款发放金，支付日期以当月第一天或贷款机构支付保费给政府机构的日期这二者中较迟的日期为准。当还款承诺书到期应偿还或在当月第一天之后提前全额还款，贷款机构可以将应支付的抵押贷款保险费加到本金余额中，或者政府机构可以将每月应收费用加入到本金余额中。

2.14　Manner of Payment

For purposes of this Section "Borrower" shall not include any person who signed this Loan Agreement but who has a Principal Residence different from the Property. Only a Borrower has a right to receive Loan Advances. Borrowers shall choose to receive Loan Advances by either electronic funds transfer to a bank account designated by all Borrowers or by check mailed to an address designated by all Borrowers, except where all Borrowers agree that payment should be made directly to a third party for the benefit of the Borrowers. Borrowers may change the manner of payment by notifying Lender.

2.14　支付方法

本章节所称"借款人"不包括虽签署本贷款协议但主要居住地址与抵押房产不一致的人。只有借款人才有权领取贷款。贷款发放可以选择通过电子转账转入所有借款人指定的银行账号，或者通过邮寄支票给所有借款人指定的地址，不包括所有借款人同意直接支付给代表其利益的第三方情形。借款人可以通知贷款机构变更支付方法。

2.15　Protection of Property.

2.15 房产保护。

2.15.1 If Borrower vacates or abandons the Property, or if Borrower is in default under the Security Instrument, then Lender may make reasonable expenditures to protect and preserve the Property and these expenditures will be considered Loan Advances as required under Section 2.16.

2.15.1 如果借款人搬出或放弃不动产，或者未能履行保证文书，贷款机构可以支付合理费用以保护和保存房产，这部分费用将被视为第2.16条中的贷款发放金。

2.15.2 If Borrower fails to pay governmental or municipal charges, fines or impositions that are not Included in Section 2.10. or if there is a legal proceeding that may significantly affect Lender's rights in the Property (such as a proceeding in bankruptcy, for condemnation or to enforce laws or regulations), then Lender may do and pay whatever is necessary to protect the value of the Property and Lender's rights in the Property. These expenditures will be considered Loan Advances as required under Section 2.16.

2.15.2 如果借款人未能支付政府或市政费用、罚金或者税金（不包含第2.10条中所述的税金），或者进入将显著影响贷款机构权益的司法程序（如破产法律程序、被征用，或被依法强制执行），贷款机构可以为保全房产价值及自身权益而采取必要措施，相应费用支出将被视为第2.16条中的贷款发放金。

2.16 Unscheduled Payments. Loan Advances made pursuant to Sections 2.4., 2.9.2., 2.9.3., 2.10.3., 2.10.5., and 2.15. shall be made from a line of credit under Section 2.6. or 2.7. to the extent possible. If no line of credit sufficient to make the Loan Advances exists, any future monthly payments must be recalculated in accordance with Subsection 2.5.3. or 2.5.4. to create a line of credit sufficient to make the Loan Advances.

2.16 计划外支付。贷款发放金应根据第2.4条、第2.9.2条、第2.9.3条、第2.10.3条、第2.10.5条和第2.15条规定支付，并保持在第2.6条或第2.7条所述的信用额度合理范围内。如果信用额度下已不足以发放贷款，应根据第 2.5.3 条或第 2.5.4 条重新计算未来月度支付额，以建立足以发放贷款的信用额度。

Article 3 – Late Charge
第 3 章　贷款机构逾期付款的责任

3.1　Amount Due. Lender shall pay a late charge to Borrower for any late payment. If Lender does not mail or electronically transfer a scheduled monthly payment to Borrower on the first business day of the month or mail or electronically transfer a line of credit payment to Borrower within 5 business days of the date Lender received the request, the late charge shall be 10 percent of the entire amount that should have been paid to the Borrower for that month or as a result of that request. For each additional day that Lender fails to make payment, Lender shall pay interest on the late payment at the interest rate stated in the Loan Documents. If the Loan Documents provide for an adjustable interest rate, the rate in effect when the late charge first accrues shall be used. In no event shall the total late charge and interest exceed five hundred dollars. Any late charge shall be paid from Lender's funds and shall not be added to the unpaid Principal Balance.

3.1　违约金额。贷款机构延迟支付借款人款项时，应向借款人支付违约金。如果贷款机构在每月的第一个工作日没有通过邮寄或电子转账形式付款给借款人，或者贷款机构在收到借款人请求后的五个工作日内没有通过邮寄或电子转账形式支付给借款人信用额度支付款，逾期违约金将按照当月或该项资金请求中本应向借款人支付的全部金额的 10% 计算，且每逾期一日，须按照本贷款协议约定的利率计算利息。如贷款采取浮动利率，适用违约金开始计算时点的实际利率来计算违约金额。但无论如何，逾期违约金及其利息总和不得超过 500 美元。逾期违约金应用贷款机构的资金支付，不得被添加到未支付给借款人的本金余额中。

3.2　Waiver. The Secretary may waive a late charge where the Secretary determines that the late payment resulted from circumstances beyond Lender's control and that no act or omission of Lender contributed to the late payment. At the time Lender requests a waiver, Lender shall inform Borrower that a waiver of late charge has been requested from the Secretary and that the late charge will be sent to Borrower if the waiver is denied. If the Secretary denies the waiver, Lender shall pay to Borrower the late charge and interest that accrued from the date the payment was late until the date the waiver was requested.

3.2　豁免。如果政府机构认定逾期付款是由贷款机构不可控的情形导致，且非由贷款机构的行为或疏忽导致逾期付款，政府机构可以决定豁免贷款机构的逾期付款违约金。贷款机构申请豁免时，需同时告知借款人已经向政府机构提出逾期违约金豁免申请，且若豁免申请被政府机构否决，逾期违约金仍将被支付给借款人。若政府机构否决豁免申请，贷款机构需向借款人支付自逾期之日到提出豁免申请之日期间的逾期违约金及利息。

Article 4 – Termination of Lender's Obligation to Make Loan Advances
第 4 章　贷款机构付款责任的终止

4.1　Loan Due and Payable. Lender shall have no obligation to make Loan Advances if Lender has notified Borrower that immediate payment in full to Lender is required under one or more of the Loan Documents unless and until the notice is rescinded by Lender.

4.1　贷款到期应还。如果贷款机构根据一个或多个贷款文件的要求，已通知借款人须立即全额还款，贷款机构便不再负有继续付款的义务，除非或直到贷款机构撤销该通知。

4.2　Loan Advances by Secretary. If the Security Instrument has been assigned to the Secretary or the Secretary notifies Lender and Borrower that Loan Advances are secured by the Second Security Instrument, Lender shall have no further obligation to make Loan Advances under this Loan Agreement, unless the Secretary accepts later reimbursement by the Lender for all Loan Advances made, earned or disbursed by the Secretary. The Secretary may establish procedures for handling requests for payments and changes in payment plans during the interval between Lender's notification of intent to assign the Security Instrument to the Secretary and completion of the assignment. Borrower shall be informed of such procedures by Lender and/or the Secretary, and Borrower shall comply with such procedures.

4.2 政府机构承担贷款发放责任。如果保证文书已经被转让给政府机构或者政府机构已经通知贷款机构及借款人，贷款发放金已经得到第二保证文书的担保，则贷款机构就不再负有根据贷款协议继续付款的责任，除非政府机构接受了贷款机构对其已支付的所有贷款的补偿。在贷款机构提出将保证文书转让给政府机构至完成转让的期间，政府机构可建立要求付款和变更支付计划的程序。贷款机构和/或政府机构应告知借款人此类程序，且借款人应遵守该程序。

4.3 Lien Status Jeopardized. Lender shall have no obligation to make further Loan Advances if the Lender or the Secretary determines that the lien status of the Security Instrument or the Second Security Instrument is jeopardized under State laws as described in Paragraph 12 (a) of the Security Instrument or Second Security Instrument and the lien status is not extended in accordance with Paragraph 12 (a).

4.3 抵押权受损。如果贷款机构或政府机构认定发生以下情形，贷款机构无须继续付款给借款人：根据州法律第12 (a) 段中有关保证文书或第二保证文书的条文，保证文书或第二保证文书涉及的抵押权状态受损，或者抵押权不能根据第12 (a) 段规定而延伸。

4.4 Bankruptcy. Lender shall have no obligation to make further Loan Advances on or following the date that a petition for bankruptcy of Borrower is filed.

4.4 破产。自借款人提交破产请求书即日起，贷款机构不再负有继续付款给借款人的义务。

4.5 Mandatory Loan Advances. Notwithstanding anything in Sections

4.1. through 4.4, all Loan Advances under Sections 2.10 (property charges), 2.12. (interest), 2.13. (MIP or monthly charge), 2.15. (protection of Property) or2.3.4. (servicing fee) shall be considered mandatory Loan Advances by Lender.

4.5　强制性贷款发放。不论第 4.1 条到第 4.4 条中有何规定，因第 2.10 条（物业费）、第 2.12 条（利息）、第 2.13 条（抵押贷款保险费或每月费用）、第 2.15 条（物业保护）或第 2.3.4 条（服务费）而发放的贷款，均应被视为应由贷款机构提供的强制性贷款。

4.6　Prepayment in Full. Lender shall not make Loan Advances if Borrower has paid the Note in full (or the Second Note, if the Secretary has assumed the Lender's rights and obligations under Article 5).

4.6　提前全额还款。如果借款人根据第一还款承诺书的要求已经清偿了全部款项，则贷款机构付款的义务也将终止（或根据第二还款承诺书，政府机构按照第 5 章已承担贷款机构的权利和义务）。

Article 5 – HUD Obligation
第 5 章　住房与城市发展部的责任

If the Lender has no further obligation to make payments to Borrower because of Section 4.2., the Secretary shall assume the rights and obligations of Lender under this Loan Agreement, except the Secretary shall not assume any obligation of paying flood, fire and other hazard insurance from Loan Advances. If the Secretary makes Loan Advances to Borrower under the Second Security Instrument, the portion of the Principal Limit available for Loan Advances shall be the difference between the current Principal Limit and the combined Principal Balances on the Security Instrument less accrued interest and the Second Security Instrument.

如果根据第 4.2 条，贷款机构不再负有继续向借款人付款的义务，则政府机构须按照贷款协议要求承担原贷款机构的权利和义务，但不必从贷款发放金中支付水灾、火灾及其他损失保险的保险费。如果政府机构按照第二保证文书向借款人做贷款发放，贷款发放的可用本金限额将是当前的本金限额减去第一、第二保证文书中的本金余额合并数（第一保证文书中的本金余额不含应付利息）。

Article 6 – Miscellaneous
第 6 章　其他规定

6.1　Forbearance Not a Waiver. Any forbearance by Lender in exercising any right or remedy shall not be a waiver of or preclude the exercise of any right or remedy.

6.1　怠于行使权利不应被视为放弃权利。贷款机构任何怠于行使其权利或救济的行为，不具有放弃或排除行使该权利或救济的效果。

6.2　Successors and Assigns Bounds；Joint and Several Liability；Co – Signers. The covenants and agreements of this Loan Agreement shall bind and benefit the successors and assigns of Lender. An assignment made in accordance with the regulations of the Secretary shall fully relieve the Lender of its obligations under this Loan Agreement. Borrower may not assign any rights or obligations under this Loan Agreement. Borrower's covenants and agreements shall be joint and several.

6.2　继承者和受让人约束力、连带责任、共同签署者条款。贷款机构的受让人和继承者都受本贷款合同约束，也享有受益权。贷款合同依照政府机构规定转让后，原贷款机构在本贷款协议下的义务完全免除。借款人不得转让贷款协议中的任何权利或义务，借款人应对协议负连带责任。

6.3　Notices. Any notice to Borrower provided for in this Loan Agreement shall be given by delivering it or by mailing it by first class mail unless applicable law requires use of another method. The notice shall be directed to the property address shown in the Security Instrument or any other address all Borrowers jointly designate. Any notice to Lender shall be given by first class mail to Lender's address stated herein or any address Lender designates by notice to Borrower. Any notice to the Secretary shall be given by first class mail to the

HUD Field Office with jurisdiction over the Property or any other place designated by the Secretary. Any notice provided for in this Loan Agreement shall be deemed to have been given to Borrower, Lender or the Secretary when given as provided in this Section.

6.3　通知。在贷款协议中任何对于借款人的通知，均应按照头等邮件的方式予以投递或邮寄，除非相关法律要求使用其他方式。通知必须邮寄到保证文书上注明的房产地址，或者所有借款人共同指定的其他地址。任何交给贷款机构的通知应按照第一类邮件①的方式予以邮寄到贷款机构列明于此的地址，或者贷款机构寄给借款人通知书上所示的地址。任何给予政府机构的通知应按照头等邮件的方式予以交付给对该不动产具有管辖权限的当地住房和城市发展部办事处或者政府机构指定的其他地址。任何有关本贷款协议的相关通知，已经按照上述规定投递的，即被视为已经送达借款人、贷款机构或政府机构。

6.4　Governing Law; Severability. This Loan Agreement shall be governed by Federal law and the law of the jurisdiction in which the Property is located. In the event that any provision or clause of this Loan Agreement conflicts with applicable law, such conflict shall not affect other provisions of this Loan Agreement which can be given effect without the conflicting provision. To this end the provisions of this Loan Agreement are declared to be severable.

6.4　适用法律；可分割性。该贷款协议所依据的法律为联邦法律和房产所在辖区的法律。当该贷款协议的任何规定或条款与适用法律发生抵触时，该抵触部分无效，但其他未抵触部分仍为有效。为此，该贷款协议的条款具有可分割性。

6.5　Copies. Lender, Borrower and the Secretary shall each receive one original executed copy of this Loan Agreement when signed by the Secretary.

6.5　份数。贷款协议原始执行文本一式三份，经政府机构签署后，

---

①　第一类邮件，指包括卡片、信件、大型信封、小型包裹等可以适用的一种邮寄方式。除了私人信函外，第一类邮件亦可用于广告及标准重量以下商品的寄送。第一类邮件还具有以下服务内容：证明及存放、运送过程中的保护、寄达的确认等。

贷款机构、借款人及政府机构各执一份。

6.6　When Agreement Becomes Binding. This Loan Agreement shall bind Lender and Borrower when both Lender and Borrower have signed, whether or not the Secretary signs this Loan Agreement. This Loan Agreement shall bind the Secretary only when and if the Secretary has signed and a Mortgage Insurance Certificate is issued for the Security Instrument.

6.6　协议生效时间。无论政府机构是否签署该贷款协议，一旦借款人和贷款机构都已经签署该协议，则该协议对贷款机构和借款人都具有约束力。当且仅当政府机构已经签署该协议，且抵押贷款保险单已经被核发作为保证文书，则贷款协议对政府机构也有约束力。

BY SIGNING BELOW the parties accept and agree to the terms contained in this Loan Agreement and the exhibits.

经下方签字，即表示各方接受并同意在此贷款协议所载的条款和附件。

_____（SEAL）Borrower

_____（SEAL）（Name of Lender）

By：_____（SEAL）Secretary of Housing and Urban Development

By：_____（SEAL）

Exhibit 1

[Payment Plan is Appendix 11]

Exhibit 2

Schedule of Closing Costs

Item　　　　　　　　　　Amount

Schedule of Liens

Item　Amount

Exhibit 3

[Repair Rider is Appendix 10]

_____（盖章）借款人

_____（盖章）贷款机构名称

_____（盖章）住房与城市发展部

_____（盖章）

附件1

〔支付计划见附录11〕

附件2

开办费用

项目金额

留置权安排

项目金额

附件3

〔修缮附加协议见附录10〕

二、修缮附加协议（手册附件8）

REPAIR RIDER　TO LOAN AGREEMENT
贷款合同的修缮附加协议

THIS REPAIR RIDER is made this day of _____, _____, 19___, and is incorporated into and shall be deemed to supplement the Loan Agreement of the same date made by the undersigned Lender and the undersigned Borrower and the Secretary of Housing and Urban Development（"Secretary"）.

此修缮附加协议签于19____年____月____日。此协议是同日、相同当事人（贷款人、借款人以及住房与城市发展部）所签订的贷款合同的组成部分，作为贷款合同的补充。

Ⅰ. Lender's Promises

Ⅰ. 贷款人承诺

A. The Lender shall set aside _____ Dollars（ $ _____）from the initial Principal Limit under the Loan Agreement to be used forthe purpose of bringing the Property up to the property standards required by the Secretary by repairing:

_____

_____

_____

_____

[Use an additional page if needed]

A. 贷款人应从贷款合约的本金中拿出_____美元（ $ _____ ）用做修缮房屋费用，使之符合住房与城市发展部的修缮标准。修缮项目包括：

_____

_____

_____

[如需要可附页]

B. The Lender may charge a repair administration fee not to exceed the greater of fifty dollars ($50) or 1.5% of the amounts advanced by Lender under this Repair Rider. This fee shall be added to the Principal Balance as each Loan Advance is made.

B. 贷款人可收取不超过 50 美元（ $50）或不超过贷款人在本修缮附加协议下发放款 1.5% 的维修管理费用，以二者高值为限。每笔发放贷款发生时，此费用可加到本金余额中。

C. The Lender shall require one or more inspections by a HUD – approved inspector during the course of the repair work. The Lender shall not release any funds for work which is not complete and which is not approved by a HUD – approved inspector. The Lender certifies by executing this Repair Rider that the repairs which are funded under this Repair Rider will be completed in a manner to meet property standards required by the Secretary as determined by a HUD – approved inspector.

C. 在房屋修缮过程中，贷款人应当要求至少一次由 HUD 批准的检测员进行检查。贷款人不应贷款给予任何未完成的工程，以及任何未经

HUD 检测员核准的工程。贷款人证明通过此协议的实施，由本附加协议资助的修缮工作完成时，都已达到住房与城市发展部的房屋标准，并经 HUD 批准的检测员测定。

D. The Lender shall ensure that all mechanic's liens and materialmen's liens are released of record prior to an advance of funds under this Repair Rider. The Lender may require the Borrower to obtain acknowledgment of payment and releases of lien from all contractors, subcontractors, and materialmen. Such acknowledgements and releases shall be in the form required by local laws and shall cover all work done, labor performed and materials (including equipment and fixtures) furnished for the project.

D. 此附加协议下，贷款人应保证所有技工和材料商的留置权在发放款项前先行释放。贷款人可以要求借款人向所有的承包商、子承包商确认获得付款和释放相关留置权，这类确认以及留置权释放文本应涵盖工程项下所有的已完工工作、人工以及材料费用（包括设备和固定财产），并且应当符合当地法律规范要求。

E. Until a HUD – approved inspector finds that all repairs required by Section LA of this Repair Rider have been completed in a satisfactory manner, the Lender shall not release funds in excess of (ⅰ) the total value of work satisfactorily completed, and (ⅱ) the value of materials or equipment delivered to, and suitably stored at, the site but not yet incorporated in the work, less (ⅲ) ten percent holdback, less (ⅳ) prior advances under this Repair Rider.

E. 在 HUD 认证的检测员认可此协议里 LA 部分所要求的全部修缮工作以适当方式完成之前，贷款人支付金额不能超出 （ⅰ）完成适当修缮工作的总价格，加上（ⅱ）已经被运到那个地方并存放在那儿但是没有用上的原材料或工具的价格，减去（ⅲ）10% 暂扣款，（ⅳ）减去此前这个附加协议下的发放款。

F. Lender shall release the funds to Borrower and the contractor (s) jointly when permitted by Section I. C. of this Repair Rider and shall add the cost of the repairs to the Principal Balance under the Loan Agreement.

F. 当借款人和合同人满足此合同中 Ⅰ.C. 部分的条件时（即通过 HUD 检测员检测），贷款人应把资金全额给予借款人和承包商，并且应将修缮成本算入贷款合同的本金余额中。

Ⅱ. Borrower's Promises

Ⅱ. 借款人承诺

A. The Borrower will complete all repairs required by Section Ⅰ.A. of this Repair Rider so that the Property meets the property standards required by the Secretary as determined by a HUD approved inspector.

A. 借款人将完成所有此条款中Ⅰ.A. 所要求的修缮工作使得房屋满足住房与城市发展部的房屋标准，是否满足标准由 HUD 认证检测员决定。

B. Borrower shall cause work to begin on _____, _____, 19__. Borrower shall have work completed by _____, _____, 19__. Work is to be performed with reasonable diligence. Should Borrower fail to comply with these terms, until all repair work is satisfactorily completed Borrower shall not request and Lender shall not make any further payments under the Loan Agreement except for payment of repairs required by Section Ⅰ.A. of this Repair Rider and Loan Advances required under Section 4.5 of the Loan Agreement.

B. 借款人应在19____年____月____日开始修缮工作。借款人应在19____年____月____日完成修缮工作。工程应保持合理进度。如果借款人被认做未能遵守条款直到所有修缮工作完成，在此之前依据贷款合同借款人不得请求贷款人支付款项，并且贷款人也不得支付给借款人款项，但本条款中Ⅰ.A 所需款项以及贷款合同中4.5 节所要求的款项除外。

C. Borrower will cause all improvements to be made in a workmanlike manner and in accordance with all applicable statutes and regulations. All licenses, permits and privileges required by local governmental authorities to rehabilitate the property will be obtained by the Borrower (s) or his/her contractor.

C. 借款人的修缮工作必须以精工细作的方式进行，并且所有改装和建设工作必须符合法律法规的规定。所有需要当地政府授权的房产修缮执照、许可证以及相关权限说明都必须由借款人或借款人的房产承包商获得。

D. Borrower will furnish such records, contracts, bills and other documents relating to the Property and improvements as the Lender or the Secretary may require.

D. 借款人需将与房产或房产修缮有关的记录、合同、账单以及其他文件提供给贷款人，以备贷款人或住房与城市发展部查验。

E. Without prior written consent of Lender, no materials, equipment, fixtures or any part of improvements financed with this loan shall be purchased or installed subject to conditional sales contracts, security agreements, lease agreements or other arrangements whereby title is retained or the right is reserved or accrues to anyone to remove or repossess any item, or to consider it as personal property.

E. 若无贷款人书面同意，借款人不得将任何材料、设备、固定财产或房产的修缮部分等与本贷款合同相关的财产签订附有条件的售货合同、担保合同以及租赁合同，不得以把房产预留给其他人或者允诺其他人有处置房产权利等的其他安排，不得让他人认为抵押物是私人财产。

_____（SEAL）（印章）

Borrower 借款人

_____（SEAL）（印章）

Borrower 借款人

_____（SEAL）（印章）

Lender 贷款人

_____（SEAL）（印章）

Secretary of Housing and Urban Development

住房与城市发展部部长

BY：_____（SEAL）（印章）

三、分契共管式公寓附加协议（手册附件 9）

(Home Equity Conversion Mortgage)
房屋价值转换抵押贷款
CONDOMINIUM RIDER
(分契共管式) 公寓附加协议

THIS CONDOMINIUM RIDER is made this day of _____, _____, 19 ___, and is incorporated into and shall be deemed to amend and supplement the Mortgage, Deed of Trust or Security Deed ("Security Instrument") of the same date given by the undersigned ("Borrower") to secure Borrower's Note ("Note") to ("Lender") of the same date and covering the Property described in the Security Instrument and located at: _____

_____

_____ [Property Address]

此共管式公寓附加协议签订于19____年____月____日，是同日签订的保证文书的组成部分及其增补条款。上述保证文书包括抵押协议、信托协议或保证协议（保证文书），由下方署名的借款人提供给贷款人，作为还款保证，其涉及的房产坐落于: _____

_____

_____ [房产地址]

The Property includes a unit in, together with an undivided interest in the common elements of a condominium project known as: _____

_____

____ [Name of Condominium Project]

此房产是如下共管式公寓项目的一个单元，具有该公寓项目共有设施不可分割的权益: _____

_____ [共管式公寓项目名称]

("Condominium Project"). If the owners association or other entity which acts for the Condominium Project ("Owners Association") holds title to property for the benefit or use of its members or shareholders, the Property also includes Borrower's interest in the Owners Association and the uses, proceeds and benefits of Borrower's interest.

（"共管式公寓项目"）如果共管式公寓项目的业主协会或其他代理共管式公寓项目的组织（"业主协会"），代表其成员或股东拥有房产权利，此房产同样包括借款人在业主协会中的利益，以及借款人对房产的使用、处分和受益权。

CONDOMINIUM COVENANTS. In addition to the covenants and agreements made in the Security Instrument, Borrower and Lender further covenant and agree as follows:

共管式公寓约定事项。除在保证文书中规定的事项和协议之外，借款人和贷款人双方还必须就以下几点达成共识：

A. So long as the Owners Association maintains, with a generally accepted insurance carrier, a "master" or "blanket" policy insuring all property subject to the condominium documents, including all improvements now existing or hereafter erected on the Property, and such policy is satisfactory to Lender and provides insurance coverage in the amounts, for the periods, and against the hazards Lender or the Secretary require, including fire and other hazards included within the term "extended coverage," and loss by flood, to the extent required by the Secretary, then: (i) Lender waives the provision in Paragraph 2 of this Security Instrument for the payment of the premium for hazard insurance on the Property, and (ii) Borrower's obligation under Paragraph 3 of this Security Instrument to maintain hazard insurance coverage on the Property is deemed satisfied to the extent that the required coverage is provided by the Owners Association policy. Borrower shall give Lender prompt notice of any lapse in required hazard insurance coverage and of any loss occurring from a hazard. In the event of a distribution of hazard insurance proceeds in lieu of restoration or repair following a loss to the Property, whether to the condominium unit or to the common elements, any proceeds payable to Borrower are hereby assigned and shall be paid to Lender for application to the sums secured by this Security Instrument, with any excess paid to the entity legally entitled thereto.

A. 只要业主协会作为业主的受托人与合规的保险公司接洽并维护关系。以共管式公寓文件中的被保险财产为标的的总保单（master policy）或统保单（blanket policy）中需包含房屋所有的现存情况以及房屋拟改善计划等内容，同时该保险合同的保额必须满足贷款人的要求。保险期间内，包括火灾、洪水或其他有可能危害到贷款人或房产安全的特殊风险需特约承保（即扩大保险范围，extended coverage），同时：（1）贷款人不要求此保证文书第二款中支付对房屋投保财产损失保险的保费；（2）此保证文书的第三款中所提到的借款人对房产投保财产损失保险的义务被视为满足业主协会的要求。借款人应当及时通知有可能导致保险合同失效的风险以及任何损失发生的风险。在房产损失招致需对处于公共区域的 PUD 房产进行代为修复或者损余处理可能产生的收益中，任何已经支付给借款人的收益必须转付给贷款人，任何其他由抵押房产所产生的可能收益也必须交由贷款人。

B. Borrower promises to pay all dues and assessments imposed pursuant to the legal instruments creating and governing the Condominium Project.

B. 借款人承诺支付由制定法律文书和管理共管式公寓项目所产生的合理的手续费和评估费用。

C. If Borrower does not pay condominium dues and assessments when due, then Lender may pay them. Any amounts disbursed by Lender under this paragraph C shall become additional debt of Borrower secured by the Security Instrument. Unless Borrower and Lender agree to other terms of payment, these amounts shall bear interest from the date of disbursement at the Note rate.

C. 若借款人没有支付合理的手续费和评估费，那么贷款人（贷款人）可以支付。同时由贷款人垫付的费用将作为借款人的保证文书中的额外债务。除借款人和贷款人另行约定，这一垫付金额需从支付之日起按照约定的利率计息。

BY SIGNING BELOW, Borrower accepts and agrees to the terms and provisions contained in this Condominium Rider.

在下面签字即表明借款人接受并同意此附加协议中的条款和规定。

_____（SEAL）

Borrower

_____（SEAL）

Borrower

_____（印章）

借款人

_____（印章）

借款人

[ADD ANY NECESSARY ACKNOWLEDGEMENT PROVISIONS]

[如需要可添加任意其他必要的条款]

四、保证文书分享增值附加协议 （手册附件 11）

（Home Equity Conversion Mortgage）
房产价值转换抵押贷款
SHARED APPRECIATION RIDER
分享增值附加协议

THIS SHARED APPRECIATION RIDER is made this day of _____
__,_____, 19___, and is incorporated into and shall be deemed to amend and
supplement the Mortgage, Deed of Trust or Security Deed （"Security
Instrument"） of the same date given by the undersigned （"Borrower"） to secure
Borrower's Note （"Note"） to _____（"Lender"）, of the
same date covering the Property described in the Security Instrument and located
at: _____ [Property
Address]

本《分享增值附加协议》订立于19____年____月____日，纳入同日
签署的抵押协议、信托协议或保证协议（保证文书），并视为后者的修正
及补充条款。保证文书由下方签名者（"借款人"）订立，为其还款承诺

书（"借据"）向_____（"贷款方"）提供还款保证。上述保证文书上所涉及的标的房产位于_____ ［房产地址］

Notwithstanding anything to the contrary set forth in the Note, Borrower hereby agrees to the following:

不论与还款承诺书内容有任何不一致，借款人兹此同意以下述条款为准：

1. At the time that the Note is due and payable or is paid in full, Borrower promises to pay Lender an additional amount of interest equal to twenty – five percent（25%）of the net appreciated value of the property, except that the total effective interest rate shall not exceed twenty percent（20%）.

1. 合同到期日已付款，或者已付清全款，借款人承诺额外支付贷款方房产净增值部分的25%，但总的实际有效利率不得超过20%。

2. If the principal balance is less than the appraised value of the Property at origination, the Lender's share of appreciation shall be calculated by subtracting the appraised value of the Property at the time of the loan origination from the adjusted sales proceeds（i.e., sales proceeds less costs and capital improvements, but excluding liens）and multiplying by twenty – five percent（25%）.

2. 如本金余额低于房产贷款期初的原始估值，贷款方分享的增值收益 =（调整后的销售收入 – 房产期初的原始估值）× 25%。其中，调整后的销售收入 = 销售收入 – 成本 – 资本增额，不考虑抵押留置权。

3. If the principal balance is greater than the appraised value at the origination but less than the adjusted sales proceeds, the Lender's share is calculated by subtracting the principal balance from the adjusted sales proceeds and multiplying by twenty – five percent（25%）.

3. 如本金余额高于房产贷款期初的原始估值，但低于调整后的销售收入，货款方的增值收益部分 =（调整后的销售收入 – 本金余额）× 25%。

4. If the principal balance is greater than the adjusted sales proceeds, the net appreciated value is zero.

4. 如本金余额高于调整后的销售收入，则资产净增值额为 0。

5. If there has been no sale or transfer at the time the Note is satisfied, the "sales proceeds" in Paragraphs 2 through 4 shall be the current appraised value of the Property.

5. 如合同到期日房产未售出或未转让，则第 2 条到第 4 条中的"销售收入"应为房产的当前估值。

6. The effective interest rate shall be calculated by adding the amount of interest accrued in the twelve (12) month period prior to the sale of the Property or prepayment in full, to the Lender's share of the net appreciated value. The sum of the interest and Lender's appreciation share shall be divided by the sum of the Principal Balance at the beginning of the twelve (12) month period prior to sale or prepayment in full, plus the total of the monthly payments to or on behalf of the Borrower in the twelve (12) months prior to the sale or prepayment in full, to result in the effective interest rate not in excess of twenty percent (20%).

6. 实际有效利率，包括贷款方分享的增值净收益部分，加上房产达成销售或全额发放前 12 个月内所产生的利息。实际有效利率 = （利息 + 贷款人分享的增值收益）/（房产达成销售或全额发放前 12 个月之初的本金余额 + 房产达成销售或全额发放前 12 个月内按月支付给借款人或其名下的应还款项总额），实际有效利率不得超过 20%。

7. Borrower and Lender have a debtor - creditor relationship only. Nothing in this document is intended to create a partnership or joint venture.

7. 借款人和贷款方仅为借贷关系。本文件中的条款不赋予协议双方任何合伙或合资关系。

BY SIGNING BELOW, Borrower accepts and agrees to the terms and covenants contained in this Shared Appreciation Rider.

借款人接受并同意本《分享增值附加协议》条文，签字如下：

_____（SEAL）盖章

Borrower（借款人）

_____（SEAL）盖章

Borrower（借款人）

［ADD ANY NECESSARY ACKNOWLEDGEMENT PROVISIONS］

［添加任何必要的承诺条款］

五、还款承诺书分享增值附加协议（手册附件12）

（Home Equity Conversion Mortgage）
房屋价值转换抵押贷称
SHARED APPRECIATION ALLONGE
分享增值附加协议

THIS SHARED APPRECIATION ALLONGE is an AMENDMENT made this day of _____, ____, 19___, and is incorporated into and shall be deemed to amend and supplement the Note（"Note"）of the same date given by the undersigned（"Borrower"）to evidence Borrower's indebtedness to （"Lender"）, which indebtedness is secured by a Mortgage, Deed of Trust or Security Deed（"Security Instrument"）, of the same date and covering the Property described in the Security Instrument and located at: _____

_____［Property Address］.

本《分享增值附加协议》订立于19___年___月___日，纳入同日签署的还款承诺书，并视为后者的修正及补充条款。还款承诺书为下方签名者（"借款方"）出具，用以证明其对（"贷款方"）的债务，并由抵押协议、信托协议或保证协议提供还款保证。上述保证文书上所涉及的标的房产位于_____［房产地址］。

Notwithstanding anything to the contrary set forth in the Note, Borrower hereby agrees to the following:

不论与还款承诺书内容有何不一致，借款方兹此同意以下述条款为准：

1. At the time that the Note is due and payable or is paid in full, Borrower promises to pay Lender an additional amount of interest equal to twenty – five percent (25%) of the appreciated value of the Property, except that the total effective interest rate shall not exceed twenty percent (20%).

1. 在合同到期应付或已全额支付时，借款方承诺额外支付贷款方房产净增值部分的 25%，但总的实际有效利率不得超过 20%。

2. If the principal balance is less than the appraised value of the Property at origination, the Lender's share of appreciation shall be calculated by subtracting the appraised value of the Property at the time of the loan origination from the adjusted sales proceeds (i. e., sales proceeds less costs and capital improvements, but excluding liens) and multiplying by twenty – five percent (25%).

2. 如本金余额低于房产贷款期初的原始估值，贷款方分享的增值收益 = （调整后的销售收入 – 房产期初的原始估值）×25%。其中，调整后的销售收入 = 销售收入 – 成本 – 资本增额，不考虑抵押留置权。

3. If the principal balance is greater the appraised value at origination but less than the adjusted sales proceeds, the Lender's share is calculated by subtracting the principal balance from the adjusted sales proceeds and multiplying by twenty – five percent (25%).

3. 如本金余额高于房产贷款期初的原始估值，但低于调整后的销售收入，货款方的增值收益部分 = （调整后的销售收入 – 本金余额）× 25% 。

4. If the principal balance is greater than the adjusted sales proceeds, the net appreciated value is zero.

4. 如本金余额高于调整后的销售收入，则资产净增值额为 0。

5. If there has been no sale or transfer at the time the Note is satisfied, the "sales proceeds" in Paragraphs 2 and 4 shall be the current appraised value of

the Property.

5. 如合同到期日，房产未售出或未转让，则第2条到第4条条款中的"销售收入"应为房产的当前估值。

6. The effective interest rate shall be calculated by adding the amount of interest accrued in the twelve (12) month period prior to the sale of the Property or prepayment in full, to the Lender's share of the net appreciated value. The sum of the interest and Lender's appreciation share shall be divided by the sum of the Principal Balance at the beginning of the twelve (12) month period prior to sale or prepayment in full, plus the total of the monthly payments to or on behalf of the Borrower in the twelve (12) months prior to the sale or prepayment in full, to result in the effective interest rate not in excess of twenty percent (20%).

6. 实际有效利率，包括贷款方分享的增值净收益部分，加上房产达成销售或全额发放前12个月内所产生的利息。实际有效利率 =（利息 + 贷款人分享的增值收益）/（房产达成销售或全额发放前12个月之初的本金余额 + 房产达成销售或全额发放前12个月内按月支付给借款方或其名下的应还款项总额），实际有效利率不得超过20%。

7. Borrower and Lender have a debtor – creditor relationship. Nothing in this document is intended to create a partnership or joint venture.

7. 借款方和贷款方仅为借贷关系。本文件中的条款不赋予协议双方合伙或合资关系。

BY SIGNING BELOW, Borrower accepts and agrees to the terms and covenants contained in this Amendment.

借款方接受并同意本《分享增值附加协议》条文，签字如下：

_____（SEAL）盖章

Borrower（借款方）

_____（SEAL）盖章

Borrower（借款方）

六、支付计划书（手册附件 13）

HOME EQUITY CONVERSION MORTGAGE PAYMENT PLAN
房产价值转换抵押贷款支付计划书

Date of Payment Plan：_____

支付计划书日期：_____

FHA Case Number：_____

联邦住房管理局案卷号：_____

Name of Lender：_____

贷款方姓名：_____

Name of Borrower（s）：_____

借款人姓名：_____

Birthdate（s）：_____

出生日期：_____

Expected Average Mortgage Interest Rate _____%

预期平均抵押贷款利率_____%

1. Principal Limit $ _____

本金限额_____美元

Initial Payments（if completed at closing）

首期发放金额（签约时填写）

2. Closing Costs $ _____

初始手续费_____美元

3. Discharge of Liens $ _____

留置权解除金额_____美元

4. Outstanding Balance（if completed after closing） $ _____

未清偿余额（签约后填写）_____美元

5. Loan Advance $ _____

贷款发放金_____美元

6. Servicing Fee Set Aside $ _____

服务费预留金_____美元

7. Total Deductions from Principal Limit（Lines 2 + 3 + 4 + 5 + 6）$ _____

本金扣减额合计_____美元（列项 2 + 3 + 4 + 5 + 6）_____ 美元

8. Principal Limit for Line of Credit $ _____

信用额度上限_____美元

Funds in Line of Credit Designated for：_____

信用额度资金指定于：_____

9. Repairs $ _____

维修费用_____美元

10. First Year Property charges $ _____

首年物业费_____美元

11. Outstanding Balance on Line of Credit from previous payments $ _____

前期信用额度的未清偿余额_____美元

12. Total Deductions from Principal Limit for Line of Credit（Lines 9 + 10 + 11）$ _____

信用额度下本金总扣减额（列项 9 + 10 + 11）_____美元

13. Funds Available to Borrower in Line of Credit（Lines 8 – 12）$ _____

借款人信用额度的可用资金（列项 8 – 12）_____美元

14. Net Principal Limit（lines1 – 7 – 9 – 10）$ _____

本金净限额（列项 1 – 7 – 9 – 10）_____美元

15. Net Principal Limit Available for Monthly Payments （Lines 14 – 13）
$ _____

每月支付方式下可用的本金净限额（列项 14 – 13）_____美元

Scheduled Payments：_____
计划支付：_____

16. Term （Remaining） _____ Yrs. _____ Mos.
定期支付（剩余）_____年_____月
Or 或者

17. Tenure （check only one：term or tenure）
终身支付（以上二选一）

18. Monthly Payment （Total）　$ _____
每月支付（总额）_____美元

19. Monthly Withholding （T & I）　$ _____
每月预扣（税收和保险费）_____美元

20. Net Monthly Payment （Lines 18 – 19）　$ _____
每月净支付（列项 18 – 19）_____美元

（For graduated monthly payments from a line of credit，see attached schedule）
（信用额度下的分级月支付额，请阅附表）

By signing below， the borrower （s） agree （s） that this document accurately describes the principal features of the current payment plan chosen by the borrower （s）.

一经下方签字，借款人认同本文件准确描述了自身目前所选择的支付计划的主要特征。兹签字如下：

_____
Signature 签字

_____
Date 日期

_____
Signature 签字

_____
Date 日期

INSTRUCTIONS FOR COMPLETING
THE BORROWER'S PAYMENT PLAN
支付计划书履行说明

The form on Pages 1 and 2 of this Appendix is completed both at closing and whenever the borrower chooses a different payment option or has his or her payment plan re – calculated. If the form is completed at closing, it must be attached to the Loan Agreement（Appendix 7）.

在签约时，以及任何时候借款人要修改支付计划或对支付计划重新核算时，本附表的第 1 页及第 2 页表单须填写完整。若签约时填写完整，本表单须附在《贷款协议》（附表七）上。

Line 1   The borrower's current principal limit is entered on this line, whether the form is completed at closing or after the mortgage has closed. This figure is calculated according to the instructions in Chapter 5.

第 1 项   不论在签约时，还是抵押完成后填写本表单，借款人现有房贷总值均纳入此项。金额核算请参考第 5 章说明。

Line 2   Any closing costs to be financed by the mortgage are to be entered on this line when the mortgage is closed.

第 2 项   抵押完成后，初始手续费用均纳入此项。

Line 3   The amount of any debts to be paid off at closing should be entered on this line. These debts include existing liens on the property and delinquent Federal debts. Liens on the property which will be subordinated should not be entered on this line.

第 3 项   签约时，任何须付清的债务均纳入此项。这些债务包括房产仍存续的留置权和拖欠的联邦债务。房产次级留置权不纳入此项。

Line 4   The current outstanding balance on the mortgage should be entered on this line if the form is completed after closing. The outstanding balance is the amount of any payments made to or on behalf of the borrower in form of line of credit or monthly payments plus any interest and fees that have accrued since those payments were made.

第 4 项　如签约后填写，现有抵押贷款未清偿余额须纳入此项。未清偿余额指以信用额度或月支付方式支付给借款人或其名下的任何款项，以及自支付行为开始衍生的利息和费用。

Line 5　The amount of any payment made to the borrower at closing, or as an unscheduled payment accompanying a payment plan change after closing, should be entered on this line.

第 5 项　签约时支付给借款人的任何款项，或者签约后因支付计划变更而支付的计划外款项，纳入此项。

Line 6　The amount necessary to pay for servicing costs for the life of the mortgage should be entered on this line. This amount is set aside from the principal limit at closing and a fee is disbursed from these funds monthly to cover servicing costs. Refer to Chapter 5 for instructions regarding servicing fee set aside calculations.

第 6 项　抵押贷款有效期内必须支付的服务费金额，纳入此项。签约时，此款项从房贷本金总值中预留出来，每月扣减一定金额以支付服务费用。有关服务费用预留金计算方法请参照第 5 章说明。

Line 7　The total of Lines 2 through 6 is entered on this line.

第 7 项　第 2 项到第 6 项款项全部纳入此项。

Line 8　The current principal limit for the borrower's line of credit should be entered on this line. At closing, this figure is simply the amount set aside by the borrower for the line of credit, including funds for repairs and property charges. After closing, this figure is the present value of any funds previously set aside for the line of credit, plus any additional funds the borrower wishes to set aside, or, minus any funds that the borrower wishes to remove from the line of credit to allot to monthly payments at the time the form is completed. Refer to Chapter 5 for calculations.

第 8 项　借款人信用额度下的现有本金额纳入此项。签约时，此款项就是借款人信用额度预留出的金额，包括维修费用及物业费。签约后，此项金额是任何信用额度之前预留金额的现有价值，加上借款人希望预留的任何附加资金，或者扣减借款人在填写本表单时希望从信用额度拨移到每月支付金额的款项。计算方法参照第 5 章说明。

Line 9　The amount of funds necessary to pay for required repairs should be entered on this line. The amount can be found on the Repair Rider to the Loan Agreement completed at closing. If this form is completed after closing, the line should have any funds remaining for required repairs that have not been completed. Refer to Chapter 3 for repair requirements.

第 9 项　必须支付的维修费用金额纳入此项。在贷款协议签约时，此款项罗列在维修附表上。如签约后此表单填写完整，此项须有资金预留，以备支付未完成的维修费用。维修要求请参照第 3 章说明。

Line 10　The amount of any funds, owed by the borrower, necessary to pay for property charges to be assessed during the first year of the mortgage, that can not be collected after the mortgage has closed, should be entered on this line.

第 10 项　抵押物首年评估的、在抵押完成后未能收取的借款人应付物业费资金，纳入此项。

Line 11　The outstanding balance on the borrower's line of credit should be entered on this line. This figure is the sum of any payments made from the borrower's line of credit plus any interest that has accrued on those payments since they were made. The outstanding balance on any payments made from the line of credit must be kept separate from the outstanding balance on any other payments made from the mortgage.

第 11 项　借款人信用额度的未清偿余额纳入此项。此金额等于信用额度下支付给借款人的款项加上其自支付后产生的利息的总和。信用额度下支付的未清偿余额，须与其他抵押贷款支付方式下的未偿付余额款项区分开来。

Line 12　The total of Lines 9 through 11 should be entered on this line and is the amount that is deducted from the principal limit for the line of credit to determine the amount of funds available to the borrower from the line of credit.

第 12 项　第 9 项到第 11 项全部纳入此项，并且是从信用额度的房贷本金总值中扣减出来的款项，以确定借款人信用额度下的可用资金金额。

Line 13　The difference between Lines 8 and 12 should be entered on this line. This is the net principal limit for the borrower's line of credit, or the amount available to the borrower from the line of credit at the time that this form is completed.

第 13 项　第 8 项与第 12 项的差额纳入此项。这是借款人信用额度的房贷本金净值，或此表单填写时，借款人信用额度下的可用资金金额。

Line 14　The result of subtracting Lines 7, 9 and 10 from Line 1 is entered on this line and is the borrower's net principal limit, or the amount available to the borrower at the time the form is completed, through any combination of a cash advance, line of credit payment, or monthly payments.

第 14 项　第 1 项扣减第 7 项、第 9 项和第 10 项后的金额，纳入此项。即借款人房贷本金净值，或者是本表单填写时，借款人在预借现金、信用额度或每月支付这些支付方式任意组合下的可用金额。

Line 15　The difference between Lines 14 and 13 should be entered on this line. This figure is the net principal limit for monthly payments, or the amount of funds available to the borrower that can be paid out monthly.

第 15 项　第 14 项与第 13 项的差额纳入此项。此金额即每月房贷净值，或借款人每月可领取的款项。

Line 16　This line should be completed if the borrower wishes to receive monthly payments for a specified term. The term chosen by the borrower should be entered next to the selection. If the form is completed after closing, and the borrower is not changing the term previously chosen, the remaining time left in the term should be entered.

第 16 项　如借款人希望在特定期限内收到月支付款，此项须填写完整。借款人选择的支付期限须填入空选项。如签约后填写本表单，并且借款人未改变之前选择的支付期限，剩余的支付期限须填入此项。

Line 17　This line should be completed if the borrower wishes to receive monthly payments for the rest of his or her life, as long as he or she remains in the home.

第 17 项　如果借款人希望终身每月都能领取资金（前提是继续居留在此房产内），便须填写此项目。

Line 18　The monthly payment calculated from the formula in Appendix 22 should be entered in this line. Refer to Chapter 5 for instructions regarding monthly payment calculations.

第 18 项　依附表 2 的公式计算出的每月支付款项纳入此项。有关每月支付金额计算方法参照第 5 章说明。

Line 19　The monthly amount necessary to cover one – twelfth（1/12）of the borrower's annual property charges should be entered on this line. This amount is deducted from the borrower's monthly payment but is not added to the outstanding balance until the charges are actually paid.

第 19 项　借款人每月应付物业费（年物业费的 1/12）金额纳入此项，此款项每月从借款人领取金额中扣减，直到物业费完全付清，但不计入未清偿金额。

Line 20　The difference between Lines 18 and 19 should be entered on this line. This figure is the actual monthly payment that the borrower will receive.

第 20 项　第 18 项与第 19 项的差额纳入此项。此款项即借款人每月实际将收到的金额。

If the lender and the borrower have established a graduated payment schedule from the funds available in the borrower's line of credit, that schedule should be attached to this form.

如借贷双方在借款人信用额度可用资金范围内建立了一个分级支付计划，该计划须附在此表单上。

七、借款人注意事项（手册附件 14）

NOTICE TO THE BORROWER
WHAT TO DO IN CASE OF LATE PAYMENT OR
NON – PAYMENT BY YOUR LENDER
借款人注意事项
——贷款人迟贷或者不贷的情形该怎么办

FHA Case No. （FHA 案卷号） _____

Date of Mortgage （贷款日期） ____/____/____

Borrower Name （s）（借款方姓名） _____

Property Address （房产地址） _____

Mortgagee （Lender） Name （贷款方名称） _____

The U. S. Department of Housing and Urban Development （HUD） can help you if your lender fails to make payments to you on time. However, HUD can only help you if you follow these instructions.

如果贷款方未能按时付款，借款方可求助于美国住房与城市发展部（HUD）。但借款方必须遵循以下指示。

1. INTRODUCTION 指示

Your Home Equity Conversion Mortgage （HECM） was insured on _____ ［date］ under a special law, Section 255 of the National Housing Act, which makes HUD responsible for making any payments you have not received because the lender has defaulted. This document explains the steps HUD will take if the lender fails to make its payments to you. The term "mortgage" in this Notice includes the loan agreement between you, the lender, and HUD.

您的房产价值转换抵押贷款（HECM）在_____（日期）根据《国家住房法案》第 255 节的特定法律规定投保，因此 HUD 须承担因贷款方违约导致您未能按期收到相关款项的责任。本文向您说明 HUD 在贷款方不付款给您时要采取的措施。本文中的"抵押贷款"包括您、贷款方以及 HUD 之间的贷款协议。

2. HUD OFFICE HUD 办事处

Your local HUD Field Office is located at _____ . _____ . Any letter addressed to that office should include your FHA case number, which appears at the top of this notice. You should put "Home Equity Conversion Mortgage" on the envelope to ensure prompt and correct handling. Telephone calls should be made to the _____ Branch at _____ [telephone number] . You should inform the person answering the call that you are calling about your insured HECM. Please be prepared to provide your FHA case number.

您所在地的 HUD 办公地址为：_____。您寄到此地址的信件都应写上您拥有的 FHA 案卷编号，这在本文首页有列明。为确保得到及时有效处理，信封上应注明"房产价值转换抵押贷款"的字样。您可以拨打电话（号码）_____向_____办事处进行咨询。当然您应向接听者说明所咨询的贷款事宜，并准备好提供您的 FHA 案卷编号。

3. METHOD OF PAYMENT 支付方法

You may choose to receive payments through the "direct deposit" method of payment, where the lender automatically transfers money to your bank account, or you may receive checks through the mail. You may change your method of payment at any time during the loan.

您可以选择"直接存款"（贷款方直接向您银行账户转账）或"邮寄支票"方式获得付款。在贷款延续期间您可以任意更换付款方式。

4. PAYMENT OPTIONS 支付方式选择

You can receive regular monthly payments, payments from a line of credit, or a combination of these payment options. You may change between these payment options at any time. Please follow the instructions in this Notice which apply to the payment option that you have chosen.

您可选择接受定期按月付款或信用额度付款，或者二者组合。您可在贷款延续期间任意更换支付方式选择。下列两条详尽解释了两种付款类别。

5. REGULAR MONTHLY PAYMENTS 定期按月付款

If you have chosen to receive regular monthly payments, the lender must transfer the full payment to your bank account by the first day of each month, or place your check in the mail by that day. If you do not receive payment on time (allowing sufficient time for mail delivery of the check, if applicable), your first contact should be with the lender's representative assigned to handle your account. HUD requires your lender to keep you informed of a current telephone number and address for the representative assigned to your account. If you can not contact your lender or if the account representative can not help you, you should contact HUD.

如果您选择接受定期按月付款，贷款方必须在每月的第一天将所付款项全额转到您账户，或者在那一天将支票邮寄给您。如果您未及时收到付款（考虑邮寄时限），您应先和贷款方负责处理您账户的代理人员取得联系。HUD 要求贷款方必须给您提供上述人员的现有联系电话和地址。如果您联系不上或虽然联系上了，但对方帮不了您，您就可以联系 HUD。

HUD can help you with late payments in two circumstances. First, if the lender often makes payments which you receive late but before the 10th day of the month, and this problem continues after you tell the lender about it, HUD will contact the lender at your request and require the lender to improve its performance and pay any late charges as required by your Loan Agreement. HUD will generally not be able to help with rare cases of late payment if the lender pays the late charge required by your Loan Agreement. Second, if any payment is not received before the 10th day of the month, you should immediately contact HUD (and the lender, if you have not done so). HUD will investigate the circumstances.

在下列两种情况下，HUD 能帮您解决迟付问题。第一，若贷款方经常延迟支付但又不迟于当月 10 号，在您告知贷款方后仍不更正，HUD 会根据您的诉求要求贷款方及时付款并且为逾期付款支付利息费用。但是，在贷款方支付了逾期付款费用之后，HUD 一般便无法继续在这类情况中发挥作用了。第二，如果您在当月 10 号之前都没有收到付款，您应立即联系 HUD（如未联系贷款方的话，还应联系贷款方）。HUD 会对此类情况展开调查。

6. LINE OF CREDIT 信用额度

If you have chosen to receive payments at your request from a line of credit, the lender must transfer the full amount requested, up to your principal limit, to your bank accountor place your check in the mail within five business days after the lender receives your request. If you do not receive payment on time (allowing sufficient time for any mail delivery of your request to the lender, and any mail delivery of the check), your first contact should be with the lender representative assigned to handle your account. HUD requires your lender to keep you informed of a current telephone number and address for the representative assigned to your account. If you cannot contact your lender or if your account representative cannot help you, you should contact HUD.

如果您选择接受信用额度，贷款方必须在接到您申请的 5 个工作日内，按要求将所有款项（以不超过额度为限）转账至您账户或通过信件将支票寄出。如果您未及时收到付款（考虑邮寄时限），您应首先和贷款方负责处理您账户的代理人员取得联系。HUD 要求贷款方必须给您提供上述人员的现有联系电话和地址。如果您联系不上或虽然联系上了，但对方帮不了您，您就可以联系 HUD。

HUD can help you with late payments in two circumstances. First, if the lender often makes payments which you receive after you expect to receive them but fewer than 10 days after you expect them, and this problem continues after you tell the lender about it, HUD will contact the lender and require the lender to improve its performance and pay late charges required by your Loan Agreement. HUD will generally not be able to help with rare cases of late payment if the lender pays the late charge required by your Loan Agreement. Second, if any payment has not been received 10 days after you expect to receive it, you should immediately contact HUD (and the lender, if you have not already done so). HUD will investigate the circumstances.

在下列两种情况下，HUD 能帮您解决迟付问题。其一，若贷款方经常逾期但逾期又不超过 10 天，在您告知贷款方后仍不更正，HUD 会根据您的诉求要求贷款方及时付款并且为逾期付款支付利息费用。但是，在贷款方支付过逾期付款费用之后，HUD 一般便无法继续在这类情况中发挥作用了。其二，如果贷款方逾期超过 10 天，那么您可以立即联系 HUD（如未联系贷款方的话，还应联系贷款方）。HUD 会对此类情况展开调查。

7. HUD INVESTIGATION OF LATE LENDER PAYMENT：HUD PAYMENTS

HUD 对逾期付款的调查：HUD 付款

A HUD investigation will begin with an immediate request to the lender for explanation for the late payment (s). If the lender does not provide a satisfactory explanation to HUD within 15 days of the request, or provide all funds due to you (including any late charges), then HUD will begin arrangements to make payments to you. Your HUD Field Office will keep you informed regarding the likely date for resumption of payments. The initial HUD payment will be equal to the total of all payments not made by the lender, including an amount equivalent to any late charge due from the lender. Subsequent HUD payments will be made in accordance with the timing required by the mortgage.

HUD 调查将先要求贷款方就其逾期付款行为尽快作出解释。若贷款方在 15 日内未按要求给出合理解释，也未向您付款（包括逾期付款费用），HUD 将启动安排给您赔偿。HUD 地方办事处会通知您继续付款的大致时间。HUD 的首次付款额等于贷款方未付的部分，包括与贷款方逾期付款应付的违约金等额部分。之后的 HUD 付款依据贷款合同所规定的时点而定。

8. PAYMENT OF TAXES AND INSURANCE, OR OTHER PROPERTY CHARGES

税收、保险或其他财产费用的支付

If you elected to have the lender pay taxes, hazard insurance premiums, and certain other charges against the property using funds in your loan account, and you learn that the lender has not paid these items on time, you should contact the lender's representative assigned to handle your account. If the lender does not correct the situation, you should contact the HUD office immediately.

如果您选择让贷款方用所贷金额中的一部分支付按揭房产的税收、保险费以及某些其他费用，而贷款方又未及时支付时，您应和贷款方负责处理您账户的代理人员取得联系。如果贷款方未及时更正，您应立即联系HUD办事处。

9. HUD ASSUMPTION OF PAYMENT RESPONSIBILITY

HUD 承担的付款责任

Even if HUD is required to make some payments under the mortgage, we will try to have the lender resume making payments in accordance with the timing required by the mortgage. If HUD cannot arrange for the lender to resume payments, HUD will demand assignment of the mortgage from the lender. If the mortgage is assigned to HUD, you will deal with HUD as the new lender.

即使 HUD 必须承担贷款合同下的部分支付责任，我们仍会尽其所能让贷款方根据合同约定时点继续履行其付款责任。如果 HUD 无法让贷款方履行支付义务，HUD 会要求贷款方转让贷款合同。如若转让成立，您的新贷款人便成了 HUD。

If the lender can not or will not assign the mortgage to HUD, you will receive no further payments from the lender under the first mortgage. No further interest or mortgage insurance premium will be added to the amount which you owe under the mortgage. HUD will then make all future payments under the terms of a second mortgage which you gave to HUD when you gave the first mortgage to the original lender. The first and second mortgages will have to be repaid at the same time (for example, when you sell your home) . Since you will not owe any interest under the first mortgage, the total debt under the first and second mortgages will be less than the amount you would have owed under the mortgage if the lender had continued making payments.

如果转让未能达成，您将不会再根据第一贷款协议收到贷款方的款项。您所欠款项也不再计息或增加保险费用。HUD 会对根据您与原贷款人签署第一贷款协议时与 HUD 签署的第二贷款协议，向您支付未来所有款项。第一和第二贷款协议应同时得到偿还（如在您卖掉房产时）。由于您在第一贷款协议下不再有应付利息，因此两份协议下的总负债额会小于贷款方持续付款情形下的负债金额。

HUD may allow the lender to resume making payments after HUD has made payments. If that happens, you will not owe anything to HUD but you will deal with the lender as if the lender had made all the payments under the first mortgage.

HUD 在赔付后仍允许贷款方继续付款。在此种情况下，您对 HUD 不产生债务，但您仍与贷款方继续执行第一贷款协议，犹如逾期付款并未发生。

Signature of HUD Representative: _____

HUD 代理人签字: _____

Title （职务）: _____

八、咨询证书（手册附件 16）

CERTIFICATE OF BORROWER COUNSELING FOR

Name (s) of Borrower (s): _____

咨询证书

借款人: _____

In order to obtain a Home Equity Conversion Mortgage insured by the Department of Housing and Urban Development （HUD）, the borrower (s) is/

are required by law to receive counseling by a HUD – approved counseling agency.

为获得由住房与城市发展部担保的房屋价值转换抵押贷款，借款人依法必须从住房与城市发展部认可的咨询机构获得咨询。

The counselor must discuss the following items with the borrower（s）:

咨询顾问必须与借款人讨论以下事项：

1. Options other than a Home Equity Conversion Mortgage that are available to the borrower（s）, including other housing, social service, health and financial options.

1. 除房屋价值转换抵押贷款以外的其他选择，包括其他住房、社会服务、医疗健康和金融选择等。

2. Other home equity conversion options that are or may become available to the borrower（s）, such as sale – leaseback financing, deferred payment loans, and property tax deferral.

2. 借款人可获得的其他资产转换选择，如售后回租融资、递延偿还贷款和财产税递延。

3. The financial implications of entering into a Home Equity Conversion Mortgage.

3. 房屋价值转换抵押贷款的财务内涵。

4. A disclosure that a Home Equity Conversion Mortgage may have tax consequences, effect eligibility for assistance under Federal and State programs, and have an impact on the estate and heirs of the borrower（s）.

4. 告知借款人，房屋价值转换抵押贷款可能影响其税务情况、参与联邦和州救助项目的资格，对遗产和继承人亦有影响。

I certify that the borrower（s）listed above have received counseling according to the requirements of this certificate.

Agency： _____   Official： _____

Date： _____

本人证明，上述借款人已获得本证明文书所要求的相关咨询。

咨询机构负责人：＿＿＿＿＿＿＿　　　　咨询机构：＿＿＿＿＿＿＿

日期：＿＿＿＿＿＿＿

I certify that I have received counseling according to the requirements of this certificate.

Borrower：＿＿＿＿＿＿＿　　　　　　　　Date：＿＿＿＿＿＿＿

本人确认，已获得本证明文书所要求的相关咨询。

借款人：＿＿＿＿＿＿＿＿＿

日期：＿＿＿＿＿＿＿＿＿

This page intentionally left blank.

本页以下空白。

九、利率变化定期披露书建议格式（手册附件17）

Periodic Disclosure of Interest Rate Change
for Home Equity Conversion Mortgage（HECM）
（Suggested Form）

房屋价值转换抵押贷款利率变化定期披露书（建议格式）

Lender Name：＿＿＿＿＿＿＿　　　　　　Date：＿＿＿＿＿＿＿

Address

＿＿＿＿＿＿＿＿＿＿＿＿＿＿

Telephone Number

＿＿＿＿＿＿＿＿＿＿＿＿＿

贷款人名称：＿＿＿＿＿＿＿＿＿

日期：＿＿＿＿＿＿＿＿＿

地址：＿＿＿＿＿＿＿＿＿

电话：＿＿＿＿＿＿＿＿＿＿＿

Borrower（s）Name

＿＿＿＿＿＿＿＿＿＿＿＿＿

Address

_____

借款人名称：_____

地址：_____

RE: NOTICE OF CHANGES IN YOUR INTEREST RATE ON YOUR ADJUSTABLE RATE HECM

事项：有关您房屋价值转换抵押贷款可调整利率变化的通知

Dear Borrower:

尊敬的借款人：

On _____ [date], the interest rate on your adjustable rate HECM will _____ [increase/decrease] from _____% to _____%.

自_____（日期）起，您的房屋价值转换抵押贷款可调整利率将从____%提高/下降至____%。

Your present interest rate was based on an index value of _____%. To determine your new interest rate, we added the current index value of _____% as of _____ [date index was issued], to the agreed Upon margin of _____% for a total of _____%. [This new rate has/hasn't been rounded to the nearest 1/8th percent, circle to indicate rounding, or not].

您现有的利率是基于_____%的指数值。为决定您的新利率，我们将_____（日期）发布的_____%的当前指数值，加上约定的_____%的浮动幅度，得到_____%。（新利率已/未四舍五入到最接近的 0.125 个百分点，圆圈显示舍入与否）。

Your new interest rate of _____% may not be more than two percentage points higher or lower than your prior rate of _____%. * The initial interest rate on your mortgage was _____%, which may not be increased beyond _____% during the life of the mortgage.

您的新利率_____%不可能高出或低于您前期_____%的利率两个百分点。*您抵押贷款的最初利率是_____%，在贷款期内不可能增长超出_____%。

If you have any questions, please call _____ at the telephone number listed above.

如您有任何问题，请拨此电话_____。

Sincerely,

此致

_____

Note：If the annual Periodic Disclosure of Interest Rate Change is designed to include all the essential factors for calculation of the new interest rate, a file copy should be sufficient to reflect the computation.

注意：如果对年度利率变化的定期披露内容是针对新利率厘定的所有要素而定，副本应能充分反映其计算过程。

∗ if applicable

∗ 如适用

This page intentionally left blank.

此页以下空白。

十、共享增值表（手册附件 19）

HOME EQUITY CONVERSION MORTGAGE
SHARED APPRECIATION WORKSHEET
房屋价值转换抵押贷款共享增值表

A. Potential Share of Appreciation

A. 可共享的增值

1. Net sales proceeds：_____

1. 净销售收入_____

2. House value at origination _____

2. 房屋初始价值_____

3. Outstanding balance at pay‐off _____

3. 偿还时未付清余额_____

4. Enter greater of 2 or 3 _____

4. 输入 2 和 3 中较大者_____

5. Net appreciated value（1 minus 4）_____

5. 净增值（1 减 4）_____

6. Multiply by appreciation margin ×0. 25

6. 乘以增值幅度 ×0. 25

7. Potential share of appreciation _____

7. 潜在可共享增值额_____

B. Summary of Loan Activity During Pay – Off Year

B. 到期偿还年度的主要贷款活动

Amount：_____   Date：_____

金额：_____   日期：_____

1. Outstanding balance one year prior to pay – off date _____

1. 在到期偿还日上一年的未清偿余额_____

2. Payments to or on behalf of borrower _____

2. 付给借款人或代借款人支付的金额_____

3. Accrued interest during pay – off year _____

3. 偿还年份应计利息_____

4. Outstanding balance on pay – off date _____

4. 到期偿还日时的未清偿余额_____

（Attach detailed print – out from MIP data system to verify totals）

（附上从 MIP 数据系统输出打印的计算结果以核实总数）

C. Actual Share of Appreciation

C. 实际可共享增值额

1. Outstanding balance on year prior to pay – off date（B. 1. ）_____

1. 在到期偿还日上一年的未清偿余额（B.1.）＿＿＿＿＿

2. Principal payments during pay-off year（B.2.）＿＿＿＿＿

2. 偿付年度的本金支付额（B.2.）＿＿＿＿＿

3. Sum of 1. and 2. ＿＿＿＿＿

3. (1+2) ＿＿＿＿＿

4. Multiply by effective interest rate ×20

4. 乘以有效利率 ×20

5. Effective interest rate cap ＿＿＿＿＿

5. 实际利率上限＿＿＿＿＿

6. Accrued interest during pay-off year（B.3.）＿＿＿＿＿

6. 到期偿还年度应计利息（B.3.）＿＿＿＿＿

7. Subtract 6 from 5 ＿＿＿＿＿

7. 5 减去 6 ＿＿＿＿＿

8. Actual share of appreciation（greater of A.7. or C.7.）＿＿＿＿＿

8. 实际共享增值额（A.7. 和 C.7. 中较大者）＿＿＿＿＿

9. Outstanding balance on pay-off date（B.4.）＿＿＿＿＿

9. 到期偿还日未清偿余额（B.4.）＿＿＿＿＿

10. Outstanding balance with shared appreciation（8. plus 9.）＿＿＿＿＿

10. 共享增值后的未清偿余额（8+9）＿＿＿＿＿

附录4 澳大利亚反向年金抵押贷款常见问题解答[①]

1. 如果我的孩子或别人同我住在一起，对反向抵押贷款会有影响吗？

只要借款人居住在此房产内，这是允许的。不过，如果一个或全部借款人要搬离，必须征得银行的同意。

2. 这种贷款会影响我的年金吗？

由于各人情形不同，建议您就此问题征求独立金融咨询师的意见。请注意，在办理反向年金抵押贷款前征求独立金融咨询师的建议，是获取贷款的前提条件之一。

3. 我想换一处小的房产，是否必须全额偿还贷款？

如果选择换一处小的房产，也有可能将贷款随自己转移。不过，在换房时，如果还款余额大于新房产的可贷最高限额，则差额部分需要偿还。

4. 可以提前支取贷款吗？

可以。您可以自行决定随时支取贷款，不会产生任何罚金。

5. 为什么需要每两年评估一次房产？

定期评估您的房产价值，可以使您随时调整、掌握自己的财务状况，有助于您作出正确的金融决策，如果您的房产增值了，这种评估可以为您增加借款额。

6. 若干年后，如果我的房产贬值了，低于借款额度时，会怎么样？

借款人的还款责任仅限于其房产的价值。如果借款额度超过了房产价

[①] 资料来源：摘自中国建设银行房地产金融业务部赴澳大利亚考察小组：《澳大利亚逆向年金抵押贷款方式对我国的启迪》，载《中国房地产金融》，2005（4），43～44页。

值，差额最终由贷款机构承担。不论是因借款人去世而要偿还贷款，还是因借款人征得银行同意后出售其房产来偿还贷款，还款责任都只以房产售价为限。

附录5 香港提供给消费者的安老按揭计划部分宣传辅导材料

一、香港安老按揭计划资料册（节选）

（一）什么是安老按揭？

安老按揭是一项贷款安排，让您可以利用在香港的自主物业作为抵押品，向参与银行申请安老按揭贷款。虽然您的物业已抵押予银行，但是作为物业业主的您，仍可继续安居于该物业直至百年归老①。

您可以于固定年期内（10 年、15 年或 20 年）或终身每月取得年金。如有需要，您亦可提取一笔过贷款，以应付特别情况。

一般而言，除非您永久迁出您的物业或您的安老按揭贷款因其他原因被终止，否则您可以终身无须还款。

于安老按揭终止时，您（或您的继承人）可优先全数偿还安老按揭贷款以赎回物业。如您（或您的继承人）选择不赎回物业，银行将出售该物业以偿还您的安老按揭贷款。

假如出售物业后所得的款项超过安老按揭贷款，银行会将全数偿还安老按揭贷款后的余额归还给您（或您的继承人）。倘若出售物业后所得的款项不足以偿还安老按揭贷款，您（或您的继承人）亦无须担心，因该差额会根据按揭证券公司与银行之间的保险安排由按揭证券公司承担。

（二）申请资格及如何申请

1. 我是否符合申请安老按揭的资格？

---

① 您须注意在特定的情况下，银行可终止您的安老按揭贷款。如您未能或决定不全数偿还安老按揭贷款以赎回物业，银行将收回及出售您的物业，在这种情况下，您不能再居住于该物业。

如欲申请安老按揭，您必须为 55 岁或以上并持有有效香港身份证之人士；现时没有破产或涉及破产呈请或债务重组。

作为安老按揭的抵押品，您的物业必须由您以个人名义持有，或与另一名业主以联权共有形式持有①；为 50 年或以下楼龄的物业②及无任何转售限制；为您在香港的主要居所，及没有出租。

2. 如果我有兴趣，应该如何申请？

如您有兴趣申请安老按揭贷款，请联络参与银行。银行将向您解释安老按揭的详情，并初步评估您是否符合申请资格。根据您提供的资料，银行会为您预备一份资料表及一份贷款资料列表。资料表会记载您的个人资料，贷款资料表则会按您的年龄、物业价值和不同的年金年期，显示每月年金的金额，涉及的利息及按揭保费。

充分了解安老按揭对您的影响是非常重要的，因此请仔细研究由银行向您提供的资料表及贷款资料列表。您亦可与您的家人及可协助您作出合适决定的人士一起研究相关资料。如有任何查询，您可联络银行或致电安老按揭计划热线 25360136。

在正式申请安老按揭贷款前，您必须先预约合格的辅导顾问（辅导顾问为执业律师），安排一个辅导会面（请参阅其后有关辅导的章节）。

辅导的目的是协助您进一步了解安老按揭的产品特性；安老按揭借款人的法律权益与责任；取得安老按揭贷款的法律后果。

如您的辅导顾问认为您已成功完成安老按揭辅导，他将向您发出一份辅导证书。获发辅导证书后，您便可前往任何一间参与银行（不一定是为您预备资料表及贷款资料列表的参与银行）正式申请安老按揭。但是，若您认为安老按揭贷款并不适合您，您便不应作出申请。

如您的申请成功获得银行核批，您将需前往律师楼签署按揭文件。

倘若有任何非借款人士现居于您的物业或有任何人士对您的物业拥有权益，他们必须在您取得安老按揭贷款前签署一份承诺书，确认他们同意银行对该物业的权益拥有较优先的地位，并且同意在银行强制执行安老按

---

① 在此情况下，另一名业主须同为该安老按揭贷款的借款人，及须符合相关的申请条件。
② 如楼龄超过 50 年，申请将按个别情况及验楼报告作考虑。

揭时迁出该物业。

（三）产品的主要特点和优点

1. 灵活的年金年期

您可根据自己的需要，选择于10年、15年或20年的固定年期内，或终身每月收取年金。

为提高灵活性，您可于已选定的年金年期内随时更改年金年期。

2. 每月年金金额

一般来说，借款人的年龄越高及选择的年金年期越短，每月年金的金额便会越高。如二人共同借款，二人收取每月年金的金额便会较单人借款每月年金的金额低，及每月年金金额将以较年轻借款人的年龄计算。

表附5－1用做计算年金之楼价上限。

表附5－1　　　　　　　　用做计算年金的楼价上限

物业估值	用做计算年金之楼价上限
800万港元或以下	100%物业估值
800万港元以上至1 200万港元	80%物业估值或800万港元（以较高者计）
1 200万港元以上至1 600万港元	70%物业估值或960万港元（以较高者计）
1 600万港元以上	60%物业估值或1 120万港元（以较高者计，上限为1 500万港元）

表附5－2　　　　每月年金金额（以楼价每100万港元计）　　　单位：港元

参加年龄	55岁		60岁		70岁	
年金年期	单人	双人	单人	双人	单人	双人
10年	3 200	2 800	3 700	3 300	5 100	4 600
15年	2 400	2 150	2 800	2 500	3 800	3 500
20年	2 050	1 800	2 400	2 100	3 300	3 000
终身	1 650	1 450	2 000	1 800	3 100	2 800

您所选择的年金年期及您的物业价值将影响每月年金金额的计算。

表附 5 - 3　　　　　　　　　**每月年金金额的计算**

	例子 (1)	例子 (2)	例子 (3)
借款人及参加年龄	70 岁的人士	70 岁的丈夫及60 岁的妻子	70 岁的丈夫及70 岁的妻子
年金年期	终身	10 年	20 年
楼价	2 500 000	6 000 000	28 000 000
每月年金金额	3 100 × 2.5 = 7 750	3 300 × 6 = 19 800	3 000 × 15 = 45 000

3. 一笔过贷款

除了每月年金外，您可选择于申请安老按揭贷款时及/或于已选定的年金年期内的任何时间，提取一笔过贷款以应付下列情况[①]：全数偿还您物业之原有按揭（只适用于申请安老按揭时）；支付物业的主要维修及保养；支付医疗开支（可包括香港境外的治疗）。

您可向银行查询您于安老按揭贷款下可提取一笔过贷款的最高金额。可提取的最高金额会于申请安老按揭贷款时设定，而其金额会在年金年期内随时间而递减。

一笔过贷款的金额上限为安老按揭贷款的 90% 年金现值；而一笔过贷款的最低申请金额为 10 万港元或一笔过贷款金额上限的 15%（以较高者为准）。

借款人借取越大额的一笔过贷款，其每月年金则会相应地越少；如借款人借取的一笔过贷款已达金额上限，则不会再有任何每月年金，但仍可居住在有关物业终老。

4. 安居于原有物业

当您取得安老按揭贷款后，您仍可继续居住在原有物业安享晚年，直至百年归老。但是，如您永久迁出该物业（即该物业已不再是您在香港的主要居所），银行可终止您的安老按揭贷款。如您未能或决定不全数还款，银行将收回及出售您的物业，以偿还安老按揭贷款。

---

① 借款人就每宗申请均须提供证明文件。其他的申请只会按个别情况考虑。

5. 终身无须还款

安老按揭其中一项特点是您可终身无须还款，除非安老按揭贷款因特定情况而被终止。

6. 不设提取清偿贷款的罚款

您可随时（例如因出售物业）全数偿还安老按揭贷款及赎回物业而无须缴交任何罚款。尽管如此，您须注意安老按揭并不接受部分还款。

7. 六个月的解除合约期

于首六个月内，如您通知银行决定终止安老按揭，并于指定日期全数偿还安老按揭贷款，相关的按揭保费将按您的要求获全数退还和豁免。然而，您仍须承担免除及解除安老按揭之相关法律费用。

8. 保费优惠

借款人如果在 5 年内转按安老按揭，并以相同的借款人与物业申请新的安老按揭，将有机会享有保费优惠。借款人必须于偿还原有的安老按揭后之一个月内完成转按。

（四）费用

1. 利息开支

安老按揭是一个贷款安排，银行会就安老按揭贷款的总欠款（包括利息，以复息计算并收取利息。请参阅贷款资料列表以查看利息如何随时间而累积。

2. 按揭保费

根据按揭证券公司与银行之间的按揭保险安排，银行会向您收取其支付予按揭证券公司的按揭保费。按揭保费分两部分，金额将由您支付并计入安老按揭的总欠款内：基本按揭保费分 7 期，由第 4 年至第 10 年每年支付，每期费用为物业价值的 0.28%。每月按揭保费根据安老按揭贷款的总欠款计算，年利率为 1.25%，按月支付。

请参考贷款资料列表以了解您应支付按揭保费的金额。

3. 辅导费

您须向辅导顾问支付辅导费。如您决定提取安老按揭贷款，您可选择将已付的辅导费计入安老按揭贷款的总欠款内。

4. 手续费

　　每次成功申请更改年金年期或提取一笔过贷款，需支付 1 000 港元的手续费。该手续费将计入安老按揭贷款的总欠款内。

　　5. 其他费用及开支

　　跟传统按揭一样，您须负责缴付签署按揭文件的法律费用。在某些情况下，如您被要求提交验楼报告（如您的物业楼龄超过 50 年），您亦须支付相关费用。

　　（五）辅导

　　1. 选择您的辅导顾问

　　辅导顾问均是独立于参与银行的执业律师。辅导顾问的角色是向您讲解安老按揭的产品特性、主要的法律权益与责任，及您提取安老按揭贷款的法律后果。

　　香港律师会有列出合资格辅导顾问的名单。您可向合资格的辅导顾问查询有关辅导费。

　　2. 辅导前的准备

　　您已选定了合适的辅导顾问，您需在辅导会面前向您的辅导顾问提供关于自己及您物业的资料。

　　如您只能说或听懂某一种语言/方言，或有任何身体残疾，在辅导会面前请告知您的辅导顾问，并查询是否另须要就辅导会面作任何特别安排。您的辅导顾问可能会就任何特别安排向您收取额外的费用。

　　当您出席辅导会面时，请带同本资料册、资料表和贷款资料列表。

　　3. 出席辅导会面

　　您可以邀请您的配偶、子女、其他亲人和任何可能影响您参加安老按揭决定的人士一同出席辅导会面。

　　在辅导会面中，您的辅导顾问会与您一同细阅并向您解释一系列的问题/声明以协助您了解安老按揭的产品特性及其如何影响您或您的配偶、其他同住的人士和继承人的权益与责任。辅导顾问亦会提示您在申请安老按揭前须考虑的事项。

　　4. 辅导会面后

　　您的辅导顾问会要求您签署确认他/她已向您清楚讲解前述一系列问题/声明及您已充分理解有关内容。如您的辅导顾问认为恰当，您将于辅导会面当日获发一张辅导证书以证明您已成功完成安老按揭辅导。

取得辅导证书后，您可在发出辅导证书之日起的 6 个月内向参与银行正式提交安老按揭贷款申请。

（六）查询

如有任何查询，请联络任何一间参与银行、您的辅导顾问或按揭证券公司。按揭证券公司提供以下的热线供公众查询及于其网站上载有安老按揭的详细资料……

计划须受有关条款及细则约束。

二、香港安老按揭计划提供给消费者的重要通知

重要通知

在申请安老按揭之前，请您阅读本通知。本通知只提供有关安老按揭的增补资料，应与香港按揭证券有限公司安老按揭计划的资料册及其他资料一并阅读。

在您进行辅导前，请注意本通知所载的安老按揭之重要特点，这些特点可能会影响您是否决定申请安老按揭。如有需要，您可在聘请辅导顾问前，联络您的银行以获取更多资讯。

（一）在提取安老按揭贷款之前

1. 前期费用

在您有资格正式申请安老按揭贷款前，您必须先完成安老按揭辅导，并且承担有关的辅导费。此外，如您物业的楼龄超过 50 年，您须在正式提交申请时，自费预备一份楼宇检验报告。

为避免任何不必要的费用和支出，您在办理任何手续（例如楼契转名或验楼等）前，应先联络您的银行以获取更多资讯。

2. 其他居住于您物业的人士及/或任何其他对您物业拥有权益的人士之承诺

如有任何人士与您一起居住于您的物业或有任何其他人士拥有您物业之权益，银行会要求这些人士签署一份承诺书，以表示他们同意在您的物业出售时将搬离您的物业，及放弃他们对该物业拥有的权益，或将他们对

该物业拥有的权益置于银行根据安老按揭拥有的权益之后。请注意此为申请安老按揭的必要条件。

3. 物业的业权

如果您是以低于一般价值取得您的物业（例如，您可能是通过馈赠的方式或不付出任何代价或付出的代价明显低于市场价值而取得物业的业权），在您取得物业的相关文件签订日起计的五年内，您的安老按揭贷款申请将不会被接受。如您欲就申请安老按揭对您物业的业权状态作出任何变动，您亦应当注意这些问题。在您采取任何行动或招致任何费用和支出前，您应当向您的银行或律师征询有关意见。

（二）每月支付款项及一笔过支付款项

1. 借取一笔过支付款项对每月支付款项的影响

每月支付款项金额之多寡取决于多项因素，包括但不限于您已借取的一笔过支付款项的金额。借取一笔过支付款项的金额越高，其后可借取的每月支付款项的金额便会越低。假若您在任何时候借取当时可供您借取的一笔过支付款项的最高金额，即使支付年期尚未届满，在借取该最高一笔过支付款项后，您将不能再借取任何每月支付款项。当您借取一笔过支付款项前，您应小心考虑您的财务需要。

2. 借取一笔过支付款项以全数偿还现有按揭

如您的物业现为按揭物业，您可以于申请安老按揭贷款时借取一笔过支付款项以全数偿还现有按揭，但该一笔过支付款项的金额不得高于原先为购买该物业或转按的按揭贷款的未偿还部分。如果现有按揭银行要求您偿还其他金额（例如任何循环贷款）以解除现有按揭，您必须自行支付有关金额（即不能借取一笔过支付款项以偿还有关金额）。另外，如您于申请安老按揭贷款前的 12 个月内对物业进行加按，计算现有按揭未偿还部分的金额（即一笔过支付款项的最高金额）时须扣除加按贷款的原贷款金额。您应向银行查询有关计算详情。

（三）在提取安老按揭贷款之后

1. 您的持续责任

安老按揭仅为一项贷款安排。在完成安老按揭贷款安排后，您仍为物业的业主，因此您将继续负责与您物业相关的全部日常开支，例如管理费、地租、差饷及维修费用。您还需要每年签署并回复一份声明文件，当中包括确认您的物业仍为您在香港的主要居所。

不履行任何持续责任均可能构成"暂停事件"，将导致银行暂停支付您的每月年金及一笔过贷款。

（1）"暂停事件"。如您违反了政府租契、公契、您与银行订立的任何贷款文件内容，或没有履行任何与您的物业或您的安老按揭贷款有关的持续责任（每一项均会被视为"暂停事件"），并且未能在 3 个月内纠正有关的"暂停事件"，您的银行将有权停止向您支付每月年金和一笔过贷款。有关"暂停事件"的完整列表，请参考附件一。

（2）"到期事件"。在大多数情况下，安老按揭会在您去世时终止。但是，其他情况也会导致您的安老按揭贷款被终止。例如，当发生"暂停事件"且该"暂停事件"未能在 6 个月内被纠正的情况下，您的银行将有权终止您的安老按揭。此外，即使发生某些非您控制能力范围内的事件时，您的安老按揭贷款亦有可能被终止。这些事件包括：您的物业被政府或有关当局（例如市区重建局）收回；您的物业倒塌，或您物业所在的楼宇倒塌（或相当程度上倒塌），或您的物业被证实为不再能被安全使用；您的物业被依法出售（例如，根据《土地（为重新发展而强制售卖）条例》出售），且该出售已完成。

相关的政府租契终止且没有被续期。

当上述任何情况或事件（每一项均被视为"到期事件"）发生，您（或您的遗产继承人，如您已经去世）有优先向银行全数偿还您的安老按揭未偿还贷款金额的权利。

如未偿还贷款金额没有被全数偿还，银行将强制执行安老按揭并出售该物业。如您的物业被收回或依法出售、已倒塌、被证实为不再能被安全使用，或相关的政府租契没有被续期，则关于您物业任何可能得到的补偿、出售所得的款项或保险赔偿将被用于偿还安老按揭之未偿还贷款金额。在此类情况下，您需要自行安排其他居所。有关"到期事件"的完整列表，请参考附件二。

2. 未偿还贷款金额

当您的安老按揭被终止时，您有责任全数偿还安老按揭的未偿还贷款金额，而该未偿还贷款金额可能超过被用以计算每月年金金额的物业价值。如您（或您的遗产继承人，如您已经去世）选择赎回您的物业以代替银行强制执行安老按揭及出售物业，您必须全数偿还未偿还贷款金额。换言之，您的未偿还贷款金额并不以计算每月年金的物业价值，或安老按揭终止时的物业市价作为上限。

倘若您（或您的遗产继承人）选择让银行出售物业或未能于有关限期内（如到期事件为借款人离世而导致，限期为 9 个月，其他到期事件的限期则为 3 个月）采取任何行动赎回物业，银行将会依从一般银行惯例（包括聘请合资格的独立估价师，评估物业市值作参考）安排出售物业，并将出售物业所得的款项在扣除未偿还贷款金额后的余额（如有）向您（或您的遗产继承人）退还。如出售物业后所得的款项不足以偿还安老按揭之未偿还贷款金额，有关差额将根据按揭证券公司与银行之间的保险安排，由按揭证券公司承担。

附件一

暂停事件

下列事件发生时将构成"暂停事件"：

（a）您违反相关的政府租契或大厦公契；

（b）您没有支付管理费、差饷及地租等；

（c）您没有为物业购买火险及其他严重损毁的保险；

（d）您未能对物业作出妥善保养及维持其良好状况；

（e）您没有遵守与物业相关的任何法律、规则及规例；

（f）您没有遵守任何政府当局或楼宇管理人就物业发出的任何命令及通知；

（g）您未能提供关于物业作为您主要居所的年度声明；

（h）您为任何受益人（相关之安老按揭契据下的银行除外）设定任何关乎您物业的押记或其他利益；

（i）您的任何作为或不作为以致对物业的价值产生不利影响，或损害相关之安老按揭契据下的抵押权益；

（j）您违反其于相关之贷款协议书及安老按揭契据下之任何责任，或就安老按揭贷款向银行提供任何不正确或具误导性的资料。

附件二

到期事件

下列事件发生时将构成"到期事件"：

（a）您的物业已不再是您于香港的主要居所；

（b）您离世，或如果您与其他人士共同申请安老按揭贷款，则您们两位均已离世；

（c）您，或如您与其他人士共同申请安老按揭贷款，则您们其中任何一人被裁定破产，或受个人自愿安排所规限；

（d）如暂停事件有可能被纠正，而您未能于该暂停事件发生后的 6 个月内将其纠正；

（e）发生一项无法被纠正的暂停事件；

（f）您的物业被香港政府或任何其他主管机构收回；

（g）有关您物业的政府租契被终止而没有续期；

（h）任何合资格人士已书面确定您的物业不能再被安全地使用；

（i）您的物业或您物业所在的楼宇已经完全或在相当程度上倒塌；

（j）您的物业依法被强制出售，而该出售已经完成；

（k）您物业的联权共有业权已经被分割；

（l）您自愿将物业的空置管有权交予银行。

二零一三年三月

资料来源：香港按揭证券公司网站（www.hkmc.com.hk）；资料节选其中部分，并将繁体字转换为简体。

附录6　日本中央三井信托银行反向抵押贷款商品概要说明书

商品名	中央三井反向抵押
借款人资格	初次申贷的年龄为60岁以上80岁以下的人士； 原则上为单身或夫妇两人共同生活而拥有自有住宅的人士以及采用本公司遗嘱信托的人士
所获资金的用途	原则上借款人可自由决定用途（但不得作为事业性资金周转之用）。此外，对于希望采取"初次增额型"作为贷款支付方式的借款人，为使所获资金的使用用途更明确，本资金不得用做： ①与本公司进行交易的定期性存款商品的原资金金额及购买投资信托等商品的资金； ②其他基于投机动机或经本公司认定不适宜者
交易形态	依据契约订立时的年龄而有交易形态的不同： ①60岁以上64岁以下借款人，至65岁生日之前一日可以贷款卡的方式借款；其后自65岁至79岁间，每年受领一次资金； ②65岁以上79岁以下借款人，自缔约后到79岁间，每年受领一次资金； ③80岁以上83岁以下借款人，以契约所约定时间进行一次受领行为
资金借入的方式	60岁以上64岁以下以利用贷款卡方式借款的借款人，随时可借入。 65岁以后的借入方式： • 使用交易形态①与②者，于65岁后至79岁间，得以每年一次的方式于契约所约定月份之末日受领一定借入金额（以一万日元为单位）。此外，采用交易形态③者，得于本契约日包含月之末日受领一次所定的借入金额（以一万日元为单位）； • 不论采取何种交易形态，所得受领的借入金额为经本公司所指定估价方式，对于当事人自有住宅的土地估价后所得出的额度。再者，采用交易形态①与②且为65岁至79岁间之当事人，其得于每年借入一次的金额，原则上以第一次借款金额作为基准，并每三年评估一次； • 交易形态为①与②者且为65岁以下之每年一次借入之方法，应于下列二者中择一： 通期定额型：首次借款至最终借款，均受领定额之金额； 初次增额型：首拨金额由本公司依个别情状决定，其后直至最后一次金额则采取定额方式

续表

借款限额（可贷款的额度、贷款卡额度）	贷款额度为依本公司所定方法对当事人自有住宅的土地进行估价后百分之五十内之金额（以 10 万日元为单位）为限。 贷款卡的利用限度为土地估价金额的百分之十以内，原则上在利用期间中不重新进行评估
可能的借款期限	交易形态①以贷款卡方式进行借贷者，为当事人至 65 岁生日的前一日； 选用交易形态①②者其每年一次的借款期限，原则上每 3 年自动更新，但于 80 岁后便无法借入新款； 适用交易形态③者，由于契约本来便约定仅有一次借款机会，所以之后也无法借款
借款利率及利率变动的方法	短期最优惠利率（基准利息）+1.5% 的变动利息； 以每年 2、5、8、11 月之决算日当时的基准利息作为次日以降至下一次决算日止之适用标准
返还期限（本契约终止）	原则上以借款人死亡时为契约终止
返还方式	借款于下列情形，原则上应与担保物出售后的价金等一并返还： ①借款人死亡时（同居配偶仍生存者，担保物的出售可延期至自借款人死亡时开始至 3 年经过犹豫期间后）； ②因变更住所而将自有住宅出售时，随时以自有资金返还或由继承人方用自有资金一并返还
保证	原则上不需要保证人
担保的设定	应以担保品设定本公司为第一顺位最高限额抵押权人，设定费用由客户负担。 注 1：设定金额（最高限额抵押权额度）为贷款额度之 120% 以上（以 10 万元为单位）； 注 2：设定金额（最高限额抵押额度）倘于交易期间中有变更必要时，应为变更登记（变更登记之费用由客户负担）。 ※设定金额（最高限额抵押额）之变更（变更登记）必要性常例： ①从 64 岁以下交易（贷款卡交易）变更为 65 岁以上的交易时，由于土地价格重新评估所伴随贷款额度的变更情形； ②80 岁后因土地估价所伴随设定金额（最高限额抵押额）的重新评估（但在同一笔交易中，倘若土地交易价格经重新评估，原则上贷款额度不用重估，除非设定金额（最高限额抵押额）变更为借入余额 120% 以上时才有重新评估的必要）

资料来源：根据日本中央三井银行商品概要说明书翻译，http://www.chuomitsui.co.jp/person/p_03/pdf/009.pdf。

附录7 新加坡反向抵押贷款（政府组屋）申请表

反向抵押贷款（政府组屋）申请表

注意：1. 请查阅宣传单获取更详细信息。	
2. 请不要留空；如果不适用，请填写"NA"。	
我通过以下渠道了解到职总英康的反向抵押贷款信息（请打钩）： □网站□保险顾问 □服务分支机构 □朋友 □报刊杂志 □其他（请注明）	
申请者详细信息	
姓名：	身份证/护照号：
国籍： □新加坡公民 □永久居住权	出生日期：	性别： □女性　□男性
联系电话： 　家庭： 　办公室： 　手机：	电子邮箱：
居住地址：	通信地址（若与居住地址不同）：

续表

联合申请者详细信息		
姓名：		身份证/护照号：
国籍： □新加坡公民 □永久居住权	出生日期：	性别： □女性　□男性
和主申请人关系：	联系电话： 家庭： 办公室： 手机：	电子邮箱：
居住地址：		通信地址（若与居住地址不同）：
贷款额度要求		
贷款额度： 总额（新加坡元）： 每月现金支付额（新加坡元）：		贷款期限（如果适用）：　　　年
中央公积金（CPF）详细信息		
主申请人中央公积金最低额度（新加坡元）：		联合申请人中央公积金最低额度（新加坡元）：
银行账户详细信息		
账户名：	银行：	账号：
被抵押不动产详细信息		
不动产位于：		
政府组屋类型：□3 间房□4 间房□5 间房 □ 其他	面积：	不动产年龄：
不动产的登记所有者姓名：		居住者姓名：

续表

声明与授权

1. 我声明：

a）我不是一个债务未偿清的破产者；

b）当前没有对申请贷款不利且涉及我的法律诉讼正在进行中；

c）我已经如实完整地填写贷款申请，我已经披露了贵公司认为是重要的且对贵公司审核是否给我发放贷款所有重要的真实信息；

d）本申请表中所有信息是真实、准确、完整的。

2. 我同意并授权贵公司：

a）从被批准的贷款总额中扣除首期贷款、手续费、人寿保险费和房屋保险费（如果适用）；

b）在贵公司认为必要的情形下，可以拥有绝对裁量权的方式取得并验证任何有关我的信息；

c）根据任何法律、法庭、监管授权或法律程序的要求，移交并披露任何有关我或我的账户的信息。进一步地，不定期地向信用机构或者被新加坡金管局认可的信用机构及人员，移交并披露任何有关我或我账户的信息。

我同意即使在贷款终止后，以及/或者因任何原因导致我和贵公司的关系终止后，上述 2（b）和 2（c）仍然有效。

3. 此外，如果我申请了一笔住房抵押贷款，在未取得贵公司书面同意之前我将不会将不动产租赁给其他人。如果我申请了一笔住房抵押贷款且我拥有新加坡永久居住权，当贵公司要求时，我同意提供一份单独的书面承诺如下：我购买该不动产仅供我自己居住且其是我单独承担私人住房贷款（新加坡元）；

4. 我知道本贷款申请并不对贵公司有约束力，贵公司可能因任何原因拒绝我的申请。如果发现我提供的申请信息有任何错误遗漏，贵公司保有收回已经发放贷款的权利。

主申请人签名及日期：

联合申请人签名和日期：

已经递交文件核对清单
□申请表□身份证/护照影印件（所有业主）□建屋发展局/其他出资机构的抵押贷款证明□中央公积金证明□其他

仅限办事处填写		
代理人/保险顾问：	身份证号：	代码：
联系电话：	□介绍人□贷款发现人 □贷款服务人	
代理人/保险顾问：	身份证号：	代码：
联系电话：	□介绍人 □贷款发现人 □贷款服务人	

资料来源：根据新加坡职总英康保险公司 2006 年推出的反向抵押贷款（政府组屋）申请表翻译。该业务已于 2008 年停办。

附录 8　英国英杰华公司终身抵押贷款申请表

终身抵押贷款申请表

在填写此表前，请确保您已经阅读我们的指南手册。如果您有任何疑问，请与我们联系。

请勾选您想要的终身抵押贷款模式：

□弹性模式

□趸领模式

1. 个人详细信息

	第一借款人	第二借款人
称谓（女士/先生）：		
姓名：		
婚姻状况：		
出生日期：		
家庭电话：		
移动电话：		
当前住址：		

住在当前地址多久：　　　年　　　月

是否对现在住址申请抵押贷款：□是　　　□否

预估价值：　　　　　　（英镑）

2. 如果您正置办一处房产，请填写本部分，否则请转第 3 部分

请填写您正置办的房产地址：

请填写房产销售代理详细信息：

名称：

地址：

电话号码：

如果可能，请写一个暂定的房产置办完成日期：　　年　　月　　日

购买价格：　　　　　　　　（英镑）

如果您置办的是新建成的房产，您是否得到任何补贴或优惠：□是
□否

如果有，优惠/补贴金额：　　　　　　　（英镑）

房产使用情况

是否有借款人之外的其他人使用该房产：□是　　　□否

如果是，请逐一给出详细信息

称谓（女士/先生）：

姓名：

关系：

出生日期：

使用者是否为房产支付费用：□是　　　□否

如果有支付费用，请列出金额（英镑）：

频率（周、月或其他，请注明）：

使用者是否有独占使用任何部分的财产：□是　　　□否

使用者是否能够签署居住契约：□是　　　□否

使用者是否愿意签署居住契约：□是　　　□否

如果您正置办房产，请填写以下您信用状况的详细信息

	第一借款人	第二借款人
是否曾被拒绝办理抵押贷款：	□是　　□否	□是　　□否
是否曾被拒绝办理房产保险：	□是　　□否	□是　　□否

是否被宣告破产或无力偿还债务，已经进入司法程序或和债权人达成

自愿协议：　　　　　　　　□是　　□否　　　　　□是　　□否

是否被地方法院判决/有对您不利的法院判决记录：

　　　　　　　　　　　　　　□是　　□否　　　　　□是　　□否

如果上述任一问题您的答案是"是"，请在下面提供详细信息，包括日期等。

3. 贷款详细信息

　　　　　　贷款用途　　　　　　预计成本

如果您打算改变借款金额，请立即告知我们。

　　　　　　首期金额　　　　　　总金额

弹性模式：_____（英镑）　　　　　_____（英镑）

趸领模式：　　　　　　　　　　　_____（英镑）

计划借款日期：

是否申请继承保证：　　　　□是　　□否

如果是，期望的继承保证比例（%）：

如果选择弹性模式，未来可能释放更多的资产价值，请填写银行账户详细信息。

　　银行名称：

　　银行地址：

　　银行账号：

　　顺序码：

　　账户主名：

4. 房产详细信息

　　房产类型：

　　房产是否属于退休住宅小区：　　　　　　　　□是　　□否

　　房产是否为前地方当局（北爱尔兰房产管理局）或住房协会的房产：

　　　　　　　　　　　　　　　　　　　　　　　□是　　□否

如果是，请填写购买日期：

不动产权属（仅选其一）：

□永久完全所有　　□土地租赁保有　　□共有

如果是租赁保有，剩余租赁年限：　　　　　　（年）

5. 法律顾问详细信息 (此项是处理申请必需的)

姓名:

公司名称:

地址:

电话号码:

6. 财务状况详细信息

如果您的房产仍有抵押贷款或按揭,请填写以下内容

贷款机构名称:

贷款/抵押贷款金额:

贷款机构名称:

贷款/抵押贷款金额:

数据保护

当您启动这项申请时,我们即视同您同意英杰华公司使用那些被提供来用于处理您的申请和管理您的方案的信息。同时,您知悉英杰华集团内部任何公司、再保险公司以及为英杰华提供服务的第三方会掌握您的信息并处理您的方案。为实现这些目标,信息可能被交换到任何国家(包括欧洲经济区以外)。我们可以将您的任何信息用于承保或索赔处理目的,并披露给监管机构、其他保险公司(直接或通过共享数据库)、英杰华集团其他子公司和保险中介机构(包括为他们服务的第三方)。

此外,英杰华公司或那些把您介绍给英杰华公司的商业伙伴,可能会通过邮件或电话的方式向您推荐由英杰华公司或商业伙伴提供的产品和服务。如果您不希望收到这些材料,请勾选。□

洗钱犯罪的预防

根据反洗钱监管要求,我们必须核查与这个方案中有利益关系的每个人的身份和所涉及的地址,可能包括投保人、保险人、财产授予人、第三方和受益人等。

进行方式

我们可能通过电子认证或要求您向我们发送一些文件的方式，以核实您的身份和地址。

电子认证

我们将借助第三方公司来进行检查。检查将在您的信用档案上留下记录，但它不是一个信用检查，所以它不会影响您的信用评级。

文件验证

在某些情况下，我们会要求您提供更多与您有关的身份和地址证明。您的理财顾问会告诉您我们所需要的材料。

您不应该将终身抵押贷款用于筹集短期资金。如果您预计到您可能会提前偿还贷款（并非由于离世或进入长期护理状态），就应该考虑其他融资类型。因为如果您选择提早偿还贷款，可能要付出大额的提前还款费用。

声明——必须由所有借款人完成

终身抵押贷款关键事项说明手册是很重要的，您应该花时间去阅读。您应该已经从您的理财顾问那里得到一份。如果尚未得到，请尽快申请索要一个个性化的说明手册。若有不明之处，请进一步询问信息或咨询您的理财顾问。

- 我完成这份声明，将其作为终身抵押贷款申请的一部分。
- 我确认我是英国的永久居民。
- 我明白本申请表中所提供的信息将被英杰华用于评估我获得终身抵押贷款的资格。
- 我明白，如果我提供的信息中任何一部分是不真实、不准确和不完整的，就可能导致终身抵押贷款申请被撤销，以及任何提供给我的终身抵押贷款被收回或调整。
- 我确认我的申请中提供的所有信息都是真实、准确和完整的。

- 我明白我将承担所有的评估和法律费用，以及英杰华公司关于该终身抵押贷款所产生的其他任何费用和支出（包括现金支付），无论我最终是否取得贷款。

- 我明白估价师的报告不含有建筑结构调查。如果建筑结构调查确有必要，我将独立承担完成相关调查的费用。

- 我明白不管英杰华是否必须批准我的终身抵押贷款申请，都要支付评估费。

- 我明白如果英杰华给我终身抵押贷款，这并不能保证我的房屋拥有良好的状态和构造。

- 我同意英杰华根据申请中提及的数据保护规定来处理所有与我的申请有关的信息。

- 我同意英杰华公司根据申请表中提及的反洗钱规定来验证我的身份。

- 我的理财顾问已经解释了提前还款可能产生的最大费用，以及如果提前还款的话如何来计算相关费用等，也解释了备用金额度可能会被减少甚至取消的各种情形。

- 我明白终身抵押贷款的设计对提前还款不利，我同意作出终身借贷的承诺。

终身抵押贷款按合同规定的条款和条件执行，具体条款在贷款核发时提供。我们和所有的终身抵押贷款提供者共同提供终身抵押贷款的条款和条件。如果您想在贷款核发之前看到条款和条件，请向您的财务顾问咨询。

联合申请的现金返还

如果您们的顾问告诉您们有资格领取现金返还支票，我们将同时向您和您的联合申请人支付。如果您想我们在支票抬头只写其中一个人的名字，烦请告诉我们该名字。

支票抬头：

客户清单

请勾选确认您已经附上我们处理您的申请所需的所有材料。附上以下材料的原件或合格的副本，这可能有助于加快您的申请进程。

	第一借款人	第二借款人
出生证明	☐	☐
或 护照	☐	☐
或 带照片的驾驶执照	☐	☐
结婚证书（姓名变化页）	☐	☐
或同性婚姻证书（姓名变化页）	☐	☐
估价费支票		
（可支付给英杰华资产释放有限公司的）	☐	☐

我们强烈建议在填写申请表之前，和您的家人讨论您的终身抵押计划。

☐我已经或者打算和我的家人/受益人讨论我的计划。

☐我不想和我的家人/受益人讨论我的计划。

☐我的遗产没有受益人。

我已阅读上述声明以及数据保护和反洗钱的声明。

借款人签名：

第一借款人　　　　　　　　　　日期

第二借款人　　　　　　　　　　日期

中介顾问声明（如果无，请删除）

我确认：

• 我已经根据抵押业务行为准则（MCOB）的规定，对此笔终身抵押贷款提供咨询建议。

• 我已通过有关资产价值释放的专业人员认证考试，已提供/指导资产价值释放方面的建议或推荐。

• 我因提供抵押贷款的咨询建议而收取（　　）英镑或按照贷款总额（　　）%的费用。这些费用将是☐完全退还/☐部分退还/☐不退还的。

● 我没有因提供抵押贷款金额的咨询建议行为而收取费用（不适用请删除）。

● 借款人有必要/不必投保我所推荐的房屋建筑保险。

您是否通过网络递交申请：□是　　　□否

如果是，网络的名称是：

您是一个抵押贷款俱乐部的成员吗？如果是这样，请注明：

签名：　　　　　　　　　　日期：

全名打印：

申请者支付的评估费用（英镑）：

在本申请件中，贷款占房产价值的比例为：　　　　（％）

顾问详细信息

公司名称：

金融行为监管局（FCA）登记注册号：

地址：

电话号码：

身份验证证明（个人）

由金融行为监管局监管的公司、欧盟监管的金融服务公司或非欧盟监管的金融服务公司来完成。

当您已经验证他们身份之后，给所有合同当事人（如联名申请人、受托人、托管人以及受益的第三方等）分别单独开具证明。

客户/受托人/受益人/第三方的全称（不适用则删去）：

出生日期：

当前地址：

以往地址（如果申请者在过去的三个月曾经改变过地址）：

面对面/非面对面申请（不适用则删去）

请填写您适用的部分

A：

确认——金融行为监管局监管的公司

我/我们确认：

（1）我/我们从客户那里得到以上信息。

（2）那些我/我们已经获得的关于客户身份确认的证据：

（仅选一项）

满足英国金融部门反洗钱联合指导小组要求的证据标准□

或超过证据标准（我/我们已经附上进一步核实确认的证据）□

确认——欧盟监管的金融服务公司

我们确认：

（1）我/我们从客户那里得到以上信息。

（2）那些我/我们已经获得的关于客户身份确认的证据符合我国反洗钱法律要求，执行了欧盟反洗钱指令以及任何相关的权威性法律中有关此类业务或交易中客户身份认证的最佳操作。

（3）若有潜在证据证明客户持有英国之外身份，我们将根据法庭庭谕或是任何相关的合作程序规定，把我们按当地法律要求保存的客户记录副本，提供给英国执法机构或监管者。□

确认——非欧盟监管的金融服务公司

我们确认：

（1）我/我们从客户那里得到以上信息。

（2）那些我/我们已经获得的关于客户身份确认的证据符合本地法律或监管规定。

（3）若有潜在证据证明客户持有英国之外身份，我们将根据法庭庭谕或是任何相关的合作程序规定，把我们按当地法律要求保存的客户记录副本，提供给英国执法机构或监管者。□

B：

我还没有核实申请人身份因为（如果适用请打钩）：

（选择适用）：

□保费金额低，适用免查情形
□资金来源符合特许情形

顾问声明

在所有情况下填写

管辖权：

监管机构全称：

监管者名称：

监管者编号：

签名：　　　　　（注：此证书必须由见过文书证据原件的人签署）

名字：

职位：

日期：

单位盖章：

解释说明

1. 您必须为每一个客户完成单独的确认（如联名持有人、信托情形、有受益权的所有人和共同生活情形）。有受益权的所有人是指受托人之外，管理信托或其他资产安排的个人，以及任何享有超过 25% 的信托财产权利的个人。对于第三方参与情形，例如客户之外的付款人，您也必须验证其身份并提供确认。

2. 在当地的反洗钱法律或条例要求确认生效之前，您不能用本表来验证那些曾经是介绍单位客户的客户身份。

3. 本确认书必须附带原件或等效电子文件。

4. 对于资金来源特许情形，保费支付者和保单持有人必须是同一个人。我们不接受任何第三方情形。

附录9 发达国家发展"三支柱"养老保障 体系经验

20世纪50年代以来，多数发达国家在养老保障领域逐步建设形成了"三支柱"体系，即以政府主办的基本养老保障为第一支柱，企业或公共部门雇主出资、带有福利性质的雇主养老金计划（也称企业年金）为第二支柱，以个人商业养老保险、个人退休账户、个人储蓄等多种形式的个人养老金为第三支柱。其中，第二、三支柱统称为"私人养老计划"，在部分国家甚至成为养老保障主体，如经济合作与发展组织（OECD）成员国养老金储备中，第二、三支柱占比高达八成。

发达国家和地区在推进"三支柱"体系过程中，通过税收政策特别是税延政策，来引导强化第二、三支柱发展，对完善养老保障体系起到积极作用。如英国、美国以及亚洲的日本、韩国、新加坡、泰国、印度、马来西亚、中国台湾地区以及拉美、中东欧转型国家等普遍建立了法定税延（EET）甚至全程税免（EEE）模式。

以美国为例。在第二支柱方面，开发出"401K计划"，对雇主缴费部分可以按工资的15%进行税前扣除，雇员缴费部分及其收益则享受税延政策优惠。截至2010年底，"401K计划"资产规模约3.1万亿美元，占当年GDP的21%、占美国养老金总资产的31%，参与者超过总人口的1/4。在第三支柱方面，发展了个人退休账户制度（IRAs），雇员可以设立个人养老储蓄账户，缴费和投资可以延期纳税，以实现延迟纳税和低税率的双重优惠。经过几十年的发展，目前，美国已有四成家庭拥有IRAs，资产规模超过4万亿美元，占美国养老金资产总规模近三成，是养老金体系中成长最快的部分。

因此，美国人的退休收入主要有三个来源：一是政府提供的社会保障金，基本所有美国老人都有这部分收入，是保障最基本生活的资金来源；二是企业年金等私人养老保险项目提供的养老金，部分美国老人有这笔收入，是改善退休生活的资金来源；三是个人存款，这笔资金则因人而异。而反向抵押贷款更多是作为养老收入的补充，并不是核心收入来源。

部分国家扶持个人养老保险的税优模式表（第三支柱）

国家	计划名称	税优模式
奥地利	个人养老金计划	EET
比利时	个人养老金计划	EET
卢森堡	个人养老金计划	EET
意大利	个人养老金计划	ETT
瑞典	个人养老金计划	ETT
丹麦	个人养老金计划	EET
瑞士	个人养老金—退休关联的储蓄	EET
英国	个人养老金计划	EET
美国	个人退休账户 IRAs	EET
韩国	个人私营养老金计划	EEE
新加坡	补充退休计划	EEE
巴西	传统个人养老金计划	EET
玻利维亚	自愿性个人账户养老金计划	EEE

注：EET 指税延型，EEE 指税免型。

附录 10 我国现有的部分房产相关法律法规（节选）

一、《个人住房贷款管理办法》

第六条 借款人应向贷款人提供下列资料：……抵押物或质物清单、权属证明以及有处分权人同意抵押或质押的证明；有权部门出具的抵押物估价证明；保证人同意提供担保的书面文件和保证人资信证明……

第八条 贷款人发放贷款的数额，不得大于房地产评估机构评估的拟购买住房的价值。

第十六条 借款人以所购自用住房作为贷款抵押物的，必须将住房价值全额用于贷款抵押。

第十八条 借款人对设定抵押的财产在抵押期内必须妥善保管，负有维修、保养、保证完好无损的责任，并随时接受贷款人的监督检查。对设定的抵押物，在抵押期届满之前，贷款人不得擅自处分。

第十九条 抵押期间，未经贷款人同意，抵押人不得将抵押物再次抵押或出租、转让、变卖、馈赠。

第二十条 抵押合同自抵押物登记之日起生效，至借款人还清全部贷款本息时终止。抵押合同终止后，当事人应按合同的约定，解除设定的抵押权。以房地产作为抵押物的，解除抵押权时，应到原登记部门办理抵押注销登记手续。

第二十五条 以房产作为抵押的，借款人需在合同签订前办理房屋保险或委托贷款人代办有关保险手续。抵押期内，保险单由贷款人保管。

第二十六条 抵押期内，借款人不得以任何理由中断或撤销保险；在保险期内，如发生保险责任范围以外的因借款人过错的毁损，由借款人负全部责任。

第三十条　抵押人或出质人按合同规定偿还全部贷款本息后，抵押物或质物返还抵押人或出质人，借款合同终止。

第三十二条　处分抵押物或质物，其价款不足以偿还贷款本息的，贷款人有权向债务人追偿；其价款超过应偿还部分，贷款人应退还抵押人或出质人。

第三十三条　拍卖划拨的国有土地使用权所得的价款，在依法缴纳相当于应缴纳的土地使用权出让金的款项后，抵押权人有优先受偿权。

二、《城市房地产抵押管理办法》

第三条　本办法所称房地产抵押，是指抵押人以其合法的房地产以不转移占有的方式向抵押权人提供债务履行担保的行为。债务人不履行债务时，债权人有权依法以抵押的房地产拍卖所得的价款优先受偿……

第四条　以依法取得的房屋所有权抵押的，该房屋占用范围内的土地使用权必须同时抵押。

第八条　下列房地产不得设定抵押：

（一）权属有争议的房地产；

（二）用于教育、医疗、市政等公共福利事业的房地产；

（三）列入文物保护的建筑物和有重要纪念意义的其他建筑物；

（四）已依法公告列入拆迁范围的房地产；

（五）被依法查封、扣押、监管或者以其他形式限制的房地产；

（六）依法不得抵押的其他房地产。

第十二条　以享受国家优惠政策购买的房地产抵押的，其抵押额以房地产权利人可以处分和收益的份额比例为限。

第十八条　以具有土地使用年限的房地产抵押的，所担保债务的履行期限不得超过土地使用权出让合同规定的使用年限减去已经使用年限后的剩余年限。

第十九条　以共有的房地产抵押的，抵押人应当事先征得其他共有人的书面同意。

第二十二条　设定房地产抵押时，抵押房地产的价值可以由抵押当事人协商议定，也可以由房地产评估机构评估确定……

第二十三条　抵押当事人约定对抵押房地产保险的，由抵押人为抵押的房地产投保，保险费由抵押人负担。抵押房地产投保的，抵押人应当将保险单移送抵押权人保管。在抵押期间，抵押权人为保险赔偿的第一受益人。

第二十六条　房地产抵押合同应当载明下列主要内容：

（一）抵押人、抵押权人的名称或者个人姓名、住所；

（二）主债权的种类、数额；

（三）抵押房地产的住所、名称、状况、建筑面积、用地面积以及四至等；

（四）抵押房地产的价值；

（五）抵押房地产的占用管理人、占用管理方式、占用管理责任以及意外损毁、灭失的责任；

（六）债务人履行债务的期限；

（七）抵押权灭失的条件；

（八）违约责任；

（九）争议解决方式；

（十）抵押合同订立的时间与地点；

（十一）双方约定的其他事项。

第三十八条　因国家建设需要，将已设定抵押权的房地产列入拆迁范围的，抵押人应当及时书面通知抵押权人；抵押双方可以重新设定抵押房地产，也可以依法清理债权债务，解除抵押合同。

三、《中华人民共和国担保法》

第五条　担保合同是主合同的从合同，主合同无效，担保合同无效。担保合同另有约定的，按照约定。

担保合同被确认无效后，债务人、担保人、债权人有过错的，应当根据其过错各自承担相应的民事责任。

第十二条　同一债务有两个以上保证人的，保证人应当按照保证合同约定的保证份额，承担保证责任。没有约定保证份额的，保证人承担连带责任，债权人可以要求任何一个保证人承担全部保证责任，保证人都负有担保全部债权实现的义务。已经承担保证责任的保证人，有权向债务人追偿，或者要求承担连带责任的其他保证人清偿其应当承担的份额。

第三十六条　以依法取得的国有土地上的房屋抵押的，该房屋占用范围内的国有土地使用权同时抵押……

四、《中华人民共和国城市房地产管理法》

第二十一条　土地使用权因土地灭失而终止。

第二十二条　土地使用权出让合同约定的使用年限届满，土地使用者需要继续使用土地的，应当至迟于届满前一年申请续期，除根据社会公共利益需要收回该幅土地的，应当予以批准。经批准准予续期的，应当重新签订土地使用权出让合同，依照规定支付土地使用权出让金。

土地使用权出让合同约定的使用年限届满，土地使用者未申请续期或者虽申请续期但依照前款规定未获批准的，土地使用权由国家无偿收回。

附录 11　部分地区支持养老机构建设的重要文件

一、北京市《关于加快本市养老机构建设的实施办法》（2013 年 10 月 31 日发布）

第一条　目的依据

为贯彻落实《国务院关于加快发展养老服务业的若干意见》（国发〔2013〕35 号）、《北京市人民政府关于加快推进养老服务业发展的意见》（京政发〔2013〕32 号），加快本市养老机构建设，特制定本办法。

第二条　总体目标

到 2015 年，本市养老机构养老床位数达到 12 万张，每千名老人拥有的养老机构养老床位数达到 38 张。到 2020 年，本市养老机构养老床位数达到 16 万张，每千名老人拥有的养老机构养老床位数达到 40 张。

"十二五"期间，在新审批建设的养老机构和政府投资建设的养老机构中，80% 以上的养老床位应具有护养功能。

第三条　基本原则

（一）政府主导、社会主体。建立支持养老机构发展的公共财政投入机制，鼓励、吸引和支持社会资本投资建设养老机构，逐步实现投资运营主体多元化。社会资本愿意投资建设养老机构的，优先支持其建设；在社会资本建设的养老机构不足以满足老年人入住需求时，由政府补充投资建设。

（二）因地制宜、集约发展。集约高效利用土地，兴办规模合理、服务设施齐全、具有可持续发展能力的养老机构；鼓励充分发掘现有设施的潜力，利用社会其他用途的设施及存量土地兴办养老机构。

（三）分类发展、科学定位。政府投资建设的养老机构主要发挥托底保障作用。社会资本投资建设的养老机构则重点着眼于满足多样化的养老服务市场需求。

第四条 供地与建设方式

（一）供地方式

政府投资建设的养老机构，依法采取划拨方式供地。

社会资本投资建设的非营利性养老机构，依法采取划拨方式供地；社会资本投资建设的营利性养老机构，应在限定地价、规定配套建设和提出管理要求的基础上，采用招拍挂等方式供地。企业单位利用自有用地建设的营利性养老机构，采取协议出让的方式供地。

社会资本投资建设的养老机构属于营利性或非营利性，由民政部门会同国土、工商等部门共同认定。

农村集体经济组织可采取占地方式，利用集体建设用地建设养老机构。

（二）建设方式

养老机构建设可采用独立占地建设、配套建设和改扩建等方式建设。

新规划独立占地建设的养老机构，地址应选择在交通便利、周边有医疗卫生机构、靠近居住区的地区。

新建养老机构的建筑面积、用地面积、基本配建内容、配建规模及要求应符合国家标准及本市地方标准规定，并应纳入相关规划。

新建居住区要根据规划要求和建设标准，配套建设养老机构，并与住宅同步规划、同步建设、同步验收。配建养老机构的规模、建筑面积、用地面积、配置要求应符合《北京市居住公共服务设施规划设计指标》的规定。凡老城区和已建成小区无养老机构或现有设施没有达到规划和建设指标要求的，要限期通过购置、置换、租赁、腾退等方式开辟养老机构，且不得挪作他用。

社会资本可以利用居民住宅举办全托型社区托老所。全托型社区托老所按照民办非企业或工商登记的相关规定进行登记。

第五条 鼓励与扶持政策

（一）社会资本投资建设的非营利性养老机构

给予一次性建设资金支持。对新建、扩建具有护养功能的养老机构，由市政府固定资产投资给予每张新增床位2.5万元的支持；对新建、扩建普通功能的养老机构，由市政府固定资产投资给予每张新增床位2万元的支持。区（县）政府固定资产投资按1:1比例配套。对利用自有其他用途设施进行改建，且符合养老机构建设用地条件的社会办非营利性养老机构，按照改建投资总额的30%由市政府固定资产投资予以补助（按床位折算，每张床位补助最高不超过2万元）。区（县）政府固定资产投资按1:1比例配套。但租用他人现有设施改造成养老机构的，不在建设资金支持范围内。

提高对社会资本投资建设非营利性养老机构的运营补贴标准。对社会资本投资建设的非营利性养老机构接收生活能够自理老年人的，补贴标准由原来的200元/人/月提高至300元/人/月；接收生活不能完全自理老年人的，补贴标准由原来的300元/人/月提高至500元/人/月。对因提高补贴标准而产生的财政支出增量部分，由市级和区（县）财政按照1:1比例负担，同时鼓励区（县）政府对属地床位给予额外补贴。由社会资本投资建设、实际承担集中养老服务职能的全托型社区托老所，运营期间享受同等政策。

社会资本投资建设的养老机构用水、用电、用气、供暖价格按照本市相应居民收费价格标准执行。由社会资本投资建设、实际承担集中养老服务职能的全托型社区托老所，运营期间享受同等政策。

落实税费优惠政策。社会资本投资建设的非营利性养老机构运营期间，符合条件的可享受营业税、印花税、房产税、城镇土地使用税、企业所得税等税收优惠政策。非营利性养老机构建设免征有关行政事业性收费。

由农村集体经济组织投资建设的养老机构，以及社会资本在采用农村集体土地流转方式获得的集体建设用地上投资建设的非营利性养老机构，符合法定建设程序的，参照社会资本投资建设的非营利性养老机构享受建设及运营期间的各项优惠扶持政策。

采用公建民营方式建设的养老机构，运营期间享受社会资本投资建设非营利性养老机构的运营补贴政策。

（二）社会资本投资建设的营利性养老机构

社会资本投资建设的营利性养老机构享受与社会资本投资建设的非营利性养老机构相同的用水、用电、用气、供暖的优惠政策；享受综合责任保险财政补贴政策。

社会资本投资建设的营利性养老机构运营期间免征营业税；减半征收有关行政事业性收费。

开展相关政策试点工作，支持引导社会资本投资建设营利性养老机构，积极探索给予其基本建设补贴、运营补贴等相关政策。

第六条　加大政府投入

区（县）政府投资建设的养老机构，按单床建设成本不高于20万元（不包含土地费用）标准，依据首都功能核心区、城市功能拓展区、城市发展新区以及生态涵养发展区分类，以每床20万元为基数，由市政府固定资产投资分别给予区（县）30%、50%、70%和90%的建设资金支持。

新建居住区按规定配建的养老机构，要列入土地出让合同，由开发商按照土地出让合同的约定，无偿移交给民政部门统一调配使用。

政府投资建设的现有养老机构应采取社会化、产业化运营模式，新建养老机构原则上采取政府公共财政购买养老运营服务的模式。

第七条　医疗服务

周边医疗资源比较丰富或社区服务网络比较健全的养老机构，应充分利用周边医疗资源，保证养老机构内老年人的基本医疗需求。

自身规模较大，且周边医疗资源不足的养老机构，可根据国家及本市相关规定设立医疗机构。养老机构设立的医疗机构，应依法取得医疗机构执业许可证，相关审批手续由卫生行政部门办理。

对于养老机构内设的医疗机构，符合职工（城镇居民）基本医疗保险和新型农村合作医疗保险定点条件的，可以申请纳入医疗保险定点范围；鼓励养老机构与就近医疗保险定点医疗机构签订合作协议，由就近医疗保险定点医疗机构为养老机构提供对口医疗服务。

积极支持养老机构举办护理院、康复医院和提供临终关怀服务的医疗机构，由卫生行政部门按照国家相关规定优先予以审核审批；对有技术支持需求的，协助其建立与相关医疗机构的支援、会诊或转诊机制。

全托型社区托老所应具备基本的医疗护理、生活照料条件和资质，服务人员要在经过养老护理员职业技能培训考核后持证上岗。

第八条　保障措施

（一）加强组织领导。加强统筹协调力度，健全和完善全市养老机构建设领导协调机制。区（县）政府承担完成养老机构建设目标的第一主体责任，要结合本区域养老机构建设现状和发展需求出台相应的配套扶持政策，加大投入。各级民政部门负责牵头做好养老机构的许可、指导、监督和管理工作。

（二）合理规划布局。规划部门要加快制定适合本市养老机构建设的专项规划，引导区（县）政府落实"十二五"时期养老机构建设目标，鼓励各单位将自有其他用途的设施改造为养老机构，并负责制定和完善有关规划设计的地方标准。对拟利用城乡规划用地分类标准中的机构养老设施用地、社区养老设施用地、其他服务设施用地以外的现有用地建设养老机构的，应符合城乡规划及相关要求；其中具备调整规划条件的，规划部门要积极配合区（县）政府进行规划调整。对利用既有养老设施进行扩建，或利用自有其他用途的设施改造成养老机构，规划部门要积极为其规划调整提供条件。

（三）确保土地供应。将使用国有建设用地建设养老机构的土地供应纳入北京市年度国有建设用地供应计划，确保区（县）每年有一定量的土地用于养老机构建设。支持企业利用自有土地建设养老机构。

（四）简化审批流程。规划审批方面，除涉及控规调整的项目外，其他项目均可在项目所在地区（县）规划部门办理；建设审批方面，除办理招投标、施工许可手续外，其他手续均可在区（县）住房城乡建设部门办理；符合有关规定的社会资本投资建设的养老机构，可在区（县）发展改革部门办理核准手续。其他未纳入下放审批权限范围的事项，积极支持其纳入本市绿色审批通道。

（五）加强考核落实。将养老床位建设纳入市政府对区（县）政府绩效考评；未能完成任务的区（县），按每床55万元的标准上缴统筹建设资金。

（六）规范收费管理。民政部门要会同发展改革部门做好养老服务收费价格指导等工作。对政府投资建设并运营管理的养老机构、社会资本投资建设的非营利性养老机构，养老服务收费实行政府指导价管理；对其他养老机构，养老服务收费实行市场调节价管理。

（七）完善准入条件。进一步完善政策法规体系，研究政府投资建设的养老机构接收老年人的准入条件，制定针对政府投资建设养老机构的评估办法；研究针对社会资本投资建设养老机构的市场准入和运营评估制度。

（八）加大监管力度。各级民政部门要会同其他相关部门，加强对社会资本投资建设养老机构的督促指导和监管，确保其严格执行本市养老服务各项地方标准，提高为老服务质量和水平，并严格遵守合同约定，在合同期内不得擅自改变用地规划和土地用途，未经批准不得擅自转让养老机构。有关要求应在土地出让合同、建设资金支持协议等行政合同文本中予以明确约定。

北京市人民政府办公厅　2013 年 10 月 31 日印发

二、上海市《关于推进本市"十二五"期间养老机构建设的若干意见》（2012 年 10 月 28 日发布）

各区、县人民政府，市政府有关委、办、局：

"十一五"期间，本市率先提出构建"9073"养老服务格局。"十二五"期间，本市人口老龄化程度将继续加深。为积极应对人口老龄化，增强养老机构服务供给能力，实现老龄事业发展"十二五"规划目标，现就推进本市"十二五"期间养老机构建设提出如下若干意见：

一、总体要求

"十二五"期间，继续坚持"9073"养老服务格局，即在户籍老年人口中，通过强化社区涉老设施配置标准鼓励 90% 的老年人由家庭自我照顾；支持社区为 7% 虽住在家里但需要社会服务的老年人提供上门、日托、助餐等社区居家养老服务；由政府主导，鼓励社会参与，为 3% 高龄、失能老年人提供具有全托生活护理功能的机构养老服务。此类养老机构既包括公办养老机构，也包括得到政府支持的民办养老机构，以及市场化的养老机构。本市养老机构建设重在满足总量、优化结构、提升内涵，促进养老事业与经济社会同步发展。

二、基本原则

（一）强化职责。明确各级政府在养老基本公共服务中的职责与定位，发挥政府在养老公共服务设施建设与服务供给方面的主导作用，促进养老基本公共服务均等化。

（二）多元参与。激发社会活力，发挥市场配置资源作用，鼓励民间资本投资建设养老设施。鼓励社会组织参与提供养老服务。

（三）优化结构。优先满足高龄、失能老年人的照护需求，优先发展以失能护理为主的专业护理机构。

（四）可持续发展。鼓励发展形成产权的养老机构，加强服务监督管理，实现可持续发展。

三、主要目标

"十二五"期间，本市养老机构床位的建设目标为新增户籍老年人口的3%。其中，新增户籍老年人口2%的养老床位提供基本公共服务，1%作为非基本公共服务或市场化养老服务。根据《国家基本公共服务体系"十二五"规划》的有关要求，重点加大公办养老机构建设投入力度，以及提供基本公共服务的民办养老机构的补助力度。扶持未纳入基本公共服务的民办非营利性养老机构，探索民办营利性养老机构发展，通过土地、规划、资金补贴等政策支持其发展。

预计到"十二五"末，本市户籍老年人口将新增100万人，户籍老年人口总量将达到430万人。按照新增户籍老年人口的3%计算，"十二五"期间新增养老床位3万张。其中，2万张以政府投资建设为主，鼓励社会力量参与；1万张主要通过社会力量举办，政府给予适当支持。

四、建设标准与补助办法

（一）政府投资或政府补助的养老机构建设标准

按照国家《老年养护院建设标准》要求及"尽力而为、量力而行"和"保基本、广覆盖"的原则，结合本市实际，本市政府投资或政府补助的养老机构建设标准为：

1.床均建筑面积为25~42.5平方米。在标准范围内，各区县可因地制宜，中心城区可以相对小一些，郊区县可以相对大一些。

2. 新建养老机构选址在交通便利、周边生活和医疗等社会公共服务设施配套较好的区域。

3. 建筑设计、设施设备与养老机构服务管理符合本市养老设施建设、管理相关规定和要求。

（二）纳入基本公共服务的养老机构建设补助标准

纳入基本公共服务的养老机构获得建设补助，应同时具备以下条件：

属于公办或民办非营利性机构；保障对象主要为具有本市户籍的失能老人；机构设施和服务达到规定标准，基本符合均等化要求；收费执行政府定价或政府指导价。以基本公共服务方式提供的机构养老服务，可通过政府投资举办、政府购买服务、民办公助等方式实现。

"十二五"期间，本市需新建纳入基本公共服务的养老床位预计约 2 万张。建设成本按照每床 16 万元（不含土地成本）核定，市级建设财力给予相应补助。

1. 政府投资新建并形成产权的养老机构补助标准

（1）大型居住社区内养老机构补助标准。每张养老床位由市级建设财力按照核定建设成本的 75%、最高不超过 12 万元的标准补助。

（2）大型居住社区外养老机构补助标准。根据区县常住人口人均财力情况，以及"十二五"期间承担的建设任务等情况，实行分类补助。对郊区县和"北四区"（普陀、闸北、虹口、杨浦）在本区域内建设的养老床位，每床由市级建设财力按照核定建设成本的 50%、最高不超过 8 万元的标准予以补助；对"南四区"（黄浦、静安、长宁、徐汇）在本区域内建设的养老床位，每床由市级建设财力按照 2 万元的标准予以补助。

2. 社会投资举办并形成产权的养老机构补助标准

鼓励社会力量参与养老基本公共服务。对社会投资举办并形成产权的非营利性养老机构，在土地性质锁定、机构性质锁定（民办非企业）且具备纳入基本公共服务养老机构建设补助条件的前提下，开展与公办养老机构一视同仁的补助政策试点。计划试点床位约 2 000 张，由市级建设财力按照核定建设成本的 50%、最高不超过 8 万元的标准补助。

（三）支持社会力量兴办机构养老设施

对社会力量投资建设的其他机构养老设施，政府给予适度支持。对符合本市建设标准的民办非企业注册的非营利性养老机构，由市福利彩票公益金给予每床 1 万元的资助，各区县政府按照不低于 1:1 比例配补；对市场化营利性的养老机构，在研究制定本市养老产业发展的政策中统筹考虑予以支持。

（四）存量养老机构改造资助措施

存量养老机构的达标改造，主要由区县负责，市福利彩票公益金予以适当资助。

五、配套措施

（一）强化区县责任

区县政府是本市养老机构建设的责任主体。为推动养老机构建设落地，区县要进一步明确任务，强化职责。

1. 明确区县任务

总量上，中心城区养老床位数应不低于区域老年人口的 2.5%，郊区县养老床位数应不低于区域老年人口的 3.5%。结构上，新增养老床位中区县政府投资建设的应不低于于 2/3（含试点的民办公助形成产权且提供基本公共服务的养老床位），并作为刚性指标。列入区县政府工作的绩效考核范围。

中心城区政府异地建设项目，在征得所在区县同意的前提下，可到郊区县或大型居住社区内建设。异地建设的床位数计入本区指标，但不得超过本区域老年人口的 0.5%。建设资金全额自筹。

2. 建立养老机构统筹建设资金机制

未能完成床位建设任务的区县，按照每床 55 万元上缴养老机构统筹建设资金，由市民政部门统一安排。上缴养老机构统筹建设资金的区县，对统筹建设资金建设的床位有相应的使用权。

（二）加强养老机构监管与规划

对政府投资或补助的养老机构的建设与运营，政府部门要充分履行监管职责，不断提高基本公共服务水平和效率。由市民政部门牵头，会同市发展改革委、财政、规划国土资源等部门研究制定有关管理办法和专项规划。

1. 制定全市统一的公办养老机构入住评估办法

根据本市失能老人实际，研究制定相对统一的公办养老机构入住条件和评估标准等办法。

2. 建立全市统一的养老机构运营评估机制

加强养老机构运营监督管理，明确职责，定期评估运营情况，建立健全养老机构运营状况与运营补贴相挂钩的机制。

3. 研究制定市一级建设财力补助的民办养老机构的监督管理办法。研究制定市级建设财力补助的民办养老机构的产权归属、收费标准和属性监管等办法。

4. 研究制定养老设施建设专项规划

编制全市养老机构设施专项规划，合理布局本市养老机构，在控制性详细规划中明确用地情况，并加强监管。同时，制定民办养老机构用地政策。

（三）完善养老机构服务价格管理

实行"分类、分级、分层"管理。由市发展改革部门牵头，不断完善养老服务价格管理。

1. 分类管理

养老机构服务价格按照经营性质和举办主体，实行分类管理。非营利性养老机构实行政府定价或政府指导价。其中，公办事业单位性质养老机构统筹考虑运营成本、保障对象承受能力和公共财政补助等因素，实行政府定价；公办其他性质养老机构实行"基准＋浮动"价格；民办且接受政府补助的非营利性机构统筹考虑运营成本、保障对象承受能力和政府补助力度等因素，实行政府指导价。营利性养老机构服务价格实行自主定价。

2. 分级管理

在行业主管部门实施入院评估、管理与服务规范的基础上，养老机构床位费、护理费等服务价格对应不同等级服务内容和质量，实行分级定价。

3. 分层管理

养老机构服务价格管理实行市、区县两级管理。考虑到区县差异性，根据市、区县分工管理权限、结合市级财政投资情况，将区县所属养老机构授权区县管理。

（四）统筹规划养老机构与老年护理医院

养老机构和老年护理医院是养老服务的重要组成部分，要进一步加强养老机构与老年护理医院的统筹规划、建设和管理。

1. 明确规划和标准

由市卫生部门牵头，研究制定老年护理医院建设规划以及老年护理医院的入院、出院标准，明确接受医疗护理的对象范围。

2. 发挥有限医疗资源作用

对符合老年护理医院出院标准而不出院的"压床"人员，由市人力资源和社会保障、卫生等部门研究相应措施，使有限的医疗资源更好地满足实际需求。

3. 提高养老机构基本医疗服务能力

鼓励养老机构内设医疗机构，或者与就近医疗机构签订合作协议，由就近医疗机构为养老机构提供对口医疗服务，提高养老机构承接护理医院转出人员的能力，减轻老年护理医院的压力。

上海市人民政府

2012 年 10 月 28 日

附录 12　国内以房养老纠纷案例简析

［案例 1］"以房养老"惹出转让风波[①]

住进公寓　低价卖房

家住上海闵行的林老太一直与养子陈先生生活在一起。2009 年陈先生成婚后，一套 55.7 平方米的房屋就由林老太一人居住。陈先生搬离时，委托邻居许老伯帮助照顾母亲。许老伯古道热肠，常上门嘘寒问暖。但年岁不饶人，林老太毕竟年事已高，偶感风寒就会伤筋动骨。2010 年秋冬之交，一次感冒使林老太卧床不起。许老伯见状，连忙赶到陈先生家中通报。不巧的是，陈先生家中"铁将军"把门。急匆匆赶到小区门卫处打听，方知陈先生已在半月前乔迁。好在林老太这次感冒并不凶险，没有几天就痊愈了。许老伯情知林老太独居可能带来的风险，便在林老太同意下，为她打听养老机构的事宜。不久，便获悉地处闵行的一家老年公寓设施不错，性价比也属合理。2010 年 12 月 30 日，办妥了入住手续，林老太便住了进去。

2011 年 2 月 1 日，老年公寓突然派员来到林老太的房间，要求在一份文件上签名。林老太以为是办理入住手续，就在文件上签了名。殊不知，这是一份名为"老年公寓实施以房养老试行办法协议书"。协议书"权利和义务"条款中约定，林老太自愿履行老年公寓以房养老试行办法的义务，将本人现有房屋转让给老年公寓，转让房屋的价款以税务机关审定通过的价格为准。林老太养老终止后，以房养老房屋作价形成的价值金额，

---

①　资料来源：杨克元，原载《检察风云》，2011（20），56～57 页，有删减。

必须承担其死亡后的善后费用，不足部分由老年公寓承担，多余部分用于养老机构的发展，任何个人不得挪用。同时还约定，林老太将位于闵行区浦东的一套55.7平方米房屋产权人变更为老年公寓，经税务机关审定的价值为55万元，该款项作为养老开支来源。在每月的养老开支中，林老太的住房标准为2 800元，伙食费开支420元，护理照料费600元，总计3 820元。

林老太颤颤巍巍地签名后，心中的一块养老"心病"终于落地。2011年3月11日，老年公寓在林老太与其签下养老协议的基础上，派员再次来到林老太的住处，要其在另一份文件上签名。

林老太有了第一次签名的经验，第二次便毫不犹豫地签上了名字。这是一份与协议有关的《上海市房地产买卖合同》。合同约定，林老太将依法取得的一套房产转让给老年公寓，房屋建筑面积55.7平方米，双方同意上述房屋的转让价为55万元。2011年3月21日，老年公寓取得了林老太房屋的产权。但老年公寓未向林老太支付房款，林老太也未按约交付房屋。

事后生悔　起诉退房

直到2011年4月，林老太的养子陈先生才获知母亲已住进老年公寓，于是前去探望。见到母亲后，陈先生得知母亲已与老年公寓签下了"卖"房的合同。上海的房价高，55.7平方米的房子，才卖55万元，显得明显偏低了。

发觉母亲受骗后的陈先生气愤难当，决心讨个说法。2011年5月9日，他将母亲带回自己家中，同时向老年公寓索取了当初签下的协议书等文件材料。陈先生发现了以下问题。

首先，转让房产之事由老年公寓一手操办，且转让价格明显低于市场价。陈先生在通读了协议后，算了一笔账，如根据老年公寓提出的养老费用标准为每月3 820元，那么先减去老年公寓从林老太退休金卡中提取的每月2 100元，只需每月支付1 720元，即一年2.064万元就能够在老年公寓住下去。而母亲的这套房屋的市场价按保守估计也已经达到97万元。换句话说，林老太已经支付了47年的费用。然而，林老太已经88岁，按照一般常识，她无论如何不可能再被老年公寓养老47年。

其次，以房养老协议形成过程极不规范。林老太已经88岁高龄且无文化水平，而老年公寓却要与其签订如此复杂、重大的合同。签约过程中，不可能保证林老太能够理解合同条款的含义。而以房养老协议形成时又无人见证，亦无对应音频资料等，也未告知其亲属。况且，林老太现在与老年公寓关系已经恶化，无继续履行养老协议可能。另外，林老太每月有2 100元劳保金，经济上基本无虞，且与子孙关系良好，完全可以得到照顾。

在这样的情况下，陈先生在母亲的同意下请来律师，以林老太的名义将老年公寓诉至法院。林老太在诉状中称，从2010年12月起，在老年公寓的要求下，自己陆续签了一些文件。住进老年公寓后，曾经提出要见儿子未被允许，而老年公寓却暗示林老太与儿子脱离母子关系，甚至还不许林老太与外界联系。直到2011年4月19日，才通过传话与儿子取得联系，并在儿子及孙子的争取下，于5月9日离开老年公寓获得自由。

林老太认为，自己已经88岁，又不识字，在老年公寓签署的文件以为是养老手续，并没有人告知是以房养老的事情，也未收到过任何房款。显然，签下"以房养老协议"和"房屋买卖合同"属于重大误解，且合同内容又显失公平。据此，请求法院撤销"以房养老协议"和"房屋买卖合同"，并判令老年公寓协助将房产恢复登记至自己名下。

老年公寓则认为，林老太诉称中的事实与客观事实不符，且存在矛盾之处，希望法院驳回其诉讼请求。

协议违反等值原则

法院认为，以房养老的养老方式在我国对普通人而言亦属新兴事物，林老太作为一名88岁没有文化的高龄老人，对以房养老的认知程度是极其有限的，这类协议的订立对其权利义务将产生实质性的重大影响。

老年公寓作为经民政部门批准的专门从事老年人助养的机构，在相关制度未配套的情况下，既然选择以房养老的方式进行供养，基于合同相对主体的特殊性，在签约时理应充分地履行告知义务，使其在完全明白以房养老协议的权利义务，及由此产生的法律后果的情况下签约，以避免重大误解的产生。同时，签约过程应做到公开透明，通知家人到场，或者在无法通知家人的情况下，邀请单位或居委会相关人员到场，甚至可邀请公证部门的人员到场，对整个签约过程制作视频或者音频资料予以保存。

但林老太称其仅是签署了一些办理养老手续的文件，对"以房养老协议"的内容并不清楚，属于因重大误解而订立了合同。重大误解虽然是林老太自身的原因所致，但与老年公寓没有充分履行告知义务及签约程序的不尽规范有一定的关系。另外，林老太以一套房屋为对价，换取老年公寓对其进行养老送终的服务，这对于一个已经 88 岁高龄的老人而言是明显不符合等值性原则的。

综上，林老太以重大误解、显失公平为由要求撤销"以房养老协议"和"房屋买卖合同"的诉讼请求成立，予以支持。至于在养老期间产生的养老费用，林老太应按约定的养老费标准及证据反映的额外支出凭证向老年公寓支付养老费。

［案例 2］"以房养老"的房屋买卖合同效力解析①

案情简介

为改善生活，被告訾某于 2005 年 5 月与原告杭某签订了《上海市房地产买卖合同》，就原告受让被告自有房产事宜达成一致。该合同约定，房产转让价款为 23 万元；被告于 2007 年 4 月 30 日前腾出该房屋并交付。被告未按期交付的，应当向原告支付违约金。逾期超过 30 日后被告仍未交付的，除支付违约金外，被告还应按每月 1 500 元（房租），从原告应付房款中扣除。同日，双方办理房地产权利转移登记，而被告则收到原告支付的首期房款 2 万元。其后，被告分期收到原告支付的购房款 1 万元、2 万元及 2 万元。后因被告未交付房产，原告提起诉讼。

原告认为，根据房屋买卖合同有关约定，被告应向原告交付房屋并支付逾期交房的违约金，请求法院判令被告交付系争房屋并支付逾期违约金。被告认为，买卖合同不具备生效要件。被告是孤老，目前没有生活自理能力，经济困难，涉案房屋是被告唯一的住房，不可能出售，合同条款的约定都不是被告的真实意思表示；失去系争房屋等于失去唯一的物质保

---

① 资料来源：胡艳，原载《法制资讯》，2009（11），87～89 页，有删减。

障，原告违反公序良俗原则，侵犯被告居住权；原告只支付了 2 万元定金就办理房产过户，是以支付少部分钱来占用房屋，购房款要以四年时间来完成，对于一个年近八旬的老年人来说，半年也可能等不到。因此，原告是以合法形式掩盖非法目的。故请求法院按无效合同处理。

诉争焦点

本案系老年人将唯一居住房屋出售后的居住权益保障纠纷，主要存在两方面的争议：第一，合同是否存在违反公序良俗原则或以合法形式掩盖非法目的之无效情形？第二，原、被告双方是否达成有条件地允许出售方卖房而不迁出、购买方买房而不入住的以房养老之合意？

法院判决

一审法院认为，原、被告签订的房屋买卖合同系双方真实意思表示，内容于法不悖，应为合法有效。

被告关于"合同条款的约定都不是被告真实意思表示"的表述，因没有证据证明，法院对此不予采信。至于被告所述"合同的签订违反公序良俗原则、以合法形式掩盖非法目的"一项，就本案而言，房屋买卖合同既针对常规的买卖事项作出约定，又通过关于"按每月 1 500 元（房租），从房款中扣除"的约定解决了被告的居住问题。其实质是买卖双方已经充分考虑到作为出售方的被告业已老迈又急需在有生之年改善自己生活的现实状况，故而原、被告双方合意有条件地允许出售方卖房而不迁出、购买方买房而不入住的养老情形的存在，使被告的居住使用成为一种双方合意且情况特殊的使用关系，即被告支付相关使用费的方式是从房款中扣除。可见，被告所述"违反公序良俗、以合法形式掩盖非法目的"，没有事实依据，法院不予采信。原告要求被告交付系争房屋的诉讼请求，法院亦不予支持。

基于上述原因，另结合合同中关于原告逾期付款的违约处理与被告逾期交房的违约处理的约定，法院认为，原告逾期付款是以支付违约金的方式加以制约的，而被告逾期交房则除了支付前述同等违约金外，还需以房款抵扣的方式支付房屋租金，两者存在明显不对等。因此，在允许房租从房款中扣除之外再支持原告收取违约金，显失公平，故对于原告主张逾期违约金的诉讼请求，法院难以支持。

此外，考虑到被告业已年迈，本案又是原告不当诉讼引起的，因此，法院责令由原告负担案件受理费。一审判决后，原告杭某不服，提起上诉。二审法院判决：驳回上诉，维持原判。

[**解析**] 上述两个案例均反映了老人具有理解能力、维权能力偏弱的特点，相对养老机构或养老资金供给方，一般处于弱势，权益易受到侵害。在开展以房养老过程中，注重对老人的咨询教育，注重对消费者权益的保护，加强规范运作，不仅可以减少不必要的纠纷，也能维护该项业务良好的声誉，促进业务的健康发展。

参考文献①

［1］鲍海廷：《荷兰的中国老年人公寓》，载《质量天地》，1997（5）。

［2］柴效武、孟晓苏：《反向抵押贷款制度》，浙江，浙江大学出版社，2008。

［3］柴效武、王峥：《以房养老：美国反向抵押贷款业务开办的政府支持》，载《学习与实践》，2009（10）。

［4］柴效武、岑惠：《住房抵押贷款与反抵押贷款的异同评析》，载《海南金融》，2004（7）。

［5］柴效武、胡平：《美国反向抵押贷款发展历程及对我国的启迪》，载《经济与管理研究》，2010（4）。

［6］柴效武：《反向抵押贷款的功用》，浙江，浙江大学出版社，2008。

［7］柴效武：《反向抵押贷款在我国开办的迫切性和可行性的评析》，载《城市》，2008（1）。

［8］柴效武：《以房养老漫谈》，北京，人民出版社，2009。

［9］柴效武：《以房养老模式》，浙江，浙江大学出版社，2008。

［10］柴效武等：《反向抵押贷款产品定价》，浙江，浙江大学出版社，2008。

［11］柴效武等：《反向抵押贷款风险与防范》，浙江，浙江大学出版社，2008。

［12］陈宏：《反向抵押贷款中金融运营机制的研究》，浙江大学硕士论文，2005。

［13］陈盛淦：《住房反向抵押贷款养老模式研究》，福建师范大学硕士论文，2008。

［14］陈颐：《论我国养老金的替代率》，载《学海》，2010（6）。

［15］重庆晚报：《中信银行推出"信福年华"卡》，http：//news. 163. com/11/1129/05/7K0L18FA00014AED. html，2011 - 11 - 29。

［16］东莞平安保险：《中国人寿已在河北廊坊兴建高档养老地产项目"国寿生态健康城"》，http：//www. dgpaw. cn/art/view741463664591. html，2012 - 12 - 25。

［17］董君莉：《以房养老：一种新型养老模式》，大连海事大学硕士论文，2011。

［18］董西明：《养老保险制度的国际比较及其借鉴》，山东大学硕士学位论

---

① 按作者姓名拼音首字母升序排列。

文，2008。

[19] 杜丽虹：《养老地产这样做》，载《新财富》，2011（10）。

[20] 杜鹏、翟振武、陈卫：《中国人口老龄化百年发展趋势》，载《人口研究》，2005（6）。

[21] 段鹏：《我国人口数量及老龄化趋势预测研究》，载《长江大学学报（自然科学版）》，2012（12）。

[22] 范子文：《以房养老：住房反向抵押贷款的国际经验与我国的现实选择》，北京，中国金融出版社，2006。

[23] 冯嘉亮：《"反向抵押贷款"保险的"三得"与"三思"》，载《上海保险》，2005（3）。

[24] 冯静生：《住房反向抵押贷款的国际借鉴与实践》，载《金融观察》，2006（5）。

[25] 高林：《保险资金进入养老产业的模式分析》，辽宁大学硕士论文，2012。

[26] 高锐：《我国保险业开展住房反向抵押贷款的可行性及对策研究》，吉林大学硕士论文，2013。

[27] 郭柳：《住房反抵押贷款及其风险研究》，四川大学硕士学位论文，2005。

[28] 国务院人口普查办公室、国家统计局人口和就业统计司：《中国2010年人口普查资料》，北京，中国统计出版社，2012。

[29] 何赛飞：《保险公司开办房产养老寿险的运作模式探讨》，浙江大学硕士论文，2010。

[30] 何松：《住房反向抵押贷款养老模式探析——以北京石景山区为例》，载《山西财经大学学报》，2010（4）。

[31] 胡艳：《"以房养老"的房屋买卖合同效力解析》，载《法制资讯》，2009（11）。

[32] 胡耀祺：《"以房养老"需求的影响因素分析——基于美国经验的启示》，复旦大学硕士论文，2008。

[33] 环球网：《浅析荷兰"以房养老"》，http://world.huangqiu.com/roll/2013-10/4415056.html，2013-10-03。

[34] 黄爱群：《加拿大的老年人住宅》，载《建材工业信息》，1999（12）。

[35] 黄小璇：《我国推行反向抵押贷款问题研究》，厦门大学硕士论文，2007。

[36] 黄媛：《房屋反向抵押贷款和长期护理险相结合的模型初探》，载《中国保险》，2007（8）。

[37] 贾景梅：《我国发展住房反向抵押贷款养老模式研究》，河北大学硕士论

文，2010。

[38] 蒋虹：《我国长期护理保险的发展模式选择》，载《西南金融》，2007（1）。

[39] 荆涛：《长期护理保险研究》，对外经济贸易大学博士论文，2005。

[40] 鞠海峰：《城镇住房反向抵押贷款风险及其对策研究》，西安建筑科技大学硕士学位论文，2010。

[41] 柯嘉：《我国住房反向抵押贷款相关问题研究》，西南财经大学硕士论文，2011。

[42] 蓝霞、王伟：《积极发展商业养老保险 完善中国现行"三支柱"养老保障体系》，载《经济研究导刊》，2010（19）。

[43] 蓝霞、王伟：《中国"三支柱"养老保险体系的可持续发展及对策》，载《经济研究导刊》，2010（27）。

[44] 蓝霞：《中国城镇养老保险可持续发展及制度构建研究》，青岛大学博士论文，2010。

[45] 李海超：《保险资金投资于房地产投资信托基金的国际经验与风险防范》，载《现代财经》，2009（8）。

[46] 李季：《以房养老 4 种方式》，载《大众理财顾问》，2008（9）。

[47] 李俊：《城镇化、老龄化背景下新型农村养老财务状况研究：2011—2050 年》，载《保险研究》，2012（5）。

[48] 李丽颖：《浅析我国"以房养老"的可行性与运行模式》，载《科技传播》，2010（2）。

[49] 李敏：《我国失地农民养老保险问题研究》，黑龙江大学硕士学位论文，2012。

[50] 李唐宁：《以房养老试点方案明年一季度或出台正研讨实施细则》，http：//bj. house. sina. com. cn/news/2013 – 09 – 25/07352429604. shtml，2013 – 09 – 25。

[51] 李圆圆：《城镇化进程中失地农民的养老保障问题研究》，山东大学硕士学位论文，2011。

[52] 凌秀丽：《海外保险资金投资不动产的经验借鉴》，载《中国金融》，2013（3）。

[53] 刘敬元：《泰康养老社区服务费每月 7000：每天接待不过来》，http：//money. sohu. com/20130627/n380004222. shtml，2013 – 06 – 27。

[54] 刘儒婷：《人口老龄化背景下中国城镇养老金支付能力研究》，东北财经大学博士论文，2012。

[55] 刘蔚：《我国商业性长期护理保险的发展问题研究》，西南财经大学硕士论文，2007。

［56］刘信:《反向抵押贷款及其风险控制》,复旦大学硕士论文,2008。

［57］刘远举:《国外如何"以房养老"》,新京报网(评论周刊)http://www.bjnews.com.cn/opinion/2013/10/12/286989.html,2013-10-12。

［58］龙会芳:《反向抵押贷款的国际比较与借鉴》,载《金融教学与研究》,2005(2)。

［59］门佳蓬:《发展我国老年公寓养老问题研究》,湖南师范大学硕士论文,2010。

［60］孟晓苏、柴效武:《反向抵押贷款》,浙江,浙江大学出版社,2008。

［61］孟晓苏:《论建立"反向抵押贷款"的寿险服务》,载《保险研究》,2002(12)。

［62］牛力华:《反向抵押贷款在我国的模式研究》,西南财经大学硕士论文,2011。

［63］牛清霞、张倩:《我国开展住房反向抵押贷款可行性研究》,载《商品与质量》,2011(4)。

［64］仇艳丽:《我国保险业开展住房反向抵押贷款之研究》,东北财经大学硕士论文,2010。

［65］全进:《关注老年住房反向抵押贷款——美、加、澳反向抵押贷款介绍》,载《上海房地》,2006(8)。

［66］任凯:《美国"反向抵押贷款"养老模式及其启示》,载《中国人口报》,2005-10-12。

［67］沈晓凯:《以房养老模式在中国的可行性研究》,山西财经大学硕士论文,2010。

［68］宋唯琳:《从美国模式到中国本土化——对我国推行住房反向抵押贷款模式的思考》,载《现代经济》,2008(13)。

［69］孙亚洲:《美国的老年公寓市场现状》,载《中国房地信息》,2001(3)。

［70］唐幼纯:《上海市长期护理保险(LTCI)发展模式研究》,上海工程技术大学硕士论文,2012。

［71］汪传敬:《反向抵押贷款及其在我国的应用》,浙江大学硕士论文,2004。

［72］王成程:《"以房养老"在中国的实践分析》,载《价值工程》,2009(3)。

［73］王干、鲁全:《中国的城镇化与基本养老保险制度改革》,载《甘肃理论学刊》,2013(4)。

［74］王小平、吴朝生、陈清、王音:《保险支持以房养老的国际经验借鉴》,载《福建金融》,2012(3)。

［75］王晓楠:《济南市实行以房养老的可行性研究》,山东大学硕士学位论文,2009。

［76］王秀芸：《寿险资金投资养老地产研究》，浙江大学硕士论文，2012。

［77］王燕：《对我国发展倒按揭贷款的法律思考》，华东政法大学硕士论文，2010。

［78］王义军：《我国老年公寓发展运营研究》，华南理工大学硕士论文，2010。

［79］王峥：《美国反向抵押贷款运营制度演变及对中国的启示》，浙江大学硕士论文，2009。

［80］韦公远：《美国的长期护理保险》，载《金融经济》，2006（13）。

［81］乌兰：《美国反向抵押贷款的发展及对我国的借鉴》，载《前沿》，2006（11）。

［82］吴占权、刘莎：《反向抵押贷款：银保合作的新业务》，载《河北金融》，2006（4）。

［83］肖彩波：《以房养老模式在中国的可行性探讨》，西南财经大学硕士论文，2008。

［84］谢安：《中国人口老龄化的现状、变化趋势及特点》，载《统计研究》，2004（8）。

［85］徐文杰：《中国人寿集团投资养老地产市场研究》，天津大学硕士论文，2011。

［86］许萌：《以国际比较为视角完善我国住房金融制度》，河北大学硕士论文，2010。

［87］许亚皓：《中国式以房养老》，载《政府法制》，2007（11）。

［88］杨克元：《"以房养老"惹出转让风波》，载《检察风云》，2011（20）。

［89］杨明、张亚男：《保险业在住房反向抵押贷款的作用》，载《华商》，2007（10）。

［90］杨明：《住房反向抵押贷款及保险行业优势作用研究》，载《河南金融管理干部学院学报》，2007（6）。

［91］姚海明主编：《保险学（第二版）》，上海，复旦大学出版社，2005。

［92］易礼：《以房养老模式研究——以太原市为例》，山西财经大学硕士论文，2013。

［93］尹成远、尹雨晴、肖芃、赵锡宇：《我国住房反向抵押资款保险发展中面临的问题及建议》，载《邢台学院学报》，2011（9）。

［94］赢商网：《平安集团首个养老项目落户浙江桐乡 总投资170亿元》，http：//news. winshang. com/news－127380. html，2012－09－24。

［95］余中国：《住房养老保险模式》，浙江大学硕士论文，2004。

［96］袁静娜、吕天驰：《浅谈失独家庭的养老问题》，载《学理论》，2013（13）。

［97］袁友文：《以房养老：国际经验及中国前景分析》，载《现代经济探讨》，2006（6）。

[98] 张翠云、王裕明：《失地农民养老问题思考》，载《劳动保障世界》，2009 (11)。

[99] 张家樾：《我国"以房养老"问题的可行性探讨》，载《中国房地产》，2011 (9)。

[100] 张晶：《我国寿险公司推展反向抵押贷款之研究》，浙江大学硕士学位论文，2005。

[101] 张静：《"空巢"概念的界定和规范使用》，载《中国老年学杂志》，2012 (8)。

[102] 张领伟、李海超：《保险资金投资于房地产投资信托投资基金的国际经验与风险防范》，载《现代财经》，2009 (8)。

[103] 张莎莎：《我国开展以房养老保险的探析》，东北财经大学硕士论文，2011。

[104] 张松：《中国人口老龄化背景下的养老保险研究》，吉林大学博士学位论文，2009。

[105] 张晓青：《以房养老模式在我国的可行性分析研究》，载《现代商贸工业》，2007 (11)。

[106] 郑秉文：《中国企业年金发展滞后的政策因素分析——兼论"部分 TEE"税优模式的选择》，载《中国人口科学》，2010 (2)。

[107] 郑志华：《基于养老社区的新型寿险商业模式研究》，中国社会科学院研究生院硕士论文，2012。

[108] 中国江苏网：《苏州工业园区农行成功拓展中国人寿高端养生养老社区项目》，http://jsnews.jschina.com.cn/system/2013/09/05/018492295.shtml，2013 - 09 - 05。

[109] 中国人口与发展研究中心课题组：《中国人口老龄化战略研究》，载《经济研究参考》，2011 (34)。

[110] 中华人民共和国国家统计局：《中国统计年鉴 2013》，北京，中国统计出版社，2013。

[111] 中商情报网：《社科院发布首部〈中国老龄事业发展报告〉》，http://www.askci.com/news/201302/27/2714373062978.shtml，2013 - 02 - 27。

[112] 周海永：《城镇化进程中失地农民新型社会养老保险制度求解》，天津商业大学硕士学位论文，2012。

[113] 周娟：《中国养老社区的服务、运营与培育研究》，武汉大学博士论文，2010。

[114] 朱劲松、陈欣：《保险公司开展住房反向抵押贷款可行性简析》，载《上海保险》，2008 (2)。

[115] 朱劲松：《中国开展"以房养老"影响因素的实证分析》，载《东北财经大学

学报》，2011（3）。

［116］朱勇：《少子·老龄化背景下的我国机构养老问题研究》，西南财经大学硕士学位论文，2007。

［117］Chia, Tsui, 1999, Reverse Mortgage as Retirement Financing Instrument: An Option for Asset – rich and Cash – poor Singaporeans. *Real Estate Economics Summer*, VOl. 23, 27.

［118］Christopher J. Mayer, Katerina V. Simons, 1994, Reverse Mortgages and the Liquidity of Housing Wealth. Real Estate Economics 22（2）：235 – 255.

［119］Jan K. Brueckner, 1985, A Simple Model of Mortgage Insurance. Journal of the American Real Estate and Urban Economics Association, Volume 13, Issue 2.

［120］Jessica Linn Guerin, Spotlight: A Historical Timeline of the HECM Program, http://www. reverse review. com/.

［121］Tom Kelly, 2005, The New Reverse Mortgage Formula: How to Convert Equity into Tax – free Income. New Jersey: John Wiley&Sons, Inc. , Hoboken.

［122］Tonjia Bowen Bishop. Reverse Mortgages: A Closer Look at HECM Loans, http://www. nber. org/.

［123］Zhao, J. , 2009, On Barriers and Countermeasures for China Implementing Reverse Home Mortgage Loans. *Asian Social Science*, 5（3）, 168 – 170.

［124］美国反向观察网站，http://www. reversereview. com/。

［125］美国房地产投资信托协会网站，http://www. nareit. com/。

［126］美国国家反向抵押贷款者协会网站，http://www. nrmlaonline. org/。

［127］美国国家经济研究院网站，http://www. nber. org/。

［128］美国政府住房和城市发展部网站，http://portal. hud. gov/。

［129］新加坡职总英康保险合作社网站，http://www. income. com. sg/。

［130］英国英杰华集团网站，http://www. aviva. com/。

［131］英国资产释放理事会网站，http://equityreleasecouncil. com/。

后　　记

　　凤凰花开的时节，《保险支持以房养老研究》这本书即将和读者见面了。

　　我是一名在银行业和保险业从业 37 年的基层金融监管工作者，在老龄化危机大背景下，选择以房养老这一研究课题，是出自于一份沉甸甸的责任感和使命感。以房养老在中国还是个新生事物，在西方发达国家也不过数十年实践历程。在繁忙的本职工作之余，开展这一课题研究，面临着许多困难和问题，所幸得到了诸多支持和帮助。值此研究成果付梓之际，在备感欣慰的同时，我满怀感激。

　　感谢中国保险监督管理委员会项俊波主席和福建省委常委、常务副省长张志南的肯定和支持。他们于百忙之中拨冗作序，对我是极大的鼓舞和激励。

　　感谢我的研究团队。福建保监局统研处的陈清、严国荣、郑文杰、蔡春玲、王音、滕忠群、董俊奇参与了课题的编著工作。这些年轻人的努力，让课题得以开花结果。

　　感谢中国保险学会"中国保险研究与教育基金富邦基金"的支持，感谢中国金融出版社孙芙蓉、王效端等编辑们的认真指导和辛勤工作，让本书得以顺利面世。

　　还有众多关心支持本课题研究进展的领导、同事和朋友们，在此一并致谢。

　　研究中，我们尽力搜集国内外第一手的资料和数据，努力秉持客观、理性的研究态度。然而，受视野的局限、实践的不足和认识水平的制约，研究成果难免存在疏漏之处，真诚欢迎读者的批评、指正。

王小平

2014 年 5 月